Class Struggle for Ideology:

Toward a Critical Discourse on Taiwan's Identity Politics

意識形態階級鬥爭

中華民國的認同政治評析

劉立行 著

目錄

表目錄

圖目錄

推薦序

　　劉教授從當代台灣流行的意識形態「話語」出發，提出他對台灣「認同政治」的理論評述。這本著作以西方左派思想家的經典理論為分析框架，在評述過程中多處採用文化研究與傳播研究的相關用詞。

　　在各個政治團體以及公民團體爭奪話語權的過程中，國人充分感受各種對立話語眾聲喧嘩的影響。劉教授這本論著釐清了台灣複雜的政治現象，讓讀者認識到當代台灣政治中最重要的「身分認同」這個維度。

　　劉教授以前出版過的書籍都屬於影視產業、媒體政策，以及文化評論方面的相關論著。劉教授這次從「意識形態」的詮釋方法切入評析台灣政治，卻清楚勾勒台灣當前各主要政治意見背後的深層意義。讀完這本書以後，我認為這是近幾年書寫有關台灣政治最令國人反思的一部專書。

國立台灣師範大學校長

吳正己

自序

　　檢視近年來美、中、台的衝突話語，幾乎所有政治團體、公民團體、新聞媒體等都不吝表達意識形態升溫、敵意螺旋升溫、文明衝突升溫之類的情緒。在中華民國治權領域，台灣固然以反併吞為名對中國大陸不假辭色，國人之間也勇於積極推動對彼此有關「身分認同政治」方面的話語究責。

　　目前國家機器確定「以台灣為主體」的觀點與立場，貫徹有關民族、文化、歷史，以及國家定位的話語論述。然而，所有對立的意識形態主體仍顯示其爭取話語權聲量的企圖。意識形態「我群」與「他者」尤其持續競逐有關國家、民族、文化、歷史等價值定義方面的知識主導權。

　　在這個過程當中，我發現部分意識形態「話語」在定義上都出現了沒有邊際以及「概念轉換」之類的混淆現象。我因此很想釐清這些政治話語背後的一些屬於本質性、結構性的東西。我決定使用阿圖塞的「意識形態國家機器」、葛蘭西的「文化霸權」，以及傅柯的「知識／權力」等經典哲學觀念，來作為梳理台灣當代政治的方法。

　　經由應用上述經典思想的脈絡，我希望這本《意識形態階級鬥爭：中華民國的認同政治評析》能帶給讀者反思當前台灣政治背後所潛藏的身分、權力、控制等等的深層意義。另外我要藉由序言，感謝替我這本書內容繪圖製表的陳欣伶女士；她目前就讀文化大學國家發展與中國大陸研究所博士班。在此我也要一併致謝這本書的封面設計師陳秀怡女士。這兩位圖文設

計師所貢獻的創意為本書的意義傳遞大為增色！

國立台灣師範大學圖文傳播系

劉立行

摘要

所有人都有「被他人承認」的需求。國家有關「認同」的價值論述更是如此。然而，人們操作「身分政治」（identity politics）卻經常導致霸權知識形成沙文主義。也就是說，民眾相互標籤化認同相異者的過程清楚揭露了一個大家都不願意面對的事實。那就是，一個民主社會存在一種極其強烈的意識形態階級鬥爭態勢。

國人對台灣價值認同「必須表態」的社會規範程度日益強烈。即使中華民國已經進入民主台灣時期，「我們是誰」和「我們不是誰」的決定都以「意識形態國家機器」所「裝載」的國家意志為主。換句話說，某些民主社會所呈現的價值知識從來都不民主；它從來都表現為一種「支配」與「從屬」的關係。

這是因為統治團體貫徹價值知識的工作，都是透過批判與排斥其他知識的合法地位來進行的。民主社會的知識主導權形塑過程尤其強大，因為這個權力來自選民賦權。也就是說，主體一旦掌握知識的主導權力，主流知識即帶有以「規訓」（discipline）為本質的社會控制作用。

在外部權力道德化某種知識並使之成為「價值」以後，民主社會的「個人」即自動藉由自我反省而將優勢的觀念內化為自己的知識。這就是為什麼當代所有的意識形態話語，都是以知識的面貌以及價值的高度來對外陳述、進行說服的原因。

身分認同政治可以被定義為是主體結盟「我群」社會力量，並排除「他者」反抗力量的政治。這包括各自以自己所標

舉出來的價值知識進行攻防。台灣的傳統媒體以及網路媒體就這樣自我演化為意識形態最堅定的再現者。在「媒體」這種公共領域，台灣有關國家、民族、文化，以及歷史等不同認同的差異論述一再表露一貫的意識形態鬥爭脈絡。

政治是民眾描繪國家定位與未來願景的特種行業。人們盡情描繪的結果卻導致人民「知識鴻溝」（knowledge gap）的擴大。在爭奪話語權的過程中，主體在建構知識的同時也在遣詞用字的定義與詮釋上「概念轉換」。各種缺乏操作型定義的政治話語經常使一般國民的認知陷於錯誤。

在「認知作戰」確定成為國內外輿論戰場上的主要鬥爭形式以後，極端憤怒值的語言也開始致力於傷害他者、排除他者、轉移事件焦點、減少社會對自己的批評。隨著話語操弄的技術精進，民主社會的我群與他者都越來越願意以「輿論」作為工具，進行奪權與護權的階級鬥爭。目前，所有客觀邏輯都沒有超越這種認同政治的特權。

一直以來，台灣社會的部落民眾不斷在各種平台進行意識形態論爭。然而，這些話語幾乎都透露了有關認同、權力、知識、幻覺，以及控制等方面的線索。風雨如晦、雞鳴不已，台灣的政治團體、公民團體以及新聞媒體都正在參與一場又一場對他者的話語究責。同時，台灣的意識形態國家機器也正致力於阿圖塞所稱的「永恆而苦澀的階級鬥爭」。

前言

　　兩岸關係與一中議題一直都是台灣最具情緒感染力的政治話題。人們討論此等議題卻經常以身分（identity）的想像為基底。可以說，台灣所有農、林、漁、牧、民生、經濟、環境、防疫等等之類的政策討論，無非都只是「管理眾人之事」的「前景」（foreground）。有關身分認同的情緒（sentiment）才是當前國家所有政治敘事潛伏在後的最重要背景（background）。

　　也就是說，國人對自己民族身分的認知與想像，是台灣一切政治爭論的起點（starting point）。多數國人從小在台灣長大，百年前之先祖也世居台灣。因此，人們多以台灣這片土地為母親，以台灣人的各種成就為榮耀。法蘭西斯・福山指出，身分認同的情懷／情緒是人性自然的反映；它甚至與人類的神經傳導功能有關（見Fukuyama, 2018）。

　　1895年《馬關條約》簽訂後近五個月內，台灣人民以一連串大小戰役反抗日本接收統治，史稱「乙未戰爭」。全台底定後，日本隨即在台灣推行國民教育和日語教育，用以增強台灣人的日本人認同。1949年中華民國撤退來台後，國民政府推行國語教育的目的也一樣在強化台灣人的中國人認同。

　　今天，中華民國台灣的學校教育貫徹「以台灣為主體」的方法來認識世界。作為一種身為台灣人的觀念和態度，「以台灣為主體」是貫穿這個國家所有政治事物底層的趨力。有關國家機器中的主權、民族、文化、歷史等意義表述都充分揭示「以台灣為主體」的認識論／知識論（epistemology）。因此，

雖然無人列舉所謂「台灣價值」的實質項目，台灣價值卻被多數台灣人民清楚感知、理解、傳播，以及信仰。

二二八事件與美麗島事件的承先啟後

1947年2月底台灣發生「二二八事件」。事件的表面原因是人民與政府之間的階級衝突，根本原因則涉及當時「本省人」與大陸「外省人」之間的民族矛盾。1979年12月「美麗島事件」發生之後，「台灣人」與「中國人」的迥異身分認同再被部分國人有意識地在生活態度上以及心理認知中表現出來。

可以說，美麗島事件的「蝴蝶效應」（butterfly effect）就是把台灣人自二二八事件以來潛藏的台灣民族身分召喚出來、擴散出去。直到今天，「身分認同政治」（identity politics，或稱身分政治、認同政治）都是台灣所有政治事物的原點。

1979年初始，「美麗島雜誌社」所領導的社會力量將歷年反抗統治階級的動能推向高峰。1980年代以後，各種「黨外雜誌」陸續在人行道騎樓下的書報攤與「黨國意識形態」進行針鋒相對的思想鬥爭。當時的黨國威權體制也以軍警、情治、《戒嚴令》、《懲治叛亂條例》等具有鎮壓性質的國家機器，展開對「黨外」、台獨，以及中共等「三合一敵人」的打擊。

1980年代「黨外雜誌」的普及加快了台灣民主化的進程。然而，台灣民主運動的實踐過程卻連帶促使台灣人揮別中華民族的舊身分認同，迎向台灣民族的嶄新歷程。可以說，台灣民主思想的外溢效果（externality），就是替國人開闢了一條台灣新興民族認同的道路。

1979年《美麗島雜誌》創刊號第二頁的發刊詞曾提及：「讓民主成為我們的政治制度，是在台灣一千八百萬人民對中華民

族所能做的最大貢獻……」。在表面意義上，這句話似乎認同本省人與外省人同屬中華民族身分；就深層意義而言，這句話語更像是部分台灣人民從此向中華民族身分的正式告別。

自從 1979 年美麗島事件以後，「中華民國」與「台灣」兩者分化的國族認同益發明顯。環顧國際局勢，美國一直以來都是中華民國的全部。1979 年是中華民國與美國斷交的一年，也是「台灣統治當局」（governing authorities on Taiwan）在《台灣關係法》（"Taiwan Relations Act", TRA）中誕生的一年。中華民國「依法」降格為一個只是「政治實體」（political entity）的台灣；國家從此失去自己大中國想像的依靠。

雖然中華民國仍受美國保護、不必單獨面對世界，但她開始必須以抽象方式和世界交往。語言這種抽象符號經常傳達「說不準」與「測不準」的境界。在與國際交往的過程中，有關中華民國主權的說法開始進入符號的象徵意義。從 1979 年以後，「台灣統治當局」的有關主權問題也跟在中華民國主權之後，進入了一種空虛的、徬徨的，有如拉康（Jacques Lacan, 1901－1981）精神分析理論所說的「象徵界」（the symbolic）狀態。

蔣經國總統面對 1979 年「中美斷交」的震撼，採取的對策是發布「緊急命令」取消當年的民主選舉。這就使得台灣在 1979 年底爆發讓台灣民族認同差異白熱化的美麗島事件。美麗島事件的民主運動同時帶給國人有關民族、文化，以及歷史等觀念的分化認同。這個國家人民的共同體記憶從此割袍斷義。

從 1980 年代「黨外雜誌」蓬勃發展以來，台灣價值即持續與中華民國價值進行思想論爭。直到今天，「台灣派」與「中華民國派」這兩個因應政治需要而被製造出來的新生事物，就

一直表現為台灣政黨政治中最核心的兩個主體。

目前，這個國家的意識形態差異屬性強碰一起，成為「中華民國台灣」這個組合型名稱。因為並列呈現的關係，大中國性質與台灣性質兩者之區隔互斥反而愈加明顯。站在當前台灣主流價值的高度觀察，具有大中國性質的原中華民國符號在台灣正處於一種非主流的底層地位。然而，這些符號卻又以其法理基礎而在「台灣地區」殘餘存在。

從台灣派的立場而言，過去的「黨國思想遺緒」隨時都有可能利用台灣民主而復辟。對「中華民國派」而言，當代「崛起中國」的變因使得本來中華民族、中華文化、中國歷史等中華民國的原生事物隨時都處在「舔中」標籤的承受地位。「中華民國派」的思想價值在中華民國自由地區該如何自處，遂成為「中華民國人」在意識形態階級鬥爭中的「存在」命題。

認同政治無所不在

如果中華民國與台灣可以共生，或相互寄生，那麼屬於兩者價值或兩者義理的差異尚可以不必鬥爭。在可能發生的台海戰爭中，中華民國與台灣兩者甚至還注定「同島一命」。中華人民共和國反對一中各表，也反對一邊一國。無可諱言，她既要完全繼承中華民國，也要遏制台灣獨立。在這層意義上，中華民國與台灣彼此「同是天涯淪落人」。可以說，在兩岸關係中，捍衛中華民國與守護台灣兩者是同一件事。

然而，目前在中華民國治權領域，「捍衛中華民國」與「台灣邁向正常國家」兩者之性質卻又是彼此互斥的相反概念。人們普遍察覺，國人在公共領域（public sphere）所表現出來的言論自由，在在把中華民國與台灣兩者性質視為兩種對立符號。

國家機器也往往表現為只「裝載」（install）其中一種價值知識，摒棄另一種價值知識。

從美麗島事件以來，有關主權、民族、文化、歷史等認知差異預示了台灣政治持續走向衝突的軌跡。這種價值差異清楚銘刻當前國家所有政治話語的方向。例如，國人將「我群」（we group; self）價值道德化，並汙名化「他者」（out group; the other）理念的情形非常普遍。在所有的檯面政治之下，國人的身分認同分歧早就匯積成一股隨時蓄勢待發的熔岩。

因此，釐清有關「身分認同政治」的概念是認識台灣政治的第一步。國人的身分認同議題並不是一個可以用「主流價值」就得以規範的事情。例如，作為一個「複數的群體」，中華民國國民／台灣人民被定義為屬於中華民族或屬於南島後裔都帶有壓迫性質；這是因為每一個國人的情況都不一樣。

對某些人而言，1945年8月15日中華民國在台北公會堂（今中山堂）的受降儀式所傳達的意義是「中華民國光復台灣」；對當代強勢的多元史觀而言，這個儀式在當時只是中、日雙方表達「終戰」的訊息。在某些人眼中，台灣大學的歷史遺緒來自日本帝國大學系列，但在另一些人的心目中，台灣大學的歷史遺緒是來自蔡元培、傅斯年等中華民國在大陸時期的北大精神。

人們從本來就應該存在的歷史真實中，找不到所謂認同「問題」（problem）的真實答案。也就是說，雖然「主體」（subject）在進行意識形態論爭時都會使用「話語」（discourse）作為工具，但人們在認同政治的話語中卻找不到真實答案的途徑。人們只會發現，認同政治的話語始終存在一種永遠不變的意識形態結構。

　　這裡先提出阿圖塞（Louis Pierre Althusser, 1918－1990）「意識形態超越歷史、超越真實」的主張。阿圖塞的意識形態理論指出，意識形態以一種永遠不變的形式無時不在、無所不在（見本書第一章第二節與第三節的解說）。這種結構正以一種無止盡的階級鬥爭形式，出現在中華民國台灣現階段的身分認同政治當中。

　　不僅在個人言論自由的層次如此，台灣特殊的意識形態結構也上升成為國家機器定義對與錯的標準。例如，國家制定法律、書寫教科書、書寫文化記憶資料庫、書寫轉型正義資料庫等等都表現為意識形態的產物。可以說，台灣的身分認同政治反映的正是這種意識形態無所不在的永恆性。

　　一個社會的主流價值通常被人們當成「常識」來看待。統治階級把某種價值定性為常識、標榜為典範的過程，即是一種形塑知識主導權的「文化霸權」（cultural hegemony）過程。從西方左派觀點，知識主導權的形塑、鞏固以及貫徹，本質上必須經過意識形態的階級鬥爭。

　　有人用「藍綠惡鬥」一詞簡單概括這種意識形態階級鬥爭的現象。其實，以阿圖塞、傅柯（Michel Foucault, 1926－1984），以及葛蘭西（Antonio Gramsci, 1891－1937）等人的政治哲學觀點為分析框架，人們將更能一窺當前中華民國台灣身分認同政治背後有關權力、知識等方面的控制問題。

評述方法與目的

　　在中華民國解嚴前的1980年代中期，台灣知識界已經將有關「意識形態國家機器」、「文化霸權」、「權力關係」等概念引進國內。在台灣從事政治運動的人一般對阿圖塞、葛蘭西，

以及傅柯等人的理論模型並不陌生。對於這些思想家們的論述,過去身為「學運世代」的台灣政治工作者應該也相當熟悉。

總之,西方馬克思主義者的概念過去都曾出現在台灣人民爭取民主的政治語彙當中。阿圖塞與葛蘭西等人的政治哲學更曾被拿來作為解構威權體制的鬥爭工具。今天,對於理解當代認同政治而言,這些思想家們的詮釋方法尤其顯現出新義。本書第一章將系統性解析這些相關理論的重要觀念,以作為理解「什麼是意識形態階級鬥爭」的「概念框架」(conceptual framework)。

本來,文化研究者多以大眾文化中通俗與流行的現象及文本(text)作為研究對象。大概從1960年代開始,傳媒中所登載的內容及其表現形式陸續成為文化研究領域的分析「文本」。一直以來,台灣新聞媒體就不吝於表達自己的意識形態立場。當前台灣主流新聞媒體甚至普遍操作認同政治。

因此,本書主要從台灣媒體所持續「再現」(represent)的各種意識形態話語中,以五章二十節的標題名稱歸納當前台灣身分認同政治所呈現的種種重要議題。作者將解析其中意識形態話語所內含的知識脈絡。這個目的是希望探索並釐清中華民國台灣當前意識形態對立論爭背後的深層意義。

第一章
身分認同政治及
意識形態國家機器

第一節 身分認同政治的理論與實際

　　「身分」（identity）一字多用在描述發生在多元文化國家中的政治議程與社會運動，例如性別、種族，以及公民／移民等平權議題。在提出「民主制度是人類歷史演化的最終形式」的命題（proposition）同時，法蘭西斯‧福山也對民主社會所顯現的民粹當道留下了批評的伏筆（見Fukuyama, 2006）。

　　在2018年的《身分》一書中，福山開始使用「身分認同政治」（identity politics）一詞來分析民主國家陷入民粹主義（populism）的弊病。他以西方民主國家的例證指出，當代「身分認同政治」（或稱身分政治、認同政治）正在威脅所有民主制度的正常發展（見Fukuyama, 2018）。

理論與實際

　　福山認為，認同政治出於「個體身分要求被他人承認」的動機。一般而言，「個人身分要求被他人承認」的動機屬於天賦情感；福山更進而指出，這種要求被承認的尊嚴感涉及個人大腦神經傳導的平衡。個體對國家民族的自豪感也是一樣。從民族與國家這種較大的社會意義而言，一般人通常也認為國家越有尊嚴、人民就越有尊嚴。

　　福山立論的假設是：人們都有要求「被承認」的天性。基此，身分認同自然成為人們生活的日常。然而，身分認同的「政治」卻促使許多令人震驚的結果，例如民粹興起、民主倒退，以及身分沙文主義等等事例的發生。福山評析，身分政治之所以對自由主義與平等主義造成威脅，是在於它的非理性本質。從結果論來說，主體尋求他人承認的操作過程，通常也並不代表主體最終能獲得相應的尊重結果。

　　過去在印度甘地（Mohandas Karamchand Gandhi, 1869－1948）、南非曼德拉（Nelson Rolihlahla Mandela, 1918－2013），以及美國金恩（Martin Luther King, Jr., 1929－1968）等人追求民權的社會運動議程中，所有參與運動的人們都曾號召社會大眾認同他們、加入他們，並一起向統治階級要求權利。這些社會領袖並沒有將自己的意識形態作為最高道德而歧視他人，也沒有要求統治階級與他們站在一起共同打擊不認同他們理念的其他人物。

　　21世紀的身分認同政治顯然與上世紀的認同政治在方法論上截然不同。在當代民主社會中，主體操作身分政治經常導致霸權知識歧視弱勢價值的結果。雖然「認同政治」這一概念

在上世紀中後即以社會運動的面貌出現，但它的平民「部落主義」（tribalism）確為21世紀的新生事物。因此，當代的身分認同政治普遍被學界定義為屬於人民之間相互結盟與互相排斥的過程。

Clarke等人（2020）就曾揭露當代身分政治在日常生活中無所不在的民粹現象。Clarke等人指出，操作認同政治的主體執著於「常識」（common sense）對「所有人」的適用。操作認同政治的主體甚至相信：經由確認身分，一個社會即能取得安全、秩序以及穩定。然而，認同政治實際上帶來歧視、分裂，以及社會不安。這是因為認同政治的話語經常帶有潛藏部分真相、突出片面資訊，以及自我劃定知識界線之類的危險本質。

身分認同政治確實讓人們在面對「不被承認」的狀態下，維護了個人一貫的認知不被破壞。然而，身分認同政治同時也造就執政的民主政黨權力過於集中的現象。在當代所有民主國家當中，民主威權主義（democratic totalitarianism）不乏其例；政治團體經常放任民粹相互攻訐。這種情形本質上即是一種階級壓迫的表示。在某些地區，妖魔化特定羣體的身分政治已經被證明是有效的。

本來，主體「要求被承認」（demand for recognition）是認同政治的心理基礎。然而，主體在社會中要求被承認的「形式」卻慢慢演化為民粹的部落主義。因為是民選的關係，統治團體成員時有站在支持者這邊，一起批判「他者」國民的情形。

台灣就經常發生行政權打擊五權憲法下其他分權大院的事例。例如，法官通常不會把「人民的社會期待」當成自己是否應羈押某人的裁定標準。然而，認同政治卻促使統治團體成員經常隨「我群」民意而批評法院「無視社會觀感」。在民粹的

壓力下，司法系統因此也漸漸朝行政權附庸的方向自我弱化。

認同政治還使民主退化到連領袖本身都可能亂政。美國總統川普（Donald John Trump, 1946－）在我群支持者面前就曾罵過聯準會、調查局、媒體等建制的不配合。他甚至在不畏新冠病毒（coronavirus disease 2019, COVID-19）疫情的2020年支持者集會中，奚落美國疾病管制與預防中心的領導人。認同政治的民粹主義讓國家領袖成為社會失和與族群對立的發起人。不只美國，當代部分民主國家都正在遭遇這種認同政治的代價。

Levitsky與Ziblatt（2019）在《民主國家如何死亡》一書中就指出，民主政體的崩壞並不會帶有革命或政變的外觀，反而可能亡於民選領袖以法律過程讓民主漸進走向威權的行為。許多歐洲、亞洲、南美民主國家的案例紛紛表明，民選領袖經常出現不遵守分權（separation of power）與制衡（check and balance）理念的情形。

也就是說，經由選舉而掌權的政治人物已不再有意識地依法律精神（the spirit of the law）約束自己權力，而總是以法律未明文規範之空間（the letter of the law）而竭盡所能擴張行政權。選舉本來是民主國家人民自我解放的工具，但民粹的認同政治反而藉由「選舉」賦權（empower）統治團體擴張權力。

認同差異

一般認為，有關呈現價值知識的話語都應該「中立」。然而，價值本身卻是以和其他價值對立的形式來顯示其價值。因此，一個社會除了主導的價值以外，也存在「不認同」主導價值的反抗話語（counter message）。也就是說，所有意識形態話語的對立論述都是一種企圖「建構認同」與「去除認

同」（disidentification）的過程。

　　理論上，對立話語所披露的不同概念也許會被對手接納而不致產生衝突，但實際的情況並非如此。在表現形式上，優勢話語通過國家機器發出立場、鞏固知識、確認觀點；對立的或反抗的話語也同時藉由其他社會網絡提出異議、表達立場、突顯對立。在此過程中，身分認同相異的話語主體不但揭露不同的知識概念，還連帶指涉對方作為「他者」的非正當性。可見，認同對立的話語是經由衝突來推動的，其屬性並不表達「中立」。

　　傳統上，身分認同政治被認為是關於被壓迫群體反對歧視的鬥爭，例如過去的民權運動以及跨性別平權運動之類。然而，身分認同從過去的壓迫與控制中萌芽，也在當代的民粹政治中茁壯。在主流與非主流的各種對立話語中，人們有必要認識身分認同政治背後所固有的壓迫、控制、反抗、歧視，甚至仇恨等等之類的潛在特質。

　　「身分政治」正是當前台灣民主政治的核心。換句話說，台灣社會的貧富兩極分化並不是當代政治所必須面對的重點。即使大學生的匿名交流平台Dcard經常出現「仇富」貼文，但「貧富懸殊」是全球化以後的普世問題；身分認同的情緒與價值論述才是台灣政治的最重要維度。

　　中華民國台灣具有特殊的「台灣」對應「中華民國」的政治矛盾，其中有關國家主權、民族、文化、歷史的認同差異尤其明顯。在《身分》一書中，福山所舉的案例國家都是聯合國的主權國家。針對各種認同議題，這些國家都擁有各自不同的自主權力。然而，因為美國《台灣關係法》與中國《反分裂國家法》的規範與約束，台灣社會在面對現況定位以及未來統、

獨等認同議題時，這個國家的行動自主性（autonomy）顯然較為糾結。

　　在定義上，主體的身分認同屬性（attributes）是感情的、是信仰的、是心靈歸屬的，更是關於個體和其他人的共同點與差異點的認知與想像。在目前國家進入民主台灣的特定歷史時期，不論是宗教的、醫界的、學界的公民團體，都顯示出某種不同光譜的身分認同與政治偏好。也就是說，公民團體與媒體機構的公共話語一律都參雜著明顯的身分認同標記。

　　台灣與中華民國　意識形態主體最關切的身分認同面向是國家、民族、文化，以及歷史等認同的排他與結盟，見表1.1.1：

表1.1.1：認同政治的四個構面

構面＼國家	中華民國	台灣
國家認同	中華民國主權	台灣主權
民族認同	漢人為中華民族	台灣人85％以上為南島語族（見第三章第二節的解說）
文化認同	中華文化為底蘊	台灣文化為主體
歷史認同	中國歷史傳承	台灣四百年獨立發展

　　除了見證台灣民主化的歷程，人們也開始體驗到身分認同政治在台灣日常生活中的無所不在。許多機構都存在授予某種民族、文化，以及歷史等特殊權利的認同政治。例如，規定空間場域的設計應該佈置什麼圖騰、規定什麼日子該有紀念活動、規定小學生該到哪裡校外教學等等都反映了機構的認同傾

向。

　　以國家在給外籍配偶學習國語文的習作課本為例,「我來自越南,我現在是台灣人」的句子比比皆是;「我是中華民國國民」的教材內容則相對沒有。一個簡單的語言教學,實際上也就是在促進新移民對這個國家的認同觀念。

　　對政治團體而言,政黨政治說到底仍然是「你下我上」的政權爭奪與保衛。台灣的選舉實務尤其證明,各陣營在「選戰」這種殊死鬥爭尚未發起之前,都會先以不同的國家意識圈住支持者。然而,台灣對應中華民國的國家認同實踐總是被突如其來的「中國因素」所糾纏,或被恆久必然的「美國戰略」所牽制。

　　因此,「認同」這種概念就只能以價值建構或理論化的方式操作。也就是說,「認同問題」不是一個可以實際驗證的材料。爭辯「台灣不是一個國家,中華民國才是」、「中華民國從未光復台灣」、「台灣從來都不曾屬於中國」等語,一律不具實證效力。

　　這是因為中華民國台灣的認同政治是一個複雜的意義整體,牽涉的並不止於政黨政治與兩岸關係。它從過去、現在到未來,從民族、文化到歷史等各種成分都糾結一起。整個國家分化的歷史脈絡與錯綜的國際現實等諸多因素,都是影響國人有關認同觀念的重要變項。

　　多數抱持台灣價值的國人都希望台灣能擺脫中國在兩岸血源、文化、歷史等「一中」關係的糾纏。也就是說,中國與台灣兩個「鄰國」最好可以和平相處。多數台灣年輕人加入或支持新興本土政黨的動機,也都是朝這種理想邁進。可以說,年輕人從政的核心價值就是在為反對任何形式的一中思想(包括

血源中國、文化中國、歷史中國等）而奮鬥不懈。

　　反觀抱持中華民國價值的主體從一中憲法出發，對兩岸地緣政治的觀點不排除「和中」的想像。有關釣魚台主權與南海11段線的主權認知，中華民國價值還與美、日觀點相反。在想像中華民族在世界上得以「復興」的心理機轉上，中華民國人在某些地方甚至與大陸同胞同理心。

　　「中華民國人」的這種態度經常遭遇主流媒體的批評。然而，過去在國家機器「以中華民族為主體」的社會溝通下，本省人和外省人都一同走過「做一個堂堂正正的中國人」的經驗。在目前典範轉移的主導知識下，部分國人已經在基因血緣中找到了「台灣人不是中國人」的證據（見第三章第二節的解說）。

　　雖然國人的身分認同觀念是國家機器長期進行知識建構的結果，但統治階級單方面的力量卻無法成就有關認同意識形態的知識普及。換句話說，任何一種價值論述如果要成為社會的主導意識形態，還需要有一定相應的社會條件。假設台灣價值缺少了本土家庭以及國際社會（即美國和日本）的普遍支持，即使統治階級不斷以「權力」在國家機器中維繫主導的意識形態，普羅大眾也不會將之內化為「我們的」意識形態。

　　最明顯的例證擺在眼前。中華民國價值在過去即使歷經國家機器的維繫，至今也一樣淪為被多數公民團體視為「黨國遺緒」的下場。以目前中華民國「憲法一中」的政治遺產為例。「憲法一中」應該只是中華民國陸委會拿來對付中國大陸，作為與大陸交涉時的「擬態」（模擬作態）工具。也就是說，「一中」這件事情並不是一個可以拿來在內部選舉中強調的認同標準。

　　事實上，多數國人早就以中國稱呼對岸，而非中華民國法律所稱的「大陸地區」或「中國大陸」用語。部分國人在口語

上使用什麼台灣省、台灣地區、台灣島內等名詞，更普遍被主流價值指認為缺乏「以台灣為主體」的態度。

除了中國共產黨反對「一中各表」以外，台灣所有的本土政黨也不認同「兩岸一中」（即大陸地區、台灣地區）可以「各表」為一個中華民國。即使《中華民國憲法》前言明文書寫「國家統一前……」，多數國人卻已習慣這個國家的主權與治權所及國土通通就是台澎金馬。部分國人更認為，「兩岸關係」的辭彙本身就是一種讓台灣人民不自覺自我設限的認同陷阱。畢竟「兩國關係」才是符合目前台灣反抗中國併吞的意志表達。

因此，即使中華民國憲法是一中憲法，台灣主流民意卻與之對立。然而，對一個貼近主流民意的民選總統而言，他（或她）仍必須依《中華民國憲法》第48條「余必遵守憲法……如違誓言，願受國家嚴厲之制裁」的條文宣誓。統治團體成員對中華民國一中憲法的這種宣示儀式，可以被視為對主流民意的一種反諷。

國人對自身民族、文化、歷史的「集體記憶」是國家認同的基礎。目前國家機器雖然「裝載」（install）滿滿的台灣價值，但2006年95課綱以前所教育出來的中華民國價值仍存在於部分國人的記憶當中。當代流行的記憶典範是二二八、美麗島、鄭南榕、野百合、太陽花，舊的記憶點仍維持在八二三炮戰、中華少棒隊、蔣經國、孫運璿、十大建設。

在可能存在的所謂「無色選民」心目中，中華民國價值目前已廢未廢，台灣國家的法理地位又妾身未明。在所有政黨都可能存在治理失靈的條件下，中立選民對於民主選舉的認知就自然希望民主能選出讓人民生活不愁的統治團體。這些人的台灣價值意識也許並不這麼明顯，對中華民國義理也沒有什麼歷

史情懷。所謂「國家認同混淆」的流行評語，指的可能就是在這些人身上所發現到的氣質。

中華民國政府遷台的前20年間，有900餘位空軍官兵殉職。當時這些抗共保台的中華民國人在中華民族、中華文化、中國歷史等方面都抱持著深刻的「一中」連結；他們完全沒有上述所謂「國家認同混淆」的氣質。

更早期的唐景崧、劉永福，丘逢甲等人在成立「台灣民主國」抗日時，還將國號取名為具有紀念清朝意義的「永清」。台灣人反對日本殖民統治的案例還有隨《馬關條約》後的「乙未戰爭」以及1915年規模最大的「噍吧哖事件」。1920年代蔣渭水歷次的台灣新文化運動也充滿認同中國的情緒。1946年台灣光復後，林獻堂更組織「台灣光復致敬團」率台灣仕紳至西安遙祭黃陵。

台灣人認同歷史中國的典型事例在二二八事件後完全劃下句點。在台灣人不可能再是中國人的條件下，當前中華民國人還是創建了許多兩岸同屬一中的名詞，例如一中各表、一中兩憲、憲法一中、一國良制、未來一中、大屋頂中國、大中華聯邦等非主流性質之類的蒼白話語。

一個沒有「要求被承認」熱情的人終究失去群體歸屬感。以一個意識形態虛無的個體為例。當這個人面對認同問題的質疑時，他開始言詞閃爍、不知所以；就算這個人最後拿香跟拜，「我群」也不會接受他成為真正的「我們」。換句話說，在認同政治的氛圍下，人們最終還是必須說出身分正確的通關密語，團體才會決定是否要把這個個體當成「我們」，還是把他打成「他們」。

民族身分

「民族」是一種超越政黨、超越派系、超越權力的超穩定政治存在物。在所有中華民國國民當中，具有雙重認同的人並非罕見。李登輝也是日本人，馬英九、韓國瑜也是中國人云云，都是歷史不可改變的事實。

以法理上的「國籍」定義而言，目前所有台灣人民尚不能自稱自己是「台灣國民」（Taiwanese nationals）。然而，台灣是否為法理主權獨立的國家（nation）並不是重點，重點在於國人是否融入「我是台灣人，不是中國人」的主體意識。目前，至少新黨與國民黨中的黃復興黨部成員等群體，還尚未準備好要融入這種民族身分的改變。

民族起源的知識建構部分以遺傳科學逐步佐證，更大程度來自Giddens（1991）所謂「自我認同」（self-identity）的趨力（有關「自我認同」的觀念，見第五章第四節的討論）。中等學校社會科教科書的任務，在於培養國民對國家與民族的認同。從1997年9月1日台澎金馬各國民中學開始實施《社會篇》、《歷史篇》、《地理篇》共三本的《認識台灣》教學以來，台灣民族的知識開始普及，中華民族的意識逐漸消退。

不管從台灣人民感情或當代主流文化情境等面向，台灣人與中國人的民族對立至少從二二八事件結束前後就開始了。可以說，一種近乎決絕的「超穩定政治存在物」從1947年起延續至今。美國《時代雜誌》曾刊載過一篇台灣人向美國人控訴中國占領軍（Chinese occupation army）的報導。其中一段話語呈現了「福爾摩沙人」在民族認同方面與中國人的重大歧異[1]：

你們（美國人）對日本人很仁慈。你們把原子彈投給他
們，卻把中國人丟給我們！

You were kind to the Japanese. You dropped the atom on them,
you dropped the Chinese on us! (Foreign News: This Is the
Shame, 1946, p. 35.)

　　當代台灣的社會風尚對於認同問題的規範程度很高：不是
「我們」，就是「他們」。在某些社會，個體對外做跨性別表述
時往往遭遇極大的溝通障礙。自認是台灣人也是中國人的人也
有類似壓力。不可否認，身分認同政治帶動標籤化、汙名化等
霸凌氛圍。少數意見群體保持緘默也許是一個很好的策略。然
而，世界上鮮有可以享受免於表態的壓力，而又能維持自身所
謂「沉默主體性」（tacit subjectivity）的可能。

　　因此，中華民國人總是搬出憲法中有關「統一」的前言，
並朗讀《中華民國憲法增修條文》（以下簡稱《憲法增修條
文》）中有關一個中國、兩個地區的文字。然而，一個人唸
出自己認知到（acknowledge）的憲法文字，與這個人是否承
認（recognize）文字中的價值是兩種不同事物。

　　也就是說，所謂意識形態價值首先必須是被主體承認的價
值。一個政治人物若「意識到」、「認知到」、「體會到」或「注
意到」兩岸在血緣上、文化上、歷史上同屬一中，那麼他就要
「承認」這個中華民國的固有價值，並且要在他的政治工作中以
及生活態度上實踐這種價值。也就是說，他必須要將自己的緘
默表示出來（making the tacit explicit）。

註1. 如同多數外電報導，過去美國《時代雜誌》（TIME）主要使用「福爾摩
　　沙人」（Formosans）一詞指涉國府遷台以前就已經在台灣居住的人民。

　　然而，如果中華民國人承認上述中國概念，一個政治後果隨即產生：在民族血緣、文化底蘊、民族主義的歷史觀點等等方面兩岸連結，中華民國人與中華人民共和國人會因此「成為同胞」。如此，台灣加入美國隊伍遏制中國的決心就有可能被美、日兩國所誤解。2020年中華民國駐日代表謝長廷先生就一再提醒國人，有關台灣人對釣魚台的主權主張，不要有給日本人產生「兩岸聯手」的印象。

　　台灣人民與日本大和民族「同為同胞」卻不會產生政治後果。中華民國前總統李登輝先生的日本名為岩里政男。在2007年參拜靖國神社時，李自述了一段他與日本人同為同胞的家族經歷。2016年，蔡英文總統在琉球主島上的「台灣之塔」紀念碑題字：「當年日台戰士皆為同袍，生死與共，榮辱與共同擔」。這段題字彰顯的也就是這種台灣人與日本人都是同胞的民族情緣。

　　身分認同政治在台灣並沒有形成像文革時期一般的全面社會運動。各個公民團體在從事社會運動時也沒有要求每個人都要做出思想交待。然而，台灣的認同政治場域逐步在社會輿論中形成鋪天蓋地的「立場」（political stance）風氣。公民團體與主流媒體一方面批判中國打壓台灣、香港、新疆，一方面也同時譴責「已在國內」的其他國人，批評他們對台灣價值經常無所用心。

　　台灣社會對於台灣價值認同「必須表態」的社會規範程度日益強烈。考慮「你是什麼人」成為所有批判行動的起點。認同政治一再強調「我們」認同的正確性、「他們」認同的錯誤性。所有大學、宮廟、社團、基層里辦公室等等之類的單位，基本不脫離台灣價值的長臂覆蓋。然而，個別國人對身分認同

的相關感受仍顯得相當混亂。

　　以國人對國旗的態度為例。有人會說：「啊！那是台灣國旗」，也有人會說：「那是中華民國國旗，有著青天白日滿地紅的故事」。台灣人民也有將這面國旗視為「黨國的車輪旗」者。因為認同不同或認同混淆等原因，國人在選舉場中經常目睹護旗、毀旗，或另舉旗幟等等行為藝術的演出。

　　認同政治因此成為意識形態鬥爭的展演形式。在建構知識的過程中，國家機器勢必去除那些足以混淆主導知識的一些迷障。所謂「意識形態國家機器」是塑造國家認同的責任機關。也就是說，所有教育、大眾傳播、文學藝術、觀光旅遊、運動賽事等主管機關以及「有關機關」，都不存在類似「文化歸文化、運動歸運動、政治歸政治」的狀態。

　　反而，這些領域更有必要「裝載」國家所欲主導的認同價值。中等學校教科書就這樣並不同時「裝載」台灣價值與中華民國義理兩種認同。例如，教科書幾乎已經不再述及中華民國國父孫中山先生這號人物的事蹟。

　　身分認同政治走向極致即產生身分沙文主義之類的階級壓迫。中華民國台灣是民主國家，國人不必為自己少數的身分認同而道歉。然而，民粹的部落主義同時將各種歧視標籤貼在身分認同異己的意識形態他者身上。在這種氛圍下，中華民國固有的民族、文化、歷史等中國概念終於被強勢話語定性為「破碎、殘餘，以及他者的存在」。

　　傳統哈伯瑪斯（Jürgen Habermas, 1929 - ）的「公共領域」（public sphere）學說認為，在自由流通的情況下意見市場中的多數見解最終將形成制度。也就是說，社會不會因為存在相異的少數而秩序瓦解，反而更能彰顯這個社會的多元特徵。

然而，涉及身分認同的異己觀念在某些民主社會一直被另眼相待。東烏克蘭如此、北愛爾蘭如此，台灣也是一樣。

現代中國崛起的因素甚至促使部分國人相信，那些少數抱持「一中思想」、「概念中國」等的意識形態他者都有可能成為擔任中國「代理人」、「在地協力者」，以及「內應」的潛力。這種防衛性認知連帶使得中華民族的身分認同者，經常遭遇被催促「可以搬回祖國」的排斥待遇[2]。

意識形態階級鬥爭

意識形態對立的主體往往使用不同的身分用詞。大陸女子與台灣人士結婚，意識形態主體可以「再現」該女子身分為「台灣媳婦」，也可以「再現」該名女子身分為「中國新娘」。兩者用詞的語意都反映主體想要引導民眾「往什麼方向去認同」的目的。

在意識形態話語中，人們經常看到類似這種「辨別身分」以及「確認身分」的過程。公民團體究責政治人物也往往以其「身分」作為標準。也就是說，人們對公眾人物罪與罰的期待，主要看的是這個人究竟是「我們」的成員，還是「他們」的成員。

主體從事政治與社會運動就這樣以外部身分，而非事物本質，作為是否要給予打擊或給予支持的判準。「我們是誰」和「我們不是誰」的決定往往以「排斥」而非「包容」的態度來處理。在認同政治的壓力下，一個台灣人如果「也是中國人」就典型進入了「種族叛徒」的概念。經過公民團體與主流媒體不斷向社會大眾公布的民調提醒，原本承認雙重身分認同的人終

註2.「祖國」一詞是意識形態話語中經常出現的辭彙，更往往用在鬥爭的語境當中。有關「祖國」意涵，見附錄。

於進入沉默螺旋（spiral of silence）的失語狀態。

　　主體對於民族、文化，以及歷史的主觀認同通常具備某種連貫性的核心價值。就現況的定義以及對未來的想像而言，即使「華獨」與「台獨」的國人間也有「中華」與「台灣」的身分之別。甚至，認同政治的主體不但要指認他者的異己身分，更要 保持自己身分的純淨而力求表現。例如，本土政權中的外省第二代從政同志就經常表現出比400年世居台灣的本省人還要捍衛台灣價值的態度。

　　2004年民進黨制定《族群多元國家一體決議文》。其中指出，台灣認同與中華民國認同應該互相接納。也就是說，意識形態我群應「接納」意識形態他者；兩者都不必為自己的認同道歉。然而，身分認同政治本質上是價值與反價值的極端對立。自認身分純淨的主體往往以證明「我是人、他是非人」的民粹方式，勇於操作認同政治。因此，認同政治的過程經常顯示衝突求勝的意志，缺少《決議文》所揭櫫求同存異的胸襟。

　　至此，身分認同政治流於階級鬥爭，完全不是促進和諧社會的「心靈雞湯」。人們發現，潛藏在台灣民主選舉各個角落中的正是身分認同政治的陰影。即使是地方民代選舉也都有隨時被上升為國家認同戰場的可能。民眾開始了解，選擇一位不同的候選人就等於在選擇一個不同的國家。

　　目前台灣國家正常化的基礎是本土認同。所有民族一中、文化一中、歷史一中等非本土認同的東西，都被強勢話語認定為是在破壞這個基礎。在認同政治的壓力下，民選的統治團體成員有可能因民粹的驅使而必須選擇站在「我群」的一方。因此，我群團體霸凌他者群體的情事往往就被某種社會風氣所默許。民主社會的「多數暴政」（tyranny of majority）由此而來。

　　身分認同政治讓人民相互對立。人們經常要求「我們的」政府能和我們站在一起，共同壓制與我們思想態度都極端對立的「他們」。身分不同的部落民眾也會直接攻擊那些支持「他者政治人物」的其他平民。這種平民部落主義只有在遇到共同威脅時，認同對立的人們才會考慮團結。

　　然而，這種外部威脅必須真實。如果這個威脅只是主導的一方所提出的動員策略，異質的部落平民仍難以形成命運與共的集合體。這就是為什麼Clarke等人（2020）認為，「確認身分」的政治操作並不能為社會帶來安全、秩序，以及穩定的原因。

　　在所有意義上，「中華民國台灣」這一複合詞都不夠精確。中華民國價值與台灣價值的意識形態實力並不對等。以表現在主流媒體的話語權為例，大中國的思想言論目前一律被碾壓。台灣的「親中政權」實際上也從未透露過自己有能力在國家機器中「撥亂反正」。

　　書寫歷史記憶本身是一種「再現」（representation）的行為。中華民國人相信，兩岸歷史事件的脈絡結構及其「共伴效應」（accompanied effect）因台灣現階段的認同政治而被隱而不宣。這導致中華民國同屬中華民族、傳承歷史中國、共享文化中國等等的大中國概念遭到國家機器的摒棄。反觀作為二二八事件受害者身分的台灣，在今天則具有高度的知識主導權以及價值話語權。

第二節 意識形態及意識形態國家機器

　　早在1980年代中、後期，法國思想家阿圖塞（Louis Althusser, 1918－1990）的〈意識形態及意識形態國家機器〉（Idéologie et

Appareils Idéologiques Etat）一文之部分觀念就被引介到台灣。該文所揭櫫的相關思想在當時主要是拿來作為反抗國民黨威權體制的精神武裝。今天，人們在網路上已可找到該篇英文版全文，即"Ideology and Ideological State Apparatuses (Notes towards an Investigation)"（見Althusser, 1971）。

　　本書第一節所提到的意識形態、國家機器、意識形態國家機器、話語、主體等名詞的抽象概念，都可以從〈意識形態及意識形態國家機器〉（以下簡稱〈機器〉）一文中的脈絡得到理解。本書主張，該文在身分政治迷漫的今天，尤其能顯現其對政治事理分析與解構的新時代意義。

　　阿圖塞的〈機器〉一文完成於1970年西方左派思潮狂飆的年代（即西方左派思潮蔚為風潮的1968年前後期間）。然而，該文所探討的政治哲學觀念卻對當代民粹政治產生新時代的認識作用。當我們採用〈機器〉一文的觀念作為台灣認同差異的分析工具時，當代一般民主社會所存在的民粹、權力、控制等問題也將得到釐清。

意識形態

　　馬克斯（Karl Marx, 1818－1883）在1859年出版的《政治經濟學批判》一書中，提出有關「下層結構」（infrastructure）決定「上層建築」（superstructure）的唯物主義觀點。這個理論指出，個人所處的經濟生產方式屬於「下層結構」；下層結構決定了構築於其上的意識形態（ideology）這種「上層建築」。

　　遠古時期母系制度下「一妻多夫」的觀念與習俗，就是源自穴居時代人類以狩獵搏命為基礎的經濟生產方式。封建時代

許多「上層的」思維與制度，也是奠基於以農耕經濟為生產方式的基礎之上。例如，一夫多妻、重男輕女、以師為父等觀念就是建築在過去農業生產方式之上的產物。

　　總結馬克思最初使用「意識形態」一詞的含義，指的是某些核心價值在經濟制度上的體現。因此，從唯物主義的角度，「意識形態」一詞並非一般人以為的是一種純粹的幻覺、純然的想像，或者單純的所謂「中心思想」。

意識形態是主體與自身環境相互作用下的一種想像

　　阿圖塞發展了上述傳統馬克思主義有關意識形態功能的理論。他首先提出，意識形態是主體與生存環境之間的一種「想像態」（the imaginary）的「再現」（representation）。以一個基本受薪階級的年輕上班族為例。年輕人不敢生育的原因多出於經濟因素。然而，這位上班族在連續生了兩個女兒之後，他的原生家庭仍告誡這位青年「無後為大」的觀念。

　　要繼續生養男孩這種思想並不符合這位青年的現實生活條件，但他仍執著於一種信念。那就是，他的存在應該為家族留下後嗣香火。顯然，這個年輕人的精神狀態和自己所處的真實生存條件之間產生了一種「想像態」的關係，即一種封建社會所遺留下來「重男輕女」的意識形態。

　　這個例子表明，人們的某些世界觀並不符合現實，但人們卻願意為這個世界觀繼續構築幻覺。一個沒落貴族在言談間不時展示過去他在上流社會時的風華。退休高官與人交往仍期待眾人對他的話語點頭稱是。過氣明星依然以為旁人都應該對她前呼後擁。一般庶民則總是犯下倚老賣老的毛病。有些人舉止雍容華貴、吃好穿好，卻無視自己不事生產、坐吃山空的事實。

　　有關身分認同政治的例子也可以做如此轉喻（metonymy）。台灣人民並不願意面對「美國爸爸」正在管理台灣主權的事實；人們反而會說：「台灣是一個主權獨立的國家」。中華民國人也通常無視世界上的「中國」稱謂已經屬於中華人民共和國的專有名詞，還堅持一個中國可以「各表」為中華民國。

　　所有例子都指出，人們「要求被承認」的心態與人們真實的生存環境並不協調。然而，抱持一種以「我」為主體的「想像狀態」卻能夠讓人們在衝突壓力中比較好過。心理學家拉康（Jacques-Marie-Émile Lacan, 1901 － 1981）曾提出過「想像態」（the imaginary）的這種觀念。阿圖塞引伸這個概念指出，意識形態正是個人與周遭真實生存環境「想像態」關係的再現。

　　在社會互動的交往關係中，人們不符真實的世界觀背後往往存在某種具體的現實壓力。一個低薪的上班族青年總是感受到家中須生養男孩的具體壓力。這個壓力可能來自原生父母的期待、來自親友的議論，或來自沒有後人傳承自己姓氏的焦慮等等。這些都是他所處環境的真實寫照。因此，阿圖塞對意識形態的定義提出了一個簡單公式：

　　　　意識形態＝想像的幻覺＋真實的暗示
　　　　ideology = illusion/allusion

　　在與國際社會互動的交往關係中，中華民國台灣所面臨的衝突壓力使得這個國家的認同論述充滿著大量的想像性擬態。也就是說，所有「中華民國在世界上仍然存在」、「台灣在世界上是主權獨立的國家」之類的想像話語，都暗示著這個國家在世界上「沒有其他選擇、只能維持現狀」的真實處境。阿圖塞

認為，人們必須挖掘並詮釋那些存在於人們想像狀態背後的那個真實世界，才得以一窺意識形態的全貌：

> They constitute an illusion...they do make allusion to reality, and that they need only be 'interpreted' to discover the reality of the world behind their imaginary representation of that world.

意識形態是物質的存在

阿圖塞在〈機器〉中提出的第二個重點命題，是在闡述意識形態的唯物主義性質。他指出，意識形態並不是抽象混亂的思想，也不是雜亂無章的夢境。意識形態的存在必定是一種物質的存在（"Ideology has a material existence"）。也就是說，意識形態總是存在於某種「機器」（apparatus）當中，以及存在於某種「機器」的各種實踐當中。因此，在他看來，每一種「機器」都是某種意識形態的體現。

阿圖塞以兩個載體說明「意識形態」的物質體現：（1）就個人而言，意識形態藉由「主體」的「話語」（discourse）來體現；（2）就社會而言，意識形態透過「國家機器」（state apparatus）來發揮功能，見圖1.2.1：

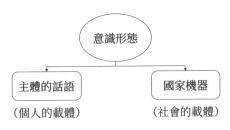

圖1.2.1：意識形態的二個載體

　　主體　「主體」（subject）這個概念也許是所有西方馬克思主義者闡述意識形態的原點。我是書寫這本《意識形態階級鬥爭》的作者，你是正在閱讀這本書的讀者。作為主體，我甚至使用了「我」這個第一人稱來對你「說教」；作為主體，你也正在評論我的觀點。「主體」是意識形態表達的起點；我「說教」和你「評論」的過程本身，就充分提醒我們兩個一個重要觀念，即「你和我都是意識形態的主體」。

　　當代許多「網民」更藉由貼出文章、製作哏圖、臧否人物等等儀式，來實踐自己的意識形態功能。個體（individuals）就這樣經由意識形態的召喚（interpellate），以某種實踐的方式而成為具體的、獨特的「主體」。用阿圖塞的理論文句來表述就是：意識形態賦予個體一種主體的身分識別。

　　在阿圖塞的理論體系中，無論人們接觸什麼，人們都「自發地」或「自然地」讓意識形態作用於自己的意識和情感當中。人們在生命的過程中既循著意識形態的召喚而行動，在臨終前也留下意識形態的身影。可以說，人生下來直到死去，都是意識形態的產物。

　　可見，人們永恆地在進行「意識形態實踐」這件事。即使人們只不過在日常生活中與他人簡單說話，也是在意識形態實踐中完成。我現在正用「話語」裝載「知識」進入你的腦中，而你也正在思考、檢視以及批評我的話語。可以說，我們兩個「主體」現在就正在進行意識形態實踐的儀式。

　　於是，世界上的任何「話語」都與說話者自己的意識形態緊密結合。傳播學領域的所謂語意分析、文本分析等研究取徑，因此從來就無法割裂對意識形態主體的分析。因為「文如其人」的關係，任何對「內容」的研究最後都得回到對「主體」

的研究，也就是對說話的「人」這個有機體的研究。

　　廣義地說，雖然每一個「個體」本來也都是意識形態實踐的主體，但這種主體所彰顯的整體社會價值相對並不很明顯。也就是說，這個原來屬於個人的主體必須轉換為捍衛集體社會價值的尖兵，才算成為真正「主體性」強烈的主體。社會主體性強烈的主體不會僅僅糾結於本身個體方面的小範圍意識形態實踐，例如希望再增添一位男性家庭成員來替家族傳宗接代。他會為整個國家的歷史、現狀以及未來，做出信仰上的追求與實踐。

　　阿圖塞的這種看法顯然是要求人們把一般的「主體」（小寫的subject），和具有社會意識與國家觀念主體性的「主體」（大寫的Subject）區隔開來。在政治領域，主體性強烈的主體有時甚至會以吸引眾人眼球的表意行為把「價值」的意義彰顯放大。例如，主體實施對蔣介石銅像斬首、對蔣介石棺槨潑漆等舉措，即是在表達自己對「轉型正義」中有關「清除威權象徵」的價值具有急迫感的理念（見《促進轉型正義條例》第2條2項第2款之規定）。

　　至此，「個體」經由意識形態的召喚而成為「主體」的道理，簡單易懂。也就是說，在芸芸眾生當中，意識形態召喚他們、質詢他們、喚醒他們、改造他們，最後使他們成為「主體」。人們經常可以在任何國家的革命歷史中看到這樣的例子：一個原本渾渾噩噩、人云亦云的「個人」，最終被意識形態喚醒而成為願意為某種價值犧牲奮鬥的勇敢戰士。

　　話語　阿圖塞指出，主體主要透過話語（discourse）來彰顯主體的主體性。因此，意識形態終究不是在空中飄盪的抽象東西，而是藉由具體的言行來體現。當人們尚未得知某個個體

到底抱持什麼想法時，人們會「聽其言、觀其行」。人們光是聽到某一個個體所使用的名詞、形容詞等辭彙，就可以得知該個體是站在哪一個立場說話，是屬於哪方面意識形態的主體。

當主體使用「大陸」或「中國大陸」對應「台灣」的用語時，這個主體的「憲法一中」意識形態，顯然就與使用「中國」對應「台灣」的「一邊一國」主體觀念不同。一個不同稱謂的簡單用語，就這樣彰顯不同主體的意識形態主體性。換句話說，旁人聽其話語便知此人究竟是「我們的人」，還是「意識形態他者」。

意識形態與主體如影隨形

阿圖塞〈機器〉一文中的第三個重點，在於確認「意識形態從屬於主體」（subjection to the subject）的觀念。「從屬」（subjection）這個名詞是用來形容意識形態與主體始終相互依存的概念。理論上，你、我都是具有自由意志的主體，你、我都不會被意識形態綁架。然而，即使人們不承認自己會被意識形態綁架，但人們的話語卻經常洩漏自己的意識形態。也就是說，在主體的背後，某種意識形態始終如影隨形。

"Beware of your thought, it may come out anytime! " 這句英文諺語，部分說明了主體和意識形態之間這種相互依存的關係。這句話的意思是：「人啊！在任何時刻都要小心管好自己的思想。思想非常危險；它隨時都會脫口而出而讓真實自我涉入險境」。例如，一個人在公司對老闆不爽的思想一旦萌芽，他就得小心將之隱藏。否則，思想洩漏的一天就是這個人失業的開始。這句諺語的哲學啟示可以被引伸為：他人若不喜歡你的意識形態，也就意味不會喜歡你這個人。

　　因此，世界上並不存在主體與意識形態脫鉤的情形。然而，實踐認同政治的主體從來都指責別人太過意識形態，而不去面對自己也身處在意識形態內部的這個事實。主體總是憑著自我的定義，相信自己的話語從來都不是出於意識形態。主體更習慣叫他人走出意識形態的牢籠，要求他人說話時要本於常識、進入知識、「不要意識形態」。

　　依阿圖塞對意識形態性質的看法，意識形態本身與道德無涉。然而，人們往往汙名化意識形態。「這個政權在用意識形態治國」之類的評語，典型汙名化意識形態。在阿圖塞的理論體系中，意識形態本身並沒有對、錯這回事。例如在宗教信仰中就不存在「信基督教比信伊斯蘭教還要正確」的這種價值對錯。只是，如果意識形態主體發動了宗教戰爭，產生了種族滅絕等人道問題時，意識形態的「影響」（ramification 或 repercussion）才會產生道德上的對錯。

　　實際上，主體總是自動地、天然地選擇他所能「承認」（法文為 connaissance，英文翻譯為 recognize）的「同類觀念」，並讓他的言行從屬於這種觀念。如果他信奉神，他就會去教堂或寺廟從事祈禱、懺悔、跪拜、悔過等祈求救贖的儀式。如果一個人信仰台灣價值，他也會採取相應「以台灣為主體」的原則去實踐他日常的思考、話語，以及動作等儀式，例如拒絕購買曾有「舔中」言論的店家商品。

　　過去改革的實例經常證明，每一個被意識形態喚醒的主體都會激發出一種促進行動的能量。主體按照自身觀念而行動的情形（"the subjects recognize what they are and behave accordingly"），印證了孫中山先生所說「思想、信仰、力量」三部曲的接續。

意識形態具有知識建構的功能

意識形態具有知識建構的作用，是〈機器〉一文中的第四個重要命題。上文提到，意識形態主體從不會說：「我的話語是出於意識形態」。反而，意識形態主體都習慣叫別人走出意識形態的牢籠，進入知識、進入常識。

阿圖塞在文章中並沒有重述葛蘭西（Antonio Gramsci, 1891－1937）與傅柯（Michel Foucault, 1926－1984）等人有關知識建構的主題，但在文章註解7當中，以 "Gramsci is the only one who went any distance in the road I am taking." 的文字，高度推崇葛蘭西所提出的「知識霸權」理論取徑[3]。

在教育、媒體，以及文化領域進行知識建構、知識鞏固，以及知識傳遞等事項，是統治團體行使統治權的主要方法。人們通常對「知識」有著堅定不移的信任感。甚至，「知識」一旦得以普及即成為庶民顛撲不破的「常識」。也就是說，如果事物的道理演變成顯而易見、其理自明（self-explanatory），那麼這個道理就屬於一個社會的最基本知識，也就是常識。

以「台灣主權」這個觀念知識為例。「台灣主權論」質疑「台灣主權曾經歸還中華民國」的過去傳統知識。108年高中一年級歷史教科書（南一、龍騰等版）所傳遞的知識就明示了台灣主權以《開羅宣言》歸還中華民國是昧於《舊金山和約》（1951）「台灣地位未定」的國際法事實（例如南一版第141－143頁）。這是占統治地位的意識形態「不承認」（misconnaissance）「他者意識形態」在教育領域中的典型表示。

註3. 有關統治階級以「文化霸權」（cultural hegemony）進行知識建構的過程，以及傅柯有關權力與知識等（即 power/knowledge, subject and power, subjectivity and truth）的辯證觀念，見第一章第四節的解說。

「承認」（connaissance）我群觀點與「不予承認」（mis-connaissance）他者觀點的這兩個法文字，是阿圖塞在形容主體站穩階級立場時所使用的專有名詞。舉例而言，政治上具有相同意識形態理念者為「同志」；被指認出意識形態異己，或被「我」懷疑為認同理念可疑的人，則被劃為「不予承認」的意識形態他者，也就是敵人的概念。

除了利益變項之外，政治上所謂「不是朋友就是敵人」這句話是以意識形態來劃分的。在意識形態論爭的場域，人們都是以主體的身分持續實踐「承認」我群和「不承認」他者的各種儀式。在某些社會中，身為意識形態的少數「他者」就這樣必須經常忍受各種主流話語的輿論壓力。

人們習慣以自己的道德高度，把眼前的事物當成顯而易見的道理強加於人，並附加感嘆語說：「這是常識啊！」在台灣認同政治的場域，人們對某些事物也會自然地、本能地糾正對方說：「守護民主台灣、支持本土政權，是必須的呀！」、「保衛中華民國、熱愛中華文化，很應該啊？」、「為了台灣主權應該不分藍綠，不是嗎？」

國家、國家機器、意識形態國家機器

國家

傳統馬克思主義聲稱：「國家是階級壓迫的工具」。如果國家只是工具，那這個工具究竟是屬於誰的呢？現代政治理論稱：「國家屬人民共有」。通常這種理論都載明於各國的憲法當中，例如《中華民國憲法》第2條。然而，人民只有在投票那一天當過主人，隨後又回到被統治階段。

　　也就是說，統治階級成員受人民所託主持政務、分配資源。然而，在一定時間的相對性上，人民少有成功行使罷免、創制、複決等直接民權的機會。因此，「國家掌握在統治階級手中」的觀念仍然是西方左派思想的通論。

　　在〈機器〉一文中，阿圖塞就說：

國家「高於法律」：國家是統治階級的國家；她既不是公共的，也不是私人的……

...because the latter is "above the law": the State, which is the State of the ruling class, is neither public nor private...

　　理論上，民主國家並不存在「統治階級」與「被統治階級」這種長期不平等的階級區分。然而，即使人民可以合法讓統治者下台，但在一定的期間內，在部分被專政、被改革、被轉型的人民群眾當中，傳統被掠奪、被統治的「亡國感」仍然相對發生。因為權力會流動的原因，所謂「統治階級」與「被統治階級」的意識形態用語指的並不是社會上實際固有的兩種社會階層，而是統治團體與平民間所具有的相對主導權關係。

　　如果上述這種階級分析觀點在當代民主社會還不能成立，那麼任何「國家屬於誰」的答案都很可能被證明為悖論。例如說國家是「公共的」就並非屬實。如果是公共的，統治階層當中的重要成員組成首先就必須經過「遴選委員會」的遴選。遴選委員會是經各民主黨派按政黨比例推派的委員所組建。遴選委員會依「選賢與能」原則再從各方推薦的人選中選出國家重要行政長官。這個類似公司董事會的行政長官們經由民選總統任命後組織政府、主持政務。

　　凡是「公共的」所有權（ownership）組成都類似這種做法。這種做法通常也顯示在一般民主國家例如公共電視、公共化機構等組織的憲章或法規當中。至此，國家顯然不是「公共的」。

　　儘管「國家掌握在統治階級手中」為批判理論的定理，傳統政治學與政治經濟學原理還是比較務實地在看待「國家到底是什麼」的定義。除了「工具論」外，在1984年發展完全的「新制度論」（New Institutionalism）中，諾斯（Douglass North, 1920－2015）等人從經濟學角度，指出國家是人民相互間財產權紛爭的仲裁者，也是界定人民財產權的最終裁判。

　　這個見解仍然遭到反駁。國家當裁判也兼球員的掠奪狀態經常發生。例如有的國家藉由泛公股民營事業取得政黨與派系資源，也有的國家藉「黨政合一」的方式統一運用國家資源。這類的國家權力將導致國家剝奪人民財產權，而不是中立的仲裁者。因此，西方馬克思主義「國家掌握在統治階級手中」這個古老命題，仍然可以在民主國家中找到相當多的證據。

國家機器

　　「國家是階級壓迫的工具」是傳統馬克思主義的驚悚命題。實務上，國家藉由「國家機器」的運作來確保統治團體的有效統治。國家機器這個概念最早是傳統馬克思主義用來概括國家統治職能的用詞，指的是那些專門化、制度化的機關、機構，以及在整個政府建制之上的「總統」體制。

　　在阿圖塞的西方馬克思主義理論體系中，法院、警政、調查、監獄等機關屬於「鎮壓性質的國家機器」（repressive state apparatuses）；教育、文化、傳播、法律等機關則屬於「意識形態國家機器」（ideological state apparatuses, ISAs）。見圖1.2.2：

圖1.2.2：阿圖塞的國家機器分類

　　至此，國家機器（state apparatus）與國家權力（state power）分屬兩種不同概念。一個取得國家權力的階級通常為了永續執政而必須致力於運用國家機器來與反對勢力進行鬥爭。然而，一個取得國家權力的階級不一定有能力、有意志去取得國家機器的主導權，尤其去取得意識形態國家機器的話語主導權。

　　以傳統馬克思主義「國家是階級壓迫的工具」這個命題為前提，阿圖塞把包括軍警、法庭、監獄等機關、機構定性為具有鎮壓性質的國家機器。「鎮壓」一詞意味暴力。統治階級以強制手段禁錮個人身體固然屬於暴力鎮壓的範疇，但以規約的形式或不成文的文化風尚進行社會控制，則是民主國家較為常見的壓迫手段。畢竟，現代政治的統治團體對人民大小事物仍具有絕對審核權、准駁權，以及懲戒權。

意識形態國家機器

　　除了鎮壓性質的國家機器以外，阿圖塞還提出了與之有別的「意識形態國家機器」這個概念。〈機器〉文中的重點之一是：意識形態不是抽象的思想，而是物質的存在。這是因為意識形態都是透過國家機器來發揮功能。具有意識形態代表性的國家機器包括了家庭宗親、宗教系統、教育系統、政治團體、工商團體、工會組織、法律建制（例如大法官釋憲會議）、傳播媒體、文化協會等等。

　　阿圖塞特別表明，作為鎮壓性質的國家機器完全屬於擁有政權的統治階級。反觀意識形態國家機器則散見於多種多樣的社會網絡（social formation）當中。甚至，政黨、學校、傳媒、文化事業、財團法人、社團法人、宗教團體等等機構多數都還屬於私人領域。可以想像，意識形態國家機器千頭萬緒、各有殊異；它們確實並非統治階級可以直接如臂使指的「機器」。

　　台灣的慈濟、佛光山、基督教長老教會，以及散見各社區的宮廟等等教派，就都有各自的政治認同領域。有關與中國大陸學術、教育等交流的做法，各私立大學校院也可能抱有各自不同於統治團體的理念。傳播領域更經常出現反對統治階級的社論主張，而有與來自國家的主導意識形態相違背的情形。

　　然而，上述領域仍被阿圖塞稱之為「意識形態國家機器」。這是因為這些機構、組織的運作都必須承受來自統治階級的統一規範與管理。在有意願控制意識形態國家機器的前提下，一個統治團體必然在其管理的過程中貫徹其主導價值。例如，統治團體在教育領域可以主導編撰中小學教科書內容、在媒體領域可以對廣播內容進行監管與行政指導、在文藝領域可以特別表彰國家認可的意識形態品味等等。對於結盟與裂解各

異質社會團體方面，統治階級具有絕對能力。

　　因此，矛盾多樣的社會網絡最後總是站在具統治地位、主導地位的意識形態底下。也就是說，不論是宗教的、倫理的、法律的、政治的、教育的、美學的各種不同領域的意識形態，它們通常都對統治階級的意識形態表示臣服。

　　然而，對統治階級而言，這個主控的結果並非無償就自動獲得。統治階級的意識形態之所以最終取得是非標準的裁判地位，是因為這個階級投入賭注、進行了「苦澀而持續的階級鬥爭」（"It is the stake in a very bitter and continuous class struggle."）的結果。

　　階級鬥爭　阿圖塞在〈機器〉的結語中表明，主體在制度、在政策、在儀式、在所有建制的機器中實踐意識形態。也就是說，所有統治階級（ruling class）與反抗階級（antagonistic classes）的鬥爭都在意識形態國家機器中發生。因此，要讓自己的意識形態居於統治地位，政治團體在執政以後也絕不可能拋棄衝突。

　　統治階級不可能拋棄衝突的命題表現在三個方面：（1）統治階級與前朝統治階級成員的鬥爭；（2）統治階級與前朝留下的思想堡壘的鬥爭；最後（3）統治階級回頭與被它統治的階級進行鬥爭：

> But this installation is not achieved all by itself; on the contrary, it is the stake in a very bitter and continuous class struggle: first against the former ruling classes and their positions in the old and new ISAs, then against the exploited class.

　　可見，統治階級的意識形態之所以在一個社會成為占統治地位的意識形態，靠的從來就不僅僅是這個階級取得政權而已。一個階級必須在意識形態國家機器中「裝載」它的意識形態，並讓整個國家機器都成為這個意識形態的化身（即所謂 "installation of the ISAs"）。然而，這樣的一種意識形態實踐必須不斷付出成本。這個成本代價就是上述「苦澀而持續的階級鬥爭」。

小結

　　國家既運用鎮壓機器也運用意識形態機器來行使國家權力。然而，民主國家的壓迫行為相當隱蔽。國家進行壓迫的決定通常祕密進行，有時更以象徵性動作而非公然禁錮反對者身體的方式作為表示。例如，統治階級成員以帶動輿論風向，或以行政力量將異議者移送檢調或稅捐單位偵查而造成意識形態他者壓力的方式，都是民主社會中的「壓迫」（oppression）態樣。

　　然而，要人們接受「民選政府也會有壓迫行為」這種觀念相當吃力。人們因身分而支持統治階級的統治。統治階級對意識形態他者進行壓迫這件事，民粹「聲量」也經常表示贊同。每當統治階級以優勢地位提出定型化知識時，也就是定義「什麼是對、什麼是錯」的價值話語時，認同的民眾甚至主動加以推波助燃，因而促使占統治地位的知識得以在社會各角落更為普及。

　　傳統的「世界觀」往往把例如宗教的、美學的、法律的，政治的各種意識形態，體驗為是否為道德的、正義的、普世的價值。阿圖塞的意識形態理論卻否定意識形態會存在什麼先驗

的（a priori）道德價值。一個意識形態真正是否為正確，只有「歷史」才能證明。

　　然而，中華民國台灣的認同政治並沒有摒除意識形態有對錯、意識形態有善惡的觀念。什麼是對、什麼是錯的標準覆蓋了台灣有關身分認同的論爭。即使意識形態論爭時有不符現實的部分，但仍被人們相信為道德與非道德、正義與不義、普世價值與邪惡軸心的鬥爭。在意識形態的對立中，占統治地位的意識形態通常也就站在道德高地；反抗的意識形態則往往處於明顯的道德劣勢。

　　總體而言，台灣的意識形態論爭與「非關道德」（amoral）的本質漸行漸遠。掌握政權的階級固然牢牢掌握意識形態國家機器中對與錯、罪與罰的話語權，反抗陣營也可能在社會網絡中的其他輿論陣地表達自己是非標準的一貫態度。儘管如此，阿圖塞在〈機器〉一文中的最後結語還是指出，持續進行階級鬥爭的統治階級最終還是會站上是非標準的裁判地位。

　　至此，意識形態國家機器不只是階級鬥爭的工具，它就是階級鬥爭的場域。雖然完全執政的民選政權可以透過不斷立法、修法、嚴格執法等方式「用法統治」（rule through law）國家，但掌握政權的階級在民主社會卻通常不容易遇到囊括行政、立法、司法權力的完全執政機遇。

　　而且，一般民主國家都受限於權力分立、憲法規範，以及「完全充分的程序」（due process）等等之類的限制條件。也就是說，西方民主典範一般都強調政府權力必須「依法而治」（rule of law）。因此，當代所有民主化國家主要還是以運用意識形態國家機器，而不是運用鎮壓機器，來發揮其統治效能。

社會網絡與家庭

異質的社會網絡

　　任何統治團體都希望自己可以統一國內的所有意識形態國家機器。然而，社會網絡中的各個組成部分相互充滿潛在矛盾。甚至，意識形態差異也存在於同一階級之內。同一群體內屬於不同年齡層的成員間，也會有世代差異。以法務部調查局為例，年輕幹員和曾經執行過「政治偵防」的老調查員之間的意識形態就有相當出入。部分意識形態主體也曾表示「過去國軍與『他們』較親，現在國軍都已經和『我們』站在一起」之類的話語。

　　即使在懷抱大中國情懷的所謂外省人中也存在區分「黨國權貴」與「老兵第二代」的思想衝突。在歷代祖先都世居台灣這片土地上的正港台灣人間，有的追溯母系而認同自己為南島語族後裔，有的也堅持唐山過台灣的漢人認同。兩者即顯示分屬不同層次的民族想像。

　　民主國家的剛性政黨也是如此。政黨之下的次級團體或派系雖被一個主導的意識形態所統合，但各個不同派系間普遍存在異質的觀念與路線。例如，在本土政黨內有關「邁向正常國家」的理念就因時間演變而有各自不同的看法。「親中政黨」的從政同志之間也存在「本土派」與「黃復興黨部」之類的意識形態界限。

　　「存在決定意識」；一個人是否要實踐、要固守，甚至要改變自己的思想意識，都要看這個人所處環境的權力關係。在各種瞬息萬變的局勢中，主體經常遭遇各種錯綜複雜的情況。因此，社會網絡中的種種異質特性反映了意識形態國家機器並非

統治階級所想像的那種可以被全盤主導的樣子。

例如，國立大學就曾被意識形態主體指認出殘存過多的「黨國附隨思想」。特定媒體也持續被批評涉入親中角度過深。領台灣人民／中華民國國民俸祿的公務員也曾被發現匿名投書，對台灣追求正常國家的本土意識進行口誅筆伐。許多年輕國人籌組新興本土政黨的初衷，主要就是看不慣上述遺緒未能被轉型正義工作除惡務盡。

所謂「話語權」，部分是指主體在意識形態國家機器中掌握歷史觀點與文化定義的能力。台灣價值目前已經進駐國家機器中的教育、媒體、文化、監察委員行使調查權、大法官行使釋憲權等等系統。然而，在千差萬別的社會網絡中，與主流意識形態唱反調的仍然比比皆是。「網路」就是其中一個明顯例子。

民主化國家因此嘗試進入管理網路平台及其內容服務的運作。從2020年開始，各民主化國家已經不再質疑過去威權國家所制定的「數位主權」相關法制。既然「數據」是一種新時代的珍貴資源，各民主化國家即紛紛在自己治權領域針對無國界的網際網路空間進行「科技偵察」。即使如此，網路畢竟還是相對百花齊放的園地。因為百花齊放，部分網路平台也開始讓自己異化為爭議訊息（disinformation）的溫床[4]。

「家庭」作為一種特殊的意識形態國家機器

阿圖塞提到，在各種異質的社會網絡中，最獨特的意

註4. 2020年底中華民國政府開始思考有關「網際網路視聽服務管理法」與「數位通訊傳播法」等相關平台管制的法律制定。兩個法案的草案內容都反映了民主台灣要如何針對OTT, Line, facebook, twitter等網站及網路平台課以下架、封鎖、移除假訊息責任的問題。

識形態國家機器就是「家庭」。個人的生命從一開始就接受意識形態的洗禮。例如，父母習慣對孩童尚未出生時就施以胎教。然而，父母自己的社會人格乃由意識形態國家機器所形塑。在一般情況下，父母會自覺或不自覺在家庭中「再生產」（reproduce）國家機器所傳遞的主流價值。

因此，家庭這個組織是個體最早接觸到的意識形態國家機器。父母通常會將占主導地位的意識形態，有意識或無意識地對家中幼兒身教言教。任何個體的出生都意味個體在一種特定意識形態框架中被認定、被期待、被教養的過程。在這個「家庭的」意識形態形塑過程中，個體終於獲得一個「主體」的身分。這個「主體」身分的形成甚至從他被母體孕育時就已開始。

國際上稱為Z世代（Z generation）的個體更是在被生下來當時，便看到正在拍攝他出生的父親手機。Z世代的年輕國人一律都在線上搜尋引擎Google成立的1998年前後出生；這個世代也與2005年台灣史教科書獨立成冊時一起成長。可以說，從生命的一開始，任何一位Z世代國人都是一位十足的現代「數位人」。

這些年輕國人真實感覺「台灣中國、一邊一史，一邊一國」。除非父母根本存有大中國思想，否則一個年輕個體不需要知道什麼是法理獨立、什麼是國家想像，他的所見所聞都已經習慣「台灣人不是中國人」。

某些主體的認同理念更從他小時被父母帶至遊行現場就清楚確立。家長在這個現場讓自己小孩頭上綁著罷免某某人的布條、讓他手上拿著所屬身分的標語旗幟，還替這位年幼主體錄下他在人群中振臂高呼的視頻。這段儀式感十足的「在場」（present）影片成為這位年幼主體日後繼承父母理念的證

據。可以說，幼年主體長大後應該不必經過「抉擇」的兩難困境就可以從容接受「家庭」的召喚，傳承家長賦權給他的意識形態。

當然，這種意識形態傳承必需在父母都「正常」的條件下有以致之。小孩經常眼見父母爭吵甚至目睹父親施暴，他就不可能「以父之名」承襲家訓，反而萌生價值反叛。在過去本省人、外省人通婚的家庭案例中，「中國父親」家暴「台灣母親」的都市傳說時有所聞。處於該種家庭的幼年長大後就肯定與中國義理劃清界線。所以，家庭是意識形態國家機器最原始的單位，但其影響必須在自然、非高壓的條件下有效。

在教育自家幼兒的過程中，父母本身會受到文化風尚中的知識霸權影響。也就是說，父母會不自覺在家庭中引進國家所主導的主流價值。因此，阿圖塞「家庭是意識形態國家機器」的命題是指家庭教育的一般結果而言，並非指國家可以進入家庭、指使父母該以何種價值教育下一代。

在民主先進國家中，主導的國家意志並不能強行進入家庭。2009年生效為中華民國國內法的所謂「兩公約」，就有這方面的相關宣示。例如，聯合國《公民與政治權利國際公約》第18條第4款就規定：「本公約締約國承允尊重父母或法定監護人確保子女接受符合其本人信仰之宗教及道德教育之自由。」

聯合國《經濟社會文化權利國際公約》第13條第3款也敘明：「締約國承允尊重父母……確保子女接受符合其本人信仰之宗教及道德教育之自由」。然而，「家庭是意識形態國家機器的組成部分」這個認知，也意謂國家機器所主導的道德價值隨時都想要進入個別家庭。可以說，上述兩公約的條款內容顯然意在防範這種可能性。

　　「兩公約」相關條款的精神在於宣示道德教育屬於人權，國家應尊重個別家庭傳承之教誨。在一個多元社會中，有的家庭以宗教思想作為家庭道德教育的基礎，有的則以傳統中國儒家思想等古訓作為標準。有些家庭則著重培養小孩自由民主的公民意識，有些又以實踐社會的良好品格為宗旨。

　　然而，父母對下一代一般總會「再生產」國家機器中的知識霸權。也就是說，家庭總是將占主導地位的道德價值視為當然，並以此傳承教育下一代。這就是阿圖塞所指出的，「家庭」也是意識形態國家機器一環的原因。

　　「預先設定」功能　「家庭」這種意識形態國家機器有著特殊結構。假如一位台灣人的先祖對日治時期的日本文明非常認同，這個後生晚輩對日本人統治台灣的整體印象就屬於正向觀念。這種觀念是在一種不可改變的家庭結構中就開始萌芽。既然日本統治的正向記憶被「預先設定」（predestined）在這個個體最初始的家庭環境中，這個個體日後有關認同的話語也就自然選擇親善日本的位置。

　　反過來的例子是，假如一個人的家庭曾經見證對日抗戰，曾經受教「南京大屠殺」歷史，那麼他一定對日本將釣魚台收歸國有、在「沖之鳥」礁周邊海域排擠台灣原有漁場，以及抹去慰安婦歷史記憶的日本教科書等軍國主義「再現」，感到憤憤不平。

　　上述案例顯示，人們對台灣日治時期的「史觀」從家庭傳承就已經開始。部分本省早／先住民看到的是日本人在台灣的文明教育、法治精神，以及現代建設。少數外省人看到的則是日本人對台灣資源的掠奪與殖民。這兩類的認同作用，都是在父母教育子女的各種儀式中就已養成。因此，阿圖塞指出，家

庭是主體教育最具有「預定作用」（predestination）的意識形態國家機器。

　　然而，在家庭無意識地受到主流意識形態「影響」的同時，家庭也最有可能堅持傳承不同於「國家」所要貫徹的意識形態。也就是說，「家庭」這種獨一無二的穩定結構，既無意識地接受國家意志的影響，也有意識地堅持不接受國家意志的影響。在〈機器〉一文的註釋8中，阿圖塞就指出：家庭這種組織顯然有不同於整體國家機器的其他意識形態功能。

　　接受與不接受國家意志的兩種家庭案例，俯拾皆是。以不接受為例。日治時期日本大力倡導日本國語運動；過去中華民國也在學校教育與社會教育中強勢推動中國語文政策。這兩種國家意志力都沒有影響到「家庭」這個組織的自主空間。歷史證明，多數台灣家庭在過去並未接受上述國家意志，反而自發使用台語。也就是說，家庭的「能動性」（proactiveness）超越國家所施加的強制性規範。

　　1947年台灣歷經本省人對「外來殖民政權」起義的二二八事件。之後，先人們在自己的家庭意識形態結構中開始讓子嗣承襲本土意識的香火。過去前輩們的抗爭意識普遍召喚著今天後進者堅持台灣邁向正常國家。對一個年幼的主體而言，日後學校教育與媒體教育所能帶給他的效果，都遠遠不及「家庭」對他所烙下的印記。

　　因此，意識形態在家庭機器中代代相傳。個人從小就跌進父母為他所「預先設定」的意識形態框架之中。然而，家庭的意識形態框架有「預先設定」的功能，也有例外。雖然個人的認同屬於原生固有的東西，但依照建構主義（constructivism），群體的認同則是個體與社會環境交互作用下的產物。

　　在進入社會以後，個體否棄家庭所預先設定的意識形態框架案例很多。例如外省第二代成立的「外省人獨立促進會」（外獨會）很早就認同台灣是主權獨立的國家。許多外省第三代也對中華民國憲法有關大中國思想，不想多做理解。人們發現，有越來越多的外省第二代、第三代從政同志加入本土政黨。他們與本土媒體中的更多外省第二代第三代政治網紅（political influencer），一起積極站在為台灣邁向正常國家的第一線。

　　即使如此，「家庭」仍然是最初始、最基本，以及最具DNA成分的意識形態國家機器。在「同島一命」的信念下，過去台灣民間「狗去豬來」的省籍意識在仇恨語言中並沒有消失。在所有中華民國國民當中，台灣人與中國人、本土與外來等等的各種分別心，就像無底深淵中的異形，隨時等待某種力量的召喚。

　　身分認同政治就這樣成為撕裂台灣的鈕帶。對立的意識形態話語經常以擴大衝突為常態。從美麗島事件以後，台灣價值與中華民國價值就公開分屬不同的思想層次。不同的思想就有不同的話語，而認同政治的現實無奈表明：唯有其中一方放棄價值話語，一個社會的團結才有可能。這就是阿圖塞為什麼要說，統治階級必須進行「苦澀而持續的階級鬥爭」的道理。

　　意識形態萌生於家庭；家訓中的道德觀念則涉及理念與實踐。父母養育小孩長大成人，他們的每一句道德陳述都在小孩心中烙下印記。因為感情的牽絆與回饋，家中子女自然帶著父母的觀念長大，並以此觀念與他人互動。也就是說，家庭成員多承襲先祖遺訓，且多接受先輩經驗及其意識形態價值。

　　因此，如果依阿圖塞對「家庭」這個意識形態國家機器的觀念推論，在二二八事件中被中國人屠殺的台灣人後人，一生

一世都不大可能願意容忍大中國思想意識在台灣這片土地上再現。中華民國人之家庭成員承襲原中華民國義理，也一樣以一種DNA方面的情感寄託而難以放棄中華民族、中華文化，以及中國歷史等中國概念的連繫。

中華民國台灣的身分認同政治從來就不是理性選擇的結果。人們通常並不會費心查找資料、交叉比對，然後對認同政治下的種種人為議題做出選擇。阿圖塞有關家庭的意識形態解說，說明了個體在情感上接受與不接受、承認與不承認某種特定身分議題的原因。依照這種家庭的「預先設定」功能，所謂「意識形態選擇」從一開始根本就是主體的「天命」（mandate from heaven）。

第三節 意識形態國家機器裝載認同價值

幾乎所有理論都帶有「可被否證」（being falsifiable）的特點。政治話語更經常充滿語意多重、標準不一、很難實證等「可以輕易被否證」的性質。然而，有關身分認同的話語卻往往帶有不容許被否證的色彩。事實上，凡是描述這個國家的民族歷史、國家現狀以及未來發展等有意義的論述，都可以同時被證明為無意義。因此，有人說統、獨是假議題。

哲學上的「否證」方法，就在於讓人們辨別某一種陳述趨近於真的程度。然而，在傳播與接收意識形態話語的過程中，人們要的卻是「信仰」而不是糾結在這些話語是否為「真實」。一句英文諺語就說明了這種大眾群體的認知狀態："People don't want truth, they want to believe."[5]。

意識形態

　　意識形態是真實加虛幻的組合。個人在日常生活中無後為大、侍奉神人、同性不能同婚、尊敬權力等等一般的觀念就是所謂「一般的」意識形態（ideology in general）。特定的群體也有「特定的」（specific）意識形態。例如，商人以賺錢結合，兄弟以道義同盟，政黨以價值凝聚。任何朋黨若沒有特定意識形態價值就沒有信仰，沒有信仰就失去方向。

　　統治團體尤其必須在學校、法律、媒體、文藝等各種制度化的國家建制中「裝載」特定的意識形態價值。也就是說，國家機器的所有組成部分都反映著某種具有強烈支配性格的主導價值。因此，人們對個別公共事物提出思辨，和對國家機器的主導意識形態提出批判是兩種不同的概念。後者意味對整個國家的統治正當性提出質疑。

　　能動性　馬克斯在1859年的《政治經濟學批判》中提出，經濟生產方式決定人的意識形態。也就是說，上層的法律和政治等特定意識形態必定與經濟基礎相適應。一旦屬於物質的經濟基礎改變，上層建築，例如法律、政治、宗教、美學等所有意識形態領域也就跟著改變。

　　「經濟是所有上層建築的基礎」一直都是傳統馬克斯主義最重要的命題。歷史發展的實例一再證明，經濟基礎與社會結

註5. 大眾傳播（mass communication）的「大眾」一詞原本就隱含「烏合之眾」（mass）的意思。作為不特定人組成的群體，「大眾」具有「極端化」、「情緒化」等反智特點。
　　早在1895年法國心理學家勒龐（Gustave Le Bon, 1841-1931）就出版了這類有關群體盲目心理的書籍（見Le Bon，2019）。當代操作身分政治的主體顯然操作了這種群體的「集體潛意識」（collective subconsciousness），製造了許多民主社會原本意想不到的民粹狀態。

構總是影響意識形態。例如，農業社會的經濟基礎產生了重男輕女的觀念。這種觀念還孕育出「不孝有三、無後為大」的意識形態。每當社會經濟轉型，「上層結構」的價值觀念也隨之改變。此時，新觀念開始對過去的價值標準表現出對立與質疑。

阿圖塞從來不否認這種「物質是第一性、精神是第二性」的唯物主義觀點。然而，阿圖塞更突出人類在客觀環境的制約下也具有主動性與創造性的力量。阿圖塞認為，人的能動力量在某些歷史時期甚至能成為改變物質的決定因素。也就是說，傳統馬克思主義只是單純將意識形態視為反映經濟結構的上層建築，阿圖塞的意識形態理論則指出了意識形態本身具有「能動性」（proactiveness）的這個特點。

阿圖塞認為，主體「思想」的能動性必然表現在客觀的社會交往關係中。國家意志也必然要被「裝載」在國家機器的施政當中。阿圖塞這個論點的意思是：思維本身是抽象的，但思維存在的方式必須是物質的。因此，話語是主體充分展示思維的空間；意識形態國家機器則是遂行國家意志的場所。

阿圖塞就這樣在傳統馬克斯理論的基礎上，建立了一套獨特的意識形態理論。隨後，1980年代流行的「新制度論」（New Institutionalism）證明了阿圖塞「意識形態具有能動性」的這個命題。新制度理論認為，一個社會的制度構成存在三個要素，即（1）法規、（2）執行法規的態度與方法，以及（3）意識形態。其中，意識形態是支配整個社會制度的關鍵[6]。見圖1.3.1：

註6. 新制度理論大家North（1990）使用「信仰系統」（belief system）一詞，來包含觀念、習俗、集體迷思、價值、信條等等的意識形態領域。

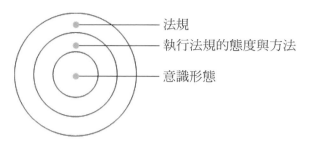

圖1.3.1：制度構成三要素

　　「居住正義」的理念是台灣意識形態主導制度的例子。台灣人民將保護私有財產權的人權觀念視為至高無上。國人經常見到，儘管地方政府於法有據，台灣過去還是發生多起政府依法卻拆不了房子的事例。同理，在一個存有死刑法律的社會中，如果民氣堅持「廢死」，法官也通常不會判死；即使判死，法務單位也循例不主動執行。

　　意識形態因此是一刀兩刃；它一方面存在許多令人迷惑不解的東西，另一方面卻有著積極、能動（proactive）的一面。從令人迷惑不解的角度觀察，過去中華文化裡充滿著愚忠、愚孝、壓抑人性的意識形態教條。在「讚嘆師父」的多神宗教習俗中，台灣社會的信仰文化也表現出大量的神祕主義（mysticism）傾向。

　　從意識形態積極正向的一面檢視，主體以話語的言說能力既讓自己的主體性彰顯，也號召人們凝聚共識、走向進步。因此，意識形態的「能動性」確實可以喚起人們對自身地位的覺醒，為一個想像的未來而奮鬥。台灣政治工作者的核心工作，就這樣以價值號召民眾、凝聚共識。可以說，政治幾乎就是一種有關於號召的藝術。

精神作用　所有政權都擔心如何永續執政的問題。然而，民主國家的統治團體不能僅僅依賴控制；它還需要以意識形態進行常態溝通。根據阿圖塞對意識形態國家機器的見解，意識形態對一個政權具有「定錨」作用。一個政權如果在國家機器中一再重申其價值話語，民眾自然會因覺醒而自發支持這個政權。因此，所有政權都不能低估意識形態的啟蒙作用。

宗教的例子最為明顯。主體的皈依過程絕不會是比對、評估所有教派、教義之後所做出的決定。主體之所以信奉某個宗教，是因為自己的良知與心中的「佛性」指認出某種特定價值的結果。傳教士被神主召喚前往特定國家或地區傳教的心路歷程，也是一樣。傳教士從母國出發前是被召喚（called upon）而前往她國傳教，並不是因為自己的主動選擇。

根據阿圖塞在〈機器〉一文中"interpellate"的觀念，主體是因為遇到意識形態的召喚、質詢而覺醒；主體並沒有選擇或不選擇意識形態的問題。可以說，意識形態主體是自然被召喚、被觸動而覺醒的個體。因此，意識形態歸屬過程並非主體以經濟理性等基礎所做出的選擇，而是一種精神的信仰作用。

舉一個擬人化的例子來說明主體遇到意識形態「質詢」而覺醒的過程。有一天「意識形態」看到一個徘迴歧路的個體無所適從，就跳出來召喚這個個體。當這個個體回應「意識形態」以後，個體虛無飄渺的思想就轉變為一種堅定的意識形態信仰。

大中國思想　具有大中國性質的價值尚殘存在現今中華民國的（1）國體（statehood）、（2）國祚（state legacy and its continuation），以及（3）國家屬性（national attributes）等三種表述當中。

中華民國國體為三民主義、五權憲法、一國兩區的憲法架

構。中華民國國祚是光復台灣、蔣介石在台灣復行視事、與美國簽訂《中美共同防禦條約》（1954）、10數個外國繼續承認的事實，以及連續的民國紀元。中華民國國家屬性則是經由社會網絡中所透露的中華民族觀念、所實踐的中華文化生活態度，以及所表達的中華民國史觀。見表1.3.1：

表1.3.1：大中國思想的三種表述

範疇	內容
國體	三民主義、五權憲法、一國兩區
國祚	光復台灣、蔣介石在台灣復行視事、與美國簽訂《中美共同防禦條約》（1954）、10數個外國繼續承認的事實，以及連續的民國紀元
國家屬性	經由社會網絡中所透露的中華民族觀念、所實踐的中華文化生活態度、所表達的中華民國史觀

這種帶有中國性質的意識形態仍然在當代中華民國台灣的社會網絡中事實存在（de facto）。然而，中華民國人卻仍非常在意中華民國價值屬性在國家機器中不斷被去除這件事。中華民國人以為，中華民國「自由地區」本應保存並發揚民族、文化以及歷史中國的精神傳承與國家記憶。也就是說，他們希望原本屬於中華民國的價值義理能在台灣地區得到存續。

這種願望顯然不被強勢話語甚至主流民意所接受。在部分年輕國人的認知空間中，中國性質的東西與「我們」的日常知識相距甚遠。所謂中華民國主權及於大陸地區、釣魚台是「我們的」、曾母暗沙為國境之南、中華民國曾經光復台灣等等之類的中國屬性思想，長期被強勢的多元史觀定義為「大中

國」（Greater China）的思想符號。

　　主流意識形態經常指出：大中國概念在台灣這塊土地上純屬虛構。多數台灣人民也認為，1949年中華民國流亡台灣以後，其向上延伸的認同本來就應該連結台灣這一塊土地固有的歷史、文化以及民族敘事，而不是那個1912年成立與台灣無關的中華民國。108年課綱龍騰版高中一年級第一冊第95頁就以一篇標題為「大中國思想的灌輸」一文，批判這種大中國主義的歷史錯誤。

　　所有政治工作者都清楚知道，自己若站在多數人民意識形態的對立面必遭唾棄。政黨脫離民之所欲，人民的票也就「投不下去」。因此，所謂「親中政權」的從政同志大多也只能保持意識形態緘默，或者讓自己的中華民族主體性不要太過明顯。

　　中華民國歷經多次裂解，在自由地區之治權尚包含福建省金門、馬祖。在1997年的第四次修憲中，統治階級並沒有廢除台灣省與福建省這兩個憲政機關。《中華民國憲法》還主張，這個國家的國土主權仍及於被共產黨統治的中國大陸。在某些情境下，中華民國與台灣都共同主張，這個國家的主權也及於被日本所占領的釣魚台、也及於被菲律賓所占領的中業島。

　　中國大陸為中華民國台灣地區以外之國土、太平島不是礁而是島、日本釣魚台屬於中華民國台灣省宜蘭縣、中業島為菲國占領之中華民國南海11段線內領土等等主權觀念，都是中華民國所謂「固有疆域」的概念。這些觀念也都「裝載」在中華民國的相關法例當中。然而，孟子說：「徒善不足以為政，徒法不能以自行。」法律僅有書面上的文字是不夠的；主體必須在政策實施中落實思想，否則所謂「法理」（de jure）云云就只

是紙張上的油墨。

雖然中華民國主權思想在法理中殘存，在「教科書」這種形塑年輕人信仰的脈絡中卻已經消失。《憲法增修條文》中有關中華民國主權義理，現在並沒有多少人願意為它推廣；多數國人對之感到陌生，遑論信仰。擁有強勢話語權的主體更將之定性為「殘餘虛構」。具體地說，中華民國主權知識與一般認知的台灣主權觀念，格格不入。

舉凡中華民族的身分堅持、中華文化底蘊的再現，以及以中華民國為主體的史觀等思想體系，在目前台灣的國家機器中都屬於不可回復的狀態。經過歷屆統治階級的「框架立法」，沒有任何後繼的執政團體有能力突破框架。舉例而言，從「日治」改回「日據」、慰安婦加上「強徵」等字眼的意識形態基本用詞，都將被多數年輕民眾視為無法接受的洗腦。

對立衝突　不同理念的意識形態主體會各自組成自己的同溫層空間。Bourdieu 和 Johnson（1993）就稱，處在不同「場域」的人會自動強化自己在各自場所中的認知。人的「思維」必須有「表達」的空間，否則思維並不真實。主體處在這個空間與那個空間的不同認知與差異表達，在台灣被戲稱為「平行空間」。然而，所有認知相異的主體對自己認知空間中的知識向來都深具信心，甚至認為不可侵犯。

例如，本省人在白色恐怖時期看到的是外來政權的迫害證據；外省人看到的則是內戰時期的時代悲劇。部分在台灣的「也是中國人」對民族血緣、中華文化、中國歷史仍懷抱感情。然而，歷年民調卻也一再顯示，多數台灣人民並沒有這種類似的歷史情懷與文化歸屬。

主體的認同情緒主要由家庭傳承，屬於天然與自然的成

分，一般稱為DNA。二戰後期台灣人曾擔任日本軍伕或日本軍護。其中有的人欣然報國、榮辱與共，有的人也顯露被迫與不願的情緒。電視劇再現二二八國殤悲劇時，有的創作者強調外來政權「無差別殺人」的形象，有的創作者則展示台灣人光榮起義的勇敢悲壯。對待同一件歷史事實，主體要彰顯什麼、壓抑什麼、再現什麼，都取決於主體自己的意識形態。

意識形態鬥爭的最大效用是，意識形態可以合法化一個政權，也可以非法化一個政權。「親中政黨」的標籤本身，明顯從根本上非法化某些政治團體在台灣執政的合法性。在身分認同政治下，勝選與敗選的訣竅即在於政治團體是否擁有「正確的」意識形態價值。有的政黨希望升高意識形態衝突，有的政黨希望降低意識形態對立。無論動機為何，意識形態領域都會是一個自動就存在的永恆戰場。

當前，台灣所有的訊息平台或新聞網站都可能是身分認同政治的利害關係人（stakeholder）。為了打擊「他們」，某些「一源多用」（one source multi use）的輿論機器經常配合「我們」統一供稿、同步發稿。所有節目製作與新聞採編的形態也都蘊含舖天蓋地的政治態度。

在目前「主張統一者為叛國」的主流意見下，有關「一中」政治主張的道德保障也連帶被自動撤銷。然而，非主流的意識形態主張雖然在國家機器中被取消，但它並不會在社會網絡中消失。主導的意識形態即使在各個社會層面都蔚為主流，但也不意味一定恆久。人民的政治主張是民主國家言論自由的保障範疇。因此，在每一個歷史階段，受到抑制的意識形態都會與主導的意識形態互為表裡、相生相成。

實踐　在一般狀態下，意識形態主體面對認同問題不會迷

惘、不會自我懷疑，更不會自我否定。在沒有權力關係的影響下，一個人的思想意識少有中途轉圜的空間。說老農與老兵的「耳根子硬」，就是指他們的意識形態越老越固化。即使主體堅持的意識形態最終未能實現，但對這個主體而言，「那美好的仗我已經打過了，當跑的路我已經跑盡了，所信的道我已經守住了」（見《聖經》〈提摩太後書〉四章七節）。

隨著時間演進，部分國人開始覺得自己無法掌握國家命運；尤其在認清台灣無從正名制憲的事實以後，一種失敗主義的情緒開始蔓延。有的主體開始修正自己的意識形態表述。例如，台灣人民對台灣獨立的「概念」就歷經多次修改。隨時間與局勢的發展，主體對於國家現況以及對未來的想像等話語，也都做出多次調整。

然而，意識形態的實踐與支票兌現一樣，唯有歷史才能證明對錯。人們經過歷史反思後發現，第一次世界大戰原來竟是同盟國與協約國二大陣營「集體想像失誤」（failure of collective imagination）的結果。塞爾維亞王國19歲青年受愛國心驅使，一直以在巴爾幹半島建立新的斯拉夫民族國家為己任。他的思想終於化為行動，成功暗殺了奧匈帝國王儲夫婦。歷史於是展開一連串奧匈帝國入侵塞爾維亞、俄國介入、人民莫名其妙欣然赴死的後續效應。

雖然歷史證明了那位塞爾維亞青年意識形態的錯誤影響，但在民主時代的現世報當中，人們並不容易見證到自己的歷史功過。通常的情況是，如果政治人物以意識形態喚醒民眾，民眾也會積極檢驗政治人物對自己意識形態的承諾。如此的加成效果，使得一個政權不得不在其所掌握的意識形態國家機器中持續彰顯我群所標榜的價值主體性。

　　然而，因為權力流動的原因，任何國家的政治場域都存在主體轉換意識形態跑道的情形。經濟基礎決定上層建築、「存在決定意識」。給予個體位置或賜予個體機會的權力來源往往成為這個個體話語方向的最終主導者。「學得胡人語，站在牆頭罵漢人」這句封建時代的古語，就是在描述原本同一陣營的人因權力關係而轉換到其他意識形態隊伍以後，開始向原所屬陣營叫罵的情形。

國家機器

　　國家　為了有效行使權力，統治團體必須展現（1）資源取得、（2）資源分配，以及（3）資源確保等三個方面的主導權。見圖1.3.2：

圖1.3.2：統治團體掌握的三個主導權

　　以前人類只知道運用對內鎮壓與對外爭戰的方式來貫徹這種權力。民主時代的統治團體則善於形塑公民意見、進行價值教育，以及採取以意識形態實踐為宗旨的做法來完成此一職能。

　　然而，民主社會的統治手段有時拿捏失準，因而有使民選政府異化為「民選獨裁」（electoral autocracy）的可能。民主非常脆弱；人們經常見識到世界上各民主國家的頭人似乎都有傾向漸進威權（autocrat in becoming）的意願，因而讓一個民主社會充斥著「集權民主」（totalitarian democracy）的反民主現象。

　　機器　所有教育理念都標榜一個全人教育的理想境界。教育家們往往呼籲教科書應回歸教育宗旨，培養國民理性討論與多元思辨的能力。然而，教科書的書寫從來都「從屬」於意識形態。過去威權時期黨國一體；現在民主台灣時期黨國有分，但政府和執政黨「仍為一體」。只要不涉及掠奪，民主國家政府經常把黨的意志裝載在國家機器當中。人們常說：「現在是保守黨在領導英國、民主黨在領導美國」之類話語的道理，庶幾近之。

　　西方馬克思主義認為，即使下層結構「制約」上層建築，下層結構也並非完全能決定處於上層的思想領域。也就是說，上層的意識形態仍有其能動性。以香港人的意識形態為例。在2020年以前的國民義務教育中，香港人民普遍並未接受「內地」教育的思想洗禮。因此，香港即使是中國的特別行政區，但人民普遍對外媒透露自己是與Chinese／Hongkonese相區隔的全新"Hongkonger"。

　　過去中共政權要讓香港人民當中國人，卻自我實施意識形態國家機器的一國兩制。阿圖塞曾暗示，在某些領域，國家權力（state force）的效力遠不及意識形態國家機器（state apparatus）的效力。因此，不管是出於什麼大戰略，一國兩制這種自相矛盾的政策必然導致香港人產生「光復香港榮光」的認同，而非中國人認同的結果。

　　以法律這個機器為例。法律是任何社會都普遍存有的鎮壓機器。中華民國威權時期的鎮壓型國家機器以《動員戡亂時期臨時條款》為代表，其專政的對象是台獨、共產黨，以及黨外異議人士等所謂「三合一敵人」。這個機器在1991年4月30日廢止。在現代民主制度中，法律不僅僅為鎮壓工具；它同時也是意識形態的宣示機器。

　　認同政治是身分結盟的政治；當代所有政治團體都了解結盟其他公民團體與新聞網站的必要性。在民主社會，這類團體的「社會力量」往往比「法律」更能起到抑制意識形態他者的效用。因此，民主國家一般並不以限制人身自由的方式來鎮壓反抗話語的主體。以耗費心神的法律程序折磨對手的國家暴力模式反而較為常見。

意識形態國家機器

　　意識形態是一種非常物質的體系；單純的思想則不是。也就是說，「思想」是一種捉摸不定的抽象形式，而意識形態則以一種具體的形式依託物質而存在。例如，國家機器就以家訓、校規、法條、儀式、約定俗成、約法三章、教科書等等的具體形式，建構並鞏固主導的意識形態。

　　主導的意識形態實質被「裝載」在構成國家的所有機器當中。阿圖塞的理論體系強調，意識形態國家機器包括家庭、學校、法律、政黨、工會、傳播媒體，以及文化機構等之類的建制。意識形態國家機器以有系統、有組織的穩定結構來貫徹意識形態的主導價值。

　　阿圖塞就這樣把意識形態放在國家的制度面上來考察。在

所有國家建制當中，學校教育與媒體教育這兩種「機器」的位
置最為突顯。即使是公共廣播集團，其人事、預算，以及言論
立場也都由統治階級所主導。雖然一般公民非常在意維護公共
媒體的「公共性」，但公共廣播電視一直以來都表現為優勢意
識形態的集中區。同理，學校教育中的教科書內容更無論如何
都不曾意識形態中立。

　　因此，學校、媒體與家庭共同構築了鞏固主流意識形態的
三大機器。見圖1.3.3：

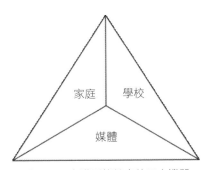

圖1.3.3：意識形態教育的三大機器

　　然而，與掌握鎮壓型國家機器不一樣，統治團體對於整體
意識形態國家機器的掌握並無法如臂使指。社會網絡（social
formation）總是充滿「人民內部矛盾」。例如，政黨黨內有派，
派系中成員也各有盤算。媒體更有時強化統治階級觀點，有時
卻甘冒被撤銷執照的危險「詆毀」統治團體。總之，各種意識
形態之間的多重相互影響充分顯示意識形態國家機器絕非具有
能被「大一統」的性質。

　　民主社會各成員間複雜糾結的關係，更增加意識形態國家

機器成為「普天之下，莫非王土，率土之濱，莫非王臣」的困難度。因此，雖然意識形態國家機器是統治階級合法實施知識霸權的沃土，但這個空間也永遠盤據一些未能盡除的舊知識殘餘。可見，民主國家的統治團體在政黨輪替後，勢必對一種意識形態不同調的社會網絡舊習性保持高度警戒，甚至給予輿論打擊。

　　舉例而言，台灣的意識形態國家機器本身就是雙重鬥爭的場域。它一方面貫徹以中國為法定敵人的反併吞立法與論述，另一方面也針對台灣內部社會網絡中殘存的大中國元素進行話語究責。因此，具有「概念中國屬性的民族、文化以及歷史等價值表述，因為台灣人民的抗中意志而連帶遭遇「被取消」的待遇。

　　曾國藩說：「風俗之厚薄，繫乎一、二人心之所嚮」。然而，風俗之厚薄需要權力來推動、來維持；少數一、二人很難引領風潮、創造時勢。以權力脈絡的觀點分析，曾國藩話語中的「一、二人」勢必是指「有權力的人」，要不然就是擁有許多帳號、俗稱「網軍」（cyber army）的數位組織者（digital organizer）。在多元價值並存的民主社會中，一種價值要形成風吹草偃之勢無疑都有「權力」在背後支撐。無論政治的還是商業的，這種權力還對尚未認同「厚厚風俗」的人施加壓力。

　　過去大陸文革時期，中華民國在台灣即以政治力推行「復興中華文化運動」。當時教科書領域隨即加入「中華文化基本教材」；文化領域也以文化獎章等方式表彰中華文化。在那段期間，中華文化也是居於國家媒體傳播的主導地位。中華民國最早訂定的電子媒體作用法《廣播電視法》17條第2項至今仍殘存「大眾娛樂節目，應以發揚中華文化⋯⋯之內容為準」的

文字。

今天，台灣民族的起源、台灣400年來對外來政權的抗爭、本土史觀的認識論，以及對未來正常國家的勇敢追求等等都以台灣為主體。所有這些價值建構，不外乎希望能成就台灣最終的國族認同。包括網路聲量以及民調在內的輿論一再顯示，台灣年輕人似乎多不接受兩岸人民中華民族同源、文化中國共認、歷史中國同享之類的價值信念。

清朝龔自珍稱：「欲亡其國，先亡其史；欲滅其後，先滅其文化。」歷史與文化是一國免於滅亡的根本，歷史與文化也是一國正常化的根本。也就是說，歷史、文化、教育，以及媒體等機器的確可以對意識形態起到堡壘作用。例如，文化可以形塑典範、教育可以確定史觀、媒體可以定義價值[7]。

與文化、教育以及媒體相比較，國防和外交等國家機器領域反而排在貫徹台灣價值隊伍的後面。國防部轄下的陸軍官校校歌仍是「黨旗飛舞」，各司令部、基地等蔣介石銅像依然昂揚聳立[8]。外交部官網也尚未下架《開羅宣言》。中華民國台灣的部分統治階級成員也還維持對中華民國一中憲法宣示效忠的儀式。

目前陸軍連隊晚點名已不再高唱「我愛中華」；最被國軍弟兄傳唱的「勇士進行曲」歌詞也以新版名義刪除「中華文化不可喪」七字。然而，更多的其他軍歌歌詞仍表達大中華意象

註7. 台灣的意識形態國家機器不限於文化、教育以及媒體。國史館、黨產會、促轉會、中選會、NCC、博物館……等等機關機構，都是當前意識形態國家機器的基礎設施。

註8. 孫中山先生於民國13年在廣州黃埔創立中國國民黨陸軍軍官學校。「怒濤澎湃，黨旗飛舞，這是革命的黃埔」校歌，至今仍傳承於台灣鳳山陸軍官校。經過蔣介石校長領導的北伐、抗戰、國共內戰、台海對峙等過程，「怒濤澎湃」的校歌具有傳承中華民國國民革命軍傳統的深刻意義。

的思想殘餘。許多人認為這是中華民國尚未完全轉型到台灣的
過渡，是制度漸進變革中價值重疊的必然過程。也有部分國人
指出，這類大中國思想的殘餘顯然就是「黨國遺緒」的證據。

　　然而，如果陸軍官校校歌的「黨旗飛舞」改為「國旗飛
舞」，國歌的「吾黨所宗」改為「吾國所宗」，台灣的轉型正義
將更加積重難返[9]。也就是說，費力改正過的歌詞只會更強化
台灣現在的中華意象，因而讓邁向正常國家的全新符號更加難
以推動。從權力關係的角度，在正名制憲被美國壓制、被中國
不准的條件下，主流價值也只能先留下過去中華民國黨國殘餘
的若干證據。

以教育為機器

　　日本人一登陸台灣即廣設小學。現在台北市老松國小就是
日本第一批創設的學校之一。日治一開始，原台北市芝山岩的
公學堂也隨即被改隸為日本國民教育機構。可以說，日本人統
治台灣的基礎工作就是讓台灣人讀日本書、學日本話。香港也
是一樣。英國殖民香港時期，港英政府也從未讓國家機器出現
過什麼「中華文化基本教材」之類的中國東西。

　　從意識形態國家機器的觀點，教育部是國家認同的關鍵機
關。要培育台灣國家意識的世代，首先必須從教育做起。要找
什麼人來當教育部長更成為台灣意識是否落實到教育體系、教
育是否得以貫徹台灣主體思想的第一步。

　　教育環節中的「教科書」則是塑造認同的第一線指標。統

註9. 目前台灣地區所使用的中華民國國歌原為北伐後所確定的中國國民黨
　　「黨歌」。1930年國民政府以這首黨歌暫代國歌，1937年再正式將之定為
　　中華民國國歌。

治階級在國家機器中選擇何種民族思想、何種文化論述、何種歷史教育等等，都標誌著清楚的國家意志。本來，理想的教育理念是：教科書及其補充教材要能鼓勵學生正反思考所謂價值判斷的問題。也就是說，有些答案不必強調對錯，但要訓練學生言之成理。

　　然而，這種思考與批判的教育宗旨在民主化社會卻多未能建立。以世界上最大的民主國家印度為例。在2019年的《公民身分法修正案》（ *"Citizenship Amendment Bill"* , CAB）中，印度政府就將人民的宗教別作為公民的身分別。《修正案》內容多處暗示印度教徒之福利優於其他宗教群體，尤其是穆斯林群體。

　　讓台灣真正獨立於大中國的思想體系必須教育下一代。因此，台灣價值要落實於教育、台灣主體思想也要落實於教育、轉型正義更是要落實於教育。1990年代中期政府廢除大一、大二必修之中國通史和中國現代史。在中學教科書部分，教育部繼去除「中華文化基本教材」之後，國文科也刪去經典古文、降低文言文比例。這是因為所有文言文幾乎都裝載滿滿的「含中成分」。這種成分又多以突出典範人物的方式來陶冶國人身為中國人的民族意識。

　　過去國語文課本中的神話故事更充滿教化意義。以源自日治時期的「吳鳳」神話為例。此一故事在中華民國威權時期進入教科書，成為族群融合的理想寄託。李維史托（Claude Lévi-Strauss, 1908－2009）的結構主義認為，神話的發想與流傳在於釋放人與人、人與自然無法跨越、無法協調的衝突情緒。日本人不希望原住民抗日；過去中華民國也希望難以解決的族群問題最終得以解決。兩個政權都在執政現實下以簡單的神話故

事作為教化工具。

吳鳳故事畢竟呈現漢人俯瞰原民的視角。論者曾直指《台灣通史》卷三十一‧列傳三的〈吳鳳列傳〉，批評吳鳳傳的書寫反映了殖民者以族群融合為由，美化漢人「開山撫番」的統治行為[10]。部分台灣意識形態主體甚至擴大認定，整個《台灣通史》均屬「黨國思想附隨」。

在解嚴以後的1988年12月31日，嘉義火車站前的吳鳳銅像終於被民眾套上鐵鍊、拉倒棄置。這個鏡頭神似美軍攻下伊拉克首都巴格達後，人民拉下總統海珊立像的畫面。過去意識形態國家機器經常以「神話」教化人民，現在民主國家的統治團體也有強烈動機，想要以塑造現代神話的方式來編織個別主體的美好形象。

國語文教學以外，當代歷史教科書也將《開羅宣言》（Cairo Declaration）與《波茨坦公告》（Potsdam Announcement）分別定性為「新聞公報」之類的性質，宣稱「兩者都不具備國際條約的效力」（見南一版高中歷史第一冊課本第142頁）。

課本強調，1951年9月8日簽訂、1952年4月28日正式生效的《舊金山和約》只寫下日本放棄台澎主權，但並未言明台灣主權將移交給哪個國家。可以說，台灣歷史教科書的整體文義脈絡明顯在為《開羅宣言》的缺乏有效性定調，並肯定《舊金山和約》的國際法權威。

1940年代以來，《開羅宣言》與《波茨坦公告》一直都是「中華民國光復台灣」的國際法依據。光復台灣的論述不但是現在中華民國外交部的法理傳承，還是過去義務教育中的教科

註10. 見前故宮博物院院長陳其南先生在1980年7月28日於《民生報》第七版撰寫的〈一則捏造的神話——吳鳳〉一文。

書內容。目前，中華民國外交部官網尚未將《舊金山和約》之「台灣地位未定論」取代《開羅宣言》有關「中華民國光復台灣」的陳述。然而，教科書已經將「中華民國未曾擁有台灣主權」的這個觀念，深植於年輕國人的認知當中。

　　也就是說，雖然任何統治階級都不會從事正名制憲的公投運動，但國人追求民族自決卻是永遠的進行式。以教科書提出「台灣主權未定論」的結果，即是留給台灣一代代年輕人日後勇敢追求「人民自決主權」的懸念。

　　總結台灣的中等學校教科書共有三大知識建構，分別是（1）台灣人的血源承接南島語系族群；台灣民族從古至今都是海洋民族；（2）台灣文化是以台灣為主體的多元文化，它接受各地外來文化的影響；中國文化僅是台灣文化的一個組成部分；（3）台灣歷史自主發展，其中歷經外來政權殖民400年。見圖1.3.4：

圖1.3.4：以台灣價值為核心的三種知識建構

　　一本教科書動輒10年版權。中學教科書一年有20萬學生使用，10年就是200萬。如果加上父母閱讀的外溢效果，教科書在10年間可累積600萬人接受國家意志的洗禮。教科書並不是民主多元的公共場域。在過去，中華民族立場與中華民國元素在教科書中屬於主導的意識形態。現在的國家意志則以台灣為主體，連帶去除大中國思想意識。

　　台灣現在的教育現場已經不會再訴諸中華民族血緣、讚嘆中華文化影響，傳承中國歷史連結之類的大中國教育內容。因此，即使民主台灣的選舉機制沒有辦法讓「他者」的意識形態消失，但透過教育的洗禮、文化風尚的定義，以及史觀的重構等等作為，台灣知識青年已經具備以各種手段駁斥「也是中國人」之類的大中國思想言論的能力。

　　校外教學活動就反映了這種教育現場的自覺意識。在每個歷史階段，國家機器都會彰顯各自不同的意識形態價值。李登輝時期的學校老師在校外教學中會把學生帶到「蔣經國基金會」或中正紀念堂。現在的老師則會把學生帶至參觀鄭南榕基金會、二二八紀念館。國家機器中的價值轉換就這樣從教育現場打下基礎。

　　對於中華民國義理可能在意識形態國家機器中復辟一事，多數台灣人民給予高度警戒。年輕群眾甚至在2015年還曾發起「反課綱微調」運動。因此，人們無法想像，親中政權有能力回復被去除的中華民國價值。可以預判，在意識形態國家機器中的任何回復動作都將被視為「去台灣化」的政治自殺。

　　中華民國威權時代稱日本殖民統治時期為「日據時代」。1997年九年一貫國中課綱改用「日治」一詞。2014年親中政權微調課綱，將「日治時代」再改回「日據時代」。青年學生隨

即就以反洗腦、反黑箱課綱為名攻占了教育部。統治團體原本以中華民國主體史觀將課本從「日治」「微調」回「日據」、「慰安婦」前加上日本「強徵」等用詞的企圖，從此難產。

陳述歷史事件的用詞涉及主體史觀。「日據」帶有中國史觀，因此引發台灣人民連年抗議。2016年5月20日政黨輪替之後不久，本土政權即宣布廢除過去親中政權的這個「微調」政策。108高中歷史課綱更進一步不再提及「慰安婦」歷史。第一冊台灣史「台灣主權未定論」、「南島語系源自台灣」等知識紛紛開始建構。

經過此一折騰，親中政權對於在意識形態國家機器中重建中華民國主體價值一事，幾乎不敢再做想像。親中政權比較尷尬的一點是，當台灣社會出現所謂「白色力量」或「中間選民」時，她還是自動被擠壓到靠近統獨光譜的統的一端。在意識形態實踐上，親中政權的從政同志對於建構「一中」的概念多指向憲法的部分。在意識形態國家機器中裝載「中國性」這種精神層次的東西，親中政權一直以來其實都未曾留下什麼足跡。

歷史教育　連橫（1878－1936）的《台灣通史》（1920）以大中國為主體脈絡，講述「起自隋代，終於割讓」的台灣歷史。這種講述歷史的方法缺乏400年以台灣為主體的觀點，因此逐漸被主流價值定性為是「中華民族」加上「大漢沙文主義」的綜合。

無論民主國家或極權國家都是透過歷史教育培養共識、凝聚民心。這是意識形態國家機器的基本功能。然而，史觀無法透過「兩面並陳」來凝聚共識。例如，說鄭成功是外來政權或說他是開台聖王，兩者就很難「凝聚」。從中國史觀而言，鄭成功從荷蘭人手中收復台灣是民族英雄。從台灣的主體立場，

鄭氏就只是外來政權治台的其中一個。

　　過去中華民國透過強制力量推動中華民國義理，現在中華民國台灣也以其文化主導權的形塑，在意識形態國家機器中貫徹台灣價值。流風所及，即使與政治立場無涉的戲劇節目製作，其編導也往往依附主流史觀來進行歷史選材與歷史再現。例如在「大愛頻道」尚未播出就匆匆下架的台灣電視劇《智子之心》（2018）中，有關日本軍警在台形象無不儀容整齊、有禮有節。外來之中華民國國軍則被刻劃為衣衫不整、言語粗暴（見該劇集流存於YouTube的片花版本）。

　　一般民眾也多自動援引主流史觀的用詞來認識歷史。國中教科書歷史篇將洪秀全的太平天國之亂描述為「清道光30年，洪秀全在廣西桂平縣金田村起事」（見康軒，頁90；翰林，頁98；南一，頁92）。同時，國中教科書也把孫中山先生領導革命的事蹟與洪秀全的「太平天國」之亂等量齊觀。南一版歷史篇第110頁就稱：「宣統三年的八月十九日（陽曆十月十日），革命團體在武昌『起事』，獲得成功。」。

　　歷史書寫的「用語」可以定性事件的價值。教科書把過去中華民國史觀所稱的「武昌起義」改為「武昌起事」，意味有關中華民國國家誕生的價值高度在過去中華民國威權時期的史觀中評價較高，在現在民主台灣時期的史觀中評價較低。

　　國中社會課本歷史篇教科書在描述蔣介石威權統治的同時，也較少觸及他對中華民國的其他歷史功過。主流意識形態並不接受蔣介石在台灣可以被賦予「功過並陳」的待遇。「功過並陳」意味蔣在白色恐怖時期批示的「槍決可也」公文將和之前的「嚴禁軍政人員施行報復，否則以抗命論罪」的公文並陳。在以台灣為主體的史觀中，蔣的形象僅次於毛澤東、史達

林與希特勒。一種「功過並陳」的歷史陳述必然稀釋蔣介石在
這方面的歷史定位。

以文化為機器

　　毛澤東曾說:「文化思想陣地我們不去占領,敵人就會占
領……」。中華人民共和國在文化領域鞏固其意識形態,一直
就是國策[11]。在民主化國家中,掌握國家權力的政治團體同時
也會在意識形態國家機器中貫徹其思想信念。文化是其中最為
潛移默化的一個部分。

　　先以博物館與圖書館為例。國家博物館的陳列與策展屬於
國家級的論述。故宮博物院館藏文物原屬中國歷史遺跡,但藏
品被台灣再現、被台灣論斷,並以台灣為主體的文化理念進行
策展、典藏,以及數位利用。如果連故宮都可以讓參觀者將原
為中國的東西以台灣在地美學的方式來理解,台北故宮就不需
要時時刻刻想到與北京故宮發生什麼連結。同理,大甲媽祖也
不必一直想要與湄州祖廟,進行任何儀式上的結合。

　　舉元朝黃公望的《富春山居圖》為例。《富春山居圖》在
距今360多年前被燒成兩卷。前段《剩山圖》存放於浙江省博
物館,台北故宮博物院收藏後段之《無用師卷》。這個分割300
多年的中國十大傳世名畫之一在2011年於台北合璧聯展,還一
時蔚為文化界美談。

　　然而,一起聯展這件事本身是中華文化兩岸連結的表示。
這種表示剛好與以台灣為主體的在地美學策展方向相左。今

註11. 目前最受西方國家警戒的中國文化輸出單位是「孔子學院」。孔子學院
　　是中國教育部為「推廣中國語言和文化」與外國學校合作的計畫。美國
　　國務院形容該機構為「中國最強大的軟實力平台」。在2020年印太戰略
　　的高峰期,該等機構在美國各校園陸續被迫關閉。

天，作為認同政治下的意識形態國家機器，台北故宮不可能再對類似「兩岸連結」的統戰潛力失去警戒。2021年6月1日，大陸浙江杭州舉辦了《富春山居圖》合璧十周年紀念會。這個文化統一戰線的活動因此並沒有激起此時正為疫情所苦的台灣文化界人士的絲毫漣漪。

圖書館這種文化思想的陣地也一樣占有過多的中華意象。公立圖書館館藏許多認同中國、以中國為主體的圖書分類。尤其文史哲書籍更幾乎全是中華民族認同的永遠推手。部分台灣人民因此認為，建立以典藏台灣價值書籍為主的台灣圖書館，或充實「以台灣為主體」書籍的圖書館館藏乃當務之急。

再以大學為例。理論上，大學容許各種意識形態論爭，因而是多元思想的搖籃。所謂「校園自治」、「校園中立」的意思是讓主流與非主流意識形態並存，而不是讓意識形態退出校園。因此，主體前進大學社團或進入大學生的相關組織、論壇以推廣意識形態價值，一直都是民主台灣認同政治常見的一道風景。

在唯心主義的公共化理念中，大學是守護自由、容忍異見、堅持多元的橋頭堡。然而，在認同政治的情境下，當統治階級完成價值知識的主導權以後，大學也順勢被編織進入國家機器（hard-wired into the machinery）的隊伍當中。尤其頂尖大學一旦成為意識形態國家機器的一環，它們就立刻變身成為反對「退步價值」的先鋒。一直以來，學生運動的主旋律幾乎都以價值作為訴求。然而，在進行價值訴求的過程中，當代大學校園也漸漸出現「不想容忍他者」言論的風氣。

研究機構也一樣不會是身分認同政治的治外法權。依《中央研究院組織法》，中研院（名譽）院士得由非本國籍人士擔

任。今天，中研院若聘請1949年後在中華人民共和國出生、受教育的「華裔學者」院士，就可能受到台灣意識形態主體的高度關切。這是因為這類舉措似乎背離現階段意識形態國家機器的價值。

再以「考試」這個國家機器為例。中國科舉制度從隋朝後期開始，歷經唐朝的完善實施在明朝時發揚光大。過去中土以外的部落民族，例如蒙古族、女真族等，並不自稱本身群體聚落為「國家」。中土以外的部落群體在入主中原後也沒有讓中土漢人「被髮左衽」，反而讓自己漢化。更離奇的是，對於有關中土習俗、語言、文化等形態，塞外部族進入中原後不但予以全盤接受，更在私塾教育與科舉考試中「以中國為主體」。

套用阿圖塞的說法，元朝、清朝等當時的外族統治成員應該並沒有意識到意識形態國家機器的作用。為了遂行統治，他們大可在國家機器中貫徹其草原文化、風俗禮儀，以及創建或推廣自有文字等原有或固有的屬性與價值。他們沒有做到這一點！後人書寫中國歷史，於是就寫成了一部淵遠流長、從未間斷的中國歷史。

今天意識形態主體開始注意到，考選部對於駐外人員進用的考題應該也要貫徹本土意識。例如命題委員出題或典試委員審題務必要測驗出應考者對中國持續打壓台灣主權的回應能力。考題更要考出外交人員在海外戰場實踐台灣價值的論述能力。

理論上，除了年輕選民以外，經考試而進入「國家」的公務員應該是屬於接受最多台灣價值洗禮的群體。公務員說出矮化台灣主權的言論，首先將遭遇民眾的自發抨擊。除了人民的監督力量以外，監察權還可以對公務員「人地不宜」的意識形態言論執行彈劾、糾舉以及糾正。屬司法人員組成的公懲會事

後還得依監察院決議結果，處分背離國家意志的公務人員。

小結

　　台灣價值的實踐過程自動包含了去「中國化」（decinicization）。舉凡教育文化的改革、儀式典範的確認、法律條文的宣示等等價值翻轉與制度變革事項，統治團體都必須以龐大的政治動員能量為其後盾。今天，年輕國人已經能更加認同台灣主權、更加認識台灣本土史觀、更加鞏固以台灣為主體的知識建構。同時，這股龐大的政治力量也導致中華民國主權與治權觀念的脫鉤、中華民族想像共同體的解離、中華文化為底蘊論述的消失、中華民國史觀的退位⋯⋯。

　　可以說，台灣從理想主義的台獨，走到務實主義的正常國家之路儘管曲折，但已經走出了一條清楚脈絡。受限於來自美國的結構制約，台灣無法更改中華民國的符號系統（即符徵，signifier），但可以讓中華民國的意義系統（即符旨，signified）在台灣「概念轉換」。例如，讓中華民國國旗轉換成台灣國旗、讓中華民國主權轉換成「台灣主權」。

　　有關這個國家的現在定位、過去歷史，以及未來想像等的主導性知識，都已經裝載在當前中華民國台灣的意識形態國家機器當中。人們發現，貫徹我群意識形態的主導地位比正名制憲運動還要來得具實用性。趨勢顯示，只要這個核心價值不變，即使政黨政治的選舉偶有鐘擺效應，但本土政黨的「信用度」並不會減損。

　　所謂中華民國的「中國性」與現代政治中國的專制體制是兩種不同事物；大中國思想概念更非來自中華人民共和國的統戰。因此，中華民國人仍希望這個國家能保持中華民國固有的

意識形態屬性。然而，質問這些人「為什麼不搬回祖國」的衝突話語總是如影隨形（有關「祖國」概念，見附錄）。可以說，中華民國人越是不能融入主流的認同轉換，敦促他們「慢走不送」的言論也就越是甚囂塵上。

第四節　主體以權力形塑知識主導權

所有社會建制都存在某種自我運作的內在邏輯。例如，軍隊、學校、監獄都有一套自己的運作規章。甚至，各國的公共電視集團也會有一個「憲章」（charter）或「公共媒體法」之類的規範，來表示自己負有媒體「公共性」的使命。國家也是一樣；所謂「國家意志」就是統治階級把某種特定意識形態的道理統一起來、宣揚出去，以達到國家機器順利運轉的目的。

葛蘭西（Antonio Gramsci, 1891 － 1937）就曾說明一種國家形塑知識主導權的運作過程。他在《獄中札記》中表明，統治階級藉由操作價值觀念來引導一個多元社會的主流認知。其中，統治階級的價值觀被定義為有利於國家整體的思想規範（見Gramsci, 1971）。葛蘭西把這種形塑知識主導權的過程稱為「文化霸權」（cultural hegemony）。「文化霸權」的觀念也正是阿圖塞建立其「意識形態國家機器」理論的起點。

文化霸權

在葛蘭西的理論體系中，「文化霸權」是執政者遂行社會控制的重要手段。在操作「霸權」（或譯為「主導權」）的過程中，統治階級藉由教育、文化、傳媒等制度化建制，以價值溝

通的方式對大眾潛移默化。民主社會形塑文化霸權的力量尤其
強大，因為這個權力來自選民授權。

　　所謂教育、文化、傳媒等制度化建制，就是阿圖塞所指出
的意識形態國家機器。然而，民主社會中的各個社會網絡成員
卻經常表現出意識形態的種種異質特性。因此，每當統治階級
要在意識形態國家機器中推動主導的價值理念時，統治團體即
必須以團結社會網絡中的其他團體、平台、個人等「社會力」
為方法。

　　當代中國比任何國家還要堅定進行思想溝通的工作。在制
度上，中國並不屬西方民主國家的級別，其所用的方法也與西
方民主國家不同。例如，共產黨可以直接對學校部門下發「紅
頭」文件。以〈關於在畢業審查中對政治立場和意識形態問題
審核要求的通知〉這種文件為例。僅僅文件名稱就說明了意識
形態國家機器在推動主體價值時，直接與公開的態度。

　　台灣價值是現階段中華民國台灣的立國精神。統治階級
通常都以由下而上的民主方式來形塑知識的主導權，例如由學
生社團參與、公民團體討論、PTT發酵等形式共同形塑主導觀
點。可以說，民主社會的文化霸權形塑過程迂迴而細膩、務實
而小心。在資本主義社會中，統治階級團結社會網絡成員的方
式也多種多樣。即使這種團結過程與威權時代很不一樣，但民
主國家形塑知識霸權仍然有讓反抗話語（counter message）成
為沉默螺旋一端的震懾效果。

　　葛蘭西「文化霸權」所揭示的現代理念是：通過文化風尚
與價值觀念的操作，主導階級可以在一個意識形態多元的社會
中同時爭取到知識與道德上的主導權力。本質上，文化霸權的
形塑效果是讓統治階級根本受益。然而，因為是透過知識分子

在公共領域中倡導的原因，統治階級的價值就這樣經常被理解為屬於有利於全體社會的思想規範。

至此，民主政權維護其自身統治正當性的主要手段不是鎮壓，而是文化霸權。文化霸權的進行是潛移默化的；它以價值知識逐漸改造人心、並讓知識漸進普及為一般民眾的基本常識。文化霸權型塑過程的最終結果，更是讓民眾承認什麼價值是道德上與知識上的正確觀念，什麼價值是道德上與知識上的錯誤觀念。

就一個普通公民而言，民主社會的人們都具有自由意志，也都過著自己隨意的生活方式。也就是說，人民日常的生活情境本來就擁有多種樣貌。正因為如此，一般人在日常生活中並不會意識到「國家」這個巨觀結構正在以一種迂迴曲折的方式，運作一種叫做「文化霸權」的東西。葛蘭西在《獄中札記》的理論恰好填補了人們在這方面的思想缺失。

支配與從屬　葛蘭西的文化霸權理論不僅能分析意識形態論爭背後的權力運作邏輯，它還能進一步解釋政權更替即帶動思想文化變遷的現象。也就是說，文化霸權理論可以替人們從國家機器與社會網絡等制度化的建制中，找到意識形態支配與從屬的結構。

社會的主導力量經常將我群意識形態的知識「絕對化」。「絕對化」的知識具有一種「本來就應當如此」、「當然就是如此」之類的意義支配作用。因此，民主社會的知識始終呈現一種「支配」與「從屬」的關係。例如，「台灣主權」的知識就絕對具有高於「中華民國主權」的支配地位、「台灣隊」的稱謂就絕對具有高於「中華隊」的支配地位。

有些話語充滿神祕主義的面紗。例如，「台灣須以預防性

民主的立法，來反制那些利用台灣民主顛覆民主台灣的言論」
之類的話語就是如此。然而，針對這句話語提出言論自由不
應設限的反抗主體，終究被「打臉」為缺乏以台灣為主體的態
度。這就是一種在知識方面「支配」與「從屬」的反映。

　　民主社會的認同政治從來都不是以民主的方式呈現；它
從來都表現為一種「支配」與「從屬」的關係。尤其在人們道
德化、絕對化某些知識以後，這些知識就進入一種不可褻瀆的
「絕對價值」境界。

　　過去威權時期的統治團體用的是以「警備總部」為主的鎮
壓機關來形成霸權；現在民主台灣的所有政權都是以知識和話
語來建立她的支配力量。政治工作者都希望將「我群」知識形
塑為普遍常識。然而，儘管以「一再重申」（reiteration）的方
法有可能將知識轉化為常民的共識，但意識形態知識最好的歸
宿還是「能夠入法」。經過法律認證的知識即達成合法化我群
知識、非法化意識形態他者知識的最終目的。

　　民主社會的文化霸權形塑過程主要還是以普及特定知識，
並使之成為常識的做法來完成。「常識」是社會中常民對現實
認知的參考架構；所有意識形態論爭都不敢脫離常識的規範。
因此，誰能夠定義常識，誰就能擁有「常識」這種稀有資源。
在有些社會，沒有常識的觀點等同非法觀點，稱不上是一種在
多元社會中值得被保護的多元價值。

　　社會控制　　一般人認識外在事物、理解社會環境都依賴常
識。在《獄中札記》中葛蘭西提到，所謂常識原本是人們實際
生活經驗和原有期待的結合。常民靠著這類平凡合理的日常知
識來理解生活、認識世界。可以說，人們是以常識這個東西在
各種權力關係中與他人互動。

　　既然常識是常民經驗與邏輯的產物，人們即經常以為常識無需辯駁、不容質疑。然而，人們邏輯推演的能力有限，經驗觀察也往往限於自身所及。一些用來幫助人們理解日常生活和周圍環境的「道理」本身，也經常隨着社會的變化而變化、隨著權力的流動而流動。因此，人們以為自己擁有常識，卻往往未必能明確意識到「常識」背後可能存在某種霸權的形塑過程。

　　可見，常識並不會自動等於理性反思。恰恰相反，常識經常是來自人們過於自信、把許多事物視為當然的產物。人們尊敬權力的心理機制又反過來帶給各方主體提供操作常識的空間。統治階級因此運用學校、法律、道德等傳遞知識，以鞏固其統治的正當性。經由多數人民選舉出來的統治團體更以團結具有話語權的媒體與政治網紅（political influencer），作為形塑知識主導權的側翼。

　　在歷來政黨輪替的各個歷史階段中，新的知識經常隨新的政治力量而站上舞台。反過來說，當統治階級的執政權開始鬆動時，人們習以為常的主流知識也可能受到取代。這種現象說明了：處於霸權地位的知識經常與主導階級站在一起。然而，下台的舊知識並不會因為新知識上台而被抹滅。民主社會內部因此持續存在知識的對立與矛盾。可以說，在知識領域，霸權與反霸權也一直都是構成民主社會命定循環的一個側面。

　　其實，葛蘭西的文化霸權理論描述了統治階級如何透過意識形態價值，來進行社會控制的一種過程。在意識形態國家機器中，過去中華民國時期與現在中華民國台灣時期的有關主權領土、民族想像、文化論，以及歷史觀等知識，都各自呈現不同的支配與從屬結構。在過去，大中國思想是所有國家機器的主流，現在則被視為黨國思想的附隨。可以說，台灣本土意識

目前位居支配地位，大中國思想則位居從屬地位。

　　以後者為例，「台灣不是中華人民共和國的一部分」是一回事，「台灣自古就不是中國的一部分」又是另一回事。「台灣自古就不是中國的一部分」這句話語為政治正確的命題。惟基於大中國史觀，部分國人仍指認出台灣過去曾屬於歷史中國的自我認知。

　　例如，清朝與法國在淡水等地一戰後，李鴻章以大清國代表落款簽署《中法新約》（1885）。在《新約》內文中，大清都以「中國」自稱；其中第9款還規定，法國退出澎湖、基隆。《中法新約》以後，清朝隨即在1887年於台灣建省，並以劉銘傳為首任台灣巡撫。

　　然而，上述這種「不承認」主流話語的非主流話語，並不妨礙「台灣自古就不是中國一部分」的話語支配地位。從鄭氏治台、清領時期乃至甲午戰爭割讓，有關以台灣為主體的民族、文化、歷史等知識都不斷產生新的支配力量。時至今日，台灣價值的知識建構既立足於常識的位置，也坐穩道德的高地。

權力理論

　　對於人們理解當代社會的意識形態消長，傅柯（Michel Foucault, 1926－1984）的「權力」理論深具認識作用。在其系列著作中，傅柯不斷闡述有關知識與權力、規訓與權力、主體與權力等等的辯證關係[12]。在傅柯所舉出的多個權力運作形式中，這裡特別指出其中兩種權力關係的形式，作為人們理解認同政治下有關權力變項的理論基礎。

首先是「牧師權力」（pastoral power）。牧師是道德的化身，擁有能直視人們心靈世界的權力。人們往往願意把自己的靈魂深處交到是類精神導師的手中。「牧師」之類的權力者也因此站在道德高處，希望支持者能跟上權力者的價值腳步。台灣社會有越來越多的民眾將這類牧師權力賦予了各式各樣新興教派的「師父」。國際上的非政府組織在全球傳播普世價值的同時，也不乏投射這種紆尊降貴（condescending）的牧師權力，作為影響各國民眾對世界的認知。

其次就是「知識」這種權力。在傅柯的理論體系中，知識和權力密不可分。與16世紀法蘭西斯・培根（Francis Bacon, 1561－1626）「知識即力量（knowledge is power）」的表面意義不同，傅柯以「知識就是權力」（knowledge being the power）的命題，說明他「知識背後必有權力支撐」的觀察。傅柯認為，知識帶有規訓（discipline）的本質，因此知識具有社會控制的作用。具體地說，主體的知識權力是透過排斥其他知識合法地位的方式，來進行社會控制（見Kritzman, 1988）。

知識的社會控制

傅柯曾系統性說明各種知識的性質及作用（Foucault, 2002）。在資本主義社會，主導階級以「知識」對社會進行控制的過程仍然是一種民主過程。也就是說，個人並非總是被權力所迫而去接受意識形態國家機器所裝載的知識。反而，個人往往經由「自省」而自動將優勢的觀念內化為自己的知識。

註12. 在傅柯的理論體系中，舉凡規訓（discipline）、認同（identity）、主體（subject）、主體性（subjectivity）、真相（truth）、權力（power）等等的作用，都和「知識」（knowledge）這個基本觀念的運作息息相關。

　　如此一來，個體就是一個以自主方式接受主導階級支配的客體。一個人之所以成為一個道德的人、一個守法的人、一個凡事都抱持「正確」思想的人，都是因為這個人被優勢／主導／主流知識所形塑成人的結果。

　　權力的流動性質　儘管個人是被知識所形塑的客體，但個體也是創造、建構，以及控制知識的主體。過去的傳統觀念認為，權力只是由統治階級的政經結構所擁有。傅柯則將權力解釋為是一種分散的、不確定位置的、在人際互動中流動的型態。例如「被統治階級」有時是統治階級專政的改革對象，但有時也經常搖身一變，成為國家的主人。

　　傅柯在其系列著作中一再闡述有關「權力會流動」的概念。這種概念衍生以下四個命題：（1）權力從來不是一種可以永遠被獨占的東西；（2）權力的流動經常促使各方利害關係人的權力關係重新配置；（3）世界上沒有統治者和被統治者之間永遠的二元對立；（4）政治上沒有永遠的朋友，也沒有永遠的敵人。見表1.4.1：

表1.4.1：權力流動的四個概念

權力流動的四個概念
1. 權力從來不是一種可以永遠被獨占的東西。
2. 權力的流動經常促使各方利害關係人的權力關係重新配置。
3. 世界上沒有統治者和被統治者之間永遠的二元對立。
4. 政治上沒有永遠的朋友，也沒有永遠的敵人。

權力的認同性質　傅柯指出，權力也具有形塑個人認同的性質。在《規訓與懲戒》一書中，傅柯主張「規訓」（discipline）具有社會控制的作用，因而促使個體形塑認同（見Forcault, 1977）。學校的規訓叫做校規，家庭的規訓叫做庭訓，社會的規訓叫做法律。家庭、學校、軍隊、監獄，甚至房仲、車商等商業組織中都有規訓。個體的身心靈狀態經由這些占主導地位的制度化規定及其考核，而被內化為自動承認主導階級所標榜的知識結構。

有關權力／規訓導致認同的觀念，這裡提出兩點「結構主義」的補充。首先，民主社會從來就沒有任何一個人有能力憑空擁有權力；他必須要有「位置」。在單純的權力結構中，有些人所占的「位置」剛好就是權力的關鍵。例如「總統府辦公室主任」的官等位階不高，但這個位置恰好是負責安排總統行程行事曆的關鍵。想要晉見總統的人因此會認為，這個總統府辦公室主任的「位置」擁有很大權力。

其次，在資訊爆炸的新媒體時代，主流意識形態的主體比以往歷史上的任何時期都還要享有主控權力。這是因為在認同政治的氛圍下，民眾願意自發在新媒體的各個平台有償或無償「再生產」（reproduce）主流意識形態的緣故。因此，民主國家統治團體的權力本質並非一般所認為的隨「官位」而自動擁有，而是外圍公民團體結構性烘托的結果。也就是說，當代的權力本質更具有民粹的認同政治特徵。

權力的非壓迫性質　傅柯也不認為權力的本質完全屬於壓迫性質。長期浸淫在主流價值體系中的人們通常會因為進步價值的「進步」，而自動接受進步價值。人們也往往對一般認為的退步價值，而遠離或放棄「退步」的東西。可見，人們會因主

導知識的崇高地位，而放棄思辨主導階級在形塑進步與退步定義背後的霸權過程。

　　有關傅柯在其系列論述中所闡述的「權力並非完全屬於壓迫性質」的觀念，這裡概括三個命題：（1）在社會網絡中的所有制度性活動中，權力關係無所不在；（2）在人際互動的交往關係中，權力永遠自動運作、自然流動；（3）權力具有高度的不確定性；沒有一種權力會具有完全穩定的支配效用。見表1.4.2：

表1.4.2：非壓迫性質的三個權力觀念

非壓迫性質的三個權力觀念
1. 權力在社會網絡中的所有制度性活動中，權力關係無所不在。
2. 在人際互動的交往關係中，權力永遠自動運作與流動。
3. 權力具有高度的不確定性；沒有一種權力會具有完全穩定的支配效用。

權力的消長與流動

　　「權力」是貫穿傅柯一系列論述的關鍵詞。傅柯反覆揭露權力本質對形塑社會價值的影響。在古代帝制時期，統治者「普天之下，莫非王土，率土之濱，莫非王臣」。在民主時代，統治階級主要在意識形態國家機器的範圍內遂行「以權力建構知識，以知識進行社會控制」的功能。

　　在意識形態國家機器中，各種知識／權力的支配與從屬關係非常容易界定。針對過去、現在，以及未來事物，居於優勢位置的話語有著定義什麼是對、什麼是錯的權力。無論從政治、民族、文化、歷史等領域來看，都是如此。

　　面對主流價值的強勢定義，非主流話語同時也在各種社會網絡中存在。要在所有社會網絡中劃出一張主流與非主流價值的權力分布圖，並不容易。然而，在意識形態國家機器的內部，例如國立大學、人民團體、媒體企業、宮廟、基層里辦公室等等，也都殘餘相當零散但確實存在的話語敵對勢力。即使在一起分享權力的同黨同志之間，其權力關係的運作也相當曖昧。在爭取資源重組與結盟的運作當中，各個派系即不斷顯示黨內權力關係的經常流動。

　　話語權　在政治領域，「人事權」和「話語權」是兩種最為明顯的權力資源。以「話語權」為例。在社會交往關係中，主管恣意發言、唯我獨尊，但不容下屬亂發牢騷；統治者得隨時「近用」甚至「徵用」媒體發聲，而尋常百姓卻經常面臨帳號被封鎖等窘境。可見，人們單單從「說話」這件事，即可看出各方主體相互的權力關係。

　　當個別主體以話語和他人互動，並以話語行使其影響力時，主導階級更可以運用權力把優勢話語制度性地「裝載」在國家機器當中，例如以法律形式或教科書的形式賦予特定事件正面或負面價值；優勢話語因此產生霸權效用。話語的霸權效用又反過來維持統治階級自己的統治優勢。可以說，統治階級既藉由優勢的主體地位傳播話語，又以主導的話語鞏固自己的權力位置。

　　相反地，反抗的主體藉由對立話語與另類價值揭露統治團體的權力本質、破壞統治團體的權力行使、阻撓統治團體的權力運作、削弱統治團體的權力效果。因此，即使是優勢的話語也並非永遠都處於安全的、可以受到保障的位置。至此，主導的與反抗的雙方都讓意識形態國家機器成為「苦澀而持續」的

鬥爭場所。

權力的壓迫

羅蘭夫人（Madame Roland, 1754—1793）是法國大革命的發動者之一。1793年11月8日她被送上斷頭台時留下名言：「天下多少犯罪都藉著自由的名義！」。歷史上所有實施鎮壓的統治階級也一定標舉帶有改革色彩的名義。儘管名義不同、符號不同，壓迫（oppression）與分配（distribution）仍然是當代國家治理的重要功能。

官員「用法統治」（rule through law）做恣意解釋，就是一種常見的壓迫形式。在2007年3月電視媒體TVBS對「周政保影帶事件」的新聞處理不當。主管機關除了對TVBS核處罰金200萬元外，並要求該公司撤換總經理李滔先生。有關公部門可以處分民營公司人事一事，主管機關援引的是《衛星廣播電視法》第53條所謂的「帝王條款」：「……並得令其停止播送該節目或廣告，或採取必要之更正措施」。

民主國家具有壓迫性質的「用法統治」模式很多。這種模式與「依法而治」（rule of law）模式的統治心態，存在本質上的差異。民主國家有許多法律的規範標的是政府，政府依法不得逾越。政府施政因此有所為、有所不為。例如《預算法》第62條之1就規定，政府不得編列預算從事媒體置入性行銷。許多要求民主分權與制衡的規範，即是在界定統治團體的施政必須依法治國。

然而，儘管政治理論有所謂「依法而治」的說法，惟立法、修法、用法者皆為國家。阿圖塞的批判理論把所謂國家在法律之下（under law）的一般政治學常理，換一個角度稱：「國

家高於法律」（above the law）。人們常說，「這是某某國家的法律」，意味不同國家有不同國家的法律。例如，伊斯蘭國家的世俗法律多援引宗教律法；法律多處反映真主與穆罕默德的價值。

「國家高於法律」的當代意義因此可以是：有什麼國家意志、有什麼主導價值，就有什麼國家法律。中華民國台灣持續進行層級上到憲法的立法、修法等動態工程。她一方面以「成文法」作為重要工具，進行管制（regulation）與再管制（reregulation），另一方面，這個國家也持續檢討舊有之管制措施，讓條文不斷適應認同政治下多數／強勢意見的要求。

台灣的政治發展脈絡顯示，依法而治和用法統治都是台灣統治團體國家治理的一體兩面。過去，中華民國以《動員戡亂臨時條款》為工具肅反匪諜。這項法律的廢止並沒有讓以前的「匪諜就在你身邊」，現在的「敵人已在國內」的認知主體感到安心。2019年結束前，台灣以完備「國安五法」與立法實施《反滲透法》的方式，大底針對台灣的國家安全補足了天羅地網[13]。

權力關係　除了各種新興人權以外，傳統人權項目的列舉主要集中在（1）人民的食衣住行育樂等基本需求、（2）政治的

註13. 所謂「國安五法」為《國家機密保護法》、《國家安全法》、《刑法》增列第115條之1有關大陸地區納入外患罪的適用範圍，以及《兩岸人民關係條例》中有關「強化中共代理人管制」與「人員管制」兩案。
《兩岸人民關係條例》首先增訂第5條之3一案。此案規範兩岸協商簽署政治議題之協議應經過「立法院」雙審議以及人民「公投」之規定。其次一案為第91條。該案規定少將以上退役將領、涉密政務副首長以上人員終身管制參與大陸政治性活動。涉案人員若妨害「國家」尊嚴，最重將剝奪月退俸。

平等權利，以及（3）言論自由等三個主要構面。然而，各國的人權定義也往往把（1）國家安全、（2）社會福祉，以及（3）守護民主這三個條件，拿來附加作為限制人權的參數。這使得民主化國家的政權得以利用意識形態說理的方式，非法化人民爭取人權的行動。見圖1.4.1：

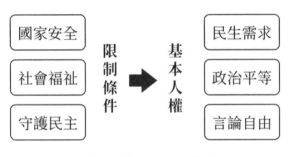

圖1.4.1：基本人權及其限制

　　將認同差異的言論視為非法，是妖魔化意識形態他者的極致表現。一般而言，任何與主流政治思想相左的言論都具有威脅國安或妨害民主的疑慮。然而，主體是否著手實施顛覆政權的觸法行為才是一個民主社會的管制重點。

　　過去威權時期，人們表達與主導價值相反的意識形態言論，統治團體都以例如《刑法》100條之類的法定罪刑施以強制或禁止處分。目前統派言論雖不屬台灣價值體系中的「多元價值」之一，惟過去《刑法》100條修正的論理依然適用於當前民主台灣。也就是，思想言論「除以暴力脅迫實行者，不罰」。

　　然而，在反併吞的氛圍下，多數台灣人民還是希望民主台

灣能更完備立法工具。在統治階級與反對陣營的輿論戰當中，前者具有較快回復名譽的能力。統治團體可以藉由「事實查核中心」之類的機制，做到即時更正與修補形象的地步。統治團體也可以依法將爭議訊息的傳播者即時移送法院，而達到防患未然的效果 [14]。反觀非主流的意識形態他者在認同政治的民粹主義下，經常位居一種言論自由的從屬地位。

　　權力壓迫言論自由　世界上無論什麼制度的國家都不能容忍破壞社會秩序的惡、假、害訊息，尤其族群仇恨的言論。亞洲多個民主化國家在2018年都已完成相關防制法案。俄羅斯在2019年初也通過了傳播假新聞為非法的立法。如果僅以普選總統的形式觀之，2020年修憲前的俄羅斯即是民主國家。然而，該國一直以來都屬於典型不容許異議的社會。集權民主或民選獨裁（totalitarian democracy, democratic autocracy）一詞反而較適合形容俄羅斯的國家體制。

　　防制惡、假、害訊息是一回事，主流媒體與政治網紅呼籲政府應對例如藝人至對岸慶典演唱《我的祖國》之類的情事加以處罰，又是另一回事。目前，民主台灣的統治團體終究以美國為師，對異議分子的話語仍採取相對容忍的態度。

　　當代中華民國政府容忍反對勢力的言論有其歷史因素。在台灣民主化的過程中，過去中華民國威權時期的法律紛紛廢止。例如，《懲治叛亂條例》在1991年5月22日廢止；《戡亂時期檢肅匪諜條例》在1991年6月3日廢止。《刑法》100條在1992年5月15日修正，「陰謀叛亂罪」因而廢止；2016年底政

註14. 行政機關（即內政部下屬之警察機關）以《社會秩序維護法》偵辦爭議訊息案件不須「告訴人」，也不須檢察官訴追。警察只要認定發話主體可能侵權「國家」，即可將之招來訊問筆錄、移送法院。

府再宣布，將每年4月7日鄭南榕先生的辭世日訂為「言論自由日」。見圖1.4.2：

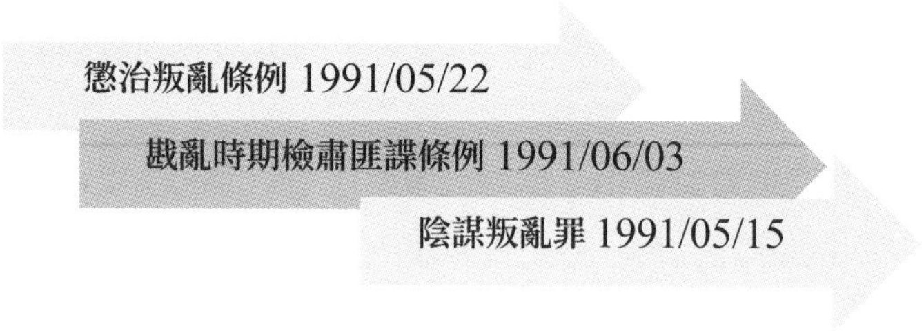

圖1.4.2：法律放寬言論自由的歷程

　　然而，憲法第11條雖然規定「人民有言論、講學、著作及出版之自由」，但憲法第23條也規定言論自由不得踰越社會秩序以及牴觸公共利益的但書。言論自由既然存有界線，一個主導的辯證邏輯開始流行：台灣的言論自由得來不易，叛亂言論及其表現方式正傷害了這項台灣引以為傲的言論自由。

　　上述這種辯證邏輯的觀念如果一旦為法界所接受，可能遭遇憲法官司。2008年司法院釋字第644號宣布：《人民團體法》原第2條「人民團體之組織與活動，不得主張共產主義，或主張分裂國土」的規定，「顯已逾越必要之程度，與憲法保障人民結社自由與言論自由之意旨不符」。

　　《集會遊行法》第4條也曾規定「集會遊行不得主張共產主義或分裂國土」。實務上，過去主管機關事先審查遊行申請人的政治言論時，多以這第4條作為遊行准、駁的依據。大法官釋字445號最後定調，該條文「與憲法保障表現自由之意旨有違」。

　　以五星紅旗飄揚在台北信義區和西門町街頭的判亂意象為例。2018年初法務部對此的法律意見是：禁掛五星旗有遏制言論自由之違法疑慮。然而，中華民國台灣雖是民主國家，但同時也是高度實踐認同政治的國家。憲法雖然保障言論自由，但民主社會的「公民」並沒有捍衛他者表達異端言論的義務。

　　2020年10月中華民國台灣的30位立委終於提案，在《國家安全法》中增訂第2條之3及第5條之3，對在公共場所懸掛展示五星紅旗科以罰鍰處分。截至2021年，條文草案仍未正式完成修法。然而，藉由修法之新聞披露，台灣意識形態主體已充分揭示有關言論自由的規範性定義，即在台灣招搖五星旗的這類行為屬於政治宣傳範疇，並不屬言論自由的範疇。

　　意識形態主體通常站穩立場、區分敵我。《毛澤東選集》第一篇即開宗明義說：「誰是我們的敵人？誰是我們的朋友？這個問題是革命的首要問題！」。當人們清楚意識到民主台灣確實存在許多打著「民主包容」與「言論自由」旗幟，實際上在破壞台灣民主、危害台灣國家存在的行徑時，他們當然會呼籲政府用立法方式，或至少要修改不合時宜的法律，壓制這種敵對勢頭[15]。

　　政府積極制定各種反滲透與科技偵查相關法制的目的，不外乎是為了查察台灣內部的中國「代理人」、「內應」或「在地協力者」等附隨組織與個人。在對外的道德陳述中，統治階級的所有措施都宣稱並沒有以限制人民的言論自由為代價，而是以守護台灣民主為基礎。在這種主導的價值話語面前，個體在

註15. 以《資通安全管理法》（2018）第3條第6款為例，國家就將私營事業、非公務機關的設施提供者、政府捐助的財團法人等民間機構強制納入規範之列。

表達非主流思想前即因懾於社會壓力，而往往自動先做出言論的自我審查。

知識與權力的辯證

知識的累積與應用可以讓個人取得專業，並讓自己的階級得以流動。可以說，知識就是個體力量的來源。因此，16世紀英國思想家法蘭西斯‧培根「知識即力量」的說法，激勵了啟蒙時期世人普遍求知的慾望。

在探討權力和知識的關係時，傅柯採取的是一種較為特殊的理論表達。他認為權力與知識的緊密關係導致它們無法分開談論。權力與知識既然為一體兩面，傅柯就以「知識就是權力」的命題，發展出一套「權力就是知識」的觀念（見Gordon, 1980）。可以說，知識是有權勢的人運用權力將他們自己的是非信念，強加於人的東西。漢武帝接受董仲舒建議「罷黜百家，獨尊儒術」一事，就充分反映大漢帝國知識／權力的這種辯證關係。

傅柯特殊的「知識就是權力」觀點表明，某種知識的背後一定存在建構與支撐這個知識的權力身影。世界強權甚至可以把自己國家的知識，普及成為約定俗成的普世價值。例如，原生於美國的許多觀點，在二戰後也隨美軍所至之處而成為四海皆準的常識。

依照傅柯的理論推估，所謂「主流價值」就是權力的產物。無論是物質的還是精神的層次，統治階級從人們的啟蒙階段就開始訴說國家價值。義務教育的教科書因此成為一種「規訓式」的知識空間。這個空間是由政治權力所選出的課綱專家

所建構。人們從任何民主化國家的運作實例中，都可以發現這種知識由權力建構、鞏固以及推廣的現象。

　　與帝制時期一樣，民主社會的人民對統治階級的知識權威同樣具有心悅誠服的心態。在這種心態下，具有政治力的權威者實質上就是知識的提供者。如果操作得宜，一個政治的領導者很容易就站上知識的領導地位。

　　就這層意義來說，統治階級的政治菁英就是知識菁英。一系列「進步價值」的知識是由這些菁英所建構與定義出來的。進步價值尚經過數十年公民團體的推波助燃。因此，芸芸眾生就算不求甚解，通常也會善盡本分將進步價值中的某些話語當成常識來身體力行。

　　知識建構　自然科學的知識首先是「被發現」的。牛頓發現萬有引力，赫茲發現電波。人文學及社會科學的知識則多為「被建構」出來的。「五權憲法」是孫中山先生創建的政治學說。這個在建國之前就完成的知識創見，在當前民主台灣已被「典範轉移」為朝「三權」的方向發展。當代主流思潮即認為，中華民國考試與監察兩權獨立於行政權的憲法權威地位，有必要予以變更。

　　知識雖然是建構出來的，但仍以實際存在的物質為基礎。即使是與「天堂」有關的知識，其建構過程也必須奠基於人間真有「不可解」的某些經驗之上。所謂「格物致知」的成語就是在形容一種追求以物質為基礎的知識態度。憑空捏造的知識因為存在太多環節無法對應物質世界，因此就無法建構成系統知識。

　　有人說，台灣大學繼承北京大學遺緒，也有人說，台大承襲東京帝大之傳統精神。兩種不同的意識形態言說都以物質

為基礎。前者是大陸學者所帶來的人文風範與五四運動以來的自由學風。後者則是房舍風格、師生禮儀、敦品勵學等歷史足跡。兩者不同看法所指涉的認知對象都屬歷史可以被具體感知的「物質」。在身分政治的氛圍下，意識形態主體的精神狀態往往不自覺選擇認同其中一種，有時也自覺排斥其中另外一種。

以民族、文化以及歷史等知識的認同為例。台灣內部現有原住民各語族、河洛語族、客語族、以東南亞移民為大宗的所謂新住民，以及操著過去中華民國威權時期稱為「國語」口音的外省族群。部分台灣人不稱自己的母語為「閩南語」而稱台語，是因為前者名稱「以中國為主體」。以台灣為主體的自覺意識也在文化風尚中要求人們不自稱為漢人、華人或漢族，因為台灣人就是台灣人。

然而，過去台灣人自稱屬於漢民族的中華民族意識畢竟根深蒂固。即使在日治時期，多數台灣人還是保持改隸日本國以前的風俗習慣與宗教信仰。台灣光復後，1946年林獻堂還率領「台灣光復致敬團」到西安距黃陵兩百里處遙祭。對這種根深蒂固的民族意識，台灣人丘逢甲在日本取得台灣初期的1896年還以《春愁》一詩明志：

春愁難遣強看山，往事驚心淚欲潸。
四百萬人同一哭，去年今日割台灣。

上述台灣人以中華民族為反抗日本帝國主義、以中華文化為固有文化等的精神狀態，目前都是台灣價值的反面教材。無論歷史曾經走過什麼軌跡，也不論過去文獻怎麼記載，在台灣

土地上以台灣為主體的典範轉移是現在的**權力所趨**，也是現在的民心所嚮。

知識對立　《台灣前途決議文》曾提及，要重視兩岸「雙方在歷史上、文化上、血緣上的長遠關係」。可見，台灣邁向正常國家或者維持獨立現狀的目標，並不必然要去除台灣與大陸在血緣、文化以及歷史上的三者連結。

然而，知識建構的目的在於影響受眾對世界的認知。甚至，知識建構的過程本身就是在為占領受眾的認知空間而奮鬥。因此，對於人類所有曾經經驗過的、正在經驗的，以及未來可能會經驗的事物，意識形態主體都可以對之重新建立典範，或對過去的典範給予「典範轉移」。

意識形態互斥的問題不是一句簡單的「主體立場不同」就可以帶過。台灣身分認同政治的激情程度，其起源就是來自主體對「知識」所投入的感情。當人們要選擇有關民族、文化、歷史的認同時，一般人都仰賴回歸自己的良心。然而，假設每一個意識形態主體對於自己民族、文化、歷史的相關知識都是基於自己從良心出發的選擇，那麼，主體意識到自己「良心」的依據又是什麼呢？

「良心」是個體感情與認知的綜合體現。解嚴以來，中華民國台灣地區人民對自己民族的起源與遷徙、對自己文化的定義以及對過去歷史與未來發展等等知識，都「以台灣為主體」的世界觀重做思考、全新建構。這種全新建構的知識並不會因為過去台灣人曾經承襲過什麼中華文化、做過什麼有關「中華民族認同」的言行而有所改變。

政治是一種可能的藝術。在面對中、美二元權力結構時，經濟理性的從政者思考的是什麼可以改變、什麼不能改變。意

識形態主體則會考慮什麼是對的價值，什麼是錯的價值。後者
對於邁向正常國家義無反顧。以正名制憲為例，倡議的本土
社團與台派人士並不會因為美國在台協會（America Institute in
Taiwan, AIT）的明確拒絕，而停止對這個理念的恆久追求。

　　意識形態知識　　意識形態是人類感情的寄託，理論上可
以不大需要知識的支持。世界上也確實存在缺乏知識基礎的意
識形態。例如，當一些逢廟必拜的人被問到所拜神祇究竟為何
方神聖時，這些信徒卻沒有概念。有人隨意高呼「中華民國萬
歲」，卻對中華民國價值義理不知所以。

　　然而，若要普及觀念，主體傳播意識形態總要以知識為包
裝。意識形態主體在進行「創新傳布」（diffusion of innovation）
的過程時，建構一套完整合理並且符合道德價值的知識體系實
屬必要。只要主體以簡化方式將之一再重申（reiteration），價
值知識最終將形成庶民可以朗朗上口的常識。

　　以知識為核心的意識形態信仰使人具有光榮感、時尚感，
以及自信心。本來，意識形態信仰主要是基於情感的趨使與家
庭的涵養，惟主體如果認知自己的信仰是一種對知識的選擇、
對真理的追求、對價值的奉獻，那麼，主體就更會親近這個特
定的意識形態。因此，意識形態總是以知識的面貌以及價值的
高度來對外陳述、進行說服。

　　知識價值　　如果一個統治團體可以用權力絕對化、道德化
某種特定知識，那個特定知識也會反過來支持這個統治團體的
權力正當性。傅柯的系列著作就是在談論「權力與知識」這方
面相互辯證的關係。從傅柯的觀念得知，被外部權力道德化的
知識即稱為「價值」。

　　主體形塑價值話語往往充滿意識形態修辭。使用標籤名

詞、使用價值取向的形容詞、使用受害者語氣、使用愛恨母題（motif）等等修辭陷阱，經常作為喚醒民眾、強化民眾信念的武器。然而，許多新媒體平台只能把知識做簡單概括。大眾媒體闡述價值知識一般都無法做到話說從頭、長篇大論。

事實上，有關價值的知識並不適合在傳播學者麥克魯漢（Herbert Marshall McLuhan, 1911 － 1980）所說的「涼媒介」（cool media）中進行闡述。因此，嚴肅的意識形態價值要如何在娛樂政治的包裝與賣萌中取得人民信任呢？在新媒體時代，複雜的知識論述過程一律被化約為所謂「立場」。當代媒體經驗更顯示，知識中的價值以「懶人包」或「哏圖」的形式效果最好，要不然就將之包裝設計成「網路遊戲」之類供人寓教於樂。

現代人在知識選項中選擇「價值」往往必須面對兩難困境。也就是說，當人們做出抉擇前通常希望自己所選出的是非對錯能夠獲得外界認可。如果一個抉擇能獲得外界認可，那麼這項決定的主體至少不會遭到外界議論。因此，外界已經形成的主流意見注定會是這個個體首先參考的座標。這樣一來，「價值」抉擇本來應該是個體自由的內在選擇，現在卻經常表現為像是來自外界的主流設定。

「以台灣為主體」的方法論主導了目前國人認識事物的走向。一個統治團體的執政自信與她穩定的執政地位，絕不可能只靠立法鎮壓他者得來。不論在朝或在野，一個政治團體在形塑文化主導權與導引公民團體向心力的工作方面，無不以價值作為訴求。除了尸位素餐的統治團體以外，任何政治團體在取得執政後都會致力於建立和貫徹自己所標榜的價值。文化、教育以及媒體等意識形態國家機器只是起點，團結各級公民團體

才是讓主導價值持續站穩道德高地的基礎。

　　採取「立場之戰」（"war of position"，為葛蘭西的用語）的反對勢力卻經常指出，統治階級所主導的國家價值多屬「以特定階級利益，偽裝成一般民眾共同利益」的單邊主義。基於差異政治（politics of difference）的策略，反抗陣營的話語主要就在揭露社會的主導價值只不過就是統治階級「以我為主」、「為我所用」的偽裝。

　　然而，「價值」被主體標舉出來之後並不會就任由「他者」攻訐。「標舉價值」是國家對社會進行控制的一種形式。也就是說，「價值」永遠與「控制」一起存在。在正常情況下，主體一方面標舉「我群」價值，一方面也否定「他者」價值。有的統治團體會以道德壓力，在社會氛圍中形塑文化風尚。有的統治團體甚至會以法律的形式將錯誤或退步的價值科以刑罰。兩者方法的目的，都在穩定國家意志、進行社會控制。

　　所謂「普世價值」的形塑也是一樣。一戰後美國威爾遜（Thomas Woodrow Wilson, 1856－1924）總統提出「民族自決」的價值，開始支援各國的民族獨立運動。然而，美國也以這個價值為工具，利用她國的民族矛盾來強化自己在該地區的主導地位。

　　在國際關係的場域，有關對她國進行或不進行援助的政策，「國家利益」的變項高於「價值」。然而，在話語的表達上，「價值」高於一切。在當前主流的政治言說中，台灣的民主價值是台灣得道多助、各國願意近悅遠來的主要原因。印太戰略實施以來，美國即表現為頻繁以政治性法案加碼支持台灣、以軍備武裝台灣，並責成台灣做好義務役青年的戰備整備工作等方式，與台灣價值同盟[16]。

意識形態話語形成知識霸權

權力為什麼要建構知識、支撐知識，以及依附知識呢？儒家思想在中國大陸能夠再度抬頭，就是因為它「尊王攘夷」的知識效能。儒家思想中有關華、夷之辯的民族主義也有利於中國共產黨凝聚愛國意識。同理，台灣價值之所以成為台灣主流的文化風尚與常民知識，也是因為這類議程的推動有助於本土政權行穩致遠。

任何社會制度都有成文的法律規則以及不成文的「常識」規範。社會中不成文的限制因素（constraints）是一組壓迫個人言行的集合體，包括「禁忌」與「常識」等等成規（norm）。這些成規是約束個人話語、行為及其社會互動的最主要限制因素。人們經常聽到這樣一句陳述：「一個人說話要有常識！」。

因此，一般人多以常識來判斷是非。就算法律不限制社會成員之言論，但公開講述違反常識的言論則多屬令人生氣的禁忌。可以說，有時不成文的限制因素，比成文的法律規章還要能有效帶給個體壓力。

然而，常識是意識形態主體以一再重申的方式所進行的社會建構。為了穩定政權以及降低權力的不確定性，民主社會的統治團體主要靠的並不是以經常性立法來鎮壓異己；民主國家的知識霸權建構過程，主要還是在文化風尚中將自己的價值形塑成常識的支配過程。

「以台灣為主體」是當代國人的基本常識。然而，人們也開

註16. 過去，美國對台的政治法案有時隱晦執行，有時象徵性表示，有時根本不執行。從川普執政時期開始，美國就把政治惠台的各種策略向中國公開表示。這種「大聲公」外交（megaphone diplomacy）有利於美國在其他與遏制中國有關的場域取得談判先機（bargaining power）。

始注意到,「以台灣為主體」的知識在許多領域都和「以中華民國為主體」的理念相悖。因此,「以台灣為主體」如果是常識,去除「以中華民國為主體」邏輯上也是一種常識。例如,中華民國作為「外來政權」只有殖民台灣的歷史,並沒有光復台灣的歷史。因此,民主社會中的法律可以規範個人的行為模式,身分認同政治也可以用「以什麼是主體」的價值來界定個人的思想模式。

　　這就是知識的主導權。民主國家形塑知識主導權的過程非常曲折。在中國古代神話故事中,倉頡這樣一號的人物可以任意創造符號意義。他在任意造字的當時,大地「鬼哭神號」。過去中華民國威權時期也有「倉頡」。統治團體以同一精神「罷黜台灣、獨尊中國」,在國家機器中貫徹中國義理。

　　民主國家的統治團體不可能再生出一個可以直接號令「車同軌、書同文」的秦始皇了。葛蘭西在他的經典著作中就充分表明,資本主義社會形塑「文化霸權」的過程是一種經由知識到常識的細膩建構。

　　在一般情況下,認同政治的話語會以歷史經驗來闡述事件的真實性。認同話語也會以簡單清楚的邏輯取得可信度。最後,主體一再重申價值信念而讓意識形態話語站穩道德高度,也就是「站在上帝這一邊」的概念。

　　民主國家的知識建構因此必須接近(1)真實性(authenticity)、(2)可信度(credibility),以及(3)道德性(integrity)這三個外觀樣貌。也就是說,某種知識要達到普及成為常識的地步,(1)經驗、(2)邏輯,以及(3)「上帝」三者,缺一不可。見圖1.4.3:

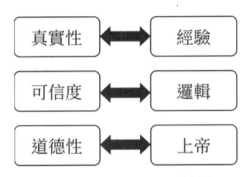

圖1.4.3：話語作為知識價值的外觀結構

知識成為道德權威

當代部分國人已經跳脫以漢文化為中心的思維，並以台灣為主體貫徹台灣的民族、文化、歷史，以及國家的認同觀念。意識形態主體經常呼籲，認同台灣首先必須辨別台灣人身分屬南島語族一脈相承的新興台灣民族。在「想像的共同體」上，甚至在血緣上，台灣人與中國人相互區隔。

其次，政治上的荷蘭、明鄭、「清國」[17]、日本和過去中華民國黨國，皆為殖民台灣之外來政權。在文化上，台灣自南島文化以降接受多元文化之洗禮而擁有自己獨立的文化體系；中華文化只是被台灣所包容的多元文化一支。在歷史上，台灣擁有主體發展的內圈歷史。從過去至今的400年間，台灣漸次向外與歐洲國家、中國、東亞、美國、東南亞諸國等地發生歷史上的各種機遇。

註17. 在各種對外條約的中文文本中，大清國均自稱中國。然而，台灣意識形態主體固守「台灣從來就不屬中國一部分」（Taiwan has never been a part of China）的命題，因此一直沿用清朝時期 "China" 的日文漢語「清國」一詞，來指涉歷史中國。

　　有關清朝和1996年以前之中華民國均屬殖民台灣的「外來政權」說法，大中國主義者並未給予承認。他們提出許多清朝治台期間的各種非殖民主義的歷史作為，例如稅收優惠、未曾掠奪資源運回大陸等實績。部分國人也經常指出日治時期台人乙未抗日等台民先賢認同中國的事跡。中華民國人更經常重述中華民國曾經在台灣經濟建設以及保存中華文化的敘事。

　　就政治的一時得失而言，政治團體的攻防通常最在意席次的多寡。與此相反，意識形態主體認為價值問題並不是戰術問題而是原則問題。一個離開價值的政治團體，其小錯容易被高估；一個站穩價值的政治團體，其大錯也容易被低估。這是因為所謂「最高道德」理念介入人們的思維所致。

　　最高道德　多數台灣人民認同台灣國家、台灣民族、台灣文化、台灣歷史等意象。然而，少數國人依然讓大中國情懷常駐自己心中。前者自然對後者貼上「滯台中國人」或「文化變種中國人」之類的標籤名詞。趨勢顯示，部分國人對中華民族、中華文化，以及中國歷史等的意識形態認同如果不會因主流輿論而逐漸消音，也會因過於少數而慢慢被稀釋於無形。

　　從1997年以降，台灣價值歷經長時間貫徹而成為國人今日所習以為常的生活態度。對於解釋當代政治、文化以及歷史事務等方面，台灣年輕人一生下的固有認知就是以台灣為主體的認知。以後即使「親中政權」執政，國家機器中的「規訓」仍會以「路徑依賴」（path dependency）為原則。也就是說，在主流意識形態越來越成為主流的條件下，所謂「撥亂反正」的可能性就只是少數人一廂情願的想像。

　　個體使用媒介、發表意見一般不脫離整個社會文化的（sociocultural）主流框架。目前，天然台世代的集體性格就

多為「以台灣為主體」的相同話語形式。可以說，台灣價值的支配性已經形成一種穩定的社會結構。即使是一個特立獨行的個體，也會自覺地以社會上支配性的集體定義來使用媒介、發表言論。

可以用「台灣價值」一詞來概括所有以台灣為主體的知識總和。然而，以台灣價值作為最高道德的社會文化框架也存在一種危險。在正常情況下，教育水平一般的人就具有起碼明辨是非的能力。然而，若涉及「最高道德」的選項介入，人們的是非理性即以為「最高道德」的合理成分凌駕一切。如此，整體的國民素質即受到衝擊。

所謂最高道德就是「大是大非」。在「大是大非」的價值面前，任何瑕疵就只是「瑕疵」。也就是說，人們會把最起碼的是非善惡觀念先擱置起來，開始強調「身分」這種最高道德的重要性。一個人對評斷公眾人物或公共事物的標準不一致，就是這個人心中受到「最高道德」介入的反映。

人們的思想狀態往往並存多種價值組合。這就如同投資人在經濟活動中採取「投資組合」（investment portfolio）的狀態一樣。然而，個體會在某一種特定情境下將自己組合的價值排序。例如，在「生命誠可貴，愛情價更高，若為自由故，兩者皆可拋」的詩句中，價值排序顯示為自由第一，愛情居次，生命殿後。言論自由是普世價值，但台灣的「台灣主權」、「預防性民主」觀念在目前的社會規範當中，又比「言論自由」的價值排序為高。

當某一種價值成為最高道德時，意識形態主體就以為自己有權「道德殺人」。手握道德權威的政治網紅在直播間夸夸其談，以我群觀點持續「打臉」他者意識形態。在網路空間中，

握有進步價值的主體幾乎從來不曾為自己加諸在他者價值主體身上的仇恨言論道歉。掌握最高道德的主體以為，言論自由是台灣文化中很重要的一部分，但言論內容如果有危害台灣民主這種最高道德的疑慮時，民主台灣就應該以預防性的作為對之加以回應。

　　基於對自己所掌握的知識深具信心，主體在認同政治的激烈情境下開始對自己的知識產生幻覺。心理學「知識幻覺比沒有知識還要危險」（"The illusion of knowledge is more dangerous than ignorance."）這句話，很適合拿來形容意識形態主體這種堅持「自己知識就是唯一真理、就是最高道德」的幻覺傾向（見一般心理學對"illusion of knowledge"的相關實驗與解說）。

　　最高道德是一種絕對觀念的幻覺。所有事物的善惡對錯都存在相對的分析架構，例如倫理的、歷史的、人本的、利益的等等構面。民主政治的施政雖以多數人的意見為準，但這並不意味主流意見就是道德標準。

　　邏輯上，價值的是非定論更不可能單純以人多勢眾為準。2019年當時實質為緬甸總理的翁山蘇姬（Aung San Suu Kyi, 1945－）就站在國內的主流立場，在荷蘭海牙國際法庭的聽證會上替緬甸軍方迫害國內洛興雅人（Rohingya）的行為辯護。歷史拉大來看，大陸文革時期驚濤駭浪的主流意見，最終也被歷史證明「就是一場浩劫」。

第二章

規範兩岸關係的法律架構及社會心理

第一節 中華民國憲政體制與台灣民主制度

在面臨「現狀」是否需要改變的抉擇時，人們都以為是自己的「理性」衡量了利弊得失。然而，因為受限的理性（bounded rationality）、有限的情報，以及強度不夠的意志等原因，人們還是會有較強動機選擇「維持現狀」。在「預期理論」（prospect theory）中，「偏好維持現狀」（status-quo bias）是人類天賦。這是因為在人們選擇未來可能性的參考權重當中，「避免損失」的動機往往大於改變可能帶來的「預期收益」。

一般人普遍對損失較為有感，因此會把已經擁有的權利加成計算。也就是說，在面臨是否選擇「改變」時，每個人心中的那「一把尺」多在盤算改變後可能帶來的壞處，而不是預期

改變後可能帶來的好處。「十鳥在林，不如一鳥在手」就是人們偏好維持現狀的心理寫照。因為人們先天上具有這種避開未知的「稟賦效應」（endowment effect），因此，無論實施多少次有關國家發展的民調，維持現狀的選擇一直都是台灣主流民意。

可以說，部分國民在民調中選擇維持現狀，是為了維持現狀而維持現狀。政府的態度則不一樣。為了國家安全行穩致遠，中華民國台灣把現狀的維持法律化。例如，《憲法增修條文》第5條第5項規定：「政黨之目的或其行為，危害中華民國之存在或自由民主之憲政秩序者為違憲」。

公民團體進行正名制憲公投固然危害中華民國之存在，政治團體若與大陸地區政權洽談政治安排之類的事項，也將被視為危害台灣自由民主憲政秩序。《刑法》第113條清楚規範，對「應經政府授權之事項，未獲授權，私與外國政府或其派遣之人為約定」將被科以有期徒刑、拘役、罰金甚至無期徒刑等刑罰。

綜上所述，無論危害中華民國之存在或為害自由民主之憲政秩序，兩者都為害這個國家的法益，因此都不見容於現行法律。對於違憲政黨的處置，大法官還具有組成憲法法庭進行審理，最後並予以解散的權力。

上述規定反而使得憲法第2條「主權在民」的原則部分難以成立。因此，意識形態主體的各種修憲提案還是不絕如縷，甚至經常沸沸揚揚。然而，實踐結果一再證明，一些改變政治現狀的提案都具有動員我群支持者的效果，但都不具有實質更動「維持現狀」的能力。可以說，目前備受挪揄的中華民國憲法始終具有一種神祕的超穩定結構。這也是為什麼統治團體通常最終只能以繞過上位憲法的方式，針對下位法律進行變通的原因。

在意識形態主體反覆實踐各種變通方式以後，中華民國台灣的憲政秩序逐漸形成操作上的慣例。大法官釋字第499號稱：「憲法為國家根本大法，其修改關係憲政秩序之安定及全國國民之福祉至鉅」。中華民國憲法也仍保存「危害中華民國之存在或自由民主之憲政秩序者為違憲」的法定界線。既然「逾越此一界限即屬憲法之破毀」（亦見釋字第499號），那麼中華民國與台灣必須攜手維持現狀一事，根本就是法律的規定。

台灣人民當家作主

台灣的民主形式主要由選舉罷免、創制複決，以及陳情抗議等三個支柱所構成。民主與法治為一體的兩面；如果以法律表示，構成台灣「以民為主」內涵的民主三要素應為：（1）《總統副總統選舉罷免法》/《公職人員選舉罷免法》（兩者皆簡稱《選罷法》）、（2）《公民投票法》（簡稱《公投法》），以及（3）《集會遊行法》（簡稱《集遊法》）。見圖2.1.1：

圖2.1.1：台灣民主三要素

　　雖然民主讓社會充滿活力，但民主也可能被統治階級濫用（abuse）、被反對陣營亂用。以前者為例，民主國家並不缺乏集權（非威權國家的「極權」）與民粹等反民主現象。可以說，衡量民主制度是否優劣的標準在於各國的實踐，而非「民主」本身就具有先天優勢。

　　民主國家的人民將統治的權力託付給政黨，自己則保留選舉、罷免、創制、複決等「民有」權利。當統治團體在一定的時間內、一定的議題上存在不符合「人民當家作主」的意識時，人民以不服從現行法律體制為前提的「公民不服從運動」，也會在民主社會中發生。

　　以2014年3月23日「太陽花運動」期間「323占領行政院」之公民行動為例。2021年1月18日最高法院發回更審七名被告有罪之二審原判決。最高法院判決文認可了人民為了「阻卻（政府）違法」，得行使類似德國基本法中的「抵抗權」概念。民主社會中的和平、非暴力抗爭也因「緊急避難」之類的不得已原因，而得排除其違法性[1]。

　　民主台灣實施代議制度。代議士（國會議員）雖然代表人民，但在黨政一體化的剛性制度下，各階層國會議員更像是所屬政黨、派系、團體，甚至背後所屬資產階級的代表。每當民意與黨意衝突的時刻，民眾即充分感受到「國會議員是所屬政黨代表而非人民代表」的意義。各級國會議員加上掌握行政權的政治工作者再加上背後利害與共的資產階級，他們合起來構

註1. 與台灣對「太陽花學運」的價值定位完全相反，2021年出版的《中國共產黨簡史》「推進兩岸關係和平發展」的章節卻將有關2014年的這個學運定性為「台獨及外部勢力在背後煽動、支持的一次反中事件」。《中國共產黨簡史》的位階等同中等學校教科書，具有官方欽定什麼是屬於「正史」的地位。

成了所謂「統治階級」（ruling class）。

　　民主台灣並沒有相關「作用法」可以管制統治階級；統治階級由責任政治的理念來負責。從1999年4月3日起，「政務人員法」（草案）就已由考試院送立法院審議至今。中華民國台灣也一直缺少「立委專職法」之類可以限制統治團體成員不宜經營商業、不宜兼任營利事業職務之類的相關法律。政治是意識形態主體描繪國家定位與未來願景的特種行業。這個行業不會在人力銀行徵才，通常只在「圈內」尋找自己人共事。自己人制定法律，即缺乏自己管自己的動機。

　　在台灣的民主運動史中，從「美麗島」（1979）、「野百合」（1990）到「太陽花」（2014），一系列的學生運動與街頭運動都讓台灣民主繼續深化。儘管台灣的民主表現與經濟表現的連結並不明顯，但民主台灣卻讓台灣價值大步向前。在所有國際非政府組織所披露的報告中，人們從未聽聞有關針對台灣民主政治的負面評價。

　　即使在2020年11月7日獨立機關NCC裁決中天電視新聞台不予換照時，台灣媒體觀察基金會、媒體改造學社、「無國界記者組織」台灣分會等公民團體都不認為這是針對言論自由的限制。對於民主赤字的紀錄方面（例如政府更加集權、言論自由更加倒退等現象），凡非屬「親中媒體」的外國媒體也從未發出過批判聲浪。

　　英國《經濟學人》（The Economist）所屬機構公布的2020年《民主指數報告》（Democracy Index），更將台灣列為「東亞第一」；其中排名甚至超越美、英、法、德等老牌民主國家。2021年3月3日，由美國官方資注的「自由之家」（Freedom House）在其《2021年全球自由度調查報告》（Freedom in the

World 2021）中多次提到台灣。在「公民自由」（political rights）以及「政治權利」（civil liberties）兩項指標的評比上，台灣還獲得總分94分，僅次於日本的96分排名（見https://udn.com/news/story/6809/529234）。

　　意識形態主體因此有絕對理由相信：台灣是整個亞洲實踐西方民主的典範。「守護台灣民主」即成為統治階級施政清單的最上位；讓台灣政治更為清明的分權與制衡等其他效能的民主議程，尚且排在後面。事實上，台灣民主仍處於需要被保護的脆弱階段，並非人們所想像的那麼具有自由主義的優越性。甚至，民主制度本身就是脆弱的；她隨時都需要得到捍衛。美國川普總統任內的民粹主義氾濫，就幾乎讓美國引以為傲的民主死亡。

　　即使在屬於地方自治的選舉中，帶有「中國因素」的一個事件或一句話語都會立刻撩撥、觸動、掀起民眾對國家認同的信任投票。可以說，台灣的民主選舉非常容易受到傷害。許多情緒「不擇地皆可出」。這樣一來，有著民主風度、不抹黑他人、只談經濟「不談意識形態」的候選人最不適合在台灣從政。如果一個從政者是「親中政黨」所提名，他更要隨時準備被對手藉由中國因素，打回「親中」的狀態。

　　因為「中國因素」始終存在的原因，有關台灣政黨政治的一種新選舉理論逐漸浮現。那就是，台灣政黨輪替的「鐘擺效應」不應當擺盪到親中政黨的手中，否則將傷害台灣民主，甚至傷害民主台灣的主權。最好的情況應該是：全民共同來維護各個小型本土政黨，並扶植其一成為大黨。如此，在民主選舉的過程中，在野黨就可以扮演忠誠守護台灣的正常反對黨角色。

　　與歐美老牌民主國家相比，台灣還是一個「民主化」的國家。民主化意味台灣的民主制度還有繼續深化的空間。例如，選舉活動對台灣人民而言具有如美國「超級杯」（super bowl）一般的熱度。然而，民主在台灣存在的主要意義並不僅止於定期投票。如果人們在爭議訊息（disinformation）、不查證訊息，或「後真相」（post truth）訊息的影響下投票，人們也就誤解民主制度為人民謀福利的真正目的（有關爭議訊息與「後真相政治」，見第四章的解說）。

　　檢視台灣民主實踐的過程，認同政治確實是一個具有絕對影響力的變因。為了反抗中國的外部併吞，統治階級採取的政策途徑是對內部社會強化限制性法律，並在意識形態國家機器中去除「含中成分」。因為「台灣地區」永遠無法擺脫中國因素的原因，台灣內部的民主進程因而也無法和老牌歐美先進國家一樣，完全做到民主制度中以民為主的方方面面。

　　台灣這種先天比鄰敵人的處境，有點像敵人環伺的以色列。基於一種守護台灣民主的動機，認同政治下的平民部落經常呼籲政府能和「我群」一起抑制社會上的統派言論，甚至大中國的思想言論。統治團體也以張開法律羅網的方式來回應台灣公民社會的期待。這種現象顯示，台灣民主深化的腳步是一種曲線的進步，而非朝鄭南榕先生所倡議的「百分百言論自由」的直線方向前進。

　　言論自由　言論自由是構成民主的重要成分。美國「憲法第一修正案」（*"First Amendment"*）要求政府不得限制人民言論、思想、議題等訊息的表達。「憲法第一修正案」是新聞傳播學中的老生常談。有關資訊方面的「認知作戰」在2020年確定成為國際與國內輿論戰場上的主要鬥爭形式以後，許多國家

地區的統治團體紛紛開始對「修正案」的理念抱持保留態度。

　　基於「敵人已在國內」等原因，台灣的統派言論連同「一中」言論的思想成分都被視為有害台灣民主、甚至危害台灣國家安全。呼籲禁制親中言論在主流媒體上架，或籲請主管機關撤銷親中媒體執照的聲音，在民主台灣非常普遍。例如，在中天電視新聞台不予換照的決定之前，主管機關還在2020年10月26日舉行NCC組織成立15年以來絕無僅有的首次聽證會。這個舉措反映了政府面對台灣民眾呼籲下架所謂「親中媒體」的龐大壓力。

　　然而，統治階級不恣意逾越法律授權，對言論自由方面的人權干擾越少，則社會越民主。這正是評斷一個政權是否具有民主正當性的標準。台北高等行政法院108年訴字第1948號判決文中的一段話，具體說明了這種民主價值：

> ……陸方統戰目的不外拉攏台灣民心……惟……最佳回應之道應該是更民主、更開放，藉由更深入的接觸、交流，才有機會實際了解兩岸的制度差異……如僅因對方採取的措施意在統戰，即以維護國家安全或利益、國家認同或基本忠誠度之名，自我退卻並拋棄我方基本價值，適足以……造成台灣社會分歧……又台灣為民主開放的社會……民眾自有充分的判斷能力……。

　　目前「散佈謠言」為中華民國法定非屬言論自由的範疇。除此之外，意識形態主體經常願意定義什麼言論屬於言論自由、什麼言論不屬於言論自由、哪種範疇的言論應該在民主台灣下架等等強制性規範。這其實並不符《世界人權宣言》的意

旨，也與《兩公約》(即《公民權利與政治權利國際公約》與《經濟社會及文化權利公約》)的精神相違。

　　傳統馬克思主義強調，個人自由受客觀歷史條件的制約。易卜生(Henrik Johan Ibsen, 1828－1906)在《玩偶之家》(*A Doll's House*, 1879)劇本中的主角娜拉身處以男性為主導的階級社會。娜拉最終離開家庭束縛的情節看似個人投奔自由，但19世紀的歐洲是一個對女性自由高度箝制的不平權社會。很明顯地，娜拉最後離家出走的行為就只是一種孤立行動的表達。也就是說，娜拉終將只是從束縛的家庭走入一個更為嚴峻的社會枷鎖。

　　《玩偶之家》的例子在於說明：個人自由的解放必須以社會制度的變革為前提。過去中華民國威權體制下的歷史桎梏，就是伴隨著台灣民主發展的步伐而漸次撤除。《懲治叛亂條例》、《檢肅匪諜條例》、《刑法》100條部分規定，以及眾多箝制言論自由的法律一一廢止。以1992年5月15日政府修正《刑法》100條內亂罪為例，「意圖」顛覆國家的主體若無「以強暴或脅迫手段」者不罰。

　　制度變遷　民主社會中的制度變遷多由下而上推動。1990年的「野百合」與2014年的「太陽花」等運動，都迫使統治者進行制度變革。然而，民主國家制度安排的最終權力，一般仍以統治階級為主體。公民團體的社會力量若與統治階級的利害相符，統治階級即藉由給予支持而最終促成制度變遷。雖然多數時刻統治階級成員並不在各種社會運動中領銜主演，但統治階級由上而下的「安排」始終具有關鍵作用。

　　從時間觀點來看，任何制度變遷都是漸進的(incremental)。制度漸進變革也促使民眾漸漸適應制度的改變。以「日

治」取代「日據」、去除台灣「光復」字眼、以「武昌起事」代換「武昌起義」等主體性用詞，都經過時間演進而逐漸形成日常用語。親中政權「執政後再改回來」的豪語，其實並沒有多少現實方面的基礎。

一般民主國家的施政計畫通常只設定八年即須見到成效。也就是說，統治團體不大可能為人作嫁，讓政敵剪綵。台灣主體意識的文化建構工程顯然是一個例外。教育是百年樹人的工作，需要長時間的意識形態實踐。本土政權在意識形態國家機器中持續扎根台灣價值的做法，並未以其在中央執政或失去執政為考量。

中華民國台灣制度變遷的路徑因此走向穩定。以新興台灣民族的知識建構為例。台灣人為南島語族後裔或至少與南太平洋島民高度連結的理論，目前看起來並未完全取代「篳路藍縷、以啟山林」的漢民族意識形態。然而，台灣為新興海洋民族的知識則因「一再重申」的待遇，而在國家機器中持續得到強化。

事實上，幾乎所有民主國家都存在政策延續的相關模型。在「權力不穩」的限制條件下，現任政府往往沒有意願冒著可能召來反彈的危險而去「撥亂反正」卸任政府先前所留下的框架政策。針對意識形態國家機器中的台灣價值這種東西改弦易轍，在台灣這片土地上更屬絕對禁忌。因此，部分國人針對政黨輪替到親中政權手中而感到「亡國感」的問題，純粹屬於一種認同政治的「態度」，而不是指意識形態國家機器真的會發生什麼根本性的變化。

制度漸進變革不是革命，沒有所謂「大破大立」的問題。2016年5月31日本土政權公告廢止課綱微調之後，教科書內文

即將台灣「光復」一詞改為「接收」，將慰安婦去掉「強徵」兩字定案。108課綱版本更進一步刪除「慰安婦」的歷史陳述。一般而言，政府施政有其路徑依賴的穩定特性。上述歷史觀念的重構是經過30年教育脈絡的支撐，並非靈機乍現的魯莽行動。

　　然而，制度變遷（institutional change）卻不必然造就制度創新（institutional innovation）。也就是說，突破舊制度並不見得必然出現進步制度。以台灣社會一直關切的「反媒體壟斷」為例。過去所有相關運動雖然成功指認出台灣的「親中媒體」究竟為何家媒體，但從未完成「反媒體壟斷法」之類的法律制定。有關台灣社會有必要制定反族群仇恨法案的倡議，也無人加以正視。

　　新舊制度的交疊有如電影剪接「溶」（dissolve）的技法。前面的特徵尚未消失，後面的特徵卻已經跟上並與過去特徵重疊。「中華民國是主權獨立的國家」尚未完全結束，「台灣是主權獨立的國家」就已經跟上並覆蓋前者。這就是口語上「中華民國台灣」國號的由來，見圖2.1.2：

圖2.1.2：中華民國國號及其性質漸進圖

　　民主台灣制度變革的漸進手段之一，是讓理念形成人們的文化自覺，然後再讓這種自覺形成法律。然而，國家在安排

新制度的同時也多採取維持過去對人民「信賴保護」的相關原則。孔子「足食、足兵、民信之矣」的政治哲學就具體反映在中華民國《行政程序法》第8條當中。條文指出：「誠信原則是政府應該恪遵的基本原則」。

　　然而，政治是一種「可能」的藝術；2016年政府因公教退撫基金即將破產而不再制度性保障公務員與教員這兩種特定群體。在這個政策下，「信賴保護」與「不溯既往」等法律原則就讓位給公平正義的普世價值。

　　司法院針對「公務人員退撫給與案」的釋字第782號解釋以及針對「公立學校教職員退撫給與案」的釋字第783號解釋都表明，政府制定溯及既往的法律如果是追求重大公共利益即為憲法所允許。因此，年金改革政策並沒有「信賴保護」的問題，也無所謂是否違背法律「不溯及既往」原則的問題。

　　2016年的公教年金改革政策也同時顯示了什麼是「國家高於法律」的意涵。「勞保基金」入不敷出之短絀情況較公教退撫基金更為嚴峻。統治團體將公教群體的改革事務列為優先處理法案，說明了國家可以用非屬事物本身急迫性的標準，選擇性處理改革對象的權力邏輯。

人民的意識形態高於國家憲法

　　《中華民國憲法》是五權憲法、一中憲法、大政府憲法。從「以台灣為主體」的角度，中華民國憲法需要修改的地方很多。在國家正常化的相關議程尚未得到真正解決以前，民主台灣以「增修」方式和中華民國憲法和平共存。雖然和平共存，部分國人對中華民國憲政體制本來應有的「憲法一尊」，經常

表現出相反態度。

　　中華民國憲法在中華民國台灣地區「顧人怨」的原因，在於「民意在憲法之上」的意識形態。在一般民主化社會，意識形態高於法律條文。「新制度論」（New Institutionalism）就表明，一個社會的「制度」由法律、執行法律的方法，以及意識形態三種要素構成。其中，意識形態是位居主導地位的制度推力。

　　所有民主國家的法律都具有兩面性。它一方面固然以憲政為指導，但另一方面卻以民意為依歸。因為「選舉」因素的牽制，中華民國的一中憲法並不落實。中華民國的所有下位法律因此多依「以台灣為主體」的理念權宜變通，例如以修法與制定內規等方式繞過憲法。在許多具體施政的態度和方法上，民主台灣的政制與中華民國的憲法義理明顯脫鉤。可以說，這個國家的最上位法律──《中華民國憲法》，是一個沒有生命的殭屍。

　　本來，憲法是國家與人民訂定的契約。經濟學者稱（例如Grossman & Hart, 1986; Hart & Moore, 1990），在訂定契約時，甲乙雙方不論考量哪些因素、不論寫得多麼詳盡，最後都可能無法涵蓋所有情況；尤其契約牽涉的時間越長，未來的不確定性就越多。因此，幾乎所有契約一開始都注定不可能是完美契約。反而，契約存在常態性的「不完全契約」（incomplete contract）的不完美狀態。

　　國家修憲的目的就是在追求一個既能對內適應人民意識形態，又能滿足台灣必須「維持現狀」的求全版本。這種努力就像企業要重新立約的精神一樣。然而，目前這個契約要「增修」已很困難（見《憲法增修條文》第12條的超高門檻），要重新

立約更為美國與中國所不准。歷年大法官不斷解釋憲法的意義就是希望能在這個既「不完全」，也幾乎不可更動的憲法契約中找出一些說法，希望能解惑人民對憲法的不同認知。

大法官一職屬政治任命，具有高度政治性。攸關國家現行是什麼，未來往哪裡去、某些立法是否可以繞過憲法等等爭議，大法官機制依社會情勢往往必須做出解釋。除了釋憲權、大法官還有以憲法法庭的形式來解散政黨的權力。

因此，在目前台灣的認同政治氛圍下，大法官被提名條件並非僅止於法學素養。換句話說，大法官的認同態度與價值觀念必須接近總統意志。事實上，在獨立行使職權的所有釋憲案中，大法官的見解也多離不開貫徹總統意識形態的事實。

目前台灣的意識形態國家機器已經表現為只裝載台灣價值的一貫態度。即使如此，《中華民國憲法》仍然孤芳自賞。例如，《憲法增修條文》前言仍有「為因應國家統一前之需要」文字。《條文》多處使用「自由地區」與「大陸地區」用詞。《條文》第4條第5項並不列舉國家的實際疆域範圍，但仍沿用《中華民國憲法》第4條的「固有疆域」一詞來象徵這個國家的領土想像。

因此，民眾對《中華民國憲法》永遠的質疑從來不曾止息。2020年底統治階級成員終於提案將（1）《憲法增修條文》前言「為因應國家統一前之需要」字眼，改為「為因應國家發展之需要」、（2）在《憲法增修條文》第10條中增列「國家應優先以台灣之名義進行涉外事物……」等文字、（3）將《中華民國憲法》第4條之「中華民國領土，依其固有之疆域……」文字改為「中華民國領土範圍為憲法效力所及地區……」等等。

2021年2月原提案人又將上述被媒體稱為「台獨提案」的

提案或者主動撤回，或者任由提案退回程序委員會擱置。一直以來，台灣都是以繞過憲法的制度創新方式，而不是如同上述提案以直接碰撞憲法的方式，來進行國家改造的意識形態實踐。例如，統治團體早已用「預算歸零」與「所屬業務移撥」等方式，讓福建省與台灣省政府這兩個中華民國的憲政機關實質凍結。

事實上，台灣正以繞過憲法的五權規定而實質向三權憲法靠攏。《中華民國憲法》受《憲法增修條文》第12條修憲高門檻的保障。因此，在尚未廢除中華民國五權憲法之考試與監察兩權之前，統治團體先以行政手段降低考試院的決策功能，朝變更「五權分治，平等相維」之原憲法精神的不同方向前進[2]。

依中華民國憲政體制，人民可以行使選舉、罷免、創制，以及複決等四個「政權」，政府則行使行政、立法、司法、考試、監察等五個「治權」。這項民主觀念源自 孫中山先生《三民主義》有關民權主義的設計。在兩蔣時期高中階段的學校教育中，這個知識還被普及為社會學科的基本知識。最高行政法院101年判字第514號的判決理由文第7點，重申了這個基本認知：

> ……「主權」，乃一國最高之權力，為國家構成要素之一，缺乏主權之統治團體，縱有人民與土地，亦不能稱為國家。「主權」既為國家最高之權力，屬於全體之國民，所有之「政權」（選舉、罷免、創制、複決）及治權（行政、立法、司法、考試、監察），皆由此而來……。

註2. 大法官釋字第3號以「五權分治，平等相維」的文字來形容五權憲法的分權制度。

　　中華民國台灣的實際政制演變因時間推移而不斷變異。整體說來，這個國家既有台灣版「贏者全拿」的總統制，也是「以總統為核心的雙首長制」。如果以歐洲國家總統與內閣總理明顯區分的權限義務作為理解框架，中華民國憲法的最高行政首長——行政院院長有時與總統有所分工，有時就擺明讓總統獨自裁決而合法免責。

　　2001年1月大法官解釋，民選總統經其任命的行政院院長實現其對選民承諾，「毋迺政黨政治之常態」（見釋字第520號解釋理由書）。總統的憲政角色在台灣不管叫做雙首長制、半總統制、超級總統制，美國、英國、法國那個被全民選出來的國家最高頭人都必需直接面對國會。在執政期間總統有權無責的制度，說什麼都與民主的責任政治相違背。自從1997年第四次修憲以後，這種特殊的民主制度即確定為中華民國進入民主台灣時期後所獨有。

　　台灣特殊的民主制度是台灣人民自己選擇的制度。然而，當台灣人民面對制度缺失時，人們對改善制度缺失也充滿期待。因此，不管大法官如何說出各種合理化說辭，國人都會反思：民主台灣究竟要實施什麼樣民主制度的問題。近年來，要如何預防「民主死亡」的問題也在民主台灣漸漸引起人們關注。

　　《民主國家如何死亡》的作者提出「民主會死亡、美國正經歷」的驚悚命題。該書闡述，環顧當代多個國家案例，承諾守護民主的政治頭人經常藉由民粹的愛國主義（nationalism）以及本土主義（nativism）等煽動語言，來擷取更為集中的權力。本來憲法是一國守護民主的護欄（guardrail），但一種以民眾賦權為名的民選獨裁仍不斷在侵蝕當代的民主社會（見Levitsky & Ziblatt, 2019）。

台灣民主的參與主體

政黨　民主國家之剛性政黨具有以黨領政、以政挹黨的思維與行動。例如，總統兼黨主席的機制就促使國家透過中央黨部的中執會（或中常會）、中評會等定案政府政策。具有鮮明意識形態的非常任文官機要人員，包括原為黨工或立委助理等在政府內任職也很常見。這些機要人員推動政務自然以是否符合黨的決策為正確。因此，有關政策、人事、公共工程標案甚至對外新聞稿等等，政府根本很難迴避政黨與派系的實質影響。

中華民國過去屬黨國威權體制，惟其歷史脈絡為源自「動員戡亂」之非常時期。在國家已經進入自由民主憲政秩序以後，任何執政黨都擔待不起新型態「黨國」的汙名。掠奪性政黨（predatory ruling party）在台灣民主深化的潮流下不可能存活。然而，基於認同政治，民粹經常忽略參與民主政治的主體也可能存在意識形態實踐以外的其他利己動機。

民主化國家不乏政治人物出身寒微，但最後登上權力高峰的勵志故事。在這些本來應該算是絕佳民主示範的案例中，同時映照著這些政治人物最終貪汙入獄的事實。這些案例讓人們不得不懷疑，部分政治工作者是否把政治當成是一種「尋租」（rent-seeking）的活動。有些政治人物確實在掌握權力以後，即把最重要的意識形態實踐擺在一邊。對這類政治工作者而言，政治職務只是改善自己生活與擷取更多資源的途徑。

美國政治工作者的薪資通常不高，政治並非致富之道。多數民主化國家的情形卻正好相反。以國民所得換算，台灣政治人物薪資、津貼加上各種隱藏機會等福利，在世界之排名應屬

名列前茅。然而，政治領域職缺除國會助理外很少對外公開徵才，多數是政治人物在各種裙帶關係中尋找「自己人」任職。

民主政治下分官授職的考慮，顯示出來的就是一種以自己班底為基礎的政治任命（political appointee）。考量政權維繫等權力關係，統治階級擷取職位、分官授爵，並經營國營事業以擴大選舉資源等行為，在民主化國家並不足為奇。對統治團體以政治任命安插親信並擴大控制體系至獨立機關等領域，部落民眾更是習以為常。因此，統治團體以公器為私器行「政治布椿」之傳聞，在台灣的民主政治中始終不曾稍歇。

統治階級　所謂統治階級可以指那些占據相對高級別的指揮位置，並且能實質對他人遂行影響力的群體。統治階級成員經由其個人的本職學能、經由其個人開朗隨和的人格特質、經由其個人「與人為善」的處事態度、經由其個人的選舉努力，或經由「尋租」等方式而取得統治階級的位置。「勞心者治人，勞力者治於人」；在國家的「位置」上，統治階級藉由「壓迫」手段改革他人，也藉由「分配」手段團結他人[3]。

國營事業與政府主導的泛官股機構之董事長、總經理等位置隨政黨輪替屬民主常態。政治任命或更換政治任命的高階主管，並不一定造成公司營運困難或讓公司喪失競爭力。政治任命卻可以在選舉的重要時刻，以黨或派系的意識形態理念整合公司資源。因此，經由政治任命而擁有高薪職務的企業管理人、經理人，也落入所謂「統治階級」的定義。

西方馬克斯主義曾批判過統治階級對國家的「內部殖民主

註3. 依照新制度理論，國家在安排制度時會同時考慮「規範」（constraints）與「誘因」（incentives）這兩種結構。規範與誘因在西方馬克思主義者的批判理論語境中，就是壓迫（oppression）與分配（distribution）的同義字。

義」（internal colonialism）。在中華民國黨國一體的威權時期，統治團體的掠奪態樣比較容易被指認出來，例如「國庫通黨庫」。雖然以公濟私的「內部殖民」在民主化社會並不乏其例，但當代民粹主義的認同政治卻替主導階級的掠奪優勢，構築了一道無法一窺全貌的高牆。

有關統治階級成員介入企業經營、濫用外交機密預算、支出公費於綁樁等等傳聞證據（anecdotal evidence），都會遇上來自支持者對這類爭議訊息的堅定打擊。基於資訊不對等，這類傳聞證據通常缺乏「一槍斃命的證據」。從民主台灣應繼續深化民主的觀點，建立一種比現行法律還要透明的國家資源被監督機制，是國家避免被掠奪的重要民主工程之一。

Robinson與Acemoglu（2012）過去曾指出，日本、台灣以及韓國是儒家思想影響下成功實踐「廣納型制度」（inclusive institutions）的國家。然而，台灣近年的政治實踐卻顯示了政治團體向媒體圈地以及派系壟斷國家資源等傾向。該書作者用「榨取型制度」（extractive institutions）一詞概括這種現象。本書則以「掠奪優勢」（predatory ascendency）一詞，來形容民主制度的任何主導階級都有可能受到權力誘惑的事實。

畢竟，民主社會對於政治任命職位的範圍越擴大、統治階級任命的程序越趨私有化，那麼，文官體系中公平考試的制度就相對越趨式微。西方民主先進國家對「贏者全拿」一事通常設有界線。老牌民主國家的某些典範，或許可以成為台灣民主制度繼續深化的借鏡。

公民團體　無論本土政權還是親中政權，台灣歷來政府都以「維持現狀」的名義或類似「不統、不獨、不武」精神狀態緩步向前。然而，部分公民團體認為，這種「維持中華民國體

制現狀」非屬正常。意識形態主體也對國家「維持獨立現狀」卻對憲法問題遲未解決一事感到不耐。許多具本土意識的公民團體尤其對國家的體制改革、對轉型正義有關究責加害者方面的事務「做得不夠」，而感到難以忍受。

　　這是近年台灣新興本土政黨紛紛成立的最主要原因。然而，民主政治的「兩黨制」就是一黨為正方，一黨為反方的政治。作為反方的在野黨通常並非反對政策本身，而是對執政黨提出的議題或法案設下界線。例如，國民黨並不反對年金改革，而只是對年改金額幅度存有自主意見。民進黨也並沒有反對「服貿」，只是反對「黑箱服貿」。民主台灣存在所謂「朝野協商」的機制，反方把正方的政策或法案整桌掀掉的焦土實例，極為罕見。

　　因此，公民團體即扮演民主政治中制度變革的最積極角色。公民社會（civil society）中的公民，指的是具有民智條件且實際參與社會運動的人民。南社、北社、澄社、台灣教授協會、基督教長老教會等公民力量與組織，都持續在中華民國以實際行動實踐台灣價值。台灣也存在少數具有大中國意識情懷的公民團體。然而，這些團體在主流媒體的強勢定義下多被稱為「統派團體」。

　　另外，中華民國台灣雖也存在一些自稱公民團體的立案組織，但這些組織從未以話語或行動來實踐其意識形態。這些團體似乎也不曾在意，甚至從未考慮是否要彰顯自己團體的意識形態主體性。因此，這些人民團體即使身為「政黨」，它們也離公民團體的公共性理想甚遠。

民主政治下的權力鬥爭

權力　統治階級合法掌握資源、分配資源的事實，顯示了「政治」一詞內含一種保護資源與爭奪資源的鬥爭邏輯。在民主社會中，「誰得到什麼？何時得到？」由制度決定。然而，過去黨國時期的權貴子弟受到黨國庇蔭，就學、當兵、就業、創業等都比「圈外人」優渥許多。當代民主台灣的黨政餘蔭資源，也一樣澤披政二代政三代等利害關係成員。在維持階級利益方面，過去與現代的政治參與者在心態上與方法上高度重疊。

因此，民主國家的統治團體即便贏者全拿，也必須接受權力分立與制衡機制的監督。這是統治團體服從依法而治（rule of law）的民主原則。例如，美國總統對內閣具有政治任命之人事權，但部會首長與駐外使節仍需獲參議院同意。對總統任命的人選，參院依狀況還會針對人選之「適格性」舉行聽證會。

這是美國三權分立、權力制衡的價值。因此，美國總統在行使人事權方面一般並不會恣意而行；至少總統都會在事前禮貌性拜訪參院領袖，以免受到國會話語權的杯葛[4]。總之，老牌民主國家的人事權行使比許多民主化國家還要折騰許多。這種制度設計的目的就在防止統治團體權力過於集中。

Robinson 與 Acemoglu（2012）指出，民主國家的「廣納型制度」願意與更多人分享權利。這種型態的民主國家不但保護個人財產權，還廣泛分配權力、實踐分權制衡。然而，在民主

註4. 總統制下的美國總統對國會的決議享有否決權。國會對總統的否決又可以用「覆議」的方式否決總統的否決（veto override）。然而，後者之權力門檻極高。國會若要推翻總統的否決，參、眾兩院都需要有三分之二以上票數不同意總統的否決才行。

倒退的國家中，經濟利益與政治權力由少數菁英把持。過去中華民國政府之所以被稱為「黨國」，就是黨指揮國家人事、控制國家預算。民主台灣的民主理念，理論上無疑願意朝「廣納型制度」中廣納多元、公平分享的制度繼續深化。

過去中華民國的統治階級以「反共」為名溝通國人為其後盾，並以情緒字眼呼籲台灣地區選民集中選票，達到「本村一致支持某某候選人」的結果。過去一段時間，本土政黨也常以「反併吞」之名，催出「台灣人集體出頭天」的選票。目前，疼惜台灣、守護民主、不要讓親中政權復辟等話語，也依然是意識形態主體呼籲民眾集中選票的情緒母題（motif）。

政治人物操作認同政治的技術日益精進。在多數情況下，國人若支持親中政黨及其頭人，即不自覺產生各種負面情緒。這些人懷疑自己是否為叛徒、是否辜負了某種價值。套句心理治療學的術語，選民正遭受身分認同政治觀念的「情緒勒索」（見 Forward & Frazier, 2019）。

從西方左派觀點，民主的真諦應該在於讓社會各階層成員自覺其「權利的相對位置」。也就是說，人們要知道是誰限制了自己的自由、是誰剝奪了自己的利益、是誰壓制了自己的信仰。在自由、利益以及信仰的地圖上，人們具體被剝奪的究竟是什麼東西？人們有什麼權力可以挽回？如果政治人物把「情緒勒索」作為奪權或護權的符號，個體反而更必須自覺其權利究竟被政治團體放在社會上的一個什麼位置。

目前，在爭取民主的這場無煙硝戰爭中，本土意識與台灣價值取得了重大成就。一直以來，對轉型正義有急迫感的部分國人經常自發集中選票，支持本土政權。他們不但不是被情緒綁架的群盲，還經常有意識地督促統治團體不應該對轉型正

義、對國家正名制憲等根本目標存有貳心。

即使如此，在國家改造的法理工程方面，本土政權仍然必須務實面對來自中、美制約的結構性問題。可以說，不管親中政權還是本土政權，任何統治團體在任何時刻對這個國家成為「正常」一事，都不免能模糊就模糊。人們不乏看到「價值」遇到「結構」只好低頭的例子。過去康有為的「百日維新」與「王安石變法」都是如此，現在轉型正義有關究責的步調與正名制憲有關公投的理念，也是一樣。

鬥爭　「選賢與能」是中華文化中的理想主義。實務上，任何民主制度的選舉都是取得權力的法定競賽。在民主選舉的制度中，資產階級負責金援政治人物、普通公民負責投票支持政治人物。政治人物與特定資產階級享受勝選後的民主權力與機會。普通人民則希望勝選的「我群」政治人物能代表他們實踐意識形態。

民主時代的政治精英代表人民行使治權。理論上，選舉、罷免、創制、複決等政權仍在普通選民手中。然而，統治團體在勝選後卻可以回過頭來限縮人民的直接民權，例如表現創制權與複決權的公投權利。統治階級的司法部門，例如大法官釋憲，也可以持續用法律權威對應人民的憲政請求。

由於認同政治使然，台灣民主政治的意義是：人民不僅選擇政府，也選擇國家屬性。本土政權當家，意識形態國家機器的「台灣性」即被認為將完好如初；親中政權當家，台灣性的貫徹節奏就被預判為將受到干擾。目前台灣民主理論因此逐漸形成這樣一種認知：民主台灣不能再斷送給親中政權。因此，在意識形態相異的選民心中，有的民選政府雖然合法，但其意識形態的非正當性、非台灣性等認定，並不會

因選舉結束而結束。

中國因素　所有統治團體都需要團結群眾力量，來為自己所設定的政治議程共同奮鬥。團結群眾力量的方法不但需要公民團體，也需要敵人。《孟子》說：「入則無法家拂士，出則無敵國外患者，國恆亡。」在2020年選舉期間對群眾訴求「美國第一」時，美國總統川普就始終以美國人被中國剝削和威脅的意識召喚支持者。

事實上，任何一個政權在遇到內部困難時，都有可能利用國家外部敵人來化解內部壓力。「中國因素」在台灣典型是激起民眾情緒、緩解內部挑戰、化解政權危機、找到憤怒出口的變項。任何一個突發的「中國因素」都足以讓民眾改變投票意向。這種意向通常是指「集中選票、支持本土政權」的意向。可以說，民主政治中政黨輪替的規律，在台灣永遠都夾雜這種可以預料的「參數」（parameter）。

外患敵人因此成為統治階級內部控制的理由。然而，「內部有困境從外部找轉移焦點」的策略存在一個責任政治的盲點。古代帝制時期國家有難，皇帝尚以例如祭天等儀式下詔罪己。在封建時代，帝王「下詔罪己」的表演藝術甚至傳為美談。民主社會反而少有罪己的情事發生。依照責任政治的民主原則，統治階級成員一旦道歉罪己，往往接著就是被要求下台負責。因此，以話語罪外患敵人、罪內部「他者」，而不是罪自己，是現代民主政治權力鬥爭的常態。

價值　台灣人對「以台灣為主體」的文化認知，非常自覺。可以說，台灣價值已經走完抽象思維的第一階段，以及確立完成的第二階段。目前台灣價值實質進入以政策和法律給予支撐和保護的第三階段。換句話說，台灣價值總共經歷了（1）

抽象思維的階段、（2）確立知識的階段，以及（3）政法鞏固的三個階段，而成為台灣的當然事物。見圖2.1.3：

圖2.1.3：完成「以台灣為主體」價值的三階段

在政權力量的導引以及推廣下，以台灣新興民族的溯源認知、以再現本土價值的文化論述、以台灣為主體的史觀等所有系統都已經形塑為當代台灣社會的主導知識。在此條件下，雖然反抗話語（counter message）的主體並沒有自反而縮，但他者意識形態確定在台灣社會已形同處於話語「種性制度」（Caste）的底層。

趨勢顯示，本土政權以外的任何政黨執政都不可能再復辟到原來以中華民國為主體的文化與史觀。具體地說，親中政黨在野時儘管盡到批評義務，執政後卻也只能選擇意識形態休兵。也因此，意識形態國家機器中的既定方向將始終維持一貫的「路徑依賴」特性。換句話說，「執政後改回來」之類的迷思只是部分選民一廂情願的想像。

即使如此，親中政黨還是被認為一旦執政，就有做出洗腦台灣的傾中可能。這種看法出於部分國人對親中政黨統治「歷史正當性」的不認同心態。然而，中國國民黨的整體大中華意識形態品牌，其實並不明顯。也就是說，中華民國憲法文字清楚敘述大中國思想是一回事，國民黨人對憲法的信仰與實踐又是另一回事。

　　大體上，國民黨人的言行並沒有將中華民國憲法義理內化為自己言行的明顯跡象。在意識形態國家機器的領域，親中政黨對於親近中華民國義理方面較少主動提出自己的操作型定義（operational definition）。與本土政權在建構新知識、維護新文化方面的頭腦清楚，兩者政權存在天壤之別。

　　舉2000年本土政黨第一次執政後，台灣光復節即不再放假為例（見2000年12月修訂之《紀念日及節日實施辦法》）。親中政權於2008年「復辟」後，馬英九總統並沒有將光復節恢復放假，或舉行國定紀念。2008年開始，親中政權繼續保持中華民國義理在國民記憶中的迷離狀態。對比本土政權漸進的制度變革，親中政權的路徑依賴也已日漸形成脈絡。中華民國因此讓所謂「撥亂反正」的反抗說法，淪為鄉野傳奇。

　　從台灣光復節的這個例子可以看出，中華民國台灣的主要親中政黨並非親中。她雖然不會自己去除含中成分，例如改正中國國民黨名稱中的「中國」字樣，但親中政黨也絕不致主動「撥亂反正」。親中政黨往往以「努力拼經濟、兩岸護和平」為競選號召，其他有關意識形態的制度變革，就一律交給「路徑依賴」理論。

台灣的民主危機

民粹主義

　　一直以來，台灣民主持續激勵人民活力、喚醒民眾勇敢追求自身權益。民主制度還可以在一定的時間區間內，以一人一票的方式救濟階級差距，讓社會資源不會長期被統治菁英所壟斷。民主政體甚至比威權體制更能促進經濟成長。例如，

Acemoglu 等人（2019）就曾以檢視 1960 至 2010 年間 184 個樣本國家為研究方法，證明過民主政體的這種經濟優越性[5]。

中國人韓寒的「台灣，最美的風景是人」這句話，曾被 2012 年的大陸周刊《新周刊》第 375 期作為專題。該篇專題的效力還一度掀起陸客訪台自由行的風潮。該專題文章第 27 頁還特別提及：台灣最令大陸人羨慕的就是「民主制度」。大體而言，即使台灣民主有繼續深化的空間，國人若只能在台灣與大陸間選擇一種制度生活，其答案並無懸念。

然而，當代民主制度也持續演化出反民主的民粹現象。民主社會的民選領袖更有異化成民主死亡推手的可能。Levitsky 與 Ziblatt（2019）曾概括美國川普時期民主幾乎被顛覆的態樣。例如，民選領袖以愛國主義的道德高度不但瓦解「尊重反對話語」的政治常規，更拋棄「相互容忍」（mutual tolerance）的民主政治傳統。

從 1930 年代的歐洲算起直到當代的匈牙利、土耳其、委內瑞拉、祕魯、厄瓜多等國，各民主社會越來越充斥民選獨裁的事例。在《民主國家如何死亡》第四章「顛覆民主」（subverting democracy）一文中，Levitsky 與 Ziblatt（2019）列舉民選獨裁的態樣如下：（1）搞定各個屬於裁判功能的部門，尤其是法院的人事、（2）規範媒體與媒體人、（3）團結具人氣地位的文化界人士、（4）說服有能力資助反對派的商人、（5）改變遊戲規則，例如修改憲法、修改選制、制定新的規則等等。

註5.　中國國家資本主義（state capitalism）要求，企業必須接受共產黨領導、公司治理必須依據中國整體經濟的戰略調控、企業內部人員對外交流必須依據黨性原則。具體形式是，大企業內部必須設立黨組織或黨委書記。在這種「具中國特色的社會主義制度」下，中國經濟成長的案例算是一個例外。

見表2.1.1：

表2.1.1：民選領袖顛覆民主的方法

民選領袖顛覆民主的方法
搞定各個屬於裁判功能的部門，尤其是法院的人事 規範媒體與媒體人 團結具人氣地位的文化界人士 說服有能力資助反對派的商人 改變遊戲規則，例如修改憲法、修改選制、制定新的規則

　　統治團體從事上述工作都以公共利益作為道德訴求。所有最終對統治者有利的情境也都以看似合法的過程進行。甚至，那些企圖防禦民主的人都被定義為是表面以民主為幌子，實則是顛覆國家民主的敵人。這就使得在這些民主死亡的國家中，「認同」具有完勝「民主」的明顯跡象。

　　因此，一個社會的民主遭受合法迫害的起因並非民主制度本身，而是統治階級利用認同民粹而無法使國家善治。這種民主死亡的跡象使得福山（Francis Fukuyama, 1952 －）先前「文明將終結於民主制度」的預言（見Fukuyama, 2006）無從發生。反而，權力因素永遠都讓民粹社會洋溢滿滿興奮感的高糖效應（sugar high）。

　　因此，部分意識形態主體隨時進行人民「身分確認」的政治操弄。台灣人民置身於認同政治的時代，有時看不清楚政治辭令、有時並不理解主導者議題設定（agenda setting）的動機、有時更不知道訊息背後的權力關係。在知識不對等、資訊不對稱的條件下，人民選舉投錯票、公投蓋錯章、膝反射支持／反對公共政策等等的情況非常普遍。

　　民粹主義也有讓政治人物以抹黑、誹謗對手而當選者。在民主台灣的判例中，因名譽受損而未能當選的利害關係人，其最後的民、刑事判決即使還其清白，受害者請求對手「當選無效」的訴訟也從來未能成立。因此，台灣的民主選舉就這樣經常裝載滿滿的負能量。

權力集中

　　中華民國的治權領域範圍不大，但傳統之大政府官位建制卻大方留存。儘管歷經所謂組織精簡，政府領導的政務人員與機要人員員額只見擴張、並無減少[6]。天下之大非一人所能獨治。中華民國台灣各級政府單位的領導階層人事分配，是統治團體得以實踐其政治理念的第一步。當新政府就任時，滿朝文武分官任職通常就是統治階級群體的第一件大事。

　　中華民國政府體制就是一個「大政府制」。大政府手握數兆預算，下轄多個部會及其所屬單位機構。在掌握官股民營企業、基層組織、人民團體等單位機構的基礎上，統治團體也擁有可以成立任務編組機關以及增加「非常任文官編制」等等擴大政府組織的權力。大政府的人事權因而朝愈加集中的方向發展[7]。

註6. 2010年修正之《行政院組織法》明訂，行政院轄下由原37個部會精簡為29個機關。29個機關也比中、美、日、英、法等大國的部會數量還多。直到今天，政府在這29個中央部會及獨立機關的基礎上都在持續設立超額機關。

註7. 近年來有關統治團體人事權力集中的相關法制，見中華民國《駐外機構組織通則》、《駐外外交領事人員任用條例》、《法官法》、《法院組織法》、《農田水利會組織通則》、《財團法人法》、《行政院所屬國營事業機構負責人經理人董監事遴聘要點》、《各機關機要人員進用辦法》、「聘約人員人事條例」（草案）等立法與修法條文。

統治團體這種集中權力的立法與修法，具有可以繞過公務員官僚系統舊規來進行改革的好處。認同這種立法與修法的「我群」公民曾形容這種人事權集中的創新做法為：尊重常任文官不介入政治的守法表示。然而，從權力分立的民主原則角度，「集權」的統治團體將產生掠奪優勢（predatory ascendency）的疑慮。

民主國家的統治階級經多數人民授權，一般並不會被認定為是掠奪政府。然而，多數公民仍希望民選政府能夠避免因權力集中的優勢地位，而產生過多的權力誘惑。因此，統治團體透過修改各種法律的形式擴權，對分權與制衡的民主理念仍造成威脅。

現行中華民國治權所及範圍僅原來中華民國國土的千分之三。台灣本島只有36,000平方公里，台澎金馬自由地區也僅2,300萬人口。然而，中華民國台灣地區的政府建制，從中央到地方、從政府到民間，卻仍承襲大政府概念。政府單位與員額之多、科層官僚之大，使得贏者全拿的統治階級權力既深且廣。

台灣大部分的稅收支撐了這個龐大組織，因而也造就尋租者「瘋政治」的動機。無論從銓敘部還是行政院人事行政總處，針對所謂統治團體職務的種類與數量並無可考。然而，據說大政府體制在每次政黨輪替後至少都可以空出超過萬個位置等待分配。因此，部分政治人物把民主台灣的政治區塊視為「權力尋租」的場域。部分政二代政三代、家族、地方樁腳、派系、社團等介入政治的動機，並不全然為了價值實踐。

對於目前中華民國台灣的民主應該是什麼制度，一般國人其實並無特別感覺。對一個依法繳稅的普通公民而言，他並不想爭執國家體制必須是什麼總統制、內閣制、雙首長制、行政

院長為總統幕僚長制、五權憲法制、三權分立制、大政府制、超級總統制等等。

　　然而，利益的確潛藏在一種「大政府」的制度性安排當中。政黨在取得國家政權以後，為民主打拼的選舉夥伴們即以政務職或機要人員的任用方式進入行政部門、產業部門、常設性／臨時性／任務編組性質之類的單位機構。政府依憲法考試用人、平民應考試服公職的人事管道仍然存在。只能說，台灣的民主制度替政治工作者的階級流動另外開闢了一個以政治作為志業的通路。

　　總之，集權民主的問題自動產生政黨或派系利益綑綁國家利益的疑慮。過去威權時期黨政不分；現在民主台灣時期的部分國人也開始注意統治團體人事權過度集中的問題。在民主台灣的政治區塊鏈中，綑綁一起的共生體包括了大政府本身、國營事業體系、泛官股民營企業、國家補助的各種公私不分單位、各種基金會、公民團體、財團法人、社團法人等等。在這種大政府的制度安排中，一些關於掠奪個案的都市傳說（urban legend）始終不曾稍歇。

掠奪優勢

　　民主國家的政黨奪權不以槍砲為武器，但以「話語」（discourse）為工具。如果一國的民主制度為贏者全拿的制度，政黨輪替後的勝利果實即不言可喻。「砲聲一響，黃金萬兩」一語是人們在衝突中看到利益的一種形容。在台灣認同政治的場域，錢、權等機會也潛藏其中。因此，部分機會主義者（opportunist）把「立場」當成是可以交換利益的貨幣。這些人是追逐權力與機會的隨勢個體，並不是西方馬克思主義所指

稱的「意識形態主體」。

部分民眾已經有能力指認出一些以立場賺錢的個體，例如中共「五毛黨」、某某人的網軍、某某忽藍忽綠的名嘴等等。然而，人們通常見不到這些人立場背後那種盤根錯節的利益網絡；人們只能推斷民主台灣的話語政治背後，一定存在某種權、錢交易。這種交易有可能使得社會輿論形同虛假正義，因而妨害民主政治的正常發展。

荀子〈人性本惡〉篇的主題，是希望能以教化人性為方法，使人向善。西方人性本惡的集大成者佛洛伊德（Sigmund Freud, 1856－1939），也曾以性的驅力等原慾（libido）理論，說明人性中潛藏的暗黑動機。基督教教義更承認人性黑暗面中存在所謂原罪（original sin），因而強調自律以外「他律」的必要性。

當代西方民主思想中分權與制衡的二個重要觀念，即是出於對人性的不信任。可以說，即使「信任」是民主政治穩定的基礎，但民主政治卻弔詭地奠基在「不信任」的基礎上。

以法律規定黨政軍應退出民營媒體為例。媒體董事、監察人以及經理人被限制不得為政黨黨務工作人員及選任公職人員。然而，政府內多個獨立機關首長卻無相同法律予以規範。法律也禁止政府文宣以置入方式進入平面、廣電以及網路媒體的節目當中（見《預算法》第62之1條及廣電三法相關條文）。然而，多數媒體在取得政府文宣標案前就用「加值服務」的方式，得以在節目和新聞中與政府「業務配合」。

因此，公民並不會信任統治團體真的會放棄主導媒體的機會，也不會相信統治階級願意離開對事業機構的控制。除了直屬的國營事業以外，統治階級也掌控了為數眾多的泛公股民營

企業。台灣有超過一半的金融機構都是股東為官股的所謂民營化事業體。不但泛公股企業的部分所有權屬於政府，統治階級更設法將此類機構的經營權也掌握在我群手中。換句話說，統治團體對董事長、董事、總經理等高階管理的人事權都掌握實質影響力。

由政府直接捐助成立的周邊單位，其管理階層的人事待遇甚至領先院長、部長的水準。以金管會的周邊單位為例。證交所、期交所、櫃買中心、集保公司等單位的主管薪資就是如此。大政府體制之《財團法人法》也把政府捐助比例達50％以上的財團法人變更為「政府財團法人」（見《財團法人法》第2條第1項第1款到第4款）。財團法人納入政府體系後，又給贏者全拿的統治階級增添更多領地。

政府持續投資民營企業卻沒有替「民眾」建立多少透明的監督機制。這給予有心的政治工作者優勢掠奪的機會。「政商利益共同體」通常是民主國家人民最常指認出的一種國家掠奪態樣。例如，來自公部門的資本有可能透過「民間企業」的安排，而迴避「資訊透明、接受監督」的民主原則。

部分公民團體也曾經呼籲，民主國家應盡快把國營事業完全民營化。然而，統治階級部分成員仍然可以運用審批的決定權，把公家資源圖利私人。綜上所述，衡量一個社會民主制度是否優劣的標準在於政治參與主體，尤其是統治團體成員，的實踐，而非「民主」本身就具有先天的優勢或本質的劣勢。

第二節　美國制約下的統、獨幻覺

美國是台灣維持現狀的規劃單位。根據2018年美國《亞

洲再保證倡議法》(*"Asia Reassurance Initiative Act of 2018"*)
第209條a項2款，美國的「一中政策」(one China policy)
包含三個支柱，即(1)《台灣關係法》(*"Taiwan Relations
Act"*, TRA)、(2)與中國簽訂的三個聯合公報(three joint
communiques)，以及(3)對台六項保證(six assurances)。

其中《台灣關係法》反對兩岸任何一方片面改變台海現
狀，但「支持兩岸都能接受的和平解決方案」。這種「維持現
狀」的唯物辯證主義一方面防止中國統一台灣，另一方面也限
制台灣人民自決主權獨立的公投行動。

二元權力結構

《台灣關係法》定義台灣為「台灣統治當局」(governing
authorities on Taiwan)。另一方面，台灣在聯合國及其附屬專門
機構則被定位為「中國台灣省」。台灣人民為了實踐正常國家
所做的一切正名努力，都在這種二元權力結構中受到限制。甚
至，台灣在自己治權領域也沒有能力舉辦公投，向世界宣告台
灣是一個主權國家(sovereign state)的訊息。

在台澎金馬自由地區，中華民國與台灣一樣也主張自己是
一個主權獨立的國家。然而，《台灣關係法》第2條a項表明，
「台灣統治當局」包含了1979年1月1日以前美國所承認過的中
華民國政府。這個立法旨意明示了一種態度，即尚未被美國承
認為主權國家的台灣繼承了被美國認定為已經結束的「中華民
國」。

除了《台灣關係法》，美國還提出雷根(Ronald Wilson
Reagan, 1911－2004)總統在1982年對蔣經國總統的「六項保

證」。原為機密的這六項保證分別為（1）美國不會設定停止對台軍售的日期；（2）美國不會修改《台灣關係法》的相關規定；（3）美國不會在決定對台軍售前和中國諮商；（4）美國不會在台灣與中國之間擔任調人；（5）對於台灣主權美國不表立場，這方面須由兩岸「中國人」自己解決；（6）美國不會正式承認中國對台灣的主權。

中國大陸對台除了《反分裂國家法》之外，也提出針對美國「六項保證」的「六個任何」對案。這「六個任何」為：絕不允許（1）任何人、（2）任何組織、（3）任何政黨、（4）在任何時候、（5）以任何形式、（6）把任何一塊中國領土從中國分裂出去。以目前中國綜合實力而言，「六個任何」的底線其實只有一個：台灣不能法理台獨。

這就是中、美二元對立，或傳說中的「中、美共管台灣」的權力結構。見圖2.2.1：

圖2.2.1：中美共管台灣的二元權力結構

　　然而，對台灣而言，二元結構中的美國角色更像是全能的命運之神。儘管因歷史因素而使兩岸武力對峙、儘管台灣內部因認同政治而黨同伐異，美國仍然是主動出手與恣意收手的大神宙斯（Zeus）。《台灣關係法》第2條就規定，兩岸必須維持現狀，且「維持現狀」的定義由美國基於國家利益決定。也就是說，不管台灣人民怎麼定義台灣現狀以及想像國家未來，美國說了算。

　　台灣人民因認同政治而在台灣地區民主內戰，如同宙斯的美國卻經常改變台灣各方面意識形態主體的辛苦布局。人間世道無常、大神心態也捉摸不定。美國單方面稱台灣領導層為台灣總統、台灣當局、「台灣民選代表們」都有。台灣本來積極尋求美國承認為主權國家；2020年9月20日台灣外交部長接受美國全國公共電台（NPR）訪問時又稱：「我們現階段不尋求與美國建交」（"We are not seeking full diplomatic relations with the United States at this moment."）。

　　當台灣人民對國家未來是獨、是統、是維持現狀等有各種不同想像時，美國完全有能力來選定讓哪一種想像成真，或讓哪一種想像「吞回去」。這種台灣被美國制約的「荒謬主義」（absurdism）結構，讓台灣處理兩岸事務無所逃於美國之間。

　　依中華民國台灣受美國「結構制約」的原理，作為主權國家的中華民國或台灣國兩者，想像中都應該是美國安排的結果。根據荒謬主義，中華民國台灣未來國家發展的狂想曲甚至可以是：（1）一旦中共政權垮台，美國可以幫助中華民國的支持者、追隨者、信仰者，還都南京，然後（2）將台灣、澎湖兩地留給本土的政治團體，獨立建國。

　　事實上，目前朝鮮半島上的韓國局勢就充分表露由美國安排的結構。韓國與朝鮮兩國很難私下談融合以後的市場安排。如果金氏政權瓦解，美國企業必依「美國優先」理念優先於韓國廠商而成為首先前進朝鮮國布局的主角。也就是說，即使設有「統一部」的大韓民族想要決定自己國家的統一大業，但實際作為都將受制於美國的權力結構。

　　同理，美國結構不僅節制台灣總統在兩岸關係上的施政，還限縮台灣人民要怎麼想像國家未來。新加坡前總理李光耀點出了這個事實：台灣人民邁向正常國家的自決權力並非由台灣決定，而是由結構決定。李光耀（2019）指出：

> 殘酷的現實是，台灣的前途並不是由台灣人民的意志所決定，而是由……美國是否打算進行干預來確定。（頁53）

　　台灣意識形態主體無不想要開創新局、求新求變。然而，所有主體卻不得不承認美國這種固有的權力結構。在等待結構改變或鬆動之前，中華民國台灣只能「維持現狀」。各種過激的意識形態實踐一律注定遭遇結構的反噬。

台灣的自我節制

　　中華民國台灣自己也有制約過激意識形態實踐的內在結構。「正名制憲」提案被排除在《公投法》第2條的法定公投事項之外，就是這個國家自我約束的結構性表示。《憲法增修條文》第5條第5項之「政黨之目的或其行為，危害中華民國之存在或自由民主憲政秩序者為違憲」，也一樣屬於自我節制的一種。

　　中華民國《政黨法》第26條制定有解散政黨的規定。理論上，檢察官若能證明政黨所進行的台獨或統促等活動具有危害國家存在或傷害民主憲政的構成要件，經大法官三分之二釋憲通過，違憲政黨即可被迫解散。

　　中華民國台灣還存在更為隱晦的制約結構：中華民國國民／台灣人民有集體親美的基因。從1930年代開始，中華民國在外有日本侵華與內有共產黨擴張的混亂局勢下，美國就開始支持國府。中華民國的親美立場從此淵遠流長，直到今天的中華民國台灣。

　　沒有美國，1950年代台灣人就和熱火朝天的大陸人一起，置身於三面紅旗和文化大革命的實驗場中。也就是說，當時自由中國（中華民國在當時的稱謂）與共產中國人民一樣穿著毛裝，陷入集體瘋狂的悲慘境遇。

　　1954年《中美共同防禦條約》簽訂後，第七艦隊巡弋台海。中情局「西方公司」在台組建黑貓中隊；國軍開始駕駛美國U-2偵察機對大陸情蒐。軍事安全之外，台灣也依靠中美基金、農復會等美援而讓自身經濟開始復甦。中華民國依靠美國而存活是歷史上不可抹滅的事實。

　　1979年以前，駐台美軍顧問團總部設於台北花博公園現址。美軍的休閒娛樂主要沿中山北路北從雙城街，南至八、九條通的街區。在美軍全數撤離以前，美國人在街上行走帶給國人的印象是英俊挺拔、有女陪侍。中國大陸稱這段期間為美軍占領台灣的年代。國人則少有類似「被占領」的情緒。當時台北市某些國小學童食用的營養午餐，甚至還是美軍顧問團捐贈的牛奶、大麥。

　　1978年底美國副國務卿克里斯多福（Warren Minor Christopher,

1925－2011）來台商討斷交事宜。大學教官組建抗議群眾前往松山機場沿線抗議。當時年輕學子對「中美斷交」一事義憤填膺。他們向車隊丟擲雞蛋的反美畫面，至今仍歷歷在目。當時年輕人的這些舉動來自被拋棄的心理動機，而不是來自仇恨。

　　一直以來，留美學者所引介回台的各領域教科書，都是以美國為主體觀點的價值觀。透過教育和媒體，國人從很早就開始形塑親美心理。事實上，中華民國遷台以來，國人從呱呱落地就浸淫在美國文化中長大。因此，在舉國上下親美基因的土壤中，台灣人民對世局的理解盡是美國觀點。

　　除了2020年韓國瑜總統候選人，台灣兩大黨的候選總統從1995年以後都會在選舉前赴美與相關政要見面。赴美面談成為台灣總統維持在台灣執政正當性的基礎。針對這種現象，台灣民眾表達歡喜、政黨習以為常、媒體視為當然。許多實例證明，台美關係是一種單方面希望得到對方信任的非正常國家、非平等互惠的特殊友好關係。

　　美國審視台灣總統候選人的立場也一樣以是否親美為標準。即使具有大中國情感與想像的親中政黨，也一律選擇絕不違背親美政策。無論在朝與在野，各陣營都隨時歡迎並引用美方話語作為評斷事物是非對錯的標準。因此，在美台關係中，台灣並不具備像新加坡、菲律賓甚至韓國一樣，能有對中、美兩國左右逢源的機會與條件。也就是說，台灣任何主要政黨都只能親美，否則就是政治自殺。

　　菲律賓自主外交的案例是一個殷鑑。該國既配合美國在南海的印太戰略，又以經濟發展為由親中。這種採取左右逢源的策略導致美國國家情報部門曾在2019年的《全球威脅評估報

告》（*Worldwide Threat Assessment Report*）中，將菲律賓總統杜特蒂（Rodrigo Rody Roa Duterte, 1945－）本人列為「區域威脅」。一直以來，各盟國領袖都對美國中情局可能採取的潛在行動多所顧忌。

國民黨曾在2020年的總統大選關鍵時刻，不被美國支持。然而，國民黨的從政同志各個親美，其程度並不輸本土政權的政界同儕。「維基解密」（WikiLeaks）就曾揭露某些國民黨重要人士向美國AIT官員交心的談話訊息。「維基解密」也透露，美國曾有將一些國民黨重要親美人士列為緊急保護對象的計畫。

在結構中，美台關係就這樣呈現程度不輕的各式親美行為。因為歷史因素與心理因素等使然，中華民國台灣舉國上下把美、台這種不平等的權力關係視為當然。「台灣民政府」這個在台灣未立案的民間團體就曾公開指出，台灣政府就是「美國海外軍政府的執行官署」。

一直以來，台灣的任何統治團體都非常清楚美國希望台灣應該成為的樣子。國人很在意美國人怎麼看台灣。台灣的所有政治人物也都盡可能滿足美國對台灣的期待。通常美國人對台灣政治事件或政治人物一有指教，台灣媒體及其政治評論員就會加以轉載、轉述，並以美國標準來檢視台灣所有事務。因此，無論候選或現任的台灣領袖無不戒慎恐懼。

相對地，美國也盡量克制對台灣政治領袖公開斥責的情形。2004年小布希總統斥責陳水扁總統的情形，以及2020年美國在台協會（American Institute in Taiwan, AIT）處長酈英傑針對台中市長盧秀燕在安排討論美國萊豬進口議題的會談卻讓媒體在場所表達的不滿話語等，都僅僅偶一為之。大抵而言，台

灣的主流話語多在突出台、美兩國屬於價值同盟的部分，鮮有碰觸台灣對美國「缺乏主體性」的這個政治現實。

美國的權力控制

美軍海外基地既多且廣。即使近年開始關閉在伊拉克與阿富汗的數百座基地，美國仍在自己海外屬地以及超過70國保有約800座軍事堡壘。對於遏制中國崛起或推回（push back）中國擴張，美軍還可以運作盟邦一起分攤各項計畫成本。AIT駐台灣內湖外館更是美國對海峽兩岸情報監控的前哨。依過往慣例，中央情報局（CIA）、國家安全局（NSA）等都會派員在此工作。可以說，美國對兩岸的戰略控制在台灣是有牙齒的。

一直以來，美國對台灣就有高度"no surprises"的要求，即台灣不可以有出乎意料的舉動。在印太戰略中，台灣就這樣照著美國遏制中國的議程與節奏行動。政治工作者一般都是「政治現實主義的信徒」（realpolitikers）。台灣的政治工作者尤其接受台灣在地緣政治下的這種必然處境。

在結構的制約下，本土政權的統治菁英必須小心面對那些要求國家實踐正名制憲的愛國者。親中政權的統治菁英也遇到類似的「根本兩難」（fundamental dilemma）。因為已經失去在教育領域扎根的機會，親中政權如果太依靠「台灣地區、大陸地區」這種大中國主義，她也很難脫去親中色彩而在台灣地區執政。大體上，「基本兩難」是所有台派與中華民國派政治人物都實際體會得到的心路歷程。

以加泰隆尼亞2017年通過獨立公投為例。西班牙自治區「加泰隆尼亞」的首府巴塞隆納市民雖在自己境內實踐公民自決，但最後仍被地緣政治與大國博弈的相關結構所制約。在許

多國際衝突熱點的公民自決案例中，「德不孤、必有鄰」的情況通常沒有發生。也就是說，國家利益大於意識形態價值的例子班班可考。二戰初期，英國首相邱吉爾就曾和蘇俄史達林合作而不考慮民主波蘭的命運。

　　兩岸目前的對立現狀符合美國、日本等國家的地緣政治需求。國人充分理解美、日兩國借助台灣、制衡中國來維護自身國家利益的用心。然而，意識形態主體也不想永遠甘於自己國家只能扮演維持制衡中國的「現狀」角色。多數國人因此主張，美、日應該義助台灣站上一個主權國家應該享有的國際地位。

兩岸統一

　　中華民國　鄭成功在給荷蘭人的招降書中稱：「台灣者，中國之土地也」（見連橫《台灣通史》〈與荷蘭守將書〉）。歷代中國典籍更不乏類似鄭成功「台灣為中國土地」的論調。例如，中國在南宋時期即把澎湖劃歸福建省泉州府晉江縣（見南宋趙汝適《諸蕃志》）；元代也有朝廷在澎湖設置某種具行政意義的組織等等記載（見元汪大淵《島夷誌略》）。

　　時間迤邐進入近代中國。清代這個封建政權與外國簽訂條約開始以「中國」（China）一詞自稱。從最早的《中俄尼布楚界約》（1689）直到台灣建省前與法國簽訂的《中法新約》（1885），「中國」一詞一直都是除落款「大清國」外，多數簽約文本中的主體名稱。在《馬關條約》（1895）的中文文本中，清朝一如以往多處自稱「中國」。然而，在《馬關條約》日文文本的內容中，日本都簡稱大清國為清國，絕不稱「中國」。

中華民國建國時繼承歷史中國，國家名稱就叫做「中華民國」（Republic of China）。中華民國來台後更保留多項歷史中國的文件。目前《憲法增修條文》把中華民國分為自由地區與大陸地區，即是出於這種歷史中國的意識形態。大法官稱，這種國家的二分狀態叫做「對立分治」（見釋字618號）。

1991年5月1日制定公布之《憲法增修條文》第10條（1997年7月21日修正公布改列為第11條）規定：「自由地區與大陸地區間人民權利義務關係及其他事務之處理，得以法律為特別之規定。」《台灣地區與大陸地區人民關係條例》（簡稱《兩岸人民關係條例》）即為國家統一前，規範台灣地區與大陸地區間人民權利義務關係及其他事務處理之特別立法。

韓國人民對統一的想像並不存在禁忌。大韓民國第19任總統文在寅父母皆由朝鮮「脫北」而來，可說是韓國的「外省第二代」。然而，與韓國憲法明文要求實現和平統一相比，《中華民國憲法》對於是否追求兩岸統一並沒有如韓國一樣具有明確指示。

李登輝1999年推出的「特殊國與國關係」理論，比較像是兩岸為「兩國一中」的概念。當時中華民國國民的意識形態並不排除民族、文化，以及歷史上的一個中國概念。這樣解釋的「一中」至少在2016年以前都被認為將促使兩岸人民在心理上，不會因為政治上的仇讎而淪為鋪天蓋地的全民鬥爭。

事實上，兩岸均為「概念中國」的理念屬於精神狀態下的思想領域，與土地版圖上的實際合併無關。然而，對於台灣維持獨立現狀或邁向正常國家的理念來說，「一中」的思想言論也如同「統一」言論一樣，被視為代表一種危險訊號。因此，在中華民國台灣內部，一邊是台灣一邊是中華民國的意識形態

對立始終存在。

　　台灣　對於宣誓恪遵中華民國憲法的任官程序，台灣所有的統治團體成員多少存在複雜情緒。《憲法增修條文》前言提到「國家統一前」的字句，主文多處也以「自由地區」和「大陸地區」之一中用詞定位兩岸關係。然而，沒有一個統治團體會因「憲法一中」的義理而去推動未來一中的憲法義務。因此，這種兩岸一中、目前分裂的屬性描述，據信不可能被宣誓的政權領導人所信仰。

　　反而，公民團體一再防範「一中」思想言論對台灣主權的侵蝕。可見，憲法在其她國家是立國最上位的誡命，在台灣卻被當成「形而上」的玄學。說得更準確一點，中華民國憲法之一中義理，越來越像是台灣人民想要爭相破除迷信的標的。

　　總之，以台灣為主體的國人不會，也不能，去承認中華民國憲法中這個最根本的國家定位。在意識形態國家機器中，本土政權已經完全「裝載」台灣價值的知識體系。然而，本土政權即使在完全執政時期，對於拋棄這個「一中」國家定位的憲法表述仍因「結構」的制約而力有未逮。

　　意識形態對立　中華民國憲法規範的命題是：兩岸關係是分裂狀態下同屬一中的關係。有關「度盡劫波兄弟在，相逢一笑泯恩仇」之類的文青話語過去曾蔚為流行。「兩岸本是同根生、同屬中國人」的「一中」意識形態在過去威權時期也屬於主流論述。然而，在今天民主台灣的價值語境中，這種「一中」論述已經降格和「被統一、被併吞」的邏輯同等位階。

　　因此，任何有關一中的歷史觀點與統一的未來想像，在台灣都只是大陸問題研討會上的學術主題。從來沒有一位政治學教授在公共領域倡議「統一」主張；也沒有任何一位社會學教

授帶領學生在街頭實踐統一思想。公民團體在街頭衝撞出一個堅持要求政府與對岸展開政治協商,或堅持要求政府與對岸簽訂有關經貿協定等的所謂公民運動,更屬駭人聽聞的夢境文。

先不論美國結構制約等權力關係,在主流民意中,中華民國要與中華人民共和國洽談「政治協商」一事不但令人民無法想像,更是目前台灣法制打擊的對象。因此,「統一」作為中華民國台灣國家發展的選項,根本是個假議題。即使新黨曾倡言要與大陸展開政治對話、協商和平統一台灣方案,但從1990年10月李登輝總統成立「國家統一委員會」、1991年2月通過《國家統一綱領》以後至今,「統一」從來就不曾是屬於可以合法實踐的公民運動。

因為「一中」的理念而直接主張「統一」的政黨,在台灣的民主選舉中並不具有政治能量。統一言論在台灣因為令多數人民「討厭」的原因,因此也不具備什麼了不起的煽惑能力。然而,兩岸同屬一中的思想表達卻被視為具有解構主流思想的威脅。也就是說,雖然人們很難想像一中言論在台灣具有腐蝕,甚至顛覆主流價值的力量,但一中言論還是被認為可能鬆動國人對本土思想體系的信心,因而對台灣價值的普及具有稀釋作用。

中華人民共和國　《反分裂國家法》(2005)第2條表明:「世界上只有一個中國,大陸和台灣同屬一個中國,中國的主權和領土完整不容分割。」中共的口號從過去的武力解放台灣、和平統一台灣,走到了現在「兩岸共商一國兩制台灣方案」。中華民國的公開說法也從反攻大陸、光復大陸、三民主義統一中國,走到了「絕不接受一國兩制」。目前中華民國台灣的做法更是制度化、法制化限制台灣人民(團體)與大陸「共建」

任何形式的未來中國。

中華民國的親中政黨或其他人民團體若與中華人民共和國在政治上有任何「共謀」事宜，不等國人街頭抗議，「結構」也會前來制約。也就是說，台灣的任何政權若意圖與法定敵人共商某種與一中相關的政治安排，例如洽談國號、制度、人民財富分配等等事宜，就是政治自殺的概念。

對於兩岸未來可以共建一個民有、民治、民享的民主中國觀念，曾經是四、五年級出生國人的愛國初心、志向懷抱，以及願景投射。在目前中華民國台灣的法律限制以及道德禁忌下，這種意識形態寄託如果仍表現在個體與群體交流時的日常話語，那幾乎就標示著典型老人與年輕人所謂「世代差距」的全部意義。

因此，兩岸同胞共同締造一個民族復興的未來中國，只能屬於人們的「想像態」（the imaginary）。精神分析學指出，想像態令人感覺圓滿、富強。就像「台灣人出頭天」的壓抑釋放一樣，海內外中華民族所有華人都因未來自由、民主、均富的中國而揚眉吐氣。抱持這種想像態的國人固然不必為懷抱這種認同而向其他國人道歉，但這種思想如果轉化為在台灣土地上經常發表，在目前的認同政治氛圍下，必將讓多數年輕世代無法忍受。

在美國結構的制約下，台灣一方面不可能片面法理獨立，中華民國治權領域內的「統派團體」更不可能實現與大陸共謀「一國兩制、台灣方案」。因此，有關未來統一之制度想像與討論始終都停留在類似「兩岸關係學術研討會」的層次。跨出這個範圍的言論與行動，都立刻不見容於台灣社會。

台灣獨立

　　台灣意識形態主體一貫堅決指出，成立於1912年的中華民國與台灣無關，因為當時台灣尚為日本國。翻開霧峰林家兩百年史，從乾隆年間開台至二二八事件為止，林家歷史卻清楚反映台灣與大陸「綁在一起」的歷史情緣。事實上，在近代台灣還未建構主體意識之前，歷史文本總是透露出強烈的「祖國」情懷（有關祖國概念，見附錄文章）。號稱台灣孫中山的蔣渭水與林憲堂等人，其社會思維與實踐都在表明兩岸這種千絲萬縷的連繫。

　　中華民國人堅持這種固有的兩岸歷史連結觀念。故宮文物、央行黃金、人員遷徙、孫中山先生來台、憲法來台、文物檔案來台、條約的權力與義務繼承來台、福建省金門馬祖來台等等事例，都和台灣關係深遠。然而，意識形態主體指出「兩岸沒有關係」、「台灣人不是中國人」的主體價值從二二八事件時期就已開始，然後在美麗島事件之後定案。

　　根據二二八事件前後的外電報導等傳聞證據（anecdotal evidence），二戰後美國曾短暫考慮以軍政府名義代管台灣[8]。作為當時的最適當處置，美國最終還是把台灣交予中華民國政府。台灣意識形態主體指出，美國當時的舉措只是暫時委託蔣介石在台灣做行政管轄；1951年美國主導49國共同簽訂《舊金山和約》的事實，可以證明中華民國從未光復台灣。

　　中華民國從未光復台灣的歷史定義衍生出一個後續效

註8. 根據國史館選譯二二八事件前後的外電報導，美軍在1945年8月太平洋戰爭末期曾有以過渡性軍政府代管台灣的計畫。這個最後並未實現的方案說明了美國從一開始即掌握台灣主權安排的事實（見王興安等，2018）。

應。那就是，在台灣人民自決主權定案以前，被台灣主權牽涉到的所有利害關係人都對這塊被放棄但尚未有人法理（de jure）接手的土地，懷抱各種「想像的能指」（the imaginary signifier）（有關這個辭彙的意義，見Metz, 1982）。

所謂「利害關係人」是指台灣殖民地時期的母國日本國、繼承歷史中國的中華民國、繼承中華民國在台灣國祚的「中華民國台灣」、繼承中華民國在大陸地區國祚的中華人民共和國，以及安排盟國與日本簽署《對日和約》（即《舊金山和約》）的美國等等。

因為利害關係人實在眾多的原因，原本台灣主權歸屬的這種自主問題已經成為國際問題。這個國際問題大到連現在的台灣住民，都被剝奪以公投方式自決的權力。立法院的代議士也無人敢於啟動修正《公投法》，授權人民實踐正名、制憲、建國，以及對外建交等相關工作。

實踐困境　多數國人的主流想像是：台灣地區要建立一個名叫台灣的國家；她既要獨立於中華人民共和國的管轄，也要獨立於中華民國與中國性質有關的所有意識形態。然而，現行《公投法》排除對國家領土做出變更的相關提案。2,357萬台灣人民在建立一個只叫做台灣國家的這個道路上因此備感挫折。具體地說，台灣人民不能制定台灣憲法（或基本法）、不能變更中華民國領土、不能正名中華民國國號中的「中華」字樣。這些都是台灣邁向正常國家的困境。

正名制憲的實踐是邁向正常國家的關鍵，但正名制憲的議程卻不能加以實踐。2019年習近平主席的《告台灣同胞書》中指出：「台獨是歷史逆流，是絕路……（中國）絕不為各種形式的台獨分裂活動留下任何空間」。中國的打壓固然令台灣人民

生厭，但催生台灣新憲法為什麼「做不到就是做不到」呢？許多年輕國人到處在問：「台灣人民為什麼不能決定自己國家的未來呢？」

在2017年12月新版《公投法》修法時，台灣人民就已經領教過AIT官員坐鎮立法院的威力。人們這時才開始了解政府必須沒收人民自決主權公投權利的原因。在無法完成正常國家的最後一哩以前，以話語說出「台灣已經獨立」這件事就變得非常重要。這句話雖然不追求國際法的效用，但可以提供國人民心士氣的一個出口。

台灣人權博物館轄下之「景美人權園區」製作有一系列老一輩白色恐怖倖存者的口述歷史影片。在過去議論國體即有《刑法》100條伺候的嚴峻年代，老一輩人權鬥士的故事讀起來格外令人動容。「台灣已經獨立」的話語，似乎在向部分民主前輩致敬。

然而，在世界任何一個民主社會中，都找不到一種不必經由全民公投的意向凝聚，也不必經由政府的對外宣布，然後就成為主權獨立國家的例子。人們也無法想像，在中華民國治權所及的範圍內，台灣在沒有人注意的情況下已經悄悄脫離母國，而完成獨立建國的使命。在多數台灣人的想像中，台灣獨立應該是最真實的榮光，而絕非一種不可以洩漏的天機。

話語認知　因為實踐上的困境，台獨話語比台獨行動超前許多。台灣本土意識曾孕育大量言論。在多種邁向正常國家的策略論述中，有務實的、有愛深責切的、有情感豐沛的、有因急迫感而激進的……。許多台派公民團體的言論更因為供過於求而互相稀釋「邁向正常國家」的話語效力。

也就是說，一種本來進步的聲音因眾聲喧嘩而走向弱化。

在「做不到就是做不到」的結構制約下，台獨言論越重複、越拖延實踐，就越有走向奪權工具化的傾向。這連帶使得新一代的覺醒青年，對終究什麼是「邁向正常國家」都產生了認識危機。

「制台灣憲、叫台灣名」的理念神聖性與嚴肅性，確實隨時間而產生「審美疲勞」。許多年輕世代甚至認為，在國家機器中維持獨立現狀才是台灣國家發展的根本方向。所有其他與此相異的想像態發揮，都屬於「想太多」的意識形態話語！這正是摧毀「台灣邁向正常國家」真正意涵的警訊。

目前的台獨話語畢竟喪失了過去那種激勵人心的效果。二二八事件失敗後，廖文毅等人到日本成立「台灣共和國臨時政府海外總部」開始宣揚台獨理論。1964年彭明敏、魏朝廷、謝聰敏等三人發表《台灣人民自救運動宣言》，提出「建設新國家，制定新憲法，加入聯合國」三大目標。1970年1月1日，「台灣獨立建國聯盟」在海外宣布成立。1月3日，彭明敏前往瑞典發表《台灣自救運動宣言》。

本土社團「台灣基督教長老教會」於1977年接續發表「人權宣言」，呼籲台灣要成為一個新而獨立的國家[9]。1991年民進黨《台獨黨綱》接棒，要「建立主權獨立自主的台灣共和國」。《黨綱》主張，「依照台灣主權現實獨立建國……重返國際社會」；此項主張「應交由台灣全體住民以公民投票方式選擇決定。」

1999年民進黨《台灣前途決議文》進而揭示，台灣「主權領域及於台澎金馬與其附屬島嶼」；「任何有關獨立現狀的更動，都必須經由台灣全體住民以公民投票的方式決定」。

註9. 目前台灣基督教長老教會持續推動以邁向正常國家為使命的價值實踐。該公民團體一直都希望中華民國能以台灣作為國家之名，參與國際事務。

　　上述話語陳意首先以非法理方式「不承認」《憲法增修條文》中有關中華民國治權止於台灣，但主權仍及於大陸的大中國意識。其次，《決議文》以台灣已經是一個主權獨立國家為前提，將過去「獨立建國應以公民投票方式選擇」的概念，置換為「更動獨立現狀才須經由公民投票決定」的概念。

　　2007年民進黨的「正常國家決議文」（草案）又再度回到《台獨黨綱》中追求正名制憲並以台灣名義加入聯合國的主張。一直以來，有關國家主權的知識體系不斷反覆。1997年12月中，立委質詢當時國防部副部長王文燮說：「如果透過公民投票的法定程序修改憲法，更改國名和領土範圍，國軍立場如何因應？」王回答：

　　　中華民國的軍隊當然是保衛中華民國……憲法乃國軍存在
　　　的依據，國軍有責任保衛憲法，今天國軍依據憲法保衛的
　　　是中華民國，但您剛才說的（按：指的是「透過公民投票
　　　的法定程序修改憲法」）是假設事項，本人無法就假設事
　　　項答覆。（見《立法院公報》第86卷55期第389—390頁）

　　經過時間演進，2018年5月9日國防部長嚴德發在答覆立委質詢時卻直言：「國軍不會為台獨打仗」（見《立法院公報》第107卷55期第125頁）。這個言論隨即遭致主流媒體與主要政治網紅的抨擊。目前《中華民國憲法》與《國防法》都要求總統和國軍效忠中華民國憲法。同理，未來憲法中的國家名稱與領土範圍如果「經過合法更改」，國軍也一樣必須對新憲法效忠。基於「國家高於法律」的批判理論見解，國家制定什麼憲法，國軍就要效忠那個憲法。

　　嚴德發預先排除為新憲法而戰,顯然不屬多元價值中的政治正確。然而,目前台灣有關正名制憲公投,卻也是根本無法透過「合法程序」來加以進行的行動。以法理來實踐台獨既然是一個不可能成立的條件假設,歷來國軍將領與立法委員針對是類議題所做出的種種對話,怎麼看都像是在合演一齣齣「黑色喜劇」(black comedy)的搞笑橋段。

　　分離主義　局勢的演進非常清楚:新疆(東突)、西藏(圖博),以及香港等地的民主運動,本質上都是在爭取光復土地,與中國分離的民主運動。歷史上,分離主義一般都具有較為強烈的感染能量。想脫離英國的北愛爾蘭住民、要脫離西班牙成為「加泰隆尼亞」的巴塞隆納市民,甚至想脫離烏克蘭的東部人民等等之類的分離主義,都是如此。

　　以信奉新教的英裔和信奉天主教的愛裔為例。前者想讓北愛留在英國,後者一直想讓北愛回歸愛爾蘭共和國。過去「北愛爾蘭共和軍」曾在北愛爾蘭從事多起激進攻擊行動。至今,北愛爾蘭當地的英裔和愛裔人士之間的互動也一直保持涇渭分明的態勢。兩者之間通婚更是罕見的家族大事。

　　一個對主權問題無從妥協的分裂社會,歧見本來就不易弭平、恨意更難以消失。在二戰後成功獨立建國的所有國家中,「流血」多屬必經過程。原為二戰後南斯拉夫聯邦共和國一員的克羅埃西亞,甚至歷經四年戰爭才在1991年獨立建國[10]。台灣從二二八事件以後,一種類似的民族對立情緒已經成立。1979

註10. 也有較為平和的例子。2001年與台灣人同為南島語族的巴布亞新幾內亞政府,承諾其自治區布干維爾小島進行人民獨立公投。2019年12月11日公投結果顯示98%選民贊成獨立。然而,巴布亞新幾內亞政府對是否同意布干維爾獨立成國,至今仍不予決定。雖然政府不予決定,但人民也沒有發起抗爭。

年發生「美麗島事件」的事由表面上是人民要求蔣經國總統重啟民主選舉，但本質上就是部分台灣人民與中華民族身分的分離表示。

台灣獨立運動一路免於流血，是世界少見的寧靜革命典範。2017年加泰隆尼亞自治區前主席普伊格蒙特（Carles Puigdmont, 1962－）只是舉辦公投，即遭西班牙政府以叛亂罪發出全歐通緝。對多數母國政府而言，執意辦理獨立公投即等同叛亂；對中華民國政府而言，舉辦獨立公投雖然不可能發生，但將之等同判亂的見解則絕無僅有。

然而，台灣要讓世人接受台灣以主權國家之名加入聯合國或參與國際組織，邏輯上首先在於自己必須先在自己的治權領域內付諸實施。在台灣邁向正常國家的所有議程當中，正名制憲是終極途徑。台灣獨立運動在自己國家不必流血，更不必遭致通緝。然而，它終究還是異化為一個最令國人迷惘的（bewildered）意識形態敘事。

因為二二八事件的關係，意識形態主體把當時的中華民國定位為只是受盟軍麥帥之命來台受降，卻賴著不走的外來政權。目前，務實台獨工作者也以「台灣是一個主權獨立的國家，現在的名字固然叫中華民國」的標準用語，來修辭現在的中華民國。可見，在當代中華民國治權領域，這個國家一直都存在一邊是中華民國、一邊是台灣的「一邊一國」事實。

不管怎樣，台灣的獨立訴求與行動從來不曾停止。目前這種運動、這種價值、這種知識建構已經可以被清楚歸納為屬於三種態樣，即（1）理想主義／唯心主義（idealism）、（2）建構主義（constructivism），以及（3）修正主義（revisionism）。理想主義希望以公民自決方式正名制憲；建構主義則在國家、

民族、文化、歷史的意義上，以台灣為主體建構主導價值等相
關知識體系；修正主義更致力於在中華民國治權領域進行轉型
正義與去中國化等務實的修正工作。見圖2.2.2：

圖2.2.2：台灣獨立運動的三種理論態樣

　　台灣意識形態主體多在中華民國體制內參政。因此，國人
的台獨言行已經由過去積極推動正名制憲的訴求轉為專注去除
中華民國在台灣的中國性質。甚至，有越來越多的政治工作者
對老一輩理想主義者所倡議的正名制憲之類的主張，漸漸覺得
可有可無。

　　即使如此，潛藏在部分國人心中的還是有千萬個不情願。
他們並不滿意台灣維持一種不正常狀態下的獨立現況。雖然
《中華民國憲法》自1991年起歷經多次修憲，但不論憲法本文
或增修條文，中華民國仍是一中兩區的國家定位。對於台灣主

權處於這種「一中」的國體內部，意識形態主體有著百般「認知不和諧」（cognitive dissonance）的不自然感以及不舒適感。

政治權謀　清朝康熙皇帝曾形容台灣「僅彈丸之地，得之無所加，不得無所損」（轉引自台灣銀行經濟研究室，1963，頁129）。對比馬偕博士之類的外國傳教士對台灣所投入的關心，中國人康熙這句話顯然缺少熱愛台灣土地的感情。現今中華民國的國名、國歌、國慶日等中國義理的表面張力，更一再折射出台灣國家標誌的不正常符號。也就是說，即使中華民國從威權時期進化到民主台灣時期，大中國思想意識的元素依然殘留在台灣的國體與國家屬性當中。

在定義上，如果台灣要有自己的國體，那麼她一定要脫離她的母國中華民國。然而，這將產生一個理論困境。也就是說，本土政權多數時間在中華民國擔任統治階級；統治階級要如何脫離自己的統治地位呢？台灣邁向正常國家又要如何能既不消滅中華民國而又能自我實現呢？

在心理上，目前中華民國台灣的兩個主要政黨都把「中華民國」當成對外張貼的符咒。統治團體可以用這個符咒對美國說：「我們在維持現狀」。統治團體也可以運用這個符咒對中國大陸說；「我們有『台灣』對應『大陸』的一中國體對話基礎；請正視中華民國的存在！」至此，「中華民國」的名相就產生如同鍾馗畫像一般的效力，具有抗中保台的驅鬼作用。

台灣在這種體制下操作多年；具體成果是：台灣順利在中華民國的國家機器中貫徹以台灣為主體的知識，並在國家機器中改造中華民國固有的含中體質。從結果論來說，這種認同政治的治理模式比國家正名制憲還要來得具有台灣國家的獨立意義。因此，即使是本土政權的陸委會也保持繼續向大陸喊話：

「要正視中華民國的存在」。

　　不論國人喜不喜歡，統治團體都很習慣現在的運作體制。在政治現實上，人們開始看到親中政權不統、本土政權不獨。所有政黨都在法理的中華民國體制內選舉；誰選上誰就宣稱致力維持現狀。在往後美國遏制中國的所有鬥爭當中，若沒有發生中美戰爭，台灣不統、不獨、不戰、不降、不走、不公投、不開第一槍的狀態，大概就是人們終其一生的所見所聞。

　　民主台灣時期的中華民國國家屬性，因「以台灣為主體」的意識形態實踐而發生質變。部分國人堅信，台灣終將脫去中華民國外殼，華麗轉身為「台灣就是台灣」。因此，即使面對國家必須「維持現狀」的制約條件，意識形態主體並不會僅止於說出「台灣已經是主權獨立的國家」，就結束其國家正常化的相關實踐。

　　因此，在國家尚未正常化以前，「已經獨立」的台灣將繼續進行各種獨立議程的追求。實踐是檢驗真理的標準，「時間」又是檢驗意識形態實踐的標準。人們持續看到本土政權毫無妥協地致力於改造這個國家。在民族、文化、歷史等各種再現的台灣敘事方面，本土政權都陸續做出許多促進台灣務實獨立的實事。

第三節 兩岸關係維持現狀的認知與想像

　　人們經常以為，有關國家未來主權發展的公共選項共有（1）統一、（2）獨立，以及（3）繼續維持現狀三種。然而，台灣人民並無實踐所謂統一與獨立的法律途徑，只能謹守維持現狀一途。也就是說，從結構管制與社會心理的角度，無

論統、獨都只能被歸類為屬於一種「口說無憑」的思想議題。因此，國家主權發展共有三種民主選項的話語，經常使人陷於錯誤。

維持現狀的「現狀」定義

有關兩岸關係的現狀定位，美國的態度決定一切。兩岸關係的所謂「現狀」原本是指中、美兩國在「一法三公報」中的相關約定。然而，美國實際的執行情形並不完全依照「三公報」字面上的意思。例如，美國從來就沒有履行過《八一七公報》第6條「逐年降低對台軍售性能數量」的條款。在《台灣關係法》的基礎上，美國從2018年以後更制定許多超越「三公報」的各種惠台法案。因此，所謂兩岸「現狀」的意思，很明顯依時間變遷而由美國動態決定。

從2020年實施印太戰略開始，美國的一中政策似乎表現為一種較為清晰的「一中一台」態度。然而，這個「一台」的態度雖然指的是台灣不屬於中華人民共和國主權擁有，但也仍不碰觸承認台灣為主權國家。例如，邁向正常國家的議程如果只是狹隘地以國家正名制憲方式進入聯合國，即違反美國這種「雙重說法」（double thought speak）的戰略安排。2019年初美國在台協會壓制「台獨公投」的動作，尤其令國人印象深刻。

美國也不會讓台灣的任何政黨和中國大陸展開政治談判。台灣法律對前往大陸簽署「兩岸和平協議」之類的行為就存有禁制規定。根據《兩岸人民關係條例》第33條之1，台灣人民與大陸人民、法人、團體若有涉及政治性內容的合作行為，都需經主管機關許可。《條例》第5之3條更規定，兩岸政治談判

需經立法院多次審議、同意的程序，也必須經過直接民權多次公投的條件。

　　兩岸政治談判即使在一種幾乎不可能完成的內控程序下通過，主體在前往談判之前美國也有最終否決權。美國甚至對台灣問題的所有解決方案，都有否決權。依過去經驗，美國對於維持這種權力抱持高度的嚴肅態度。可見，兩岸政治談判在實務上絕不可能繞過美國。在這種維持現狀的結構性制約下，中國想要和平統一台灣（或者台灣統派想要和平統一大陸）的可能性，就是為零。

　　在此條件下，中國大陸「一中原則」（one China principle）的話語陳述只能比美國的一中政策（one China policy）更為清晰：「世界上只有一個中國，台灣是中國不可分割的領土」。對此，美國只以「我們注意到了」（acknowledge）一詞，在「三公報」中表達認知中國這個有關陳述，但並沒有以「承認」（recognize）一字寫出同意「台灣是中國的一部分」。

　　然而，美國也以這種「注意到了」的認知為理由，不支持台灣以主權國家名義參與國際組織。也因為這個「認知」，美國也才會只「關切」各邦交國與台灣斷交的情況，但自己並不與台灣建交。

　　在美國這種既戰略清晰又戰略模糊的結構制約下，台灣沒有法理台獨的空間，北京也沒有和平統一的條件。可以說，不統不獨的不正常狀態，就是兩岸關係的現狀。這是結構所固有的「雙重嚇阻」（dual deterrence）功效，並非兩岸雙方意識形態主體歡喜選擇的結果。然而，美國歡迎這樣的結果。

　　因此，兩岸關係的最終解決方案不是一國兩制，也不是「台灣人民決定台灣前途」的概念，而是美國堅持的「應由兩岸

人民共同解決」。很顯然，目前這種「共同解決」的法制可能性在結構的制約下並不存在。

　　肆從結構　在政治學領域的討論中，美國「打台灣牌」的揣測一直不曾消失[11]。從權力觀點，美國打台灣牌如果屬實，台灣任何政權都沒有說「不」的餘地。台灣為自身安全本來就要付出成本。退一萬步想，美國以台灣作為武器換取遏制中國的效能，似乎也是台灣目前強勢意見所認知的一種互惠而便利的選擇。

　　因此，兩岸關係的走向必須配合美國整體遏制中國的戰略布局。台灣沒有自以為可以「尾巴搖狗」（tail wagging dog）的能力。2019年3月美國總統簽署文告，承認以色列占領的「戈蘭高地」為以色列的一部分。川普政府於同年11月也承認，以色列占領約旦河西岸原巴勒斯坦土地的屯墾區為「合法存在」。可見，「以色列遊說」（the Israel lobby）是國際政治中能以小國成功牽制大國的典範。與此相反，美國對台政策一向由美國片面決定。

　　不論從權力關係還是從利害關係，有關台灣前途的所有意識形態主張在實踐上都必須聽從美國意見。為什麼關乎台灣未來國家發展的方案都應該要先問過美國呢？因為當中國大陸若以非和平方式對待台灣時，台灣朝野不分黨派、不分藍綠、不分新住民原住民，都一致希望美國提出防衛承諾。在這種不變的條件下，美國當然有權審視有關台灣未來發展的所有議程是否符合美國利益。

註11. 除了美國，世界各國也都明白海峽兩岸存在一種不可讓步的零和情緒。連台灣友邦也有打台灣牌的習慣。各小國頻繁以建交、斷交、復交等方式與中華民國台灣交往。雖然沒有國人願意接受各小國把中華民國台灣看待為「籌碼」的這種待遇，但這種待遇經常發生。

　　在《台灣關係法》中，美國在名義上稱台灣為「台灣統治當局」。這是一個對民主政體的稱呼，不是對一個主權國家的稱呼。實務上，台灣的國防、外交、甚至豬牛肉品進口等領域也一直處於被美國「行政指導」的地位。依《台灣關係法》這個美國國內法，台灣表現這種「美國心目中台灣統治當局應該成為的樣子」，也可被視為台灣未能國家正常化的表徵之一。

　　在國防、外交甚至在有些內政上，台灣都依賴美國保護[12]。中華民國總統候選人在選舉前親自赴美接收美國意向，幾已成為台灣制度。然而，美國把台灣當成是一個好的市場，卻沒有和台灣簽署互惠的雙邊貿易協定；在國務院官網中，美國也未將台灣名稱列為「國家」（nation, state）欄位。

　　日本與美國的關係是世界公認的扈從結構。歷史顯示，二戰後沒有美國的占領與秩序安排，日本早就從地球消失。美國在《廣場協議》（ *"Plaza Accord"*, 1985）中強迫日圓升值，日本經濟力因此倒退20年。日本與美國的扈從關係，就這樣注定讓日本只能選擇接受美國條件。台灣的主流知識表明，在台灣對抗中國的反併吞鬥爭中，如果台灣不成為美國隊，難道要成為中國隊？

　　台灣因此也如同日本一樣，對美關係毫無保留。從以台灣為主體的話語角度，台、美兩國是價值同盟的關係，沒有所謂主、從結構。因此，主流媒體通常對「美國要求，台灣只能照辦」之類的評論，說不出口。可見，台灣民氣可以不甩中國，

註12. 目前世界上尚未與美國建交的國家還有敘利亞、伊朗、北韓、不丹、索馬利蘭、巴勒斯坦，以及台灣。其中不丹的國防、外交依印、不兩國《友好條約》（ *"Treaty of Friendship"*, 1949），由印度負責。2017年中國在中、不邊界洞朗地區修築公路，即由印度出面制止並和共軍武力對峙71天。

卻不能不聽從美國。也就是說，美國是影響台灣人認知兩岸關係的唯一因素，中國不是。

《台灣關係法》的本文並未提到《舊金山和約》。看起來，美國避開了台灣主權地位有待美國進一步安排的實質。然而，《舊金山和約》的台灣主權未定論，以及表明美國對台灣負有保護責任的《台灣關係法》，兩者之間存在充分因果關係。也就是說，《舊金山和約》與《台灣關係法》這兩個法律，共同合法化了美國對台灣前途、對兩岸關係之類的議程具有絕對發言權與最終決定權的地位。

對抗關係　在兩岸關係的互動上，台灣任何政權都必須尋求美國態度。雖然對台灣施加結構制約的是美國，台灣意識形態主體的憤怒出口都是中國。這是因為台灣地區雖然為美國勢力範圍，但美國對台灣從來就沒有領土野心。反觀中國卻經年以「收復」台灣為其國策[13]。

因此，兩岸關係是一種台灣人與「敵人」武力對峙的關係。在描繪兩岸關係現狀的所有文章中，政治學者曾經生產過許多撲朔迷離的文字。「竭盡所能、創造雙贏」、「國人支持、美國滿意、對方接受」、「兩岸關係回不去了」之類的文字就是屬於這種令人費解的話語迷障。

在當代國人的主流認知中，兩岸關係最清楚的命題就是「台灣如何抗拒中國併吞」的概念。抗中、反中、仇中的綜合情

註13. 蘇聯解體後，霸權國家即從過去對她國的領土野心，轉移到關注她國市場等其他控制層面。例如，波多黎各是美國不適用美國憲法的海外屬地，堪稱美國一國兩制的地區。歷年來，波多黎各曾多次舉辦成為美國一州的公投。最近（2017年）一次公投的「同意」結果仍被美國國會擱置至今。美國對其一國兩制的地區都沒有領土野心，遑論對其她國家。反觀中國大陸對香港的「國土」觀念則與美國南轅北轍。

緒因此成為台灣一股不可逆的兩岸關係主軸。尤其對年輕國人來說，有關兩岸關係的描述有什麼比「反併吞」這個字眼還來得清楚易懂？

實務上，兩岸關係從來不存在所謂「柏拉圖效率」（Pareto optimality）的求全境界。政治學者往往呼籲兩岸應有共創雙贏的思考。然而，主流民意卻始終堅持兩岸關係就只是「打壓」與「反併吞」的關係，是一種碰撞的、對立的、抗爭的關係。甚至，如果台灣民族與中華民族互為異族，兩岸的這種關係從一開始就不會存在求同存異的起點（starting point），最終也就是民族聖戰的零和煉獄（inferno）。

過去美國針對台灣問題的用詞是須由「兩岸中國人」共同解決。目前美國的態度應該已稍做修正，即兩岸任何改變現狀的方案都須經「兩岸人民」同意。目前兩岸人民均各自不同意對方所期待的解決方案，也就是一方不同意對方要的「一國兩制」，另一方不同意對方要的「已經獨立」。

台灣多數的廣播、電視、報紙、網路空間、社會網絡，以及人情世故都一再表達聲量極高的抗中話語。可見，「兩岸關係是台灣以反併吞為名，大陸以反分裂為名所進行的敵對關係」這句話，才是描述兩岸關係本質的精確用語。

作為霸權，美國隨時保留對海峽兩岸「誰在改變現狀」的解釋權。實際上，美國自己則一直在試圖根據國家利益而改變兩岸情勢。印太戰略顯示了美國更為積極打擊中國的一面。兩岸的敵對話語也隨之上升為常態性「行動─反應」（action-reaction cycle）的循環模式。2020年開始，「中共機艦擾台、美軍抵近偵察」成為兩岸關係拉高到中、美對抗情境中的新常態（new normal）。

　　兩岸關係中的各種互動就這樣持續依印太戰略合作的議程，反復進行「測試對方決心」（resolve-testing behavior）的實驗。即使如此，「以台灣為主體」的認識論／知識論（epistemology）是目前正確認識兩岸關係全貌的最高道德。超出這種主體論述的兩岸關係界定，都屬於讓台灣主權尊嚴受到侵犯的概念。

　　以台灣為主體的認識論支持政府配合美國印太戰略中的「台灣戰術」。在美國總統川普四年任期，美國對台灣軍售11次，總金額為5,000億台幣。在川普卸任前一年的2020年，台灣更以歷史上年度預算最高規模接受美國對台提供6次大量軍備武器。

　　然而，即使台灣已經傾國力之所能配合印太戰略，台灣仍被批評為是印太戰略中遏制中國布局中的較弱一環。澳洲人Salvatore Babones在其《外交政策》（*Foreign Policy*）網站中就具體指出，台灣的國防支出只占GDP的1.7％。即使2021年台灣再提升軍備預算，美國仍然認為不夠：

Although Taiwanese President Tsai Ingwen has budgeted a major defense increase for 2021, the budget has still been called insufficient by U.S. officials. [14]

　　Babones的發文指出，在所有印太合縱國家都增加國防預算時，台灣是一個破口（weak spot）。他甚至批評，台灣是所

註14. 見Salvatore Babones在2021年3月18日《外交政策》（https://foreignpolicy.com/2021/03/18/china-india-japan-quad-biden-indo-pacific-military-geopolitics/）網站貼出題為 *"China's neighbors are stronger than we think"* 的文章。

有環型抗中國家中「不願意付出代價的一方」（"an unwillingness to make the necessary sacrifices."）。

意識形態實踐

　　美國在國際權力中的控制力量，限制了地球上所有個別國家可能的恣意妄為。這種世界超強的形象確實「不以人的意志為轉移」。然而，部分國人對邁向正常國家的想像並沒有因所謂「結構」的宿命，而產生不作為的沉悶倦怠。走進每一次大選的場合，人們所見、所聞、所吸到的空氣都充滿著意識形態氣息。在身分政治的壓力下，任何人想要偃兵息鼓形容統獨為「假議題」者，往往招來輿論批判。

　　然而，時間總是站在所有意識形態主體的對立面。面對超穩定「結構」的制約，時間是轉型正義的敵人、是撥亂反正的敵人、是台灣邁向正常國家的敵人、是大陸和平統一台灣的敵人；時間是所有一切意識形態實踐的敵人。年輕主體對轉型正義的實踐目標固然存在急迫感，老一輩革命家對於正名制憲將伊于胡底更感憂心。

　　中華民國比台灣更早在國際間受挫。1979年以後各國普遍不承認「中華民國」，也不准「中華民國」參與國際組織。在世界的範圍內，「中華民國」早已國不成國。從1979年以來，作為國家的台灣也一直得不到國際社會的法理承認。如此，主體將何以證明自己意識形態實踐的正確性？

　　作為主權國家，中華民國與台灣兩者都被國際制約。中華民國如果在台澎金馬等自由地區「事實存在」（de facto），那就始終具有引導中華人民共和國前來繼承的風險。如果台灣華麗轉身成為主權獨立的法理（de jure）國家，那也存在立刻邀請

中華人民共和國前來「收復」國土的危機。也就是說，無論中華民國或台灣的國家主權發展動作，都將陷入哲學上的「根本兩難」（fundamental dilemma）。

反觀中華人民共和國也沒有超越結構而可以片面改變台海現狀的能力。中國可以單獨從事的工作僅在（1）外交上繼續更名台灣、（2）在經濟上阻斷台灣加入區域貿易協定、（3）在統戰上繼續繞過兩岸買辦直接面對國人。台灣可以單獨實現的事項則為（1）在意識形態國家機器中加大台灣主體意識、（2）去除治權領域殘存的含中成分，以及（3）繼續進行國家屬性的改造。見表2.3.1：

表2.3.1：中國與台灣意識形態實踐之做法比較

中國可以單獨做的事	台灣可以單獨做的事
外交上繼續更名台灣	去除殘存含中成分
經濟上阻斷台灣加入區域貿易協定	加大台灣主體意識
在統戰上繼續繞過兩岸買辦直接面對國人	進行國家屬性的改造

有關國家屬性必須改造的部分，近年來年輕公民比統治團體成員還表現出更為急切的態度。台灣意識形態主體積極針對台灣社會網絡中殘存的黨國遺緒，提出轉型正義的要求。例如，繼在校園移除威權象徵之後，國立台灣師範大學校歌中留存的「台灣山川氣象雄，重歸祖國樂融融」的歌詞，也在2020年開始被年輕學子要求做出處理（有關祖國意涵，見本書附錄）。

在美國的結構制約下，台灣被困在不能法理獨立，中國也一樣被困在不能「收復」台灣。這個僵局的位置是由美國單

方面的結構性力量所決定的。在「美國第一」的結構下，中國大陸只能在國際上對台灣以符號方式，彰顯其「主權及於台灣」，例如要求各跨國企業網站更名台灣為「中國台灣」。反觀台灣能掌握的則是對內繼續去除所有國家機器中的含中成分，並積極扮演印太戰略議程中的忠實角色。

　　至於台灣期待美國可以做的助台清單就更包括：美國在國務院接待台灣官員、邀請台灣總統訪美、美國部長、大使等高階官員經常訪台、美國總統訪台、軍人公開訪台、美軍公開駐台、將「駐美國台北經濟文化代表處」正名為「駐美國台灣代表處」、最好外交承認……等等。

　　以台灣主體意識的角度，維持現狀即是維持獨立現狀。從以美國為主體的角度，美國操作並維持美國定義下的台海現狀最符合美國利益。歸納目前美國單方面對兩岸關係必須維持現狀的常態性要求如下：（1）一切需維持美國定義下的現狀、（2）一切需配合美國遏制中國的戰略布局、（3）一切台灣的片面想法都要讓美國知道（即所謂 "no surprises" 的要求）。見表2.3.2：

表2.3.2：美國對兩岸關係的常態要求

美國對兩岸關係的常態要求
一切需維持美國定義下的現狀
一切需配合美國遏制中國的布局
一切片面想法都要讓美國知道

　　自從1949年以來，中華人民共和國從未統治過中華民國台澎金馬自由地區。從這個事實看來，意識形態主體在中華民國台灣地區進行法理獨立的運動，不論是脫離中華人民共和國的陰影，還是脫離中華民國母國的價值，照道理都應該是屬於全世界最容易完成的獨立運動。不僅主要政治團體主張過這個運動，多數台灣人民也都嚮往這種獨立精神。

　　然而，這個運動所揭櫫的意義走到今天，卻表現出根本動彈不得的窘境。也就是說，《公投法》以「程序法」的理由排除了台灣人民超過一甲子所追求的民族自決。從此，制憲公投的理念完全退出行為的實踐範疇，回到了言論自由中的多元價值層次。可以說，台灣制憲公投因為沒有著手實施的機會，其倡議者也就無從被課以刑罰的可能。2017年主導加泰隆尼亞公投的領導者被母國西班牙通緝並求刑30年的消息，在中華民國自由地區實在駭人聽聞。

　　台灣人日常的文化「常模」（schema）普遍與美、日觀點同步。日本大和民族的正面意象深植台灣人心；美國的政治、文化，以及經濟影響力更遍布台灣社會。因此，「加入美國隊」是台灣大部分住民的基因。事實上，過去中華民國自由地區僅僅發生過兩次反美示威活動，但兩次都與人民的自發情緒無關。

　　1957年的「劉自然事件」是其一。一名非裔美國士官槍殺了一位中華民國國民劉自然。當時美軍駐台人員享有治外法權，美國在台「軍政府」並不打算把犯嫌交由中華民國政府審判。這個案子隨後引來了一個從歷史脈絡推估可能是由蔣經國所策動的小型騷亂。美軍享有駐在國特權的待遇並非中華民國所獨有。傳聞證據（anecdotal evidence）顯示，這個騷亂得以

在戒嚴時期發生，似乎是蔣經國要向美國中情局示警，要求其正視中華民國在台灣的權力核心。

1978年底美國宣布與中華民國斷交後，副國務卿克里斯多福來台洽商後續。12月27日晚上，大學生等民眾已經在松山機場沿線列隊站好，準備以蛋洗國務卿座車的方式表達抗議。從當時大學教官積極招呼同學們前往丟擲雞蛋的跡象看來，這又是蔣經國愛國主義的傑作。

上述兩件反美示威活動都看不到國人發自內心的仇美情緒。可以說，歷史上在台灣發生的這兩起針對美國的陳抗事件，與伊朗人或東耶路撒冷的巴勒斯坦人民之反美示威活動，其熱烈澎湃的程度完全不在同一個檔次。

人民自決主權是一種理想主義

公民投票　依照 孫中山先生的《三民主義》，人民有政權、政府有治權。這是一個人民有權、政府有能的概念。《三民主義》提出「政權」掌握在人民手中的觀念。人民直接行使的政權分別有選舉、罷免、創制，以及複決等四種權力。創制是指人民提案制定政策法律；複決是否決或廢止既存之政策法律。兩者權力的行使都以進行公民投票的方式來表示。

中華民國的所謂「治權」指的是人民授權某一政治團體，賦予其在一定時間內組成政府、代表國家主持政務。在五權憲法下，中華民國政府分別以行政、立法、司法、考試、監察等五種治權，制定及實施福國利民的政策。

以人民所擁有的「創制權」這個「政權」為例。台灣「財團法人台灣制憲基金會」不斷倡議制憲公投。所謂正名制憲的

意思是：所正的名就是建國後的國名，所制的憲就是建國後的憲法。兩者都不會再是中華民國，而是台灣。國人已經習慣稱呼自己的國家為台灣，也都積極以台灣名義與世界交往。因此，公投就是向世界宣布這種國民意志所表達的主流價值。

然而，「台灣已是主權獨立的國家，沒有必要再宣布獨立」的話語卻也是目前知識主流。當2017年12月12日本土政權修正通過新版《公投法》時，也就意味正名制憲的議題已經在法律上確定不是民主台灣的創制與複決程序，而應該是一種屬於在法律以外的革命程序。自從1964年彭明敏、謝聰敏、魏廷朝等人發表《台灣人民自救運動宣言》以來，「公投—制憲—入聯」的民族自決訴求，至此成為不得合法實踐的理想主義。

任何政黨一旦被人民經選舉程序賦予政權後，這個政黨隨即被剝奪在體制內進行體制外革命的權利。例如福建省政府、台灣省政府、五權憲法中的考試與監察等大院均為《中華民國憲法》中所謂的「憲政機關」。依大法官釋字第499號釋字文，國家應遵守憲法設置機關的義務是因為該等機關「為具有本質之重要性而為規範秩序存立之基礎」。

意識形態主體除非採取體制外革命，例如逕行摧毀「為規範秩序存立」的憲法，否則依目前憲法基礎，這個國家不可能「聽任修改條文予以變更」（亦見99號釋字文）。因此，在體制內改革國體本身就是悖論。

意識形態主體就算成功在體制內促使民選政府修憲，與憲法牴觸者，在體制內的大法官也會宣告修憲決議「違憲無效」。因此，正名制憲的推動在邏輯上並不能期待執政的本土政權來做，而應該寄希望於各新興本土政黨以及本土社團等社會力量在體制外的努力。

　　雖然「主權在民」為人們所喜聞樂見，惟憲法並無表示人民所行使的「政權」可以凌駕政府所擁有的「治權」（有關人民政權與政府治權之界線，見大法官釋字第645號解釋文）。以創制與複決這兩個政權為例。理論上，政府應就公投結果提出對應義務。然而，公投結果若有使台灣民主憲政秩序無從運作，或危害中華民國之存在，對憲法宣示效忠的政府理論上將會保留其治權的主導性。

　　也就是說，雖然《公投法》規定現有法律條文需依公投複決的「不同意」結果而失效，但無論複決與創制的公投議案都不能超越《中華民國憲法》，其結果也不能違反大法官釋憲結果。目前，台灣的公投議案多屬「諮詢性公投」的性質。諮詢性公投的提案與連署門檻極低。例如，提案人數達提案時最近一次總統、副總統選舉人總數萬分之一以上，連署人數達提案時最近一次總統、副總統選舉人總數百分之一點五以上。

　　這類所謂「諮詢性」的公投議案若通過，「總統或權責機關為實現該公民投票案內容」只要有「必要處置」即可（見《公投法》第30條）。總統或權責機關此時通常以轉知相關利害關係人的方式作為「必要處置」的表示。可見，公投雖然是直接民權的表現，但政府不必然自動執行其結果。

　　而且，人民以公投決議的事項都要經過立法院代議政治的研議，政府才會議決是否執行公投內容。因此，「台灣前途要由人民自決」的激勵話語純粹屬於意識形態精神喊話。實際上，民主台灣的國民基本素養還是應該在於認清「憲法保留事項，不得作為公投事項」的這個事實。涉及中華民國領土變更的事項，尤其不得為公投。

　　因此，政府執行公投結果的義務不是絕對的。中選會有必

要讓公民充分了解《公投法》這個具有台灣民主特色的立法精神。民眾在蓋印之前，必須完整理解公投議案通過或不通過之後的結局究竟會如何。這樣可以防範政治人物把公投當成凝聚選票的選舉工具，民眾也不會覺得有白忙一場的錯覺。

台灣例外　環顧世界國家，即使成功舉辦獨立公投，公投也有通過與不通過兩種結果。過去曾有魁北克省脫離母國加拿大、蘇格蘭脫離母國英國等公投均未獲通過的案例。獲得聯合國全程監督的東帝汶脫離印尼之獨立公投，則是通過的典範。

除了執行公投結果的選項以外，過去公投也有通過後不執行以及難以執行兩種結果。加泰隆尼亞在2017年10月1日通過獨立公投，但母國西班牙政府始終打壓這項公投，遑論執行。有些政治實體雖通過獨立公投，但最終未獲國際承認也難以執行。不論未過、已過、執行、不執行或難以執行，民主社會舉辦獨立公投仍然相當普遍。見圖2.3.1：

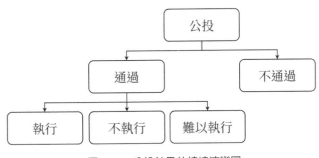

圖2.3.1：公投結果的情境演變圖

如果不考慮權力關係，只考慮「人民當家作主」這種普世價值，有關台灣邁向正常國家的最終解決方案本來就可以有多

種可能性。姑且不論台灣、澎湖等台灣地區是否可以真正脫離中華民國母國而獨立，也不論金門、連江等福建省政府所轄的縣是否也可以脫離未來獨立的台灣國而獨立成國，理論上，倡議與實施某一種獨立公投都是主體言論與意志的一種表示[15]。

　　然而，所有人們「想像態」（the imaginary）中的公投權利都無法撼動美國結構制約的現實。也就是說，除了維持現狀，所有有關台灣主權發展的主張都永遠不存在舉辦公投的餘地。即使「人民當家做主」是一種天賦人權，《公投法》畢竟還是替法理台獨劃下了「不受理」的禁區。

　　理論上，公投是實現台灣成為正常國家的最合理程序；然而，台灣的所有統治團體都不可能把「正名制憲」違憲放入公投的程序脈絡當中。不要說制憲，有關立法院修憲的憲法權力也從來不是直接民權的表達事項。《憲法增修條文》第12條即稱：修憲事項須經立法院的「提議」與「決議」。

　　有關「你是否願意以台灣名義加入奧運」之類的諮詢性題目，可以用公投來表示；有關「你是否同意以台灣作為我國國名」之類的民調題目，則確定不會在公投範圍之列。本來，「台灣屬於2,300萬人民所有」這句話語所呈現的意涵是：台灣人民有權決定台灣主權之未來處置。在結構的制約下，《公投法》最終還是「打臉」了這種想像。

　　可以說，提出國體變更需經台灣全體住民以公投方式決定的主體，同時劃下了人民不得發動有關國體變更議題的公投界線。無論如何自我否定（self-denial），國人目前的主流認知非

註15. 例如在台灣擁有黑熊部隊的「台灣民政府」組織曾提出台灣應成為美國第五十一州的願望。「台灣民政府」也曾主張國人可以依自由意志提出舉辦回歸日本的公投。

常清楚：台灣只有如何維持獨立現狀的問題，並沒有變更中華民國國體的正名制憲問題。這就是中華民國與台灣目前並列為國家名稱的原因，也是本土政權針對「正常國家決議文」研議十數年始終無法定案之前，所能給出的最佳答案。

第四節 台灣的經濟基礎與軍事準備

依中華民國《陸海空軍刑法》第10條有關「敵人」的定義，中華人民共和國是「與中華民國交戰或武力對峙之國家或團體」的敵人。中華人民共和國固然在軍事上一直保持對台壓制，在外交上也每每斷絕中華民國在地球上仍然存在的合法性。中華民國史觀認為，雙方互為敵人乃歷史延續、尚未終局的僵持結果。

過去中華民國在大陸時期的南方國民政府「北伐」北洋政府、中華民國政府「剿匪」中華蘇維埃社會主義共和國政府等等，都屬於一個國家間兩個政府或兩個地區的內戰。然而，一直以來，親中政黨在執政期間並不尋求兩岸政治協商。在2019年7月台灣通過「國安五法」修法以及2020年《反滲透法》立法的限制條件下，台灣任何團體從此更不可能與大陸就停戰之類的和平協議展開對話。

這是因為以台灣為主體的史觀認為，兩岸之間發生戰爭並不是什麼「內戰」的問題，而是中國侵略、台灣反併吞的問題。根據國際法，「內戰」就不存在所謂「侵略」問題。1974年聯合國3314號決議第1條將「侵略」定義為：

一個國家以武力侵害另一個國家的主權、領土完整或政治

獨立……。

Aggression is the use of armed force by a state against the
sovereignty, territorial integrity or political independence of
another state....

　若以台灣和中華人民共和國兩國都是法理國家（state）為
條件，中國對台灣發動戰爭即意味中國對台灣之侵略。然而，
即使在非屬聯合國主權國家定義的國家內戰中，美國都能本於
國際法與國內法中的某一項訴求而介入；各國因地緣政治／國
家利益也都可以加以介入。在國際關係中，這種情形幾乎沒有
例外。因此，就算台灣的反併吞戰爭屬於中華民國史觀的兩岸
內戰延續，以及中華人民共和國認定的屬於內政問題，在現實
上都還是國際問題。

經濟基礎

　無論侵略還是內戰，戰爭都是兩岸關係中唯一較為明確的
發展方向。面對此一趨勢，台灣的經濟基礎以及軍事準備到底
在哪裡呢？在台灣社會的認同政治領域，有關經濟與軍事這種
非常物質的討論也一樣以意識形態論爭為基礎。

　先反思台灣目前的經濟情況。台灣房地產業、部分服務
業，以及特許行業欣欣向榮。然而，有關國人民間投資與外商
直接投資（foreign direct investment, FDI）的數據卻顯示對台灣
信心不足。即使台灣廠商在兩岸商品貿易方面享有巨額順差，
但一般人民的薪資所得普遍偏低。

　台灣的國家預算每年又支出大量安全成本，淨資本所剩不

多。台灣更經常以盡國際義務為名，依美國意向而對其她國家進行援助。外交預算與國防支出都耗費金馬台澎關稅領域納稅人的賦稅資源。因此，中華民國政府的收支帳就是小型大國的規模，而台灣經濟成長的主要動能就只來自出口。

　　薪資　台灣實質薪資成長停滯的原因，源自經濟發展動能遲緩。低薪資與低成長等現象讓許多家庭陷入低收入戶的臨界邊緣。所謂「非典型就業」之近貧一族，日漸增多。正職與「派遣」做著同樣工作，但薪資水準卻天差地別。一個缺乏技術、沒有資本、又不屬公教的一般白領勞工，他的生活水準在台灣就是普遍低落。

　　然而，一般數據卻顯示，台灣人均GDP（國內生產總額）即使落後日、韓、星、港，但若以生活花費與通膨的「購買力均價」（purchasing power parity, PPP）計算，國人的經濟生活倒比日本與南韓容易。在聯合國每年3月20國際幸福日發布的《世界幸福報告》（*World Happiness Report*）中，台灣人民生活幸福排名從2017年以後即開始連年攀升，直到讀者閱讀的現在都居於傲視東亞的地步。

　　根據聯合國「人均日收入」1.9美元為「全球絕對貧窮線」之定義，台灣所面臨的貧困局面根本就不是「民不聊生」的概念。只是民眾實質薪資不漲、民生餐飲費用逐年提高，一種「世上苦人多」的相對剝奪感印象油然而生。

　　台灣的GDP在全球排名實際不差，只是GDP成長的果實多為企業股東享有；勞工的就業機會與薪資停滯仍為事實。GDP規模並不是判斷台灣人民經濟幸福感的指標。雖然台灣已經完成公教年金改革，縮短了一般勞工與公教人員的平均水準差距，但在國人的整體感覺上，台灣經濟一直就是「患不均」

也「患寡」。檢視歷年綜所稅窮人和富人所顯示的平均所得高低差距，普通人民偏低的薪資水準使得台灣社會明顯呈現「M型化」的現象。

　　M型社會的出口產業好、內需產業不好、大企業好、中小企業不好、科技業好、傳產業差……。在台灣的M型社會裡，原本中產階級因陷落而成為所得停滯的中下階層；左右兩邊有錢的則更為有錢。從瑞普萊坊（Knight Frank）歷年發表的《財富報告》（The Wealth Report）中得知，台灣超級富豪人數全球排名一直居高不下；代理商引進酷炫跑車的數量更逐年增加。

　　反觀M型社會低薪人口也同時增加，純勞力報酬只能活口。過去所謂的「無產階級」，現在可以被稱為「工作新貧族」（new working poor）。「新貧族」薪資成長停滯的「悶經濟」困擾台灣多年。人民可支配所得與實際日常消費一比，困苦的感覺即揮之不去。為生活發愁是一種困苦的感覺；社會新鮮人進入社會一段時間以後，這種感覺日益明顯。

　　相對於多數勞工薪資成長停滯的「悶經濟」困境，在公部門所屬機構吃公家飯的員工生活倒是小康。舉凡國營事業、官股過半的泛官股民營公司，或政府主導人事預算的公共化法人機構與事業單位等等，其所屬職工都有相對較高的生活保障。孔子說，「不患貧，而患不安」。公家單位職工普遍比一般勞工生活還要安定。

　　然而，公共的單位越擴大，尋租（rent seeking）的機會主義者越多，其後果即造成「公共的事物即無人在乎的事物」。例如，管理階層中的官派成員不必為事業體的經營得失自付盈虧。單位經營成效之良窳，反過來也並非這些高層是否怠職的標準。納稅人也並不會因為某個公家單位的公司績效不彰，而

有自己稅金遭受損失的感覺。

整體而言，在生產方式變遷的全球化時代，台灣多數基層受薪階級長期享受不到台灣GDP成長的果實。他們缺乏國際移動的能力，但對自身環境的政治與社會議題特別關注。因此，「人民群眾」開始議論現有建制中的各種制度安排。從「經濟是基礎」的馬克思主義觀點，社會經濟不平等與貧富差距過大的情形將影響意識形態認知。然而，在當代身分政治這種新生事物的導引下，基層勞動人口的不滿情緒不見得以執政黨政府為出口。

中國與美國因素　台灣社會「悶經濟」的困境給予中國大陸向台灣經濟統戰的土壤。各種「軟的更軟」的策略目標更是在針對台灣年輕人。因此，意識形態主體認為，兩岸若實現經濟融一較不利台灣主體性。「經濟統派」這個批判名詞的發明就是出於擔心「台灣經濟被鎖進中國」的憂慮。

意識形態主體反對大陸以窮台、惠台兩手策略來扶植台灣的經濟統派。然而經濟事務依規律辦事，不以人的意志為轉移。經濟人總是想先做朋友，再做生意。這就是為什麼商人階級總要參加什麼社交團體，或進入什麼台大、政大企管專班交朋友的原因。如果兩岸人民也是敵人關係，兩岸人民攜手合作興利這件事本身就是悖論。

辯證地看，「先做朋友、再做生意」的態度也是經濟學「理性受限」（bounded rationality）的反映。不是朋友的雙方若有利可圖，真正理性的經濟人應該也可以擱置仇恨「有錢大家賺」。然而，中共卻不允許台灣人在大陸做生意卻支持台獨。換言之，中國大陸並沒有所謂「政經分離」這種事。

網路科技帶來的無國界商機也牽涉當前台灣產業布局有

關「市場延伸」（extension of market）的策略。跨境服務業通常很難自由進入她國市場；在年輕國人拒絕與大陸談判簽署服務貿易的前提下，台灣電商和相關服務業就不可能准入大陸。

一國集結其她國家共同簽署多邊「自由貿易協定」是讓自己國家市場能夠延伸的一項解決辦法。台灣經濟希望擺脫困境的出路之一，就是希望能加入例如《跨太平洋夥伴全面進展協定》（*"Comprehensive and Progressive Agreement for Trans-Pacific Partnership"*, CPTPP）之類的多邊貿易組織[16]。

各個國家所簽署的多邊經貿組織能讓區域內國家有經濟整合的機會。然而，當各國進行貿易整合或關稅減讓時，台灣都因中國因素而無法參加。以出口貿易為導向的台灣，因此被預判自然喪失競爭力。台灣經濟處於邊緣、衰退境地的憂慮就這樣一直存在。

2018年開始的中美對抗戰場以貿易戰為開端。美國從此防範中國產品經台灣或其她國家轉運美國。為了配合印太戰略，台灣好像也有義務盤點有關輸美產品中確實的含中成分。部分國人開始呼籲政府應（1）製作台灣產業供應鏈中的各種「含中成分」資料、（2）掌握上櫃公司含中量的統計與分析數據、（3）公布台商投資中國的金額數量，以及（4）追蹤上市櫃公司投資中國的營業額等等數據。見圖2.4.1：

註16. 除紐西蘭與新加坡外，台灣只和以邦交國為主的少數國家簽有自由貿易協定（FTA）。2010年與中國大陸簽署的《海峽兩岸經濟合作架構協議》（*Cross-Straits Economic Cooperation Framework Agreement*, ECFA）只能算是初級階段的FTA；目前該協議也已停止運作。

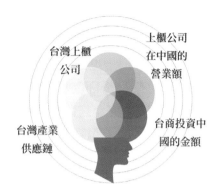

圖2.4.1：台灣經貿體系中含中成分的檢查項目

　　美國遏制中國經濟成長固然能減緩中國崛起的力道，但台灣的經濟人卻不希望大陸市場因此動能減緩。這是因為大陸市場動能減緩將連帶不利於台灣產品與原物料出口大陸。換句話說，也是台灣人的經濟人非常糾結；他們擔心自己也會成為中美對抗「連帶損害」（collateral damage）的苦主。

　　脫中政策　對於解決台灣經濟依賴中國的現象，強勢話語開出的處方是與中國「脫鉤」（decoupling）的藥單。意識形態主體提醒國人，前往中國投資、經商甚至求學、就業的國人不但應降低對中國的依賴，更應該徹底揚棄傾中幻覺。許多經濟類文章的重點都指向台灣經濟應往新南向發展，以降低對中國的依賴。

　　大眾傳媒討論台灣經濟就這樣還是以意識形態為重點。意識形態主體一再重申，過去兩岸經貿交流是造成中國崛起、台灣資源流失的根本原因。例如，當1989年中國因天安門事件遭到西方國家制裁時，台商卻前往大陸支撐了中國經濟。可見，「經濟傾中」只會壯大敵人、削弱自己。事實也證明，台灣經濟

外移，台灣產業就空洞。因此，國人多接受「台灣應大幅降低與中國經濟連結」的論調。

各機構針對台灣經濟的調研數字有時顯示看好，有時也顯示看壞。無論如何，過去「積極開放、大膽西進」的經濟政策，現在已被強勢意見視為是多年來台灣最大的錯誤。即使現在台灣接單、大陸生產的三角貿易模式，也只會造成就業與薪資都「鎖在中國」的結果。主流知識因此定調，台灣產業空洞化與薪資成長停滯的主因，正是因為台灣產業過度傾中所致。

主流媒體討論台灣經濟的主軸就這樣經常表明：只有與大陸脫鉤才是台灣經濟的活路；台灣與中國保持距離，才是國家安全的保障。至此，台灣產業「脫中」的呼籲是當前「以台灣為主體」經濟論述的主旋律。依美國遏制中國的經貿意向，台灣提出經濟脫中的呼籲也符合美國利益。

然而，提出「台灣不靠中國，台灣經濟才能發展」的話語是一回事，提出獨立自主的可操作模型，又是另一回事。制定一套脫中的經濟政策配套並不簡單。意識形態主體曾提出以租稅優惠與解決「五缺」（水、電、土地、人工、人才）等方法，來引導台商回台設廠、振興經濟的建議。問題是：經濟如何「以人的意志為轉移」？

台灣與大陸的產業供應鏈高度融合。中國的前十大出口企業中，台商過半；百大出口企業中，近三成為台商。美國歷次指摘中國不公平貿易的標的，也一律含蓋大陸與台灣。在新冠病毒（2019 Novel Coronavirus Pandemic, COVID-19）疫情肆虐下，2020年台灣經濟成長率為3％，是全球少數維持正成長的經濟體。根據財政部統計，2020年也正是台灣對大陸出口依存度有史以來43.8％的新高。

　　儘管如此，台灣經濟與大陸脫鉤以改變經濟傾中的話語，仍為當前台灣有關經濟見解的標準用語。然而，與國內政權保衛直接相關的經濟課題，依然不能迴避「庶民的有感經濟」。也就是說，台灣經濟成長的各項經濟數字打不過庶民感覺；任何要選舉的政治團體還是得回到改善民眾所得「患不均，也患寡」的這個老問題。

　　經濟規律　與經濟脫中的一般主流認知不同，工商界仍普遍假設：台灣產業布局不能迴避大陸。即使配合美國遏制中國的戰略為當前國策，工商界仍希望持續鞏固兩岸產業鏈結，甚至能藉由不脫中而更融入全球經濟版塊。因此，台灣工業總會仍持續提供國人有關大陸機會的資訊；商業總會也還在提供台商進入大陸所需的申請協助。這顯示，部分經濟人並未正視有關經濟脫中的道德勸說，甚至民間想的與政府想的並不一樣。

　　台灣資本市場因此繼續面臨挑戰。企業在台股減資到海外籌資，顯示了企業有錢後卻不在台灣尋找投資標的情形。反而，即使在2020年美國大選前印太戰略的高峰期，台灣資本也無視兩岸關係緊張而繼續西進投資。投審會曾公布2020年1至9月台商赴大陸投資金額高達42.1億美元，年增49.4%。

　　從「行為經濟學」（behavioral economics）來看，台灣上市櫃公司成立子公司赴大陸掛牌上市就充分反映一種看好大陸市場的思想。同時，母公司在台灣減資，卻把集團有價值前景的事業移轉給子公司的動作，也表示了一種看壞台灣經濟的態度。

　　意識形態主體因此認定，金管會應向民眾揭露有關台灣上市公司申請到大陸上海證券交易所上市的訊息，例如鴻海、聯電等旗下大陸子公司等的動態。台股是「經濟櫥窗」；如果台

灣上市櫃公司投資中國大量金額，即意味台灣經濟真的鎖進中國。如此，台灣與大陸就真的有可能產生「人類命運共同體」的事實。

　　台資銀行就是一個例子。中國大陸是台灣金融業放款海外的第一名（第二名為中國香港）。台灣銀行界一直對大陸當地台商與中企進行「放款」與「投資」等業務。然而，台資銀行在大陸曝險金額越高，台灣金融業就與大陸綁得更緊。

　　台資銀行的資金多來自台灣社會大眾的存款。一旦大陸金融秩序出現危機，例如被倒帳之類，台灣金融體系之穩定勢將受到波及。因此，台灣主流價值雖然極不願意兩岸成為「人類命運共同體」，但同時也弔詭期盼，中國經濟在美國遏制中國的戰略下不要傷得太重。

　　儘管「沒有中國、台灣會更好」的話語老嫗皆懂，但兩岸的對美「三角貿易」已屬常模經濟。台灣上市櫃企業在大陸確實獲利；台灣對中國大陸的出口比重也一直居高不下。一種「不以人的意志為轉移」的經濟規律，就這樣使得台灣經濟脫中的價值呼籲與真實的經濟運作之間存在極大落差。

　　傾中後果　儘管主流話語表明，台商西進是台灣產業空洞、薪資成長停滯的主要原因，但台灣對大陸的貿易依存度卻始終未曾下降。大陸所謂「軟的更軟」的對台統戰，又正以弱化一般國人「以台灣為主體」的認知為其陽謀。回到「經濟是基礎」這個命題。經濟鎖進中國的政治後遺症，有可能真的造成國人對本土意識忠誠度的動搖。

　　台灣人對物價很敏感；便當、雞排、飲品等的漲價就等於是薪水的下降。即使美國力挺台灣，台灣參加任何區域經濟整合的相關貿易協定也相當困難。如果台灣的對外貿易遭遇關稅

等人為障礙成為商界的日常，台灣的企業主就更不會替員工加薪。如此反覆，民眾的日常生活就這樣一直會被薪資停滯，物價上漲所困擾。

　　一般國人的經濟生活如此，赴陸發展的台商最終也不會好過。與中國經濟脫鉤的強勢話語是有邏輯的。反併吞戰爭極可能發生，台資銀行在中國的資產屆時必然受到凍結、台灣的大型金控必然當場休克。也就是說，兩岸敵對態勢越升高，台灣經濟就越趨險境。種種跡象都顯示，經濟傾中將牽制台灣經濟人的抗中意志。

　　經濟基礎決定上層建築。中國大陸經濟惠台統戰中的一項措施，就是將台資企業等同中國民企，並給予赴陸發展的台灣人民「國民待遇」（national treatment）。邏輯上，當中國以本國企業同樣的標準要求台企一體遵循時，實務上台商也就是完全的中商了。

　　因此，意識形態主體考慮將「台商」一詞重新定義。如果台商的營收或資產配置等營業活動有一半以上在中國的話，就應該被法律定義為「中商」。也就是說，他們的資本應等同「中資」而在台灣納入規範。目前，台灣以大陸為「境外敵對勢力」、「敵人」等定位為法律所明示。因此，針對「台商」的種種管理辦法一直以來都被視為具有台灣價值方面的意義。

　　經過法規多次修正，目前台灣人民赴大陸投資或技術合作前需先向相關主管單位申請並獲准。台商若如同過去只報備即先投資者將違反《兩岸人民關係條例》。所有可以有效管理台商資金動向的制度，就在於了解台商在「紅色供應鏈」中的位置。

　　然而，即使國家加大管理力度，經濟也自有其運作規律。意識形態主體對經濟人呼籲「什麼是對、什麼是錯」的效果，

往往比在其他領域來得吃力。即使意識形態主體一再重申經濟傾中將帶給台灣國家安全的災難，但台灣企業與個人的經濟習性一直都保持「有市場就去，沒市場就走」的方針。因此，在經濟脫中的主流思維下，國人要顧尊嚴還是要顧飽肚，似乎成為人性考驗的一道難題。

　　把經濟人推進人性考驗的情境中，本身就是一種政治陷阱。人們最好不要遇到「要先救你媽還是先救我」之類的兩難情境。通常的情況是：一個人要求另外一個人就範回答這類問題，那個人就是居心不良。然而，有關「身分」的意識形態終究是台灣經濟問題的上位。人們經常遇見，一些台灣企業與個人原本單純的獲利考量，最後卻演變為必須出面做出民族身分的表態。

　　一種「是台灣人還是中國人」的表態有時傷害中國人的「玻璃心」，有時也傷害「台灣人民情感」。然而，經濟人（包括商人與藝人）必須做出身分表態的時機，在海峽兩岸普遍存在。

　　價值導向　意識形態主體談論經濟問題，主要還是圍繞價值層次。本土政權建立台灣認同的價值與鈔票的議題無關，但跟自己如何認識這個世界有關。儘管曾遇過小小阻力，台灣成功由「中華民國」過渡到以台灣價值為本體的「中華民國台灣」正是一種意識形態超越物質經濟的精神展現。

　　在1943年就發表的「人類動機理論」中（theory of human motivation），馬斯洛（Abraham Harold Maslow, 1908—1970）將人類需求分為五種層次：（1）生理需求、（2）安全需求、（3）社會需求、（4）尊重需求、（5）自我實現需求（見Maslow, 1943）。見圖2.4.2：

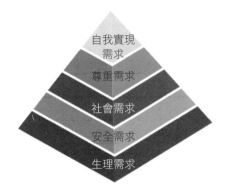

圖2.4.2：馬斯洛「人類動機理論」的五個層次

　　多數人努力一生，不外乎就是要達到生理需求與安全需求。公教群體經過考試、考核、升遷等努力，其俸給與工作環境都滿足了個體生活不愁的安全需求。然而，這畢竟只是馬斯洛的第一、二層次的基本需求。若將國家發展導入馬斯洛的個體需求模型，人們可以看出國家發展的另外三個更為高級的階段。換句話說，台灣目前最需要的是對外尋求國際社會對台灣主權的尊重與承認，同時實現邁向正常國家的自我要求。

　　回到人民最有感的基本經濟需求階段。《史記‧酈生陸賈列傳》稱：「……民人以食為天」。「食、衣、住、行、育、樂」一直是國人共認的民生六大基本需求；個人吃飽屬於生理需求；衣食不缺、生活不愁的穩定感覺則是個體的安全需求。然而，公民談論主權尊嚴高於個人發財的國家主體性論述，才能真正顯現一種精神層次的光輝格局。

　　「主權尊嚴」一詞是目前台灣意識形態話語中的關鍵字。中國古語有「不食嗟來食」的典故。在台灣呼籲經濟脫中、保持尊嚴的主流論述中，也有所謂「人又不是豬狗，只要吃飽而

已」一說。網路聲量經常表示，國人絕不應以跪舔中國的方式換取經濟。可以說，主流輿論要求國家自我實現的需求，高於個人的基本需求。

　　主流經濟評論就這樣一再提醒國人：對中國的經濟連結愈緊密，被中國政治綁架的程度就愈高。輿論顯示，台灣的一般民氣應不致為了一時的經濟利益而淪為「中華帝國」的附庸。然而，如果人民的物質水準沒有跟上，屬於精神方面的意識形態話語還是有可能淪為「悶經濟」下的陳腔濫調。

經濟重分配

　　雖然馬克斯「經濟是基礎」的命題顛撲不破，但意識形態本身總有高於經濟現實的歷史時刻。在某些歷史階段，精神的東西也曾經超越經濟而成為第一性；經濟這種物質基礎反而退居第二性。在這種特定的歷史時期，經濟理性無法壓抑永遠都在尋找宣洩出口的情感訴求。台灣四百年來被殖民的歷史過程，「尊嚴」一直就是台灣人情感凝聚的主要趨力。因此，在台灣一般民眾仍然可以過日子的狀態下，經濟脫中的政治呼籲遂成為台灣自由經濟體制下的主流聲音。

　　兩岸關係一直是圍繞台灣經濟問題的限制因素（parameter）。一個社會最好的經濟狀況是保持經濟成長率、低失業率、通貨膨脹溫和、長期利率比短期利率高，以及漸進的薪資成長等等情況。這些好的情況來自經濟循環本身，但更受政治議程引導。尤其在認同政治的氛圍下，意識形態主體一直很難只為經濟而討論經濟。

　　經濟事務原本講究成本、利潤等理性變項；台灣經濟必須脫中的故事部分也走在理性預期的軌道上。然而，觀察台灣主

流媒體的經濟話語並不全然以經濟考量為依歸，反而多以實踐信念為要務。諷刺的是，這種意識形態經濟論述，甚至在台灣對大陸經濟依存度最高的2020年同時達到高峰。

至於社會貧富差距的M型化問題，Scheidel（2017）認為，歷史上所有的經濟復甦都是既有建制被打掉重建以後才開始的。Scheidel以歷史案例證明，戰爭、革命等人禍比大蕭條、大恐慌、金融失序、金融海嘯、疫情肆虐等還更能根本瓦解既有經濟體制，從而起到讓社會財富重分配的效果。

換句話說，過去因各種突如其來的「黑天鵝」事件（black swan events）所導致的市場失靈，最後都還是讓財富再度擺盪到原有資產階級的手中。因此，只有戰爭才有可能使富人首當其衝、財富縮水，進而使整個經濟體制重新來過。

依照Scheidel（2017）的理論，社會貧富差距的問題似乎可以用戰爭一途來加以縮短。然而，基於當代資產階級資產轉移的技術以及向統治團體取得機密資訊的便利，即使台灣發生兩岸戰爭，原屬M型社會尖端的富人財富也很難「重分配」。Scheidel（2017）的歷史總結只能證明「富人怕打仗、窮人不怕」的命題。至於如何替基層受薪階級「窮人翻身」一事，並不具實務上的操作意義。

甚至，有關受薪階級爭取經濟人權的議題，國會中代議士的意見經常還是向資本家傾斜。不管台灣怎麼政黨輪替，各大工商團體的壓力仍然存在。這反映在員工並沒有分到公司獲利、基層並沒有享受國家GDP成長的果實，以及民眾對政府的經濟政策「荷包無感」等等現象。

在年輕的天然台世代中，「中間選民」也並非完全闕如。他們較關心政府是否能帶給自己「脫魯」（脫離失敗）的平等機

會。在各行業的管理階層與社會菁英當中，選民有的也特別在意政府是否能實際促進社會經濟發展。然而，財富集中於少數人之手是資本主義全球化的常態。貧窮人口有增無減且代代相傳的現象，也不是台灣社會獨有。

即使美國也曾出現2011年9月17日開始的「占領華爾街」（Occupy Wall Street）運動。對於貧富差距的問題，經濟學家總是提出各種經濟重分配的辦法。然而，一個資本主義社會究竟可以透過什麼工具來實施「重分配」以達到縮短貧富差距的效果，則是一個典型需要政治力介入的問題。至少，在公教年金改革以後，民主台灣對這個「經濟重分配」的問題已無人敢於想像。

軍事準備

戰爭想定　依美國國防部公布的《2020年中國軍力報告》（*Military and Security Developments Involving the People's Republic of China*, 2020），中共對台軍事行動存在四種方式：（1）在外海對離島進行封鎖打擊、（2）局部打擊台灣本島軍事基地、資訊網路、民生電網等設施、（3）對台灣本島進行全面飛彈飽和攻擊；（4）渡海與國軍進行灘岸作戰與城市近戰。台灣意識形態主體討論軍事主題多聚焦在最後的第四種想定上。見圖2.4.3。

自從二戰末期的「沖繩戰役」以後，戰爭從此未再出現搶灘奪島、橫屍遍野的英勇敘事。然而，收復也好，併吞也好，共軍要占領台灣總要經過灘岸。渡海作戰比野戰困難許多；1949年共軍解放全中國的唯一一場敗仗，即為金門古寧頭渡海作戰。因此，國防部在《中華民國108年國防報告書》中最早

圖2.4.3：台海軍事行動的四種想定

闡述的戰術規劃，就是「濱海決勝、灘岸殲敵」。

　　然而，國防部的《台灣整體防衛構想》（2020）又假設中共戰略震撼（strategic shock）真的發生，台灣部隊因而被迫限縮灘岸戰場而轉進本島城鎮進行內部戰鬥的情景。因此，用兵規畫有必要針對解放軍入侵情境做出真正「防衛固守、重層嚇阻」的想定。在2020年美國實施印太戰略的高峰期，台灣主流媒體在談及兩岸戰爭情事時，遂多以和共軍展開全面城市戰鬥為發想主題。

　　根據國防部智庫「國防安全研究院」發佈的《不對稱防衛思維與應用特輯》（The Thinking & Applications of Asymmetric Defense, 2020），台灣海拔未及一千公尺的淺山要隘、魚塭、農田、沿海設施，以及都會城鎮等地形都應事先想定作為用兵參考。「國防安全研究院」建議，國軍原本之衛戍區域可依地理環境預先部署成作戰防護與軍事配置的要地。本質上，這項建

議旨在宣示國軍有決心運用本島地形拉長戰線，以「持久對速決」的戰略等待國際局勢的明朗。

《不對稱防衛思維與應用特輯》的用兵前提為共軍已經登島。以本島所有可用地形為範圍，拉長時間、拉長戰線的作戰思維充分表達了台灣「自己國家自己救」的勇敢意志。面對共軍可能全面直撲而來的反併吞戰鬥，多數主流媒體更經常透露國人願意戰到一兵一卒的意志。

例如，主流媒體就不定期再現二戰初期邱吉爾表達對德國戰鬥到底的決心。1940年6月4日邱吉爾在下議院「我們將戰鬥到底」的演講，是目前台灣所有反併吞話語中最被提及的典範。邱吉爾呼籲英國全體軍民要在海上、在空中、在敵軍登陸點、在田野、在街道、在山區作戰，並且永不投降。

純就軍事準備而言，戰海上國軍有海軍、海龍蛙兵、兩棲偵蒐營；戰空中國軍有F16；戰海灘國軍有海軍陸戰隊；戰街道國軍有特戰部隊執行「城鎮規復戰鬥」；戰山上國軍也有「山地連」。然而，台灣畢竟常備兵源過少。根據國防部「提升後備戰力」專案規畫，2022年起後備軍人即採「年年施訓、每次14天」的教召訓練。因此，這些平常為老百姓的民間人士必然就是戰時負責「縱深及城鎮守備」的主力。

根據2021年美國《國防授權法》（*"National Defense Authorization Act for Fiscal Year 2021"*）第1260條A項a款的要求，美國國防部應每年向國會提出有關支持台灣維持足夠自我防衛能力的評估報告[17]。除了持續提供台灣軍購，美國對台灣軍事準備的建議還包括幫助台灣強化後備部隊戰力的整備工作。

依中華民國《兵役法》，18歲至36歲男性義務役青年在戰時都將應召成為現役軍人。二戰以來，美國歷年戰爭都由常備

兵執行，並沒有動用到後備部隊。美國要求台灣能有效動員後備人力的建議，幾乎就是希望台灣能像以色列一樣全民皆兵。

例來民調也都顯示，台灣有超高比例的年輕人願意上戰場為守護台灣而戰。除了民調結果之外，拒絕投降的意志更實際存在於年輕人的日常表述當中。從網路的反併吞話語聲量得知，即使台灣領導人失去領導，台灣的愛國者也願意與共軍在城鎮巷弄中接戰。

可見，中共用「軟的更軟」的統戰想要瓦解年輕國人的抗中意志並沒有達到「不戰而屈人之兵」的效果。甚至，當代無論對中國的綏靖主義（不要挑釁中國）、失敗主義（美軍不會馳援）、投降主義（首戰即終戰）等等之類的見解，都被主流價值以及強勢話語標定為意識形態他者的思想言論。針對台灣提出反戰的聲音，更一律被主流媒體標籤為如同1940年向納粹屈服的張伯倫（Arthur Neville Chamberlain, 1869 － 1940）之流。

在《2021四年期國防總檢討》中，國防部就重申將秉持「不怯敵、不挑釁」的立場。在國防部參謀本部專家的模

註17. 台、美合作「生產與研發疫苗」（research and production of vaccines and medicines）是2021年美國《國防授權法》第1260條B項1款及3款A目所規範的具體戰略項目之一。

路透社（Reuters）在2021年6月4日於華府（Washington）的報導也證實，台灣民間疫苗相關公司與美國母公司（例如United Biomedical Inc., UBI）旗下另外美國子公司之相關投資人的技術、資本以及在第三世界國家分銷等戰略布局，都隱約透露美國國防部外包廠商（例如黑水公司〔Black Water〕）的影子（見https://www.reuters.com/business/healthcare-pharmaceuticals/exclusive-blackwater-founder-prince-takes-role-covid-vaccine-venture-2021-06-04/）。

如果美、台約定將儘快甚至限期藉由台灣標準所生產的疫苗作為在第三世界（例如巴拉圭）抗衡中國的疫苗外交，那麼這個約定就可以部分說明政府在2021年5月、6月、7月、8月新冠疫情肆虐台灣時期仍堅持等待「國產疫苗」問世的原因。

擬想定中，台海之戰確實會發生登陸作戰以及城鎮作戰的情境（scenario）。台灣人不求戰也不畏戰。當這種戰況發生時，本來為平民的國人都將依法自動成為基本步槍兵而肩負起本島戰城鎮、戰山上的戰鬥主體。

至少在2020與2021年初印太戰略的高峰期，台灣媒體開始陸續透露國軍奔赴關渡、退守雪隧、塵戰蘭陽的演訓畫面。當台海戰爭進行到宜蘭甚至花蓮的時間點，應該也是全世界開始同聲譴責中國進犯台灣的時候。

理想的情境是：屆時美國領導澳洲、日本甚至「北約」（NATO）部分國家等合縱國家出兵，中國因而退回海峽中線以西。也就是說，如果國、共兩軍真的進行台灣本島陸戰，陸上戰鬥的時間預判應該不會太長。台灣已經享受多年和平安定的日子；國人不可能會去想像自己會像克羅埃西亞或敘利亞人民一般，因本島城鎮作戰而也過著家園全毀、流離失所的日子。

無論如何，兩岸戰爭就是全民戰爭。思想觀念與年輕國人有世代差距的年長者在戰事期間並不能倖免。例如，醫療資源肯定依「戰時分診」制度優先投入救治善戰的年輕人。換句話說，不論個體喜不喜歡，年長者或須長期領藥的慢性病老年患者，甚至所有中華民國台灣的身分認同相異者，都將成為同生共死的群體。

殘酷戰爭　比較台灣的城鎮陸地，海上與灘岸這兩個區塊原本是台灣防衛固守最有利的作戰位置，也是進攻者最不利的作戰地區。然而，如果濱海真的不能決勝、灘岸真的不能殲敵，那麼台灣所有18歲至36歲的義務役步槍兵都必須肩負起城市戰鬥的責任。

在台海戰役中,「知戰之時」(知道什麼時間發動戰爭)的是中國大陸。反觀「知戰之地」的卻是台灣強項(即知道在城市與山地等什麼地方誘敵深入)。類似史達林格勒的奪城敘事,將是國軍決心死守的典型。城鎮若再失守,山地就是台灣等待外援的最後支撐。依照邱吉爾「戰海上……戰山上」的話語順序,台海上空最早是戰役雙方的「爭地」;國共兩軍最後的「死地」則在台灣山區。

然而,國人在討論台海軍事行動時往往避談死亡代價。意識形態主體甚少考慮台海戰事要如何定義「慘勝」的問題。在兩岸關係的學術討論中,戰爭更只是被當成兩岸關係中的一種「風險」隱喻。總體而言,戰爭的浴血過程在台灣的主流話語中受到明顯忽略。

1946年在美國密蘇里州富爾頓(Fulton)稱東歐國家為「鐵幕」(iron curtain)的一篇演講中,邱吉爾就提出了「沒有經過流血,和平不會來臨」、「只有流血,才配擁有和平」之類有關「流血」母題的話語。歷史一再證明,鳳凰在優雅變身之前一律經過烈燄灼身。就算法國大革命後期社會陷入恐怖煉獄,法國大革命之後,法國也還是從地獄走向天堂。

在等待美軍馳援的空窗期,國軍與平民必須面對殘酷的城鎮戰以及街道戰。台灣本島、離島向來以遍地插滿防空飛彈、反艦飛彈,以及各式火砲自詡;台灣海峽水下更布滿智慧水雷。照道理,這種要塞般的「刺蝟戰術」(或稱「豪豬戰略」,porcupine strategy)很難讓敵人進犯。然而,當共軍登陸台灣本島,就表示上述防禦佈置已經失效。

第一次世界大戰初期,歐洲國家青年多以燦爛的參軍情懷走向戰場。他們哪裡想到,即將接戰的情景沒有青春、只有地

獄。兩軍城鎮爭奪的近戰必然產生士兵斷手斷腳、倒地哀嚎的寫實畫面。這與電玩虛擬戰場所引起的心理反應，無法類比。台灣作戰官兵最好也是坐在冷氣房中盯著銀幕，操控遠端無人機上的地獄火飛彈，最後以發射按鈕完成上班任務。然而，在台灣城鎮街道與山地的實際場域中對戰，作戰官兵必須一律投入戰鬥現場。

古希臘雅典和斯巴達兩強爭戰，一打就是30年。從1949年算起，包括「灰色地帶」的兩岸戰爭早已綿延超過30年。這種綿綿無絕期的戰爭比例上都讓實際參與戰鬥的亡者見不到戰爭的結束。柏拉圖卻說：

> 只有死去的人才真正見到戰爭的結束。
> Only the dead have seen the end of war.
> （轉引自《黑鷹計畫》〔 *Black Hawk Down*, 2001 〕電影片頭字幕）

就參戰者的個體生命而言，他生命的結束即意味戰爭的結束。也就是說，實際的戰鬥雖然持續進行，但亡者確定已經不必再經歷上陣廝殺的恐怖情景。

中國可以在香港大灣區各城市間構築連通橋梁，但沒有能力在台灣海峽建築跨海高鐵。台海戰役的戰場因此最好不必延伸到本島的城鎮與山地。與電玩遊戲不同，殘酷的生死對戰邏輯上也將使個體生命來不及見證「戰爭即獨立」的理念實現。上述柏拉圖的話語傳達的是小我勝於大我、個體大於集體的人本一面，本質上就是一個反戰寓言。

接戰決心　二戰前抵抗納粹的邱吉爾是當代國人抗中保台

的精神象徵（icon）。主流媒體經常引用邱吉爾的演說，作為激勵台灣人民堅決守護台灣的表示。因此，戰爭即使殘酷，台灣山區還是被主流話語定義為台灣反併吞戰鬥的最後位置。也就是說，台海戰役雖然被稱為「台海」戰役，但「山地」才是國家領袖宣示戰到一兵一卒的應允之地。

　　可見，陸軍才是兩岸戰爭畫面中的抵抗象徵。能實際拖延戰況、等待國際救援的，確實必須依靠地面上所有普通民眾的努力。想像一下共軍登入後，台灣道路柔腸寸斷、橋梁支離破碎的情景！美式裝甲車的大型戰術能量在這種戰場情境並不務實。此時各別的步槍兵就是最機動的抵抗力量。戰場上感動人心的故事從此開始；歷史上塞德克族的抗日方式，就是如此。

　　「勝兵先勝而後求戰」。國人在台灣本島地面堅持戰鬥的底氣，來自對美國支持的信心。台灣是保護整個美國太平洋利益的最前線。意識形態主體因此相信，根據美國自己的國家利益以及她世界超強的威信，甚至根據《美日安保條約》的集體自衛權條款，美國甚至日本都不致對「台灣有事」的時候袖手旁觀。

　　世界銀行推算 2020 年中國人均 GDP 為 10,500.4 美元，遠低於美國的 63,543.6 美元（見 The World Bank 官網 "Data" 欄目）。如果美國一定介入，中國打台灣無異以卵擊石。在這個條件下，台海戰事理想的「兵推」結局是中國的軍事行動不但遭受國際牽制而無法登陸台灣，最後其總體經濟還會被打回貧窮的原形。

　　《中美共同防禦條約》（1954）在八二三炮戰期間並沒有將福建省金門縣納入協防範圍。當時中華民國自己未曾瓦解的戰鬥意志最後還是讓美國出兵。今天，台灣持續以提高國防預

算、提高後備軍人的動員指揮能力，以及讓世界看到台灣青年願意為守護民主台灣而戰的民調等多種方式，向美國表達台灣堅定的反併吞決心與戰鬥意志。

斬首　過去國共內戰時，共軍在陣前有「起義來歸」的心戰喊話，在陣後也有「交出戰犯」的最後通牒。目前在反台獨話語中，中共也經常表現出分化「台軍」一般官兵和「台獨首謀」的用語。證諸美軍作戰慣有的「斬首」戰術，共軍策略被預期也會秉持類似這種「上兵伐謀」的斬首想定。

斬首行動（decapitation strike）是美軍慣用戰術，其戰略目的是避免大量傷亡而能癱瘓敵人指揮系統。然而，以2011年美軍海豹六隊（seal team 6）斬首蓋達首腦賓拉登（Osama bin Laden, 1957—2011），以及2019年陸軍三角洲（the Delta force）特戰成員追擊伊斯蘭國首領巴格達迪（Abu Bakr al-Baghdadi, 1971—2019）為例，美國都沒有達到斬首的戰略目標。

兩個例子的斬首行動都是在恐怖組織式微，組織領袖已經不再實質指揮組織的情勢下才實現的。然而，即使有未能符合原先設定目標的斬首結果，美軍也樂於把這種斬首行動作為一種「凡犯我美利堅者，雖遠必誅」能力的公關展示。

台灣三軍統帥從官邸或總統府進入圓山指揮所、衡山指揮所，是國防演訓的一部分。台灣實施反斬首作為的正常軍事想定，也可能是三軍統帥進入內湖美國在台協會然後轉進東岸太平洋美軍航母上繼續指揮作戰的情節。然而，總統是全民戰鬥決心的化身。從媒體公關效應而言，三軍統帥在台灣東岸外海航母與美軍並肩指揮的形象，與在大直衡山指揮所坑道內艱苦卓絕的形象，對台灣軍民的安定作用，效果不同。

為何而戰　中、英鴉片戰爭之前，林則徐曾上書道光皇帝

說：「……數十年後，中原幾無可以禦敵之兵，且無可以充餉之銀。」這是林則徐對清兵吃了鴉片，渾渾噩噩、不知為何而戰的哀鳴感嘆。

「為何而戰」的問題是一個老生常談，但卻經常造成混淆的課題。台灣多元史觀認為，過去中華民國威權時期以《動員戡亂臨時條款》脅迫台灣人民反共；部分國人還因此抱持1958年金門的八二三炮戰和台灣人何干的觀念。中華民國民主化以後，國軍曾矢言為《中華民國憲法》而戰，不為台獨而戰。晚近，中華民國進入民主台灣以後，國軍也順應發展出一套「為維持獨立現狀而戰、為守護民主台灣而戰」的說法。

然而，部隊「軍人讀訓」之類的精神養成卻沒有跟上。一般而言，在《台海防衛作戰計畫》之類的國防部出版品中，「為何而戰」的道理應該被清楚敘明。台灣每四年大約會新增50多萬天然台的投票族群。這些年輕人當然不可能如以往威權時期一樣被「命令」上戰場反共。因此，民主台灣「為何而戰」的思想教育，比以往任何時期都來得重要。

過去中華民國國防部「中國電影製片廠」曾出品一部電影叫做《大摩天嶺》（1974）。劇情描述1946年10月21日第二次國共內戰時的「安東會戰」。片中主角在大摩天嶺以身體堵住機槍堡口而陣亡，但國軍得以趁機摧毀碉堡而取得勝利。全片重覆最多的母題（motif）是「我生則國死、我死則國生」。這句經典台詞道出了參戰者來自天命、出於使命的決意心聲。

邏輯上，國軍清楚為何而戰，是敵我雙方對戰的第一步。「知可以戰、不可以戰者，勝」。國家將為何而戰的理由向人民溝通，義務役青年才能理解：「原來，出戰是國民應盡的義務」。為理念而從政的政治人物也應有類似感情來鼓舞後備青

年，號召他們或者為守護民主台灣而戰、或者為邁向正常國家而戰、亦或者應該為保衛中華民國而戰。

　　全民國防　和敵人打仗是生死大事，更是意識形態的興奮劑。如果沒有為何而戰的意識形態，共軍的第一波攻勢就足以瓦解台灣民心士氣。共軍在切斷台灣具經濟效能的民生網路以及癱瘓台灣資訊網路以後，社會人心崩盤的情況就立刻發生。人心崩盤的情況包括：股市、房市、匯市、資金、人流，以及國際航班一切大亂。這種情形將直接帶來外資撤離、貨幣貶值、通貨膨脹，以及外匯存底金融帳大幅流出等等效應。

　　台海戰事原本預期應該在外海或海峽上空完成。然而，如果共軍真的實施攻擊台灣本島網路設施、基礎設施、軍事設施，然後進行全面「飽和攻擊」，國防部參謀本部就必須把台灣軍民「戰鬥意志被摧毀」一事列為「漢光演習」的參數。然而，所有戰爭過程損失的經濟總量、250萬後備役男投入作戰的傷亡數量、金融崩盤後國庫的剩餘數量、外匯存底在戰時及戰後被運用的數量等等之類的「兵推」結果，應該都屬於國防機密。

　　無論如何，既然「拖延戰事、等待外援」是國軍最高戰略目標，民主台灣的全民國防整備工作邏輯上就需以提高軍民的「存活率」為優先。過去那種深挖坑道、廣積糧食之類的傳統戰備工作，在今天依然適用。倫敦人於二戰期間在坑道中平靜等待德軍轟炸完畢的自處心態，國人也需經常加以演練。

小結

　　目前台灣主流媒體以及多數台灣人民的信念是：中國有一半以上能源從中東進口，但中國海軍並沒有足夠能力排除被美

國封鎖的南海交通。美國丟出的金融核戰更有可能把中國「打回解放前」。《台灣關係法》第3條C款也稱：

> ……如遇台灣人民的安全或社會經濟制度遭受威脅，以及美國利益因此而被危及時……總統和國會將依憲法程序決定適當行動以回應這種危險。
>
> The President is directed to inform the Congress promptly of any threat to the security or the social or economic system of the people on Taiwan and any danger to the interests of the United States arising therefrom.The President and the Congress shall determine, in accordance with constitutional processes, appropriate action by the United States in response to any such danger.

台灣人民很難想像，美國所採取的「適當行動」（appropriate action）竟然會排除出兵保衛台灣這個選項。即使美國不派自己子弟「馳援」，美軍航母只要自由停泊在宮古海峽或巴士海峽，也就起到讓解放軍無法從花蓮東岸發起攻擊的作用。在台灣機場都遭到破壞以後，台灣軍機照常在美軍沖繩基地起降。美軍也繼續提供台灣軍需與醫療等資源服務。總之，美軍以多種型態介入，解放軍要不要對此進行反介入？

更有一種想定是以印太戰略的「合縱」（bandwagoning）事實為基礎。中國一旦在台海開戰也勢必引起鄰近國家的伺機而動。例如，印度在中華民國在大陸時期就未完成劃界的「麥克馬洪線」（McMahon Line）再往前推進一步，或越南占領更多南海島礁等等。更不必說，新疆「東伊運」（東突厥斯坦伊斯蘭

運動）的獨立活動也可能適時取得不知來源的大量金援。

　　中國與14個主權國家接壤，其中不乏敵意國家。中國是否有能力應付多重戰線是一大問題。如果從美國遏制中國的戰略上來理解，中國大陸對台灣開戰即意謂與美國隊伍中的所有合縱國家開戰。換句話說，以色列在1967年的「六日戰爭」時遭到周邊阿拉伯國家多國圍剿，但有美國幫忙；在中國大陸對戰台灣／美國的過程中，她怎麼看都是孤家寡人。

第三章

身分認同政治

第一節 國家認同

　　有關中華民國與台灣兩者之過去、現在以及未來的各種狀態描述，對立的意識形態主體都有著根本不同的認知與想像。雖然政治人物說出「中華民國台灣是最大公約數」、「國人不必為自己的認同道歉」等美言（euphemism），但從國家意志的發展脈絡觀察，「中華民國台灣」只是一種暫行模式（modus vivendi）。任何時間公布民調，多數年輕國人期待的國家方向都是「台灣」。

　　也就是說，意識形態主體的心意還是希望國家能繼續推動制定一部台灣不是「地區」、台灣就是台灣的基本大法。部分台灣人民發現，如果本土政權一直沿用「他者」的國家體制來執政，甚至只能向「一中憲法」宣示效忠，那麼國家維持獨立

現狀的意義總像是沒有尊嚴的荒謬劇場。

　　國人歡迎「台灣已經是一個主權獨立國家」的說法。然而，對已經獨立的台灣國家為何還叫做「中華民國」而不叫「台灣」這件事，年輕國人備感疑惑。反過來說，中華民國人也很納悶，所謂「捍衛中華民國」是要維護中華民國的屬性與價值，還是只要捍衛「中華民國」不致「易姓改名」即可。

　　台灣的民主政治就這樣表現為主要是國家認同的差異政治。以台灣選舉實務觀察，即使「不以人的意志為轉移」的經濟發展問題也都繞不開認同議題。甚至，在公共衛生、防疫政策這種科學事物的背後，身分認同差異的原始情緒隨時都伺機而動、隨時都呼之欲出。每到重要選舉時刻，國家認同的地雷更經常在選民之間全面引爆。

中華民國

　　中華民國在歷史上曾經死亡多次，然後又勉強醒來。1949年共產黨人消滅在中國大陸的中華民國。1971年中華人民共和國在聯合國消滅殘存於國際上的中華民國。1979年美國再以《台灣關係法》把中華民國國號安排成「台灣統治當局」。在中華民國進入民主台灣時期，這個國家又陸續去除意識形態國家機器中的含中成分。這個過程包括稀釋中華民族認同、減少中華文化表述，以及去除大中國歷史觀點等等原中華民國的特徵與屬性。

　　中華民國就這樣一再演出類似存亡絕續的橋段。這個國家繼續發展的最終或最適（optimal）方案到底是什麼呢？中華民國國民是否有能力、有必要將她體內已經被摘除的臟器再移植

回來呢？台灣人民是否應該不分藍綠，團結起來讓中華民國真正過渡到台灣呢？國人是否可以不理會中華民國問題，而就能讓台灣問題得到解決？所有中華民國存在的歷史遺留與固有國格之類的一些本質問題，在這個國家的發展意義上到底還剩下什麼「目的論」（teleology）呢？

經過語意概念的逐年置換與轉換，中華民國的符號與實質變得不知所云。2020年10月10日國慶日當天，Google搜尋引擎還一度遭到網路組織者（internet organizer）的程式「測試」，將「中華民國」成立的時間短暫出現為撤退來台的1949年12月7日，而非過去中華民國正史所稱的1912年1月1日。

中華民國台灣認同政治的情緒爆點非常脆弱。例如，「以台灣為主體」的概念不會認同「台灣不是一個國家，中華民國才是」之類的話語。認同問題是台灣所有政治問題的原點。所有「管理眾人之事」都要先確認誰以「台灣為主體」、誰不以「台灣為主體」。可以說，鑑別誰是「我們」，誰是「他們」的態度，高於一切。

然而，中華民國人的態度仍表現為中華民國的位階高於台灣。部分中華民國人並不願意割捨血緣中國、文化中國，以及歷史中國的共同印記。中華民國人的這種認同態度被強勢話語詮釋為「不以台灣為主體」的結構。本來，愛國是國民的基本情操；國民根據自然的感情來定位國家現狀與未來想像。台灣認同政治下的權力關係卻顯示兩種排他性質強烈的不同敘事。也就是說，對於國家認同這件事，「我們」與「他們」有著各自互斥的見解。

排他性質強烈的認同差異向上延續了「台灣主權」歸屬的歷史懸案。如果《舊金山和約》的「台灣主權未定論」為真，也

就是台灣主權不曾屬於中華民國，那麼台灣主權現在（1）政權在台灣人民手中，（2）治權在台灣人民所選出來的政府手中。然而，這個句型也可以套用在地球上所有一切「主權歸屬已經定論」的國家。例如，中華民國的主權現在（1）政權在中華民國國民手中，（2）治權在中華民國國民所選出來的政府手中。

這種近乎繞口令的描述在說明，中華民國人希望國家機器能回復歷史「本來」面貌。然而，中等學校教科書畢竟已經取消「中華民國光復台灣」的國家敘事。另一方面，台灣人民希望能自決台灣主權，但統治團體也以《公投法》修法間接否決這種公民自決的表示。可以說，「台灣主權」既失去可以自決的工具，「中華民國光復台灣」又已被貶為國人不願意予以承認的地步。甚至，國人口頭上也否認美國一直在管理並安排台灣主權的事實。

中華民國開國後即繼承清朝的次殖民地待遇。撤退來台以後，中華民國主權開始一再接受美國安排。1951年美國安排48個戰勝國對日本簽訂中華民國並沒有擁有台灣主權的《舊金山和約》。1971年6月，美國又將釣魚台列嶼的行政管轄權隨美日《沖繩返還協定》「返還」日本。

1971年7月，有關中華民國不必奪回被菲律賓占領的中業島，據信也有美國角色（見林天量，2006，頁155─160之傳聞證據）。2019年為了「以規則為基礎」的自由航行權利，美國主導的國際法庭裁判中華民國南海太平島「為礁」。這個安排又讓台灣失去太平島周邊200海浬經濟海域的主權。

早在二戰結束前的1945年2月4日，英、美、蘇三國在雅爾達（Yalta）簽訂針對中國主權安排的《雅爾達協定》。從1842年清朝與英國簽訂《南京條約》到雅爾達「密約」簽訂的

一段時間內，中國（China）就是一個名符其實的易脆形象。

　　一直以來，各國進入中國的戰役也都是以寡擊眾；反觀中國的作戰表現只比鬆散的原始部落稍好。當時日本以鄙夷口氣稱中國為「支那」。「支那」的說法只不過集中反映了所有列強對中國「東亞病夫」的印象而已。可以說，整個中華民族的百年記憶就是「屈辱」二字。

　　孫中山先生終於領導革命、建立民國。1911年10月10日黎元洪麾下新軍在武昌開了推翻滿清的第一槍[1]。然而，中華民國於1912年成立後卻開始內戰不斷。從1937年開始的對日八年抗戰中，中華民國更以死傷三千五百萬人的代價，遭到民族滅絕的空前災難。1945年日本投降，中華民國成為聯合國創始會員國以及安理會常任理事國。過去以中華民國為主體的史觀稱，二戰後中華民國還擠身「世界五強之列」。

　　1945年5月蘇俄已經用傳統武器炸平柏林而成為戰勝國。同年8月6日與8月9日，美國更以當時一種可怕的新型武器炸毀了日本，也成為戰勝國。同時，中華民國卻以死傷三千五百萬同胞的代價，換取美、英、蘇三國在雅爾達做出對中國領土主權不利的政治安排。

　　撤退來台後，中華民國更無力對美國所主導的《舊金山和約》（1951）有什麼表示。整體看來，美國、英國、蘇俄甚至戰敗國日本，沒有人「注意到」（acknowledge）中華民國也是二次世界大戰戰勝國的事實。

　　抗日戰爭結束時，蔣委員長宣布對日本以德報怨。對比俄

註1. 因為黎元洪後來加入袁世凱部，因此中華民國的開國史話並不強調這位曾經擔任過中華民國大總統、副總統的黎元洪事蹟。黎元洪麾下新軍班長熊秉坤為中華民國史觀記載首先發難的第一人，惟中國大陸的歷史則稱另一名士兵李鵬升才是首先發難的第一人。

國移置日本關東軍戰俘至西伯利亞勞改，中華民國對待戰敗國的態度算是極度親日。然而，在日本國人的認知空間中，中華民國並非戰勝日本的國家。即使1945年9月2日日本在「密蘇里號」艦上簽訂《降伏文書》，至今日本的強勢話語都稱：日本在當時乃降於盟軍美國，而非降於中國。

以中華民國光復台灣的歷史為例。中、美、英三國領袖在1943年召開「開羅會議」後隨即對外發表《開羅宣言》。在中華民國得到民族主義的快感八年之後，美國在1951年安排了《對日和約》（即《舊金山和約》），重新主導世界秩序。

日本在《和約》文本寫下放棄台灣主權，但不言明交給何人。在1952年與中華民國簽訂的《台北合約》〔亦稱《中日和約》（"Treaty of Peace between the Republic of China and Japan"）〕中，日本重申放棄台灣主權的責任已經在《舊金山和約》中執行完畢；至於台灣主權歸屬，日本無權再做表示。可以說，世界上再也找不到像中華民國一樣的這種戰勝國了。

1945年10月25日，台灣行政長官陳儀在台北公會堂（今中山堂）舉行受降典禮。陳儀在典禮中接受原台灣總督安藤利吉的降書，並宣布台灣與澎湖列島重回中華民國版圖。這是「台灣光復節」（Taiwan Retrocession Day）的由來。

二二八事變發生後，台灣意識形態主體換個角度，直指所謂台灣光復正是台灣痛苦的開始。以後有關「光復」的敘事，就部分置換成「台灣主權隨日本終戰而未定，直到1996年以後台灣人才真正光復台灣」的說法。

目前台灣主流史觀也認為，過去中華民國「黨國」等同荷蘭、明鄭、清國、日本，皆為外來政權；蔣介石集團只是盟軍統帥麥克阿瑟授權的「占領代理」（proxy occupation force,

POC）。也就是說，歷史上沒有所謂中華民國光復台灣，只有蔣政權軍事占領台灣的事實。台灣光復節在概念上既然屬於過去外來殖民政權的黨國節日，因此並不符台灣價值。

《開羅宣言》內容雖然載明「在使日本所竊取於中國之領土，例如東北四省、台灣、澎湖群島等，歸還中華民國」，當代台灣教科書仍將此宣言定性為屬於未經簽署且不具國際法效力的新聞公報之類。事實上，在國際交往關係中，各國的「共同宣言」（joint declaration）或是「概括聲明」（general statement），都是各方合意下的事實。因此，即使是新聞公報，只要合意都產生權利義務。

以中華民國為主體的史觀舉出1969年《維也納條約法公約》（*"The Vienna Convention on the Law of Treaties"*）的精神為證。《公約》第2條第1項第1款稱：「條約」者「……不論其特定名稱為何」。《公約》第11條也規定：表示同意承受條約拘束之方式雖得以簽署為之，但也可以用「任何其他同意之方式表示之」。

然而，從權力觀點與歷史經驗得知，主權國家確實有各種不執行先前共同合意聲明之理由，也有用退出的方式否棄先前合意約定的行為。《開羅宣言》以及《波茨坦公告》確實為過去中華民國正史。直到今天，中華民國人都表現出「不承認」美國以《舊金山和約》的方式對中華民國光復台灣的歷史翻案。

二戰期間同盟國召開過多次領袖峰會。1943年11月22日至26日間，中、美、英三國領袖在埃及首都舉行「開羅會議」，會後三國聯合對媒體發表《開羅宣言》。1945年5月歐戰結束後，7月26日同盟國再以《波茨坦公告》要求日本必須立刻無條件投降，並重申日本應履行《宣言》要求。

　　《開羅宣言》主要要求（1）日本放棄占領太平洋島嶼與東南亞各國領土、（2）朝鮮在戰後脫離日本獨立，以及（3）日本將占領中國的領土歸還中國。見表3.1.1：

表3.1.1：《開羅宣言》的三個主要內容

《開羅宣言》的三個主要內容
1. 日本放棄占領太平洋島嶼與東南亞各國領土
2. 朝鮮在戰後脫離日本獨立
3. 日本將占領中國的領土歸還中國

　　中、美、英三國領袖即使公開提出台澎主權應回歸中華民國的「主張」，英、美對於有關中國在中國大陸戰場牽制日軍的犧牲奉獻其實不感興趣。盟國舉行「開羅會議」的目的，主要是希望各國加大力度讓日本快點無條件投降。在政治領域，各國公開對世人／媒體表述一件事、事後再做另一件相反的事情並非罕見。1951年美國安排48個戰勝國在舊金山與日本簽訂《舊金山和約》。顯然，美國已決意收回把台灣主權交還給中華民國的先前聲明。

　　所有參會國家都簽字承認美國這項戰後的秩序安排。中華民國台灣在2019年的教科書中，開始正式背書《舊金山和約》有關「台灣主權地位未定」的多元史觀。這種悖離以中華民國為主體的史觀，間接認證了中華民國為（1）外來、（2）流亡、（3）殖民政權的三合一歷史定位。見圖3.1.1。

　　從結果論來看，《開羅宣言》充其量不過就是個在有共同敵人的條件下，盟國對中華民國所提出的「客氣但無實質效

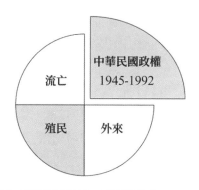

圖3.1.1：中華民國的三合一歷史定位（1945-1992）

力的」（polite but inconsequential）口惠。在現今的亞太經濟合作（Asia-Pacific Economic Cooperation, APEC）會議中，亞太各國領袖也經常本於對亞太地區經濟共榮共利的願景，而做出禮貌性的、非約束性的承諾。

從後見之明的角度，《開羅宣言》的分量頂多如此。美國在《開羅宣言》執行完畢之後所安排的「台灣主權未定」理論，為日後《台灣關係法》主導台灣主權安排的法理依據打下了基礎。

國祚在台灣延續

1949年4月23日晚，中共解放軍「三野」進入南京中華民國總統府。1949年11月20日，中華民國代總統李宗仁遠走美國。1950年3月1日，國民黨總裁蔣介石在台灣恢復總統身分「復行視事」。

〈復行視事文告〉中的「恢復」、「重建」等字眼，促成當時新生男兒紛紛被家長命名為「建國」、「光復」之類的愛國名字。當時「建國」之名是指在大陸地區恢復中華民國之意。目

前國人所取的「建國」名字則有期許台灣能建立新而獨立國家
的意思。不同階段的歷史脈絡,造就兩者「建國」一詞的不同
含義。

　　從1950年3月13日蔣介石在陽明山莊對國民黨幹部的講話
中,人們充分感受中華民國在大陸亡國的切身悲痛:

> ……如果長此下去,連這最後的基地——台灣,亦都不能
> 確保了!所以我今天特別提醒大家,我們的中華民國到去
> 年(1949)終,就隨大陸淪陷而已經滅亡了!我們今天都
> 已成了亡國之民,而還不自覺,豈不可痛?(轉引自秦孝
> 儀,1960,頁1663)

　　中華民國撤退來台以後,國土治權面積僅剩全中國千分之
三的土地與百分之一的人口。「生聚教訓」、「句踐復國」這
八個字是當時國人耳熟能詳的國家意志。1971年中華民國退出
聯合國。1972年美國總統尼克森至上海與中華人民共和國簽訂
《上海公報》,自此揭開中美兩國對有關「台灣問題」的所謂
「二元權力結構」的序幕(見第二章第二節的解說)。

　　1979年美國正式承認中華人民共和國為代表中國的唯一合
法政府。從此,包括海外台僑在內的部分台灣人民開始反思有
關台灣主權未決的道理。台灣民族自決的獨立思想與行動反而
因此更加蓬勃。

　　同時,即使在兵馬倥傯、人心惶惶的遷台初期,即使在中
華民國面臨退出聯合國以及「中美斷交」等重大外交挫折下,
中華民國國祚仍留存至今。在許多中華民國人的認知系統中,
孫運璿、李國鼎、趙耀東等技術官僚致力帶動台灣科技發展、

推動台灣經濟建設。這是一段國家與人民「一起走過從前」的中華民國歷史，值得在國家機器中繼續表現為國家治理的典範。

中華民國價值還把國家的歷史向上繼承過去的中國遺緒，並傳承中華民族歷史發展的各種機遇。例如，中華民國外交部遷台後仍持續管理清朝時期的重要外交史料[2]，以及中華民國在大陸時期的若干政治外交文件。這其中包括中華民國在大陸時期與各國簽訂的各種平等新約[3]。

過去中華民國以連橫的《台灣通史》為台灣史的正典。《通史》記敘大陸先民勇渡黑水溝，「篳路藍縷，以啟山林」的過程。以中華民國為主體的史觀稱：多數台灣人並沒有因日據時代後期所推行的皇民化政策，而異化其中國人認同。

中華民國的歷史再現也一直存在這樣的一種圖像：不論先來後到，台灣人民所展現的就是堅毅的中華文化認同。蔣渭水與林憲堂等個人與家族的兩岸連結事例經常被中華民國價值標舉出來，作為印證台灣與大陸歷史緊密連結的證據。

以憲法為例　《中華民國憲法》為1946年12月25日在中國大陸制定，1947年元旦公布實施。理論上，中華民國開國36年以來終於從「軍政」與「訓政」進入到「憲政」時期。然而，1947年7月國共第二次內戰全面爆發，1948年5月政府以《動員戡亂時期臨時條款》實施戒嚴。

註2.　這些歷史中國的史料包括結束鴉片戰爭的《南京條約》、間接導致英法聯軍燒毀圓明園的《天津條約》、義和團之亂的《辛丑和約》，以及促成法國軍隊撤出澎湖、基隆並促使慈禧太后以劉銘傳為巡撫推動台灣建省等系列效應的《中法新約》。

註3.　1949年中華民國遷台以前的這些歷史遺緒，現已由外交部移轉給台北故宮博物院存放（見國立故宮博物院，2011）。

　　1950年蔣介石在台灣「復行視事」以後，《憲法》與《條款》同步在台灣實施。中華民國於1987年解除戒嚴、1991年開始增修憲法、1992年廢止《動員戡亂時期臨時條款》並實施立法委員全面改選。1996年中華民國再以《憲法增修條文》相關規定，實施總統直選。見圖3.1.2：

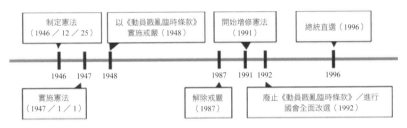

圖3.1.2：中華民國憲法實施的幾個歷史階段

　　這是《中華民國憲法》的歷史流水帳。它說明了到目前為止，中華民國憲法都還沒有躺在台北故宮成為歷史文件。為了因應國家治理只侷限於台澎金馬自由地區的治權範圍，中華民國憲法還從1991年至2005年經過七次增修。截至讀者閱讀的「現在」，中華民國憲法在實務運作上既適應台澎金馬，在意識形態上又保留「概念中國」的一中思想。

　　《憲法增修條文》將台澎金馬等實際管轄領土稱為「自由地區」，將自由地區以外的國土稱「大陸地區」。多數國人的看法顯然不願意接受台灣國體被《中華民國憲法》規範為「一個中華民國、二個地區」的法理觀念。當代國人的強勢意見還是「台灣中國、一邊一國」的價值理念。

　　1996年李登輝先生經直接民選為中華民國總統後，中華民

國領土為台灣加上整個中國大陸的概念開始被部分國人認為不可理喻。經過時間積累，國人從被生下來眼睛所看到的台灣，就是一個海洋島國。除了法政科系的學生以外，多數年輕人較少接觸那個包括「固有疆域」的中華民國國土知識。因此，《憲法增修條文》所明示的主權領土涵蓋大陸地區的觀念，在今天國家進入民主台灣時期確定不被多數國人所接受。

因此，台灣目前的現狀是獨立於中華人民共和國統治的現狀，也以台灣價值的主體性獨立於中華民國價值以外的現況。台灣價值更是朝邁向正常國家的方向發展，而不是朝《憲法增修條文》前言所稱「為因應國家統一前之需要」的統一方向發展。後者價值在1990年代因《國統綱領》的存在而尚屬尋常觀念。然而，從2000年迄今，這種觀念已經被多數國人定義為屬於一種「被併吞」的投降觀念。

目前，中華民國就名稱、實質、價值意涵等各個方面都呈現殘缺不全的狀態。早在1994年直轄市長開放公民直選的選戰中，趙少康先生就首度喊出「中華民國保衛戰」的口號。2020年韓國瑜高雄市長也曾高舉「保衛中華民國、熱愛中華文化」的口號。這個「保衛」的意思明顯並非針對國軍與共軍的武力對峙，而是針對中華民國價值屬性在中華民國治權領域被取消的文化趨勢。

福建省金門、連江（馬祖）兩縣為迄今尚未淪陷於中華人民共和國的中華民國國土。理論上，如果中華民國在（憲法中仍然存在的）台灣省（包括澎湖）結束國祚，原有在台灣省的中華民國還可以繼續轉進至願意接納她的福建省金馬地區。然而，從人民自決的角度，屆時金馬住民還是有權決定是否接受中華民國。如果金馬人民公投同意併入台灣國或者同意併入中

華人民共和國，中華民國在金馬地區也難逃易幟的命運。

　　上述劇情純為中華民國國家發展或國家末日的奇想。過去《中美共同防禦條約》（1954）的防衛範圍原本劃定為日本所放棄主權的台灣（包括澎湖），並不包括防衛福建省金門與馬祖。1958年八二三炮戰演變最終還是讓美國的防禦範圍擴及金門。雖然《台灣關係法》並沒有把金馬和台澎「綁」在一起，但在《憲法增修條文》所稱的「自由地區」、《兩岸人民關係條例》所稱的「台灣地區」中，台澎金馬等不同島嶼早就被定義為「同島一命」。

　　因此，上述奇想只不過是中華民國價值反台獨的寓言。然而，台灣社會的意識形態語彙通常缺乏明確定義。也就是說，中華民國到底有什麼價值值得保衛，多數民眾並無所悉。台灣意識形態主體甚至認為，中華民國的價值義理在台灣根本就是個虛構的「他者」。她之所以仍然殘餘，主要是因為台灣目前仍然存在憲法幽靈的原因。

　　為什麼《中華民國憲法》端坐在法律上位，但卻形同「幽靈」呢？因為，《中華民國憲法》讀起來確實像是一部追求統一的憲法。這就是本土政權要求修憲或制憲的由來。「一中憲法」也讓不敢提出一中想像的親中政權從政同志感到為難。流風所及，中華民國台灣身分認同政治的明顯特徵就成為：國人依自己心理狀態「一個國家、各自表述」。

　　一國憲法是國家與人民的共同契約。當憲法不符多數民意時，照理應該修改它，而不是擺在那裡任人嘲弄。《中華民國憲法》第48條規定，總統的宣誓詞為「保衛國家，遵守憲法」。《國防法》第5條也規定，陸海空軍應「服膺憲法」。中華民國憲法中的「固有疆域」、「統一」等中國性概念一天不

改，它就一再被人嘲弄。嘲弄它的極致，就是中華民國台灣的多數政治團體領袖都假意對具有大中國性質的憲法宣誓效忠。

所謂主流民意如果是指國民的主流聲量，人們即可大膽推定：《中華民國憲法》就是中華民國民主台灣時期的「意識形態他者」。它不被多數國人尊重，實屬必然。因此，依邏輯的三段論法得到以下命題：親中政黨援引憲法之大中國義理來表現話語權是無效的，本土政權對之宣示效忠是無聊的。

在民主國家中，公民藐視法律的例子很多。1960年代美國已經立法廢除種族隔離政策，但仍有許多南方餐廳、旅店等公眾消費場所，不是拒絕有色人種入內，就是有色人種入內必須在規定範圍活動。當時一般美國人民的思維，甚至地方執法單位，都對憲法所揭櫫的人權平等觀念視而不見。

好萊塢電影《幸福綠皮書》（*Green Book*, 2018）就是在描述當時的這種荒謬情景。印度憲法也早已廢除行之多年的所謂「種姓制度」（Caste）。然而，今天多數「高級印度人」仍然在延續一種不尊重這個憲法規定的言行。

依《憲法增修條文》前言，兩岸為「為因應國家統一前之需要」的暫時現狀。這是所謂「憲法一中」的由來。如同憲法本文，憲法前言也具有約束力。這就是為什麼目前在中華民國的下位法律中都找不到中華人民共和國是「外國」、兩岸關係是「國與國關係」文字表述的原因。

然而，兩岸為兩國的思想卻實際存在於多數國人的認知系統當中。中華民國台灣的國民意志與中華民國國家最上位的法律相違背，而成為國家不正常狀態的起源。在美國種族隔離制度與印度種性制度的例子中，改革的對象是人心，不是憲法。台灣的情況恰好相反。國人的強勢意見認為：改革的對象是憲

法，而不是人心。

中華民國憲法第2條指出，中華民國主權屬於國民全體。因此，憲法必須是全體中華民國國民意識形態的展現。憲法歷經多次修改，目的就是要更趨近人民的集體想法。然而，自從2005年臨時組成的「任務型國代」制定憲法增修條文第12條之後，這個國家就已經沒有任何政黨可以做到單獨完成修憲了。換句話說，政治團體除非完全執政並且統一意志，否則任何有關國體的修憲提案都將遇到完美僵局。

因此，《中華民國憲法》及其增修條文中的大中國性質畢竟無法依「民之所欲」而更動。物質上，中華民國在1958年八二三炮戰中保衛了金門，就意味留下了金門與廈門「兩門對望」的中國閩南連結。中華民國台灣留下故宮，也一樣留下了兩岸歷史與文化的共享。

「台灣是國家」為多數國人共認。台灣只是「地理」名稱，或甚至只是「地區」名詞的說法則經常引起「網怒」。然而，台灣並非國家名稱的內涵卻又是《中華民國憲法》確實規範的本意。因此，台灣要導正這種「不正常」狀態，不可能單靠修改《中華民國憲法》而就能成就台灣價值不受干擾。這個道理就如同加泰隆尼亞不可能不經制憲、不經公投，只靠修改西班牙的「不正常」憲法就能「已經獨立」的道理一樣。

國體屬性仍然殘餘

在英文語境裡，"Republic of China"的字義是「中國共和國」。這就如同在英文語境中，華航為「中國航空」；在拉丁文語境，中央研究院為「中國研究院」。中華民國所蘊含的中國性質「固有」在中華民族、中華文化，以及中國歷史等常習之

中。一些屬於中華民國價值的主要用詞，更是過去中華民國時期人民本來的常識用語，並無「外來」統戰意味。

　　然而，在當代認同政治的語境中，有關中華民族、中華文化，以及中國歷史等概念卻經常被視為侵略台灣價值的符號。這種現象連帶使得這個國家的國號稱謂，在多數國人的心中非常憋扭。無論在中國大陸、在台灣、在全世界，多數國人都不大稱呼這個國家為中華民國，而願意稱她為台灣。

　　事實上，中華民國的國體屬性在憲法中定義得非常清楚。依循《憲法》第4條「中華民國領土，依其固有之疆域……」之精神，《兩岸人民關係條例》第2條才會定義「大陸地區」為「台灣地區以外之中華民國領土」。然而，憲法這種固有的中國元素在台灣極不受歡迎。台灣意識形態主體對「台灣國家被說成台灣地區」的話語感到憤怒。他們始終認為，「我國」主權領土還包括「大陸地區」簡直不可思議。

　　也就是說，目前多數國人對憲法的大中國概念選擇「不予承認」。意識形態主體甚至指出，1946年制憲大會上雖然有台灣代表參加，但不具現代意義上的民主代表性[4]。《中華民國憲法》在當時甚至也不能代表全中國，因為「蘇區」的共產黨人最後並沒有派員參加。

　　過去中華民國尚全面保有中華民族傳統遺緒的價值時，台灣甚至被譽為是自由民主的燈塔、是引領全中國走向復興之所繫。然而，1979中華人民共和國改革開放以來越來越強，「兩岸一中」可以被表述為一個中華民國的話語畢竟在客觀上說不

註4. 在當時南京的制憲過程中，台灣共分配到18名制憲國大代表的名額。這些名額涵蓋區域、婦女、原住民、農漁業、工會、商業、僑選代表等各界人士。其中，曾任中華民國立法院第一位台籍院長的黃國書先生也名列48人主席團主席當中。

過去。可見，「一中」的憲法觀念明顯不是現實意義上的政治概念，而是意識形態觀念。

中華民國人的意識形態觀念是：中華人民共和國占領中國大陸，中華民國有效治理金馬台澎地區。這是一個台灣與大陸兩者皆為「概念中國」的觀念。概念中國不挑戰現代中國的國際法定義，即世界上所指的中國是指中華人民共和國，但堅持中華民族、中華文化，以及中國歷史的共享與傳承。這種「概念中國」的思想意識備受台灣當代強勢話語的抨擊。然而，歷史上所謂「中國」的定義確實從來就不曾侷限於只能代表「主權國家」一種定義。

「中國」一詞在古籍文獻中的文意脈絡非常鬆散。有的指天子恩威所及範圍，有的只是為了區別我族外族、正統非正統等分類觀念。所有中原諸國或中土之國等概念都曾被形容為「中國」。今日蒙古共和國所書寫的歷史指出，大元帝國為蒙古族征服漢人在「中國」所建立的帝國。這裡蒙古共和國所指的「中國」，明顯指示為「地理上」中原、中土的意思。

以往中國皇權所及之地皆不相同，「中國」這個概念在過去各朝代的定義也不甚清楚。今日越南、朝鮮等地理範圍在漢唐盛世，皆為中土。歷經世代觀念積累至今，「中國」概念在海內外華人的心目中已經形成一種中國人感情與心理所投射出的自覺與不自覺的情緒（sentiment）。在當代方便鬥爭的情境下，「中國」這一概念仍普遍被限定在「中華人民共和國」的政治定義上。

事實上，康熙皇帝被認為是把「中國」一詞隱約帶出「主權國家」意義的第一人。根據西方早期漢學家的研究，清朝在1689年9月7日與俄國簽訂的《中俄尼布楚界約》的文本中

就明確使用「中國」一詞來表示自己作為簽約主體的一方。從此，「中國」概念進入了國家主權觀念的政治意義[5]。

我們與他們

1992年中華民國立法委員全面改選；1996年中華民國接續開放總統直選。至此，中華民國實際上已經以台澎金馬治權範圍為國家發展的主體。這種基於政治現實的國家治理實務，在當時並沒有要放棄對大陸地區主權主張的意識形態。國家治理的革新理念也沒有要拋棄中華民族同源、中華文化相連，以及中國歷史共享的意思。

然而，隨著制度漸進變革，中華民國的主權、國旗、國號等符徵（即符號象徵，signifier）開始陸續「概念轉換」為台灣主權、台灣國旗、中華民國台灣等等「符旨」（即符號所指示的事物，signified）。在意識形態鬥爭的語境中，部分國人以不承認的態度陶侃中華民國這個國家的名字及其憲法義理。這些自由言論並沒有危害中華民國的法理（de jure）存在，但徹底異化中華民國的固有價值。

過去共產黨宣稱，社會主義是共產主義的過渡。從制度變遷的角度，中華民國台灣也確實是進入台灣的過渡。依照明末清初思想家顧炎武先生的定義，「易姓改號，謂之亡國」。不論中華民國的實質如何，國家名稱如果就叫做台灣之後，中華民國在台灣地區將繼大陸地區之後跟著亡國。

註5. 台灣意識形態主體一直以來所固守的一道命題是：台灣曾經被清國殖民過，但從來就不曾屬於中國。《尼布楚界約》以拉丁文、滿文、俄文所書寫；西方早期漢學家有關《界約》中的「中國」語意是否就是主權國家的意思，網路存有各種不同版本的不同見解。

　　中華民國在中國大陸滅亡的事實眾所皆知、老嫗皆懂。然而，承認中華民國在台灣地區也已名存實亡，中華民國人的心理震撼仍然強烈。尤其在《憲法增修條文》第5條第5項「政黨之目的或其行為，危害中華民國之存在……者為違憲」的條件下，中華民國人更難以接受中華民國在台灣地區也會有表面存在、實際已亡的一天。

　　過去，中華民國威權時期認為中共與台獨是危害中華民國存在的威脅；國家暴力甚至殺一儆百，匪諜冤、假、錯案一律不分本省人外省人、台灣人中國人[6]。今天法律規定，國家之所以要移除在台灣的威權象徵，目的就是要「否定威權統治之合法性」（見《促進轉型正義條例》第5條）。在否定過去國家以威權方式統治人民的過程中，中華民國價值屬性也連帶一併遭受被去除的命運。

　　一直以來，中國國民黨對於「一中」定義一再表達「各表」為中華民國的立場。因此，所謂親中的「中」實為表達親近「中華民國」之意。然而，「一中各表」並不被中華人民共和國以及台灣人民的強勢話語所共同接受。後者的認同政治更有一個常識性的規範。那就是，所謂「親中」就只能是親近中華人民共和國的意思。可見，在主流意識形態的話語脈絡中，「親中」一詞具有傾向甚至跪舔中華人民共和國的意義，帶有價值攻擊性。

　　其實，一國之下兩個政府的觀念由來已久。1925至1928年

註6. 在1950年代「白色恐怖」時期，蔣介石批示「槍決可也」的多為中共地下黨員。2013年底中共建立「北京西山無名英雄廣場」。廣場「中共烈士紀念碑」石刻上有846人的名字與台灣公布的白恐時期受難者名單重疊。台灣「促進轉型正義委員會」在中共立碑紀念後立刻貼出網路哏圖，打臉中國竟然厚顏無恥來和台灣受難者前輩「裝熟」。

間，中華民國一國之下有北洋政府，也有南方國民政府（先廣州、後南京）。兩個政府都對外宣稱代表中國。1940年抗戰期間，汪精衛在南京和日本合作成立「南京國民政府」，與在重慶陪都辦公的國民政府分庭抗禮。

第一次國共內戰期間，中國境內除中華民國外還有「蘇區」的蘇維埃社會主義共和國。兩個政府也都各自代表中國與外國簽約。1971年以前，在金馬台澎自由地區執政的「自由中國」（free China）與統治大陸的「共產中國」、「紅色中國」，在國際間相互爭取中國代表權[7]。

過去許多學者據此提出，「兩岸一中之下的中華人民共和國與中華民國為兩個政府」的政治學理論。在大陸的中共政權叫做中華人民共和國中央人民政府，退守台澎金馬自由地區的中華民國政府為國民政府，簡稱「國府」。所謂「一中各表」明顯在延續這種概念，即中華民國政府與中華人民共和國政府都同屬一個中國。

李登輝時代開啟特殊國與國關係的「兩國論」。「兩國論」的精髓在於：在台灣的中華民國已經不想要代表中國，只願意代表台灣。從此不管何者政權執政，中華民國台灣都已揮別「一國兩府」的觀念。然而，在李登輝提出兩國論的時期，多數國人並沒有反對「中國」也可以指民族、文化，以及歷史的「概念中國」。即使「概念中國」的名詞並不普及，但一種與當代

註7. 中華民國政府遷台後，行政院創辦的第一份英文月刊就叫做《自由中國評論月刊》（*Free China Review*）（即現今《台灣評論》〔*Taiwan Review*〕的前身）。2020年美國國務卿龐佩奧（Michael Richard Pompeo, 1963—）在美東時間12月6日發表新聞稿（press statement），宣布美國駐聯合國大使將於次年台北時間1月14日訪台。在聲明稿文末，龐佩奧仍把台灣稱做「自由中國」（"Taiwan shows what a free China could achieve."）。

政治中國相區隔的中國概念，在當時被台灣人民包容的寬容度確實很大。

　　在以意識形態階級鬥爭為本質的當代認同政治當中，所謂「中國是指中華民族、中華文化，以及中國歷史方面的心理積累」云云，典型就是在替「傾中心理」遮羞的忸怩作態。阿圖塞認為，意識形態主體有「承認」（connaissance）我群，和「不承認」（mis connaissance）他者言論的執念。在強勢話語面前，有關民族、文化、歷史中國的中華民國價值言說，因此漸漸淪為自反而縮的失語狀態。

　　1949年12月，不管是中華民國政府或是國家代表人李宗仁代總統，都完全離開了大陸。二戰期間，歐洲大陸有許多被德國攻破的國家。她們多將自己政府遷至英國倫敦。這些國破但政府仍在的政治實體所遷都的地點因為是外國，所以被稱為「流亡政府」。台灣意識形態主體也定性當時前來台灣的中華民國政府為流亡的「外來政權」。從此「外來政權」這個稱謂的遺緒，即成為目前「我們」不承認「他們」的思想原點。

　　以中華民國為主體的史觀反抗這種見解，稱台灣當時就是中華民國的自有國土。1952年中華民國以國家身分尚且與日本簽訂《中日合約》（即《台北合約》）。1954年中華民國更與美國簽訂《中美共同防禦條約》。在台灣地區歷經1971年退出聯合國以及1979年與美國斷交等風雨飄搖的外部衝擊後，中華民國始終在不被國際承認為主權國家的狀態下保有其未淪陷國土、保有憲法、保有國號，以及保有紀元。這些都是中華民國國祚仍然存在的表示。

主流與非主流

1945年終戰後，中華民國政府從外省前來統治本省，並在1947年留下二二八鎮壓／屠殺／加害本省人的印記。當時台灣人以「狗去豬來」形容日本國離去與中華民國來台「殖民」的憤恨。意識形態主體對於目前中華民國台灣時期還殘存外來者過去所帶來的「中國性」（即中國性格、性質、氣質、思想、史觀、底蘊等元素的統稱），感到不可理喻。直到今天，人們在網路的仇恨語言中，仍然經常遇見針對「他們」所使用的「中國豬」比喻。

台灣主體史觀指出，過去的台灣歷史始終從外來統治集團的視角被呈現。歷經日本殖民統治和國民黨黨國的類殖民統治，現在中華民國台灣時期的所有國人理當掙脫大中國史觀的枷鎖，並以台灣為主體來重構屬於台灣本身的民族、文化，以及歷史課題。趨勢顯示，這種價值論述為目前當代多數年輕國人所採納。

因此，中華民國價值主體性與台灣價值主體性在意識形態國家機器中難以兼容並蓄。在意識形態國家機器中回復中華民國原有的性格內涵，將不可避免地遭遇「現代性」（modernity）思想觀點的強大反擊。因此，即使親中政權執政，已被移植或代換出去的中國意涵也很難回復它過去的原有地位。

例如，把教科書的「日治」改回「日據」、中日戰爭改回「侵華戰爭」、「終戰」改為「光復台灣」、把中國歷史從大東亞脈絡視角改回以中華民國為主體的獨立論述、把文化儀式的表達（例如給獎、褒揚、追思等表意行為）改回以再現中華文化意象等等之類的做法，在當代中華民國台灣的治權領域幾乎不能想像。

　　從意識形態國家機器「去中國化」的堅定態度觀之，中華民國的中國性格被認定為是台灣維持獨立現狀的阻礙。部分中華民國人開始白頭宮女，叨絮「故國不堪回首」的逝水年華。在必須唱出中華民國國歌的場合中，中華民國人自己都往往臉部表情木然、嘴角機械蠕動。與台灣價值的榮光程度相比，中華民國的價值意涵在台灣明顯處於一種不怎麼令人振奮的萎靡狀態。

　　過去中華民國在1912年成立後即因內戰頻仍而經常居無定所。也就是說，中華民國從一開始就表現出一副匆匆忙忙、不知所終的樣子。目前中華民國在台灣是否仍然還活著的問題，好像也沒有一個定論。然而，「中華民國已死」的理論相當危險。因為，在台灣地區殘餘的「中國性」內涵可以讓這個國家撐起「中華民國仍然存在」的證據。這種證據在對抗中華人民共和國共產黨政權時，具有欺敵保台的作用。

　　換言之，台灣對大陸爭取「應正視中華民國存在」的鬥爭，邏輯上必須以中華民國本位立場。中華民國的憲法治理、民族象徵、文化傳承、歷史觀點等等實質的中國元素一旦被去除殆盡，台灣要求大陸應正視「中華民國存在」的擬態（模擬作態）說法，在舉例上就很難自圓其說。

　　儘管如此，中華民國屬性中固有的大中國價值和「以台灣為主體」的意識形態，就是很難相容甚至根本互斥。物質上，台澎金馬人民的所謂「命運共同體」是指戰爭發生或病毒橫行時，這個地區人民的生命財產命運與共。精神上，去除意識形態國家機器中的中華民國價值卻並非是所有國人都可以一起攜手合作的事務。

　　中華民國大陸地區的地理還有一個「一眼看不完的青海草

原、峰峰相連到天邊的喜瑪拉雅山」；中華民國大陸地區的歷史更包括一個「上下五千年的巍巍大中華」。這種「大氣」的中華民國意涵與「台灣就是台灣」的旨趣，不但相差萬里、也相差千年。因此，台灣的國家權力在意識形態國家機器中減少含中成分是一定會發生的事情。台灣自有認同政治以來，中華民國的實質及其表象符號就這樣一再經過翻轉。最後，台灣價值取得勝利。

　　然而，對轉型正義有急迫感的年輕民眾還是覺得，這種漸進式的勝利「做得不夠」。近幾年許多本土政黨紛紛成立的主要趨力，就是要讓「中華民國（台灣）」的體質轉換，能夠加速進入到真正的「台灣（中華民國）」。

大中國思想

　　台灣統、獨思想和實際著手實施統、獨行為之間有著難以跨越的鴻溝。作為一個自由人，這種無法跨越的鴻溝並不妨礙意識形態主體持續宣揚、倡議以及衝撞屬於認同政治下的所有課題。然而，與極權社會一樣，民主社會並不保證認同話語的表達環境是安全的。民主環境的意識形態主體尤其要考慮來自各個平民部落間，主流與非主流的相互霸凌與仇恨。

　　網路聲量顯示，親中政權與極少數親中媒體的「一中」理念，多被貼上舔中賣台的標籤。多數台灣人民的近代先祖都世居台灣這片土地；多數國人與中國大陸本來就缺乏感情連繫。中共政權打壓台灣主權的行為更使多數國人的「厭惡中國」情緒與日俱增。因此，除非中國放棄併吞／統一台灣，否則「兩岸同屬一中」的法理精神若轉化為日常用語，則幾乎就等於髒話。

　　大中國意象更被標籤為殘存的歷史幽魂，是台灣國家認同

混淆的淵藪。所有台灣人都同意：「台灣是咱的母親；她的名字叫台灣！」然而，在母親身上背著「中華民國」的中國陰影說什麼都背離孝道。因此，以民族血緣的共同體想像、以中華文化為底蘊的話語論述，以及以中國歷史共享情懷的觀點再現等中華民國元素，在中華民國台灣的國家機器中只能離開。

中華民國人的集體精神狀態因此失落。對於「我國」是否還應該繼續保留「概念中國」的想像，部分中華民國人甚至開始感到懷疑。這種心理低潮與台灣年輕國人在2020年總統大選前夕因害怕親中政權復辟執政所產生的「亡國感」相比，其重量不相上下[8]。

實際上，保衛中華民國的首要在於保衛中華民國意識形態在國家機器中不致被去除殆盡。目前台灣成為正常國家的重點，並不在於正名制憲（即國號更名、國旗易幟），而在於讓中華民國的大中國性質歸零。本土政權在掌握政權以後即致力在意識形態國家機器中推動這種價值方向。

阿圖塞稱，國家權力與意識形態國家機器是兩種不同的概念。如果親中政權擁有國家權力，但同樣在意識形態國家機器中「路徑依賴」本土政權所裝載的有關民族、文化、歷史等種種移除中國性質的表意，那麼「保衛中華民國」的口號即不具實質效用，而只具有勾引中華民國人選票的調情作用。

一直以來，中華民國價值始終扮演著被改革的對象。台灣是「我們」（We），中華民國的大中國性質是「他們」（Them）。主體是台灣；中華民國是被改革的客體。在中華民國治權領

註8. 在年輕國人的網路用語中，與「亡國感」諧音的「芒果乾」一詞曾在2020年的總統大選前夕蔚為風潮。當時，網路聲量透露著一股絕對不能讓韓國瑜先生當選的亡國焦慮。

域，作為客體身分的中華民國價值義理日漸不堪。在以意識形態鬥爭為基礎的認同政治下，有的中華民國價值還被貼上「黨國」的負面標籤。

因此，有越來越多國人開始期盼，那些具有大中國思維模式的人應考慮人地不宜而自行遷回「祖國」（有關「祖國」意涵，見附錄文章）。部分中華民國人開始對原有價值產生自我懷疑（self-doubt）甚至自我否定（self-denial）。更多的中華民國人則藉由同溫層群組相互取暖。「保衛中華民國」的口號背景，也許就是來自一種個體在文化風尚中不斷被加以排斥的情緒。

中華民國價值可以包括：（1）大中國的主權思想、（2）兩岸關係為大陸與台灣的一中法理、（3）台灣人也是中國人的民族理念（4）以中華文化為底蘊的再現、（5）兩岸歷史同根同源的史觀意識等等辨證思維。見表3.1.2：

表3.1.2：中華民國價值的列舉項目

中華民國價值的列舉項目
大中國的主權思想
兩岸關係為大陸與台灣的一中法理
台灣人也是中國人的民族理念
以中華文化為底蘊的再現
兩岸歷史同根同源的史觀意識

在輿論戰場上，上述這種中華民國價值越來越像是「邊緣化的反動勢力」（marginalized herd）。在文化、媒體以及教育等

領域，台灣主體意識凌駕一切。流風所及，台灣年輕世代對上述中華民國價值內涵並無所悉。然而，大中國思想言論在當代媒體中的「再現」程度明明是少數而不是主流，卻仍被台灣意識形態主體認為有可能得到境外黯黑勢力的支援，而成為一股實力不容小覷的反改革逆流。

大中國思想餘韻畢竟仍多處殘存於當代社會網絡當中。例如，從中華民國憲法以降，外交部官網依然高掛《開羅宣言》的傳統遺緒。國防部雖不鼓勵高唱大中華意識的軍歌，但也沒有戮力盡除。屬於他者思維的中國屬性就這樣以化整為零的方式，在各種社會網絡中盤根錯節。年輕國人對國家正常化的心理建設，因而隨時受到干擾。

因此，台灣維持獨立現狀的迢迢大路仍將繼續朝去除含中成分的方向邁進。親中政權的部分從政同志、較年長世代、退休軍公教群體、廉頗老矣的外省第二代族群等中華民國人只能將這種施政作為描述為「意識形態治國」。共產黨政權則以簡單的「文化台獨」標籤，貼在俗稱「去中國化」（de-sinicization）的本土政權身上。

價值差異

依《促進轉型正義條例》（2017）界定，從1945年8月15日終戰起，至1992年11月6日所有離島、外島都宣告解嚴為止的一段時間，為中華民國政府在台灣的威權統治時期。一個更為簡單的概念是：從1996年李登輝先生作為台灣地區第一任中華民國民選總統以後，台灣主體意識開始持續鞏固、中華民國價值意識同步漸進去除。

然而，台灣價值繼續受到大中國屬性的干擾。台灣一直都

「固然叫做」中華民國，就是這種干擾的一種。意識形態主體因此認為，當中華民國包括名稱與精神內涵在內的所有國體磚瓦都被一一卸除時，台灣才是「我們」真正的國家。

與此相反，中華民國人並不想割捨過去中華民國在台灣時期的大中國意識形態。有些民間團體甚至仍不時舉辦儀式來慶祝或紀念原屬中華民國價值的國家節日，例如國父誕辰紀念日、抗戰紀念日，或是台灣光復節之類。然而，這些儀式的舉辦一律失去文化脈絡的支持。也就是說，現在任何彰顯中華民國價值的儀式越來越有時代倒錯（anachronism）、恍如隔世的淒涼之感。

中華民國曾經突出對日抗戰、光復台灣、三七五減租、耕者有其田、國民義務教育、十大建設等之類的歷史記憶。中華民國人還經歷了「匪諜就在你身邊」的白色恐怖壓抑、走過了風雨飄搖的世局衝擊、創造了台灣經濟起飛的小康局面。在2020年中華民國總統大選前夕，部分國人還一度以「捍衛中華民國、熱愛中華文化」的口號，洩漏了「概念中國」在台灣仍然具有票房潛力的天機。

國家認同混淆

中華民國國旗是國人從出生以來就熟悉的符號。在人們心中，這面青天白日滿地紅的旗幟並沒有什麼「由陸皓東設計」之類的「中國性質」。這面國旗只被認定為代表台灣的國家符號。當國人想要讓世界看到台灣時，人們都會拿出這面中華民國國旗，高喊「我來自台灣」。

與此同時，在親中政黨與本土政黨的選舉場合中，差異的

旗幟也表現為台灣認同政治的一道「亮麗的風景線」。在2020年的總統大選中，人們見到青天白日滿地紅國旗在親中政黨候選人的造勢場中遍地飄揚。人們同時見到，在本土政黨候選人的選舉場中，支持者多使用綠色旗幟。

中華民國國旗是中華民國的國家象徵。然而，在多數時間，中華民國國旗已經化學變化為台灣國旗。許多人對這面旗幟因習慣而產生感情。尤其在台灣面對國際忽視台灣的對外場合中，這面原本代表中華民國主權的國旗就立刻「概念轉換」到台灣主權的象徵。在國民外交的場域，年輕國人單純以這面旗幟代表台灣，並未針對這面國旗是「外來政權從南京帶來台灣的符號」而想太多。

有一個奇想因此成立：有朝一日當中華民國台灣完全進化到「台灣（中華民國）」時，這個中華民國的歷史殘存符號，將是除了「中華民國」名稱以外，唯二一個會被保留下來的中國遺物。也就是說，當所有帶有中華民國性質的符號都去除完畢後，經過概念轉換後的中華民國國旗會在台灣土地上以台灣國旗的稱謂隨風飄揚。

儘管如此，目前這個帶有中國遺緒的象徵物在某些場合並沒有享有尊榮。每個國人對這面國旗的感覺並不一樣。對台灣民族而言，中華民國國旗歌裡的「炎黃世冑，東亞稱雄」，與南島語族的台灣民族起源意義根本南轅北轍。

政府在戒嚴時期擔心國人過於懷念大陸故土而禁唱帶有以「流浪」為母題（motif）的《橄欖樹》。政府也同時嚴防國人太過本土意識，而禁唱《黃昏的故鄉》。以後者為例。當台灣歌唱藝術家文夏先生唱出《黃昏的故鄉》時，每一字都拖長尾音。過去被列為海外黑名單的台灣人每每吟唱「叫著我，叫著

我，黃昏的故鄉不時地叫我」的歌詞時，無不愴然淚下。

　　這些歌者在威權時期面對中華民國國旗時，只感到這面「車輪旗」讓台灣母土蒙塵而對之厭惡有加。因此，民主台灣時期對於不尊重中華民國國旗這檔事都以人本主義抱持同理心。也就是說，國人多認為侮辱國旗的行為藝術應該受到言論自由的保障。依《中華民國國徽國旗法》，國旗的尺寸剪裁存在法定之製作標準。因此，主體毀損中華民國國旗的表意行為，通常都被法院認定為只是在毀損自己所隨意購買的道具而免責。

　　然而，目前法律仍保留保護法定國旗的禁制規定。《中華民國憲法》第6條規定，「中華民國國旗定為紅地，左上角青天白日」。即使部分公民對《中華民國憲法》不以為意，《刑法》第160條還是有針對「意圖侮辱中華民國，而公然損壞、除去或汙辱中華民國之國徽、國旗者……意圖侮辱創立中華民國之孫先生，而公然損壞、除去或汙辱其遺像者」立有處罰規定。這種立法意旨明顯表明：侮辱國旗是損害國家法益的罪行。

　　依目前概念轉換的情勢推論，侮辱青天白日滿地紅國旗既造成中華民國的國家法益損害，也同時造成台灣國家的法益損害。台灣就在類似這樣的糾結情境下，在中華民國的符號外殼中等待自己國旗的誕生。

　　從「荒謬劇場」（theatre of the absurd）的角度，中華民國台灣日後存在兩種國家主權發展的可能遐想：一是與中華人民共和國合併，二是以台灣之名加入聯合國並與中華人民共和國成為好鄰居。兩種可能都要經過台灣民意以及利害關係人的共同同意。很明顯地，這兩種可能性的「同意」前提從以前到現在到未來，都不存在。因此，台灣繼續維持目前現況是被「二

元權力結構」制約的結果，而非國人歡喜自決的結果。

「台灣」一詞可做多重解釋。作為島嶼名稱、省份名稱、憲法中的「地區」名稱，以及思想意識上的主權國家名稱等等，「台灣」之名通通可以解釋[9]。話語的意義往往和接收主體本身對事物的認知儲備（cognitive reserve）有關。也就是說，任何「記號」（sign）都傳達兩層意義，即記號既用來指示（1）物理的客觀對象（referent），也用來指示（2）接收者自己的心理認知（reference）。見圖3.1.3：

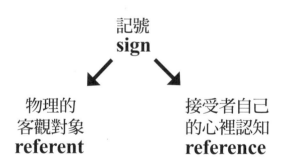

圖3.1.3：符號傳達意義的兩面性

圖3.1.3顯示，記號一方面指示具體對象，另一方面指涉抽象概念；前者意義不會被錯認，後者意義則因人而異。在某些文化中，「今天老王載了一隻狗回家」這句話語就會對不同聽者產生不同的心理認知（reference）。基於對老王個人了解程度的

註9. 1988年12月，中國要求聯合國在提及台灣時須以「中國台灣省」（Taiwan, province of China）稱之。10年之後，台灣地區在1998年修憲「凍省」時也留下「台灣省政府」的大中國印記。

深淺不一，有的聽者直覺以為這句話是一句好話，認為老王愛護動物，收養流浪犬。熟悉老王為人的聽者在聽完這句陳述後毛骨悚然，對這個犬隻寄予高度憐憫—因為老王平日嗜吃狗肉。

認同混淆就是這麼來的。人們對中華民國台灣的民族、文化、歷史等心理認知目前都存在世代差異、法理差異，以及價值差異。所有各階級的自我定義都替當前認同政治的意義混亂增添材火。中華民國價值與台灣價值又時而壁壘分明、時而相互依托、時而概念轉換。因此，一個思想主體性並不明顯的國人，對這個國家的心理認知即經常因時、因地、因權力關係、因利害關係，而顯得異常混亂。

這就是不正常國家的標準特徵。在過去一段時間裡，意識形態國家機器反覆鞏固著中華民族的歷史記憶。現在，大中國屬性的價值觀念確定從意識形態國家機器中離開，走進一種行蹤鬼祟、晝伏夜出的忽悠狀態。反觀台灣的國族認同也尚未得到真正落實。本來，台灣國族的明確成立才算是台灣邁向正常國家的真正實踐。然而，從二元權力結構的制約觀點，台灣國族的法理建立卻又是典型不可能實踐的幻境。

中華民國比台灣還離「正常」更遠。1912年中華民國在大陸成立以後，她就開啟了一連串自爆的不正常模式。內戰頻仍、國土分裂、兩個政府、兩面國旗（例如五色旗和青天白日滿地紅國旗）等等不正常狀態接二連三、於今為烈。在中華民國步入民主台灣的時期，中華民國有關領土與主權的憲法法理更一直處於意識形態他者的被攻擊地位。

也就是說，沒有多少國人會真心以憲法為尊。中華民國國體中有的被凍結，例如福建省與台灣省政府[10]，有的被隨意伸張與抑制，例如五權憲法中的監察權與考試權。除了不承認中

華民國主權與治權分開的觀念以外，教科書更懷疑中華民國曾經擁有台灣（含澎湖）這片土地主權的合法性。

目前，台灣堅定接受美國定義下的維持現狀。國家機器也繼續在中華民國治權領域去除含中成分、進行轉型正義。然而，這個國家的現狀屬性也到處充滿荒謬主義。換句話說，中華民國台灣同時（1）把修憲這件事搞到特別困難、（2）把人民自決主權前途的公投搞到絕不可以、（3）把中華民國法理搞到不被尊敬、（4）把台灣邁向正常國家的最後一里，搞成一場誤會。

第二節 民族認同

Anderson（1991）主張，民族主義（nationalism）是個體認為彼此命運與共的主觀想像。今天香港的人口組成雖然以廣東地區漢民族為主，但多數香港年輕人的價值認同就與中國人截然不同。網路聲量顯示，近年來台灣年輕人也多表現不想留在中華民族這個「想像的」大家庭中。因此，如果民族主義是一種「主觀的、想像的」後設，那麼今天的香港人即是香港民族、台灣人即是許信良（1995）早年所含蓄稱呼的「台灣新興民族」。

Anderson（1991）的立論基礎其實還是圍繞意識形態的認同作用。也就是說，中華民族與台灣民族兩者都是人們自發「承認」或「不承認」某種身分的表示。具體而言，「台灣民族為南島語系所衍生」的知識建構和「台灣人也是炎黃子孫」一

註10. 台灣省政府之業務、員額由國發會概括承受。福建省政府之任務也由行政院「金馬聯合服務中心」辦理。然而，這兩個中華民國轄下的省政府都是憲政機關；過去的統治階級並未予以違憲廢除。

樣，都是意識形態主體堅定認識自己身分的想像產物。

牛頓發現萬有引力、赫茲發現電波、兒童發現玩火會燙傷，三者皆為萬物的純粹知識。在承認純粹知識的前提下，所有知識都是建構出來的。民國成立以前孫中山先生就創建五族共和的「中華民族」學說；在1962年即以日文版問世的《台灣人四百年史》中，史明（2017）也以建構「台灣民族主義」的精神啟蒙了一代代台灣人民身分認同的意識。

在以漢民族為主體所建構的意識形態中，400年來的台灣社會屬於大陸外延的移民社會。台灣民族論者以台灣這片島嶼為主體視角，建構了一個與漢民族概念完全顛倒的認知。然而，任何新興知識在萌芽階段都會遭遇主流話語的壓制；任何主流知識在霸權階段也會遭遇反抗話語的挑戰。南島語族台灣先住民事蹟以及台灣人留有南島語族血緣的理論，也不例外。

中華民族

陳水扁總統在2000年的就職演說中提到：「兩岸人民源自相同血緣、文化和歷史背景」（見2000年中華民國第十任總統就職演說之〈台灣站起來—迎接向上提升的新時代〉一文）。依陳總統話語中血緣、文化以及歷史的脈絡順序，本章第二節至第四節將分別闡述除國家認同以外的另外三個認同政治構面，即民族、文化以及歷史這三個方面。

依照Anderson（1991）的見解，「民族」是一種想像出來的共同體（community）。作為一個群體的集合名詞及其所表達的精神意義，「民族」經由國家機器一再重申而成為人們普遍共認的觀念。中華民國成立之初，孫中山先生在「驅除韃虜」

之後即提出漢、滿、蒙、回、藏五族共和一說。可以說，中華民族的共同體想像與民國同時成立。

　　每個民族都有自己民族起源的神話。「中華民族」的共同體想像從「炎黃子孫」開始。相傳漢族是上古以炎帝為首的神農氏以及以黃帝為首的軒轅氏兩個部落的後裔。統稱為中國人（Chinese）的漢民族在中國大陸、台灣，以及海外華人社群中占有絕對多數。

　　信仰這種相傳的神話是中國人普遍的經驗累積，屬於意識形態DNA的一部分。意識形態DNA著重的是主體思想中的天命，以及主體態度上自然表露的言行。在意識形態話語中，DNA雖然是一種比喻用法，但穩定性更勝於血液所能解析出來的基因序列。

　　本來，元朝與清朝的統治階級並非漢人。綜觀中華民族的歷史紀錄，塞外民族入關後就將自己的食、衣、住、行、禮俗、文化等全盤漢化。以清朝為例，受統治的漢人一開始還有不願剃髮結辮的聲音。然而，漢族被滿人統治的違和感在很快的一段時間內就消失殆盡。書寫中國歷史的人甚至把來自關外的統治王朝，寫成了中國朝代的延續。也就是說，整個中國歷史的傳承並沒有因為中土被塞外部落統治，而有文化中斷、文化不連續的亡國斷點。

　　如果以阿圖塞的政治哲學分析，元、清兩朝的統治團體並沒有在其意識形態國家機器中，例如「科舉制度」中，貫徹其固有文化、發揚其塞外精神、鞏固其信仰系統。也就是說，當時塞外部落雖然統治中土漢族而取得國家權力（state force），但在國家機器（state apparatus）中卻沿用被統治者的漢文化。從《史記》所記載的黃帝開始起算，中國封建王朝歷史因此得

以綿延五千年而不墜。

　　這種中華文化的接續使得孫中山先生有機會將原本在血緣意義上不同的漢、滿、蒙、回、藏等「五族」，共同納在「中華民族」的想像共同體當中。被納入者從古至今悉依儒家思想、方塊字、漢姓等習俗，經年累月共認某種集體的精神標誌。

　　早在中華民國建國之初，復興中華民族的想像就已經深入中華民國國民的心靈底層。在1919年出版的《建國方略》中，孫中山先生就提出復興中華民族的願望，也就是追求一個民生樂利、民族復興的中國。可以說，在中華民族這個想像的共同體當中，中華民國人比中華人民共和國國家主席習近平的「中華民族的偉大復興」一語，還早一步感應到一種只有中國人才能理解的這種民族主義。

　　孫中山先生建構中華民族的說法納入了漢、滿、蒙、回、藏五族，是一種與維穩、發展以及包容有關的政治後設。中華人民共和國的民族建構學說繼承了孫中山有關民族維穩與發展的部分，但獨缺包容。新疆維吾爾族因為都是「中華民族大家庭」的一分子，任何分離主義的其他民族理論、其他人權議程，都遭到政治力量的嚴酷打擊。

　　民族復興　過去中華民國對於民族復興的想像是以反攻大陸為方法；現在中華人民共和則以收復台灣作為民族復興的象徵。2019年7月，《中國國防白皮書》稱：「解決台灣問題，實現國家完全統一……是實現中華民族偉大復興的必然要求……」。「中華民族復興」至此確定與統一掛勾。這個宣示把中華民國人原本依孫中山主張希望民族復興的思想，推向了一個理論與實踐上的困境。

　　本來，民族復興是所有海內外中國人的共同願望。「民族

復興」也是過去中華民國在台灣時期，中等學校作文課中最常被挑出來的習作題目。作為一種思想，中華民國人一直對中華民族復興的概念懷抱想像。在中國大陸把「完全統一」與「中華民族的偉大復興」理念掛鉤以後，仍然懷抱大中國情懷的中華民國人隨即被貼上「國家認同可疑」的標籤。

以被部分國人定性為具有大中國歷史情懷的龍應台為例。名滿華人世界的作家龍應台女士經常以文化中國的角度發表文章，卻往往無法逃避現代政治中國崛起的羅網。例如，兩岸網民似乎都不怎麼能理解，她的大中國主張為什麼會有利於海峽兩岸。

對中華人民共和國公民而言，如果不收復台灣，中華民族又怎麼能復興到百年屈辱以前的榮光呢？對台灣人民而言，龍女士《大江大海》的大中國主義本身，也經常讓自己處在一個「意識形態他者」的被攻擊地位。

本來民族復興的願望為所有海內外華人所共認。自從習近平主席把收復台灣作為民族復興的必要元素以後，中華民國人開始感到為難。對於中華民族復興如何能繞過消滅中華民國的這個問題，是中華民國人必需面對的存在兩難（existential dilemma）。因為這個思想工程過於艱巨的原因，目前在中華民國自由地區還認同中華民族的人口比例，可能20％的想像推估都還不到。其中又以上了年紀的人居多。

這裡先離題解釋一下所謂「20％想像推估」數字的由來。1896年義大利經濟學者Pareto在觀察義大利80％土地為20％人口所擁有後，提出了「80／20法則」。日後經濟學者在推估一些所謂「不完全統計」方面，例如公司80％的在地銷售量主要來自當地20％人口的消費等等描述，就經常用到80／20 rule

之類的「Pareto 分配法則」（轉引自 Montesano et. al., 2014）。

1949年隨蔣介石來台有200萬軍民，當時台灣人口粗估600萬。又有一說稱，1949年外省人來台人數占全台灣省總人口18％。在18％的外省人中，多數又為基層軍人，只有極少數為統治階級（即富商巨股高官等所謂「高級外省人」）。在沒有確切統計下，這裡使用 Pareto 的80／20粗估法則，來形容在中華民國國民／台灣人民當中，「台灣人」與「中國人」的人口比例。

台灣人屬於中華民族的時代　根據各種古代典籍的記載，漢民族據說在12世紀（宋朝）就有移居澎湖的少數案例。大約在16世紀，漢人開始陸續移入澎湖和台灣。今天的雲林、嘉義一帶尚留下漢人在17世紀拓墾的遺跡。其後，鄭成功更率領相傳25,000人來台。

清朝治台以後，福建和廣東兩地閩、客移民來台者眾。20世紀初，台灣開始有戶籍登記制度。這讓多數國人得以追溯自己前五代先祖遷徙的足跡。直到今天，除了完全屬於南島語系族群的原住民外，絕大多數台灣人祖輩都來自大陸。

當台灣民眾黨主席蔣渭水在1923年被日警起訴時，他以身為中華民族身分自居。與「中華民族」相區隔的「台灣民族」意識形態在當時尚未成形。蔣渭水的民族身分認同是在台灣民族知識尚付之闕如的背景下表現出來的。這說明了在蔣渭水的那個年代，孫中山先生的中華民族知識建構確實深植台灣人心。

73年後，1996年李登輝先生在就職中華民國第一任民選總統時就稱：「海峽兩岸沒有民族與文化認同問題，有的只是制度與生活方式之爭。」（見其〈經營大台灣，建立新中原〉的演講稿）。李登輝是「特殊國與國」兩國論的創建者。然而，他

的「海峽兩邊政權各自都是國家」的話語，在當時並沒有把中華民國台灣置於中華民族與中華文化認同之外。

台灣民族

雖然許信良先生是有關台灣新興民族知識的早期理論家之一，但林媽利（2018）的《圖解台灣血緣：從基因研究解答台灣族群起源》才符合台灣作為獨立民族的當代意義。這本論著結合作者過去以「台灣人基因屬南島語系民族（Austronesian）遺傳」為主題的多個研究成果。林媽利的學說基本代換了台灣為「漢人移民社會」有關「炎黃子孫」的傳統觀點。

依照「台灣人基因屬南島語族遺傳」的立論推估，1885年以前台灣多屬「原住民社會」而非「漢人移民社會」。這是因為早期零星漢人前來台灣時多為單身男性，「有唐山公、無唐山嬤」。也就是說，來台漢人娶平埔族為妻始有台灣人後代。因此，台灣人的漢民族血脈隨時間而越加稀釋，與南島語族原住民的血緣關聯則日益增加。因為權力關係，少數有漢人血統者以賜姓、賜族譜等方式將多數原民漢化。總體推論，台灣先住民最早應為漢化的原民群體。

《台灣通史》通篇未採取以「我群」輕蔑「他者」的殖民思維，但《通史》的用詞畢竟以「土官」、「土民」甚至「番人」等當時普遍的俯瞰辭彙指涉原住民。也就是說，這些用詞反映了當時以漢族為主體思想的意識形態。台灣民族為南島語族後裔的這個知識系統，採取的是以傳承原住民DNA的主體論述。這種民族學說超越《台灣通史》固有的大中國脈絡，而成為目前的知識主流。

　　台灣民族理論稱，大陸閩南地區的單身漢人在18世紀中葉大量移入。他們與南島語族原住民通婚後所繁衍的台灣人子嗣，就流著南島語族血緣。流著南島語族血緣的台灣先期住民再與後來不同族群通婚，即形成現代台灣民族的主體。因此，台灣人在血緣與文化上都與南島語系原住民族較為相關，與中華民族的關聯性日益減少。

　　依照這個理論，如果排除1945年以後來台的外省人，不論在台灣居住多久的閩、客漢人，主要都是原住民平埔族後裔，或由平埔族漢化而來的台灣民族。南一版高中歷史教科書第一冊第24頁就引用林媽利（2010）《我們流著不同的血液：台灣各族群身世之謎》的著作指出，經由基因研究證實，85％台灣人都帶有原住民基因。

　　林媽利等人在2001年曾提出過13％本省人帶有原住民基因的研究結論（見Lin et. al., 2001）。在這篇英文論文中，作者的基因檢索方法以及樣本資料的建立方法等方法論描述得相當簡單[11]。然而，意識形態國家機器還是支撐了這個「台灣人為南島語族血緣同源」的知識。至此，台灣民族建構的意識形態言說脫離了「想像的共同體」成分、進入了「種族遺傳科學」的地步。台灣民族與中華民族的差異分化，從此更為分道揚鑣。

　　南島語族　在台灣民族的知識架構中，「台灣人屬南島語系族群血緣」的命題屬於「先備知識」（prerequisite）。「語系」（language family）是語言系屬分類的第一級單位，例如南島語系、漢藏語系等等。漢族、藏族、台灣各原住民族、巴布

註11. 林媽利等人的英文論文經同儕審查，研究結果也符合多數台灣人民期待。然而，該論文樣本數量是否過於稀少、實驗測量過程是否符合規範、從數據到立論的連結是否過於寬鬆、研究數字顯示的是否為「初探」亦或就是定論等完善方法論的問題，似乎可以再予補強。

亞新幾內亞原住民等「語族」為次一級單位。例如，台灣原住民族與巴布亞新幾內亞原住民等語族同屬「南島語系下的南島語族」（the family of Austronesian language）。

之所以舉太平洋島國巴布亞新幾內亞原住民語族為例，是因為該國官方語言之一「皮欽語」就有類似台灣原住民族語的發音[12]。除了巴布亞新幾內亞之外，紐西蘭南島上的毛利族人也與台灣原住民習俗相近。學術上開始把這些南島國家地區的語言、習俗特色當成間接證據，推論早期台灣原民與這片區域的島民存在直接與間接的往來。

語族之下的語言分支（語支）眾多。光是台灣原住民語族中就有許多不同的族語分支。所謂「語支」在漢民族的語言系統中，例如粵語、閩南語等語言，被定義為「方言」（地方語言）。語族之下的各個自然「語支」即使不同，但仍分享同一語族顯著的共通文化屬性。見表3.2.1：

表3.2.1：比較台灣人與中國人的語系、語族以及語支

	台灣人	中國人
語系	南島語系	漢藏語系
語族	台灣原住民族、南島語系族群後裔	漢、滿、蒙、回、藏……
語支	阿美族、達悟族、台灣新興海洋民族……	閩、粵、客家……

依照連橫《台灣通史》「台灣固番人之土地也」的說法，

註12. 巴國是全球語言最多元的國家。巴國現存使用語言高達八百多種，其中每一種語言都同時吸納多個地域的語源。

在台灣這片廣大島嶼，原住民族各語支部落群體至始至終都是正港台灣人。然而，關於台灣原住民族的起源卻有多種學說。今天，國家機器以南島民族為台灣原生並向廣闊太平洋發展的台灣民族理論為主導價值。也就是說，南島語系族群起源於台灣這片原本無主之地，爾後再對外向廣闊的大洋發展。

民族主義

一直以來，以色列人都堅持猶太教是世界三大宗教之一。在過去的世界發明史中，以色列人也基於民族主義認為猶太民族的科學發明領先其她各國。從信眾比例而言，猶太教「其實」是很小的宗教。如果以中華民族為主體觀點，中國的指南針、火藥、印刷術等貢獻都遠遠超過猶太人的發明成就。如同韓國人說李白是韓國人一樣，種種說法都源自民族認同的自豪感。

「民族」認同的觀念更屬於一種社會性與政治性的建構。也就是說，一個空間中的異質成員，彼此可以經由某種趨力而成為同一民族。例如，孫中山先生把漢、滿、蒙、回、藏五族「共和」起來成為中華民族。1980年代以前出身的國人經常遭遇國家機器中「中國一定強」、「四海都有中國人」等歌曲的繚繞。這顯示當時中華民國的統治力量要把台灣人與中國人拉在一起，共建中華民族的用心。

水能載舟亦能覆舟。政治力量也可以把本來共享的相同文化、習俗、禮教等社會性建構切割出來，突顯其中差異的部分、完備其中獨立的部分。在這個背景下，國家機器開始建構一種新興民族觀念。台灣人在國家語言、文化儀式，甚至在DNA的物種血緣上，台灣民族都表現出自己鮮明的獨立身分。

　　台灣民族知識讓國人對自身獨立的民族身分感到驕傲。目前，台灣人民的主流民族思想是不想和中國人「血脈相連」。這種意識形態被認為是當代台灣國家識別賴以存在的首要條件。這反映了近幾年台灣政治力量與社會風氣相互為用的結果。在許多地方，這個民族知識很難容忍反抗話語的挑戰。

　　雖然不必然成為獨立建國的必要條件，台灣民族知識的建構卻是台灣民眾維持獨立現狀的身分感覺。民調陸續顯示，以前接受「我是台灣人，也是中國人」的重疊認同已經不在；代之而起的是「我是台灣人，不是中國人」的排他認同。

　　事實上，從1996年以來，台灣人與中華民國人不同的民族概念已經糾纏到傷害台灣民主的地步。台灣人認為滯台中國人與敵國人民「同為同胞」為虛幻的民族情懷。中華民族的認同者也不接受台灣民族「竟然」會和日本大和民族「皆為同胞」。

　　皆為同胞　1945年之沖繩戰役是二戰太平洋戰場美國「跳島戰爭」（island hopping）歷程中的最後一役，也是雙方死傷最為慘重的一場戰爭。其中，台灣人與日本人共陣亡超過10萬人；被當時日本軍人指為是「支那人」的琉球老百姓，死亡人數更多。2016年6月25日沖繩島「台灣之塔紀念碑」落成揭牌。紀念碑文書寫「日台戰士皆為同胞，生死與共、榮辱同擔」；題字落款人為「台灣總統蔡英文」。

　　台灣人曾以日軍身分在沖繩抵抗美軍入侵而戰死。然而，在日本部隊中仍擔漢姓的多數台灣人是否也承認自己是日本大和民族家庭之一員實不可考。重點是，在「總統題字」這種國家儀式中，台灣總統稱日台「皆為同胞」確實屬於彰顯台灣民族價值的一件大事。

　　然而，比較台灣民族與大和民族「同為同胞」的價值，中華民國人與中華人民共和國人同為「中國人認同」則被視為「價值錯亂」。事實上，台灣民族和大和民族皆為同胞是意識形態作用；台灣人是中國人也是意識形態作用。也就是說，國人對兩者的認同與不認同，並非以DNA作為是否互斥的標準，而是基於意識形態信仰。二二八事件迄今，中國人是中國人，台灣人是台灣人的互斥狀態，到今天都主導著台灣政治的所有層面。

　　在金馬台澎自由地區，民族問題就這樣成為一條台灣生命共同體的斷層。在追求正常國家或維持獨立現狀的道路底層，總是埋藏多條不同的民族主義老舊管線。這些管線在暗溝中混亂交雜；政治怪手隨時讓它們從地底氣爆噴發。

　　媒體的商業機制擴大了這種民族憤怒。電視政治評論員等「政治網紅」（political influencer）就經常以充滿戾氣的表情，挑起「我群」對「他者」民族觀的道德憤怒。站在「他者」民族觀隊伍中的國人於是備感壓力。

　　光是回答「你是台灣人，還是中國人」的二元對立民調，都彷彿是一種從「道德覺醒」（moral arousal）到「道德憤怒」（moral outrage）的意識形態召喚。台灣的身分認同政治就這樣上升為「台灣人」對應「中國人」，守護台灣對應舔中賣台的道德之爭。

　　民族神話　依據李維史托（Claude Lévi-Strauss, 1908-2009）「二元對立」的神話理論，民族起源的表面故事往往蘊含深層意義。在台灣新興民族知識的敘事文本中，台灣南島先民循著星象的指引，周而復始在大海中巡航。時光任冉，作為海洋民族的台灣人先祖在大洋中的足跡就這樣橫跨紐西蘭、復活節島、

馬達加斯加島等廣闊地域。

　　在悠悠歲月中，人類在無史的情況下建構自己的民族神話。建構史前民族神話的邏輯脈絡，世界各國幾無例外。中華民族的神話就曾經產生許多膾炙人口的角色形象，例如神農氏、有巢氏以及軒轅黃帝等等。台灣先民向廣闊太平洋遷徙的事蹟也是一樣。在台灣海洋民族的史前傳誦中，人們也可以找到類似古希臘《奧德賽》（*Odyssey*）史詩中，描寫英雄奧德修斯（Odysseus）披星戴月在海上航行的原型。

　　雖然民族起源故事的真實性並不可考，但任何民族神話所透露出來的文本元素（李維史托稱為「神話素」〔mythemes〕）都在企圖造就一個民族的整體形象。從神話學理論的角度，85％以上台灣人屬於具有原住民基因的南島語族之知識建構，是當代台灣人與「在台灣的中國人」思想衝突下的「二元對立」產物。提出台灣民族勇敢、冒險、創新等神話素的意識形態主體，本身就反映了台灣人與「5,000年中華民族」的不可妥協性。

　　2017年蔡英文總統至太平洋「南島尋親」的行動，把台灣的民族敘事推向高峰。蔡總統以國家元首的規格，確認了台灣人在血緣、文化、語言等層面與太平洋諸島上的南島語族同為一個大家庭的民族觀念。「尋親」是典型慎終追遠的政治符號。「南島尋親」的儀式彰顯了「四海之內皆有台灣人」的價值邏輯。這種價值被視為比台灣人狹隘地回唐山祭祖的中華民族價值，寬廣許多。

　　在傳統知識中，漢人依先後遷徙來台概分為閩南人（河洛）（約70％）、客家人（約15％），以及國共內戰後來台的外省人（約13％）三大族群。既然「尋親」是彰顯價值的政治符

號，台灣人的民族認同就被主流價值定義為不應該只是向中國大陸的祖籍來源尋親，而應放眼南太平洋諸島上與台灣人更為緊密連結的家庭成員。

南島語系族群覆蓋之地理範圍跨越太平洋和印度洋，最北為台灣，最南至紐西蘭，最東為南美外海的復活節島，最西至非洲外海的馬達加斯加島。從台灣作為源頭，台灣原住民各語支族群從不同時期逐漸遷徙分化到這片廣闊地域。這種遷徙活動一般認為橫跨8,000年的歷史長河。

屬於南島語族的台灣民族知識至少終結了中華民族祭拜黃陵、台灣人同為中華民族的神話延續。至此，國家機器以中等學校教科書的定論以及元首「南島尋親」的價值儀式，既鞏固了台灣的民族認同，也解離了過去的中華民族認同。

儘管林媽利等人的論文在方法論上寫得相當簡略（見Lin et. al., 2001），意識形態國家機器仍以其為典範，建構了一種從語言、考古到基因為系統的台灣新興民族理論。台灣民族源自南島語族大家庭的觀念至此取代華夏民族與炎黃世冑的傳統神話，而成為當代中華民國台灣主導的意識形態。

反抗的民族理論　當代台灣民族知識的主導地位並非意味從此不必遭受反抗話語（counter message）的干擾。今天，「85％以上的台灣人帶有原住民族血統」之立論為台灣意識形態主體所共認。然而，台灣南島各語族原住民英文為aboriginal，指的是阿美族、達悟族之類的族群，是一個種族（race）概念的名詞。而早於蔣介石、早於日本、早於鄭成功、早於荷蘭、早於大批漢人前來「篳路藍縷」等各個時期就已經陸續居住在台灣的早住先民集體，英文則稱indigenous people。

兩者的定義明顯區隔。indigenous people指的是原來住在這

片土地但被後來的人統治的群體，是一個社會學的相對概念。因此，在台灣的漢人仍然不能以簡單的基因發現，就和真正的台灣原住民（aboriginal）在種族上與社會學上的意義進行概念混淆。也就是說，原住民向漢人要求的轉型正義並不能因為「台灣人也是原住民血源」，而就混淆了究責的對象。

至於台灣的南島各語支族群是否原生於台灣本土，也屬於認同問題而非科學可以論斷。台灣南島語族的發源地為台灣的主流學說，至少遭遇兩種研究的挑戰。台灣南島語系族群先祖來自菲律賓北部的說法，屬於由來已久的第一種。第二種學說則與中國大陸「緊密連結」。在中華民國治權領域，南島語族源自中國大陸東南沿海的見解一直受到不成比例的忽略。

本來，南島語族各族群的語言、習俗、慣例等文化相近。南島語系原住民有著共通的山林燒墾、使用陶器，以及食用檳榔、小米、芋頭等生活文化特質。2011年中研院研究者在馬祖亮島發現「亮島人1號」骨骸遺跡。研究結果證實「亮島人1號」的生活習性標示著上述南島語族人的種種特性（見陳仲玉2013；2014）。

「亮島人1號」骨骸是2012年中研院與連江縣政府合作的研究成果。經德國國家研究院（Max-Planck-Gesellschaft）萃取DNA分析，馬祖列島的亮島人被確定為距今8,000年。這項研究因此證明，南島族群在遠古時期就曾在包括馬祖在內的福建東南沿海地區存在。一篇由大陸學者發表在國際著名期刊《科學》的研究更直接表明，最早的南島語系族群起源於福建及其周邊地區的中國古南方人群（見Fu et. al., 2020）。

無論如何，南島語族起源的知識由三種學說構成：（1）由南太平洋經由菲律賓北部向台灣遷徙、（2）從中國大陸東南沿

海地區起源，以及（3）起源於台灣三種立論。見表3.2.2：

表3.2.2：南島語族的三種起源

南島語族的三種起源
1. 由南太平洋經由菲律賓北部向台灣遷徙
2. 從中國大陸東南沿海地區起源
3. 起源於台灣

這三種立論在學術自由的環境下相互激盪。然而，南島語系族群的先祖來自大陸東南沿海的論點卻再度把台灣與大陸拉回「兩岸連結」的尷尬局面。因此，原本應該是考古人類學有趣的探索領域，意識形態國家機器卻只能定案其一。目前，「台灣是南島語族的原鄉母土」屬於獨領風騷的主流知識。這個主流知識並非來自科學定論，而是來自國家意志。

小結

作為獨立的海洋民族，台灣民族知識翻轉了過去台灣人無意識自稱「漢人／華人」的話語習慣。意識形態國家機器轉而讓台灣人民重新思考：這個島嶼其實早在遠古時期，就已經自主擁有面向世界的海洋文明。

儘管如此，台灣新興民族的本土化知識建構一直存在如何與閩南文化相區隔的問題。這個問題在台灣宮廟的宗教領域特別嚴峻。例如，公廟主人經常組團到大陸「移靈」。因此，全新出發的台灣民族尋根立論，帶有一種政治現實的深層壓力。蔡英文總統在2017年出訪馬紹爾、吐瓦魯以及索羅門等南島語

族國家的「南島尋親」之旅，就這樣具有高度揮別中華民族的儀式作用。

　　民族主義屬於意識形態認同問題，並不一定要以科學DNA來加以定義。然而，在中華民族觀念仍然殘存的當下，國家機器必然一再重申並致力維護「台灣與中國分屬不同民族」的思想意識。儘管分化的民族觀念並非是成立新興國家的必要條件，但任何主權國家本來就可以後設一個命運共同的充分條件，去創造與催生一種維持獨立現狀的民族主義。

　　實際上，台灣人的DNA演化包括了原漢、原日、原原、漢漢、漢日、漢美、漢越、先住民與荷蘭、先住民與西班牙、先住民與葡萄牙等等都有。然而，台灣人可考的家族系譜畢竟無法上溯民族起源。台灣民族主義高舉原住民之南島語族變項，就是單純想要述說一個與中華民族不一樣的獨立故事。

　　然而，一個國家可以有多個民族，同一個民族也可以建立多個國家。1776年北美13州脫離同為盎格魯撒克遜民族而獨立成美利堅合眾國。這是世界上最早經由獨立戰爭而與同民族分離建國的例子。美國南北戰爭的正式開打也是從南方陣營宣布獨立開始。若非戰敗，北美大陸現今即有三個國家。可見，通常戰爭與公投是獨立的必要條件，「民族」變項絕對不是。

台灣人／中國人

民族身分的分歧

　　民族國家觀念於19世紀逐漸形成。一戰後，所有新興主權國家的案例更表明，是什麼國家，就是什麼民族。這也是論者使用「國族」（nation／nationalism）一詞的來由。美國建國前

多數美國人是英國人，但在建國後均成為美國人。瑞士是由不同歐洲民族所組成，所有瑞士人對外都自稱瑞士人。

台灣以單一國名建國後，台灣人自然就是台灣人（Taiwanese national／citizen）。是什麼法理國家，就是什麼法理民族。屆時，台灣人不可能「也是」、「又是」、「就是」中國人。台灣人不會是中國人的道理，就如同美國人不是英國人，英國人不是法國人的道理一樣。

在台灣尚屬一個並非法理獨立的中華民國台灣階段，國人稱「我是台灣人，不是中國人」的話語，就如同「我是台灣人，也是中國人」的話語一樣，都是台灣國與中華民國有關國族認同的「想像的能指」（the imaginary signifier, 見Metz, 1982的解說）。

可見，主體對於「我」是台灣人，或「我」也是中國人的想像，與台灣現階段是否為一真正民族國家的「法意」無關、與中華民國是否仍然還活在這個世界上無關，更與中華人民共和國的打壓與統戰無關。

中華文化發展5,000年來，「華夷之辨」一直是個體在地域以及族群定位上以中土為中心的思考過程。在商朝時期，山東這塊地方還曾被當做「非我族類」的「夷」。隨著時代演進，「華」與「夷」的定義不斷演變。春秋時期孔子對華夷之辨拋棄了地域觀念，採取了以「禮」作為民族身分認同的觀點。

韓愈曾針對孔子所作的《春秋》進行過「文獻探討」。他發現，孔子《春秋》中的「華夷之辨」主題其實是在表明「諸侯用夷禮則夷之，夷而進於中國則中國之。」（見《五百家注昌黎文集》卷十一〈原道〉）。如果以白話文解釋韓愈的話就是，孔子是以一種「表彰價值的儀式」（即「禮」）作為辨別人們

華、夷身分的標準。用現代社會學的術語，「華夷之辨」也就是在區分什麼是「我群」的價值，什麼是「他者」的價值。

中華民國成立以後，孫中山先生把過去在文化上經常融為一共同體的所有「華夷」，一起稱做「中華民族」。然而，「華夷之辨」的價值認同過程並沒有因此停止。目前中華民國台灣強調誰為主體、誰是外來的觀念，可以說是《春秋》「華夷之辨」認同政治的台灣 2.0 版。

當代台灣社會的政治動員話語，仍充滿本土與外來之別的概念。外省人、外來殖民者、國民黨中國、黨國思想遺緒、滯台中國人、文化變種中國人等等指涉中華民國人為外來他者身分特徵的名詞，在台灣民族的認識論中占有壓倒性的流行地位。台灣民族的知識建構原本屬於台灣人身分認同的自我追尋與自我實現過程。然而，在認同政治的氛圍下，「你是什麼人」卻十足異化為階級鬥爭的利器。

在韓愈針對孔子的《春秋》進行「文獻探討」以前，一般人以為孔丘曾說出「入中國者則中國之，入夷狄者則夷狄之」等「地域影響人心」的觀念。實際上，一個人的民族身分認同與實際居住地無關，也與從何地先來後到一個地方無關；反而，一個人對於特定一種「禮」的認同，才是這個人民族身分的表示。認同台灣邁向正常國家的台灣人也許喜歡住在美國加州而不是台灣。這些人雖住在美國，是美國人，但所奉行的台灣價值則可以自證為是一個正港的台灣人。

喜歡住在台灣的「也是中國人」也是一樣。秉持民族、文化、歷史等中國概念的人普遍認為台灣好山好水，交通與生活機能尤其便利。至於個人的人身安全、全民健保，以及人情味等情調，更是舉世聞名。儘管經常被催促「搬回祖國」（有關

「祖國」概念，見附錄），中華民國人的認知系統總以為，台灣這塊寶地本來就是中華民國可以實踐其禮的自有領土。

對這些已經是極少數年長的中華民國人來說，「中華民國國民不應該是中國人」的感覺，還需要一段時間的調適。然而，時間其實是站在台灣民族這邊。經由時間推移，中華民國人「我是台灣人，也是中國人」的意識形態本心將逐漸減少。與此同時，部分不想耐心等待這些人融入主流社會的明示暗示話語，卻經常在公共領域表達階級鬥爭的情緒，例如「台灣海峽沒有加蓋」、例如「中國豬滾回去」、例如「慢走不送」。

在兩岸關係中，人們對有關自身民族脈絡的理解態度甚為關鍵。這個態度決定兩岸人民到底是寇讎還是同胞。為什麼說民族問題是態度問題，而不是行為問題呢？在行為上，不論親中政權還是本土政權執政，台灣的統治階級都必須加入或至少不能違逆美國制中戰略的所有指令。

也就是說，在行為上台灣沒有忤逆美國的條件。然而，意識形態上台灣人若對大陸人建立「皆為同胞」的起碼感情，雙方人民相互敵視的力道應該不致如同政權一般，有著多麼渲染憤怒、多麼敵意螺旋、多麼苦大仇深。

然而，主流輿論早就指認出，上述這種「不要激怒中國」的姑息主義講法就是舔中的證據。台灣面對中國打壓主權的態度，說什麼都不應該去歡承中國。在反併吞的大是大非面前，任何示弱的舔中態度都是「意識形態他者」的典型表示。

你是什麼人？

在身分認同政治的語境中，過去台灣本省人與外省人的省籍矛盾，在今天已經演化成「台灣人」與「中國人」的民族矛

盾。年輕世代對「台灣人也是中國人」這句話語多感到莫名其妙。當台灣藝人在微博上自稱「也是中國人」時，人們首先懷疑這名藝人是否遭受中國官民的壓迫。在大陸就學、就業、經商的年輕國人就算說出「我是中國人」一語，他們所展現的態度也很難稱為真情流露。

反觀年長一輩的人在「做一個堂堂正正的中國人」氛圍下長大；他們說自己「也是中國人」時的語氣，就顯得相對較為平和。台灣民主之父李登輝先生在 1996 年 5 月 20 日的就職演說中，就充分反映這些年長世代普遍的民族情緒：

> 各位親愛的父老兄弟姊妹：二十世紀的中國，是一個苦難的國家。先是外患不斷，而後，五十年來，又因意識形態的不同，造成「中國人打中國人」的悲劇，積累了同胞手足間的對立與仇恨。登輝一向主張，在邁進二十一世紀的前夕，海峽雙方都應致力結束歷史的悲劇，開創「中國人幫中國人」的新局。

就李總統個人而言，上述話語當然屬於欺敵的成分居多。然而，這些話語畢竟曾經陪伴所有年長世代走過從前。尤其是外省第二代、軍公教子弟、大陸早期台商，以及部分世居本省的國人。仍具中華民族思想意識的這些少數年長者歷經兩岸內戰遺緒、見證東西兩大陣營冷戰，以及正體驗全球抗中的世界新常態。直到今天，這些人的民族觀念仍然「唯上智與下愚不移」。

反觀新一代選民在台澎金馬自由地區全無過去的價值包袱；人們所知道的中華民國事物大多也僅限於必須被轉型正義的部分。大體上，在中華民國台灣的國家機器中，年輕人的所

見所聞感受不到中華民國義理的佐證。108課綱龍騰版高中歷史課本第一冊第95頁更有一篇題為「大中國思想的灌輸」一節。該節課文就在反省過去國家機器裝載那種「大中國」（the greater China）思想觀念的錯誤。

台灣過去的確存在雙重認同。然而，目前當一個年輕人說自己「也是中國人」時，他就立刻涉入對主流價值的背叛。在家庭與學校教育中，當代多數國人並沒有接受身為中華民族的有關「認知儲備」（cognitive reserve）。一個年輕人在其同儕團體中說出「我是台灣人，也是中國人」的話語，確實顯得相當奇特。

1947年二二八事件以後，部分本省人就已經和外省人割袍斷義，走向國家認同與民族思想殊異的道路。當少部分本省人的深層情緒始終視外省人為「中國豬」或「外省豬」時，1972年2月中、美《上海公報》中的一段話，反映了當時美國同意兩岸皆為「中國人」的意涵：

The United States Government...reaffirms its interest in a peaceful settlement of the Taiwan question by the Chinese themselves.

在簽署《中美共同防禦條約》（1954）以後，美國似乎已無意在台灣這片島嶼上區別中國人與福爾摩沙人的差異。上述文字證明了美國當時同意把台灣人也理解成是中國人的時代。今天，外國人民也經常把台灣人與中國人混為一談。在美國族群仇恨犯罪的極端案例中，種族主義白人更往往台灣人中國人不分。

延續Anderson（1991）的命題，民族主義是一種想像為共

同體的主觀感覺。在兩岸關係中，當代國人多選擇視兩岸人民為不同民族的「異己關係」。在過去，中華民國國民的「重疊認同」比率甚高。現在則以「我是台灣人，不是中國人」的單一認同壓倒一切。在這種情況下，中國大陸還繼續向台灣的「三中一青」、「一代一線」進行統戰。這不得不使台灣意識形態主體擔心，某種民族身分轉向的問題是否也會隨著經濟「傾中」而跟著發生。

　　身分選擇　台灣民族主義把個體的民族身分選擇，劃進了倫理的範疇。「我是台灣人，不是中國人」的聲音表達，昂揚而自信。〈島嶼天光〉這首「太陽花運動」期間的代表歌曲，尤其彰顯了作為台灣人驕傲的一面。對比台灣人充滿希望的形象符碼，作為「也是中國人」的中華民國人卻總是遭遇一個簡單邏輯的對待。那就是，如果一個人要在台灣做中國人，那麼他為什麼不搬回中國，或入籍中國呢？

　　可見，「身分正確」確實是目前本土主義（nativism）的政治決定論。這個上層結構最早由少數個體以槓桿力量一再重申、反覆固化而形成今天的主流價值。儒家思想強調遠近親疏、愛有等差。深受儒家思想洗禮的台灣人民因此自然站在我們台灣人這邊，哪有站在他們中國人那邊的道理。因此，一個自由人即使可以自己選擇民族身分，但個體民族身分的對外表示卻由外在政治力量決定。

　　身分認同是主體對自己「最適化」（optimal）的一種感覺。人們經常聽聞某某人「以身為台灣人感到驕傲」，或「以身為中國人感到驕傲」等語。以美國國力之強大，美國人以身為美國人的自豪感更是舉世無雙。然而，一個人應該對自己用功習得的技能感到驕傲、應該對自己刻苦勵學而卓然有成感到驕傲

才對；一個人怎麼會對自己什麼都沒做，一被生下來就是如此
之人而感到驕傲呢？

　　這當然就是要求尊嚴的本性使然。美國的若干大都會地區
過去經常舉辦一些年度少數族裔的遊行活動。遊行群體中所呈
現的識別標幟通常寫道：「身為義大利裔我們感到驕傲！」、
「我們作為日裔感到驕傲！」、「作為愛爾蘭裔，我們深感驕
傲！」等之類的標語。這些驕傲的表示由家庭預先設定，再由
學校引起共鳴，最後由整個群體一起表達。

　　情感共鳴　台、日兩國人民心靈契合之處普遍存在。在文
化的意識形態傳承上，部分台灣人特別對日本明治維新以後與
世界接軌的歷史道路與有榮焉。台灣人就這樣和日本人共享日
本的歷史榮光與價值。台灣總統在沖繩立碑明志一事，就足以
說明這種「皆為同胞、榮辱與共」的心境於萬一。這是歷史事
實所遺留下來的感情，也是台灣受日本文化薰陶50年的天命。

　　儘管對象不同，在台灣的外省人後人也有類似的文化認同
現象。部分讀中國書、以大陸移民漢人後裔自居的金馬台澎住
民，對中華文化的歷史傳承和認知態度，也多少存在無法割捨
的情緒。這些中華民國人雖然現在已鮮少公然講出「兩岸皆為
同胞」的話語，但「兩岸同胞皆為中華民族」既出於意識形態，
也源於科學。同理，台灣人民之間也有許多台日混血後裔及日
籍後人。因此，台、日兩國人民皆為同胞是意識形態，也是血
緣DNA。

　　無論政府發動或人民發動，民族主義都充滿暴力。民國
革命前的「驅逐韃虜、恢復中華」口號就充滿殺伐之氣。建國
後，孫中山先生立刻提出維穩意味濃厚的「五族共和」。當前
中華民國台灣在建構台灣民族知識的過程也是一樣。過去中華

民族的定理現在已被排斥為傷害台灣人民感情的符號。例如，「兩岸都是中國人」、「兩岸人民皆為同胞」等等之類的話語，就被視為是這種符號的典型。

　　與此相對，大陸網民對於提出台獨符號的商家或個人也會給予無情打擊。對於民族身分認同差異一事，台灣人經常與在台灣的少數中華民國人以及在大陸的多數中國人民，在網路中混戰。

　　所謂「中國人」的身分認同在英文語境中，就不這麼劍拔弩張。基於國族理念，一個新加坡人（Singaporean national）不會說自己也是中國人。然而，一個新加坡人自稱「民族上的中國人」（ethnic Chinese）或「中國後裔」（Chinese descendent）等話語從來不曾遲疑。過去海峽兩岸的中國人也習慣把散居在地球上各角落，其祖籍之國來自中國大陸的人統稱為「華僑」（overseas Chinese）或華裔（ethnically Chinese）。

　　目前，中華民國僑委會已經改正「華僑」用詞，稱本身來自台灣或近代先祖來自台灣的僑胞為「台僑」。海外台灣人尚且如此有意識地要求台灣政府不要稱他們為「華」，在台灣的台灣人就更不會自稱自己「也是中國人」。

中華民國人

　　在現代民族國家興起之前，「中國」一詞早就存在。「中國」這個名詞始於西周，指的是天下、中土、神州等不確定概念。歷代許多典籍人物使用「中國」一詞的話語脈絡也多指向華夏、中土、中原的意思，較少觸及現代民族國家的政權意涵。在這個抽象的「神州大地」上，不管各個國家的政權如何建立（例如魏、蜀、吳三國時期之類），各國人民都自稱中國人。

　　「大漢帝國」、「大明帝國」、「大清國」等才是歷來「中國」各個政權的正式國號。在「大清」第一個對外條約《中俄尼布楚界約》（1689）中，「中國」作為國家主體名稱才開始出現。孫中山先生更將過去僅為「居世界之中」的抽象「中國」觀念延伸，具體落實在新誕生的中華民國身上。孫中山先生將這個國家的主體名稱簡稱「中國」，臨終還不忘提醒國人：「和平、奮鬥、救中國」。

　　中華民國在1971年退出聯合國以後，開始在外交上展開「對匪的殊死鬥爭」。當時中華民國宣稱：兩岸是為中國的制度、文化以及生活方式而戰。1989年北京天安門前的大學生向共產黨政權爭取民主，究其實也是為了相同理由。現在這些在海外的民運人士多數反對共產黨一黨專政，但仍自稱自己是中國人。

　　反過來說，共產黨人是馬列主義的鬥士，文革時期甚至還以消滅中華文化、「打倒孔家店」為職志。不論想像與實際，中國共產黨都讓鐵幕中的同胞一窮二白。在極度落後的條件下，中共政權還對內部人民極權鎮壓。當時中華民國就以「中共非中國」的口號，反共而不反中。

　　美國遲至2018年中以後，政府文件才漸漸以「中共」（Chinese Communist Party, CCP）一詞取代「中國」。雖然異曲同工，但美國區別中共與中國的做法純粹出於分化政府與人民關係的政治作戰需要。在2021年7月1日中共成立100年大會的講話中，習近平總書記回應了這個區別中共與中國的政戰企圖：

　　　任何想把中國共產黨同中國人民分割開來、對立起來的企圖，都是絕不會得逞的！

　　反觀當代多數台灣人民還是習慣使用「中國併吞圖博」、「中國血洗新疆」、「中國打壓香港」等話語。輿論聲量顯示，中國永遠處在違反人類普世價值的地位。這種媒體定位帶給認同中華民族的人極大的社會壓力。在台灣的中國人如果不想成為種族滅絕新疆或打壓香港人權的同路人、代理人、內應、在地協力者等身分別，他就最好拋棄「也是中國人」的中華民族價值觀。

　　面對這種邏輯的糾纏，自認「也是中國人」的中華民國國民曾經一度使用「中華民國人」這個名詞。事實上，「天龍國人」的名詞遠比「中華民國人」的名詞還要普及。在意識形態論爭的場域，提出「中華民國人」這個拗口名詞的話語主體，顯然是認為自己的身分認同屬於血緣、文化、歷史等概念上的中國人，用意在區別世界所共認的政治中國之國民。

　　然而，即使一再強調中華民國與中華人民共和國的差別，具有大中國思想的「中華民國人」仍被強勢話語統稱為帶有負面意涵的「中國人」。也就是說，台灣意識形態主體認為，在台灣的「中國人」擁有一切不符合台灣價值標準的所有屬性。見表3.2.3：

表3.2.3：中國人與台灣人的三種不同屬性

滯台中國人	正港台灣人
中華民國國民	台灣人民
大中國思想	台灣本土意識
中華民族一分子	台灣民族為南島語系之新興海洋民族

　　過去，一個使用中文說、寫，並傳承中文語境思想的國人，從沒想過有哪一天他可以自外於中華民族的歷史根源。今天，「中國人」的名詞在台灣價值體系中並非好詞。部分台灣人民甚至高度懷疑，中華民國人的大中國思想可能受到共產黨中國的外部控制。其實，這種認同政治下的民族對立觀點，忽略了中華民族主義永遠不死的過往歷程。

　　2019年甄子丹主演的《葉問4》，是在台灣出現的一部罕見表達中華民族情緒的電影。與「台灣人出頭天」的主題意義如出一轍，過去像《葉問4》這種「中國人出頭天」的文化產品更是不絕如縷。在港台地區共享此類主題的作品中，最具代表性的當屬李小龍的《精武門》（1972）。

　　在一個上海法租界公園入口大門的場景中，《精武門》主角李小龍踢飛入口掛上的「狗與中國人不得進入」之告示牌。在這場系列橋段（sequence）中，一種「想像共同體」的悸動促使戲院觀眾起立鼓掌。「狗與中國人不得進入」的告示牌有著現實世界的原型。它不僅在口耳相傳的都市傳奇中出現，它的複製品更從1950年代就陳列在上海市歷史博物館。這面告示木牌提醒參觀者不要忘記帝國主義歧視中國人的過往。

　　在目前台灣的文化領域，以「眷戀日本」或「厭惡中國」為母題的作品大多膾炙人口。反觀描寫兩岸民族情緣的作品則乏人問津、沒有票房。在《精武門》上映的那個年代，「台灣人不是中國人」的觀念尚未蔚然成風。現在重提《精武門》的民族主義再現，都只是少數剩餘中國人在台灣「白頭宮女話當年」的蒼白記憶。

台灣人不是中國人

　　「本土」與「外來」是台灣民族知識建構中的關鍵字。日本統治台灣50年，實施皇民化政策只有短短17年。因此，認同自己也是日本人的台灣人僅占少數。同理，中華民國在國家機器中強調「台灣人也是中國人」的教育，也僅僅從1950年到李登輝總統推動《認識台灣》國中教材的1997年，共47年。因此，台灣人認同自己也是中國人的同樣屬於少數。面對所有外來殖民政權，台灣人就只是台灣人！這是台灣民族主義的邏輯與定理。

　　在台灣日治時期，日本文明較中華文明進步太多。稱中國人為東亞病夫、易脆支那，名符其實。1842年《南京條約》簽訂以前，中國的總體經濟就已經民窮財盡；文化大革命更讓人民一窮二白。這也是為什麼在1996年以前的中華民國意識形態國家機器中，「民族復興」之類的主題一直都是中華民國青年學子作文題目的原因。

　　習近平主席並未取得過去中華民國的版權卻也宣示相同題目，讓當代台灣年輕人誤以為中華民國人的中華民族思想，是呼應中國共產黨而來。在美國印太戰略的聲勢下，「厭惡中國」是台灣顯學。在許多地區，中華民族的中國人觀念甚至被置換或誤植為「支納粹」（Chi Nazi）的概念（「支納粹」概念，見余杰，2018）。因此，多數人逃離「也是中國人」都來不及，遑論自稱「也是中國人」。

　　台灣主流意見多認為，大陸持續打壓台灣主權的強勢作為拉開了台灣人與中國人有關民族觀念的距離。這種解釋過於簡化。在過去中華民國尚未進入民主台灣的時期，大陸也一樣打壓台灣。大陸對金門的「單打雙停」甚至還一直持續到1978年

底。南北韓彼此軍事對峙，人民也沒有民族認同的排斥問題。因此，民族身分的問題顯然沒有人們所想像的那麼簡單。

然而，藉由台灣價值的長期召喚，多數國人畢竟開始對自己的台灣民族身分高度保護。這也導致目前中華民族意識形態在台灣地區多表現為「居家隔離」與「自主管理」的狀態。

在人際互動中，每一類群體都有其自己的專業交談話題。「身分」話題卻可以外溢到所有行業、滲透到所有群體。當代任何主體只要談論公共事務，都不自覺習慣以身分認同，作為問題討論或問題爭論的起點（starting point）。因此，「你是什麼人」成為公民進入政治領域的門票。

目前，「我是台灣人，不是中國人」的單一認同確定是主體開啟人氣市場的通關密語。反觀雙重認同則形同煉獄。在中華民國自由地區從事政治工作的「也是中國人」經常必須苦心孤詣，讓自己在民族問題上保持緘默。在無法保持緘默以便全身而退的情境下，馬英九總統候選人在2008年的公開說法是：「我是新台灣人」。可見，個體的民族身分選擇主要還是由外在政治力量決定。

第三節 文化認同

人們因文化共通性而產生「群體意識」。然而，「文化」一詞無所不包也常被濫用。任何舉出「文化是什麼」的定義都無法窮盡全貌。例如，中華民國《衛星廣播電視法》第2條第1項規定：「節目……應尊重多元文化……」。《電影法》第4條第10款也強調：政府應對「多元文化」電影採取輔導措施。

然而，《廣播電視法》第17條第2項也同時遺留過去中

華民國之習慣用語，規定「大眾娛樂節目，應以發揚中華文化⋯⋯之內容為準」。對於「中華文化」和「多元文化」內容應如何辨識一事，目前中華民國法規並無定義。

可見，標舉台灣多元文化價值的主體和弘揚中華文化價值的主體，並不是要去爭執什麼才是「我們的」文化具體項目。所有文化的項目、類型、風格、內容、態度等等，只要以台灣為主體或以中華民國為主體再現其義理價值，都自然成為社會成員可以具體感知的文化形態。

也就是說，「彰顯什麼價值」才是定義所謂「文化」的關鍵字。當代意識形態國家機器具有催生創作者表達國家價值的責任。從遴選評審開始到作品獲補助後的得獎理由，意識形態國家機器都可以用一種不成文的態度告訴創作者，國家需要的是一個「中華文化」，還是「台灣多元文化」。

即使沒有所謂具體定義，對於台灣哪一種文化正面臨「文化權利遭受侵害」、對於台灣人民應擁有什麼樣的「文化近用」（access）人權等等，國家這個巨觀結構都擁有依情況而自我定義的權力（見2019年制定的《文化基本法》相關宣示性用語）。

文化理論

文化資本

當代本土政權正以豐富的台灣主權意識、南島民族理論、本土文化論述，以及以台灣為主體的史觀等「文化資本」（cultural capital），得到多數國人認同。反觀其他政治團體並沒有清楚定義屬於自己價值方面的文化意義；親中政權尤

其未曾在意識形態國家機器中闡述「憲法一中」的保台文化脈絡。可以說，親中政權未能掌握可持續運用的中華民族與中華民國史觀等豐富的文化資本。

「文化資本」一詞為法國布迪厄（Pierre Bourdieu, 1930—2002）所闡述的四個非經濟學資本理論中的觀念之一（見Bourdieu, 1986）。一個品牌要擁有可持續的文化資本，首先是這個產品的文化脈絡必須「可以被感知」。

例如，人們參加蘋果手機新款發表會，是因為想要親近該廠牌的「科技文化」。人們買耐吉運動用品是認同該品牌所展現的「運動文化」。人們到迪士尼遊玩是要尋找「夢想」、購買賓士轎車在於它長期形塑的「紳士」氛圍。為了浸淫在一種「方便的感覺」當中，旅人通常使用Airbnb租屋網。

企業管理的基本常識就這樣要求任何品牌都要培養自家的企業文化。如果企業站穩了文化訴求的高地，自家產品即產生源源不絕的文化資本。形塑一種可供消費者感知並且依附的文化意象，對政治團體同樣重要。政黨的意識形態話語及其所表達的價值、意象，就是一個政黨可持續運用的文化資本政治版。

布迪厄「文化資本」的理論概括了企業必須建立自己品牌文化的重要性。儘管目前多數國人對這個國家的認知都保持在「維持獨立現狀」的階段，但意識形態主體仍然可以針對一個國家的現在、過去以及未來，以文化性用語建立一種敢於想像的獨特品牌。"People don't want truth; they want to believe." 這句英文諺語充分表明，消費者願意寄託自己認同情緒於某種品牌之上的邏輯。

目前，主要親中政黨並未掌握布迪厄的文化理論精髓。她

總是說：「一中是憲法早就規定的呀！」、「反獨立場是憲法規定的義務呀！」。這類話語確實可以引導民眾自行閱讀憲法原典。然而，親中政黨頭人普遍吝於說出自己對憲法的信仰，甚至害怕洩漏自己的態度。這樣就很難感染群眾，遑論形成品牌文化。

可見，政黨經營「自有品牌」不能只做樣子。主體指出憲法是一中憲法，和自己相信一中是憲法義務，兩者在真摯的情感表現上大相逕庭。要讓人相信你是誰，首先說話要常帶感情。主體經常指出「憲法明文是一中憲法」等語，會讓消費者以為「憲法說」和「你自己說」屬於兩種不同的品牌。無論品牌模糊還是與別人雷同，自己產品若缺乏文化檔次就會讓消費者以為是個假貨。

總結文化資本的政治意義是：政黨形成主體文化的首要在於（1）找到自己的文化脈絡，其次（2）以話語闡述這種文化脈絡的想像，最後（3）向世人召告一種屬於自己的特殊文化印記。見圖3.3.1：

圖3.3.1：政黨形成文化品牌三步驟

以親中政黨可能的意識形態為例。大中國思想的「我」首先來自中華民族、中華文化、大中國史觀脈絡，而不是來自「外來政權」。其次，「我」以持續推出一些簡單象徵物（例如口號、常識、決議文之類）一再重申現狀定位以及某種對未來

的文化想像。最後,「我」向大眾自我標籤這種屬於親近中華民國的特定文化意象。

一直以來,本土政權在民族、文化,以及歷史的三種知識構成上,陸續累積了可觀的文化資本,例如一再提出什麼、什麼「決議文」;本土政權對台灣現在與未來「究竟是什麼」的想像也從來不怕做出定義。

與此相比,親中政黨仍經常指著憲法,說憲法如何、如何。親中政黨自己反對中華人民共和國的一國兩制,卻從來沒有發展屬於自己「什麼是中華民國」的口語定義。也就是說,親中政黨並沒有表達一種清晰的文化意象。在這種情境下,台灣意識形態主體即紛紛對之貼上主流思維所認定的種種負面標籤。

中華民國台灣的政治是一條無止境追求台灣國家識別的道路。許多新興本土政黨無不在盡情描繪屬於「我們的」文化選擇與獨立形象。可以說,所有台灣意識形態主體都以無比自豪的光榮感,置身在這種文化建構的場景當中。〈島嶼天光〉的歌詞就反映了這種感覺。〈天光〉歌詞中的每一個字、每一個音符,都成為可以一再重申的文化資本:

> 親愛的媽媽……我欲去對抗袂當原諒的人……
> 我欲去對抗欺負咱的人……換阮做守護恁的人……
> 天色漸漸光,咱就大聲來唱著歌,一直到希望的光線
> 照著島嶼每一個人……勇敢的台灣人

任何話語產品都需要文化屬性。親中政黨的主要論述通常指出「憲法說」,但主體卻欠缺實踐憲法義理的光榮態度。因此,多數國人都能感知上述〈島嶼天光〉歌詞的文化符碼,但

並不怎麼熟悉〈中華民國頌〉、〈梅花〉等屬於大中國思想的正面標記。可以用目前政治人物經常掛在嘴邊的「迷因」（meme）概念，來解釋這種意識形態在台灣地區消長的情形。

文化迷因

從傅柯的權力關係角度，文化的建構及其鞏固需要「力量」（power）支撐。一個沒有伴隨權力的文化很容易就消失殆盡。阿圖塞的學說也表明，有關民族觀念、歷史觀點以及文化理論之類的意識形態側重，都必須經歷國家機器領域不斷的階級鬥爭。這些都是一種唯物主義解釋文化消長的觀點。

然而，藝術史中的「浪漫主義」與「寫實主義」的循環發展卻是自然形成，不存在被外力「典範轉移」的過程。Dawkins（1976）就提出文化消長現象乃屬於個別文化基因自我演化的論點。在Dawkins看來，人們日常話語中的流行辭彙、主流知識、正確口號、視為當然的儀式、習以為常的觀念等等之所以最後成為主流、正確、視為當然、習以為常，都是它們在與其他文化競爭後「適者生存」的結果。

Dawkins（1976）創造「迷因」（meme）一詞用以表示文化形態的基本單位。例如，一個文化流行現象、一種主流的思想學說、一個風行的政治效應、一張瘋傳（go viral）的「網路哏圖」等等形態，都是文化傳播的基本單位。Dawkins借用生物進化論的觀點指出，各種特定文化形態的傳播現象都以「基因」（gene）為趨力。如果某個文化形態的基因能適應環境，那麼人們就願意選擇、複製以及傳播這個文化形態。

以2020年美國總統大選的「川普效應」或「川普主義」（Trumpism）這個文化型態為例。被多數教育程度不高的

美國白人堅定支持的川普，其話語「基因」想必觸動了現階段美國中產階級陷落的集體潛意識心理。在「川普現象」的思想觀念中，有極大一部分是「抗中反中」的意識形態。這與台灣親美抗中的文化基因非常契合。

因此，美國的川普現象在2020年至2021年初，快速被台灣主流價值所接納、複製、傳播。在Google2020年12月9日發布的「2020年台灣網域關鍵字人物搜尋排行榜」中，「川普」就是第一名。

Dawkins（1976）文化迷因的開創性說法導致日後學界展開「迷因研究」；學界開始探索「文化」在傳承時所出現相互競爭、物競天擇的現象。一般認為，一個文化型態之所以被接納、被複製、被瘋傳正是因為這個文化型態「內因」（endogenous）適應環境的結果，而非「外因」（exogenous）力量的推動。

Dawkins（1976）的迷因理論可以被詮釋為是一種將生物演化的規律，套用在解釋文化傳播上的唯心主義認識論。無論如何，如果把文化傳承與基因演化做類比，那麼，研究文化傳承現象的主要標的就是要指認並解釋「哪些文化形態會順應自然、適應環境、自我修正而存活；哪些不會，又為什麼不會」等等問題。也就是說，觀察文化變遷的主要目的，在於觀察各種文化形態的「基因」及其所處「環境」的問題。

原來，一種文化論述、一種知識話語、一些語彙用詞、一些特定儀式的普遍被採納與不被採納、存活或被淘汰等等的原因，都是基於該文化基因與環境土壤間相互作用的結果。基此，政治網紅（political influencer）製作的某些「網路迷因」（internet meme）（包括貼文和哏圖之類）之所以被眾人追

隨留言、點評按讚、瘋狂轉載，都與自己能適應市場存活的「自私的基因」（selfish gene）有關。

　　文化迷因的認識論確實帶給中華民國價值是否適應台灣環境的一個反省框架。在過去，中華民國價值透過家庭傳承與意識形態國家機器的「裝載」，其各項義理的完整度較佳。也就是說，中華民國的各項中華文化因子，在過去具有權威性與價值性。

　　然而，當氣候變遷進入台灣價值的大氣環境時，中華民國的意識形態價值卻無法以文化新意來進行自我改造。也就是說，中華民國價值中的文化因子（包括國家主權、民族論、文化再現、歷史觀等等的觀念論述）不是被他人任意改造，就是正在朝「不適者滅亡」的方向發展。

　　任何一種文化形態必然遭受其他文化構面的不斷挑戰。目前，以台灣為主體出發的所有文化論述在各個領域都有碾壓中華民國價值義理的現象。在家庭、在意識形態國家機器、在媒體／媒體人／公民團體的話語中一再重申之下，台灣價值中的各個文化因子歷經各種挑戰而終於成為主流。

文化儀式

　　西方有些影展的主辦單位會有意在電影評獎中彰顯自己所要主導的美學價值。Staiger（1985）的文章就曾以「正典形成」（canon formation）一詞指認過這種現象。本文借用「正典形成」概念，來描述權力者在「儀式」（ritual）中彰顯價值的作用。例如，過去中華民國曾舉辦七七事變抗戰紀念日、三二九青年節緬懷活動、台灣光復節慶祝活動等等具有中國性質的節日；現在中華民國台灣則有二二八和平紀念日等台灣價值節日。

　「我們的」節日與「他們的」節日不同，反映的正是「儀式」形成價值典範的作用。從台灣邁向正常國家的角度，所有彰顯價值的節日都應以台灣為主體。也就是說，從現在行政院人事行政總處所規劃的節日脈絡來看，所有節日的儀式明顯由中華民國價值向台灣價值進行典範轉移。

　舉中華民國在1943年國曆3月29日的青年節為例。過去中華民國連結1911年4月27日（農曆三月二十九日）孫中山先生領導的第十次革命廣州黃花崗之役，設定三二九為中華民國青年節。中華民國成立時台灣尚為日本國土。當代部分國人因此呼籲，如果台灣真要有屬於青年的節日，大可以連結青年參與推倒黨國體制高牆的所有其他時日。

　再舉教師節為例。政府以國家全面實施周休二日為由，教師節從2001年起不再被列為國家紀念日。在2011年頒布的《紀念日及節日實施辦法》中，教師節放假這件事也一併去除。此後，國家元首即不必再以中樞身分出席祭孔典禮。教師節儀式原本在彰顯儒家思想為中華民國立國之文化精神主軸。今天，國人的主流認知則以為教師節如同警察節、軍人節一般，是一個屬於特定行業的日子。

　中樞對節日紀念或不紀念、舉行儀式或不舉行儀式，再再反映統治階級的意識形態實踐。國家所有節日的符號消長都反映出政治力量對這些節日承認與不承認的態度。政治力量對節日的支持程度越高，人民對價值的理解與歷史的記憶就越高。反之則越低。抗戰紀念日、台灣光復節等中華民國的價值節日走入歷史，就意味與這些節日連結的相關價值及其歷史記憶跟著消失。

　過去中華民國內政部長有南下台南主持鄭成功中樞祭典儀

式的傳統。今天，鄭成功的「反清復明」和蔣介石的「反攻大陸」被認為如出一轍，都只是把台灣當成「跳板」。鄭成功因此從中華民國史觀的「開台聖王」，向「外來殖民者」的台灣史觀轉移。中國大陸史觀把鄭成功定位為從荷蘭人手中收復台灣的「民族英雄」，就更加不符台灣價值。

1986年修正的《褒揚條例》更有「正典形成」的儀式作用。該法規定，行政部門得提報對社會有貢獻的公民，簽請總統給予褒揚。從意識形態實踐的理念而言，「褒揚」儀式注定具有「選擇性」。被褒揚的公民事蹟是否足以彰顯意識形態國家機器所標舉的價值？被褒揚的公民事蹟是否對社會起到國家意志的示範作用？這兩個問題是任何褒揚儀式都要考慮到的根本問題。

不僅褒揚令的頒授如此，各類文化獎項的給予、文化項目的獎勵扶持、公共資金的分配等等，幾乎都是「正典形成」的身分認同政治。文藝方面的美學標準、倫理學上的對錯標準一般也都有意識或無意識地向一種主導的意識形態價值靠攏。

儀式是價值的載體，也是文化領域的認知作戰。例如，黃帝是中華民族的起源之一。過去中華民國威權時期，拜黃帝這類儀式還是由中樞親自主持的國之大典。藉由農曆三月三「生軒轅」的祭拜儀式，國人表達了對中華民族的價值崇敬。然而，與蔡英文總統「南島尋親」的儀式相比較，祭祀黃帝這類的中華民族傳統儀典現在看起來就像是一種古裝劇的攝製現場。如果嚴肅看待這類儀典，民間主辦單位還有可能召來《反滲透法》主動關切資金來源的待遇[13]。

註13. 大陸對台灣的統戰工具箱中也備有多種「儀式」工具。例如表彰台商作為「勞動模範」、頒發台胞「青年五四獎章」、台灣電視劇參與其國內評獎、台灣人參與大陸廣電單位所屬的文化獎評選等等儀式，都屬之。

　　有關在儀式中確立價值這件事，中華民國價值與台灣價值在認知與態度上，存在明顯差異。對於1930年建設烏山頭水庫嘉惠台灣的八田與一，國人以立銅像的方式表達敬意。然而，根據嘉南大圳完工前後台灣稻米輸日產量驟升之數字推論，部分國人也認為八田與一興建烏山頭水庫的目的，主要是把台灣稻米資源福澤日本母國。

　　當前台灣各個階級對任何事物的認可與排斥的儀式，都表達了相異的「態度」。台灣的機關首長選擇出席「鄭南榕紀念會」，中華民國人則選擇舉辦「蔣經國紀念會」。可見，儀式是一種別有目的的意識形態表演。即使對過去事件或古代人物的紀念或慶祝儀式，主體都在為現在的價值服務。

　　這樣說來，儀式就是文化替政治服務的最佳體現。因此，意識形態國家機器的重要工作之一，也就不外乎是要用某種形成正典的儀式，來彰顯「我們的」價值。基此，儀式從來就沒有客觀中立；換句話說，儀式的意識形態主導地位從來都是由政治力量決定。

　　由於人們看的方法不同，所有受到後人以儀式來紀念的歷史事件或歷史人物，都是爭議事件、都是爭議人物。尤其歷史人物有瑕有瑜、有得有失。所有統治階級針對這些人物在一時一地所啟動的崇敬儀式，都注定因時間的改變、權力的流動而典範轉移。這是差異政治、認同政治的宿命，鮮有例外。

文化作為機器

　　為了推廣本國語言文化，各國多設立國家文化機構。德國有歌德學院、英國有英國文化協會、法國有法蘭西學院。從2004年起，中國在全球也普設「孔子學院」。從設立「孔子學

院」這件事情本身來看，中國正以放大中華文化儒家思想的符號意象，從過去弘揚中華文化的中華民國手中拿走正統中華文化傳承的主導權[14]。

即使今天中華民國總統府仍設有「中華文化總會」之編制，推行中華文化思想的工作確定不在國家機器之列。歷史是一條長河，任何被移除的意識形態思想都有潛在自我再生的能力。黨國時期的國家機器以穩定社會秩序為由移除電視布袋戲，電視布袋戲並沒有因此死亡。一些在當時的「禁歌」也並沒有失去被持續傳唱的機會。

當代民主台灣占主導地位的文化理念，在於強化本土認同、彰顯台灣與中國差異，以及反映國家的獨立意涵。在這種意識形態國家機器的主導意志下，少數大中國思想意識的再現與論述，並沒有被強制更動。國人的中華文化攝取以及自己的「媒介資訊組合」並沒有消失。也就是說，部分國人還是可以在YouTube看到「親中媒體」的政論節目，也可以跨境到香港愛奇藝視頻網站進行「追劇」等文化攝取的型態。

然而，大中國思想的文化理念與文化認知並非為台灣主流意識形態所認可。例如，再現台灣價值的電視節目、博碩士論文、文藝作品等文化形態在國家機器的露出機會較多，獲補助的機會較大；乘載中華民族觀念的作品露出機會較少，獲國家補助機會也較小。意識形態主體更經常提醒政府，台灣所有的文化資源都應審慎選擇支持那些認同台灣價值的藝人。

註14. 在2020年印太戰略的高峰期，美國政府先要求在美國的孔子學院納管登記為「外國使節」（foreign missions），更於2020年底關閉全美大學多所孔子學院。有關「孔子學院」之建制資訊，見中華人民共和國教育部國家漢語國際推廣領導小組辦公室官網。

　　教育是向內集中的（centripetal）文化，文化是對外輻射的（centrifugal）教育。不管教育與文化，以台灣為主體的文化論述已經向內、向外深耕經年，並且占據了主導地位。民主國家的文學、藝術、新聞寫作等領域工作者，從來都有意識地告訴自己：「不要為政治服務」。然而，對台灣意識形態主體而言，文藝再現「以台灣為主體」的價值，仍屬第一要務。

　　提倡文藝「裝載」特定意識形態先河的是毛澤東。1942年5月2日至23日，毛〈在延安文藝座談會上的講話〉就表明，文藝是整個「革命機器中的齒輪和螺絲釘」。毛澤東的〈講話〉至今仍為中國「社會主義現實主義」（socialist realism）的創作原則。習近平繼承了這項傳統。在2014年10月15日北京「文藝工作座談會」上的講話中，習指出：「文藝是時代前進的號角……文藝的作用不可替代」（見次年2015年10月15日《人民日報》第2版的公開發表）。

　　中國大陸的案例表明，威權體制由上而下把文藝當成屬於強制性規定的國家機器。與此相反，民主國家的統治團體並不會把文藝領域公開稱做「意識形態國家機器」。民主國家的創作者也通常由下而上，將主導的意識形態價值主動帶進自己的創作之中。例如，許多演唱團體都願意有意識地將「以台灣為主體」的本土印記，置入在他們的表演活動當中。長期由高雄市政府公共資金補助的「大港開唱」活動，就經常表明這種傾向。

　　基於以台灣為主體理念的正當性，台灣有越來越多的文化工作者願意致力於讓台灣價值在流行文化中產生示範作用。意識形態價值是文藝作品外溢的話題。在當代文化領域中，所有博物館、文資保存場所、廣播電視電影音樂圖書演唱會等的補

助與評獎、國家機器所委託製作的所有紀錄片等等，也多有表現高舉價值的類似情況。

當代的文藝態樣還包含娛樂市場中的各種多樣表現。網劇、網紅直播、網路遊戲等等新生事物，都屬於年輕世代流行文化中的酷炫娛樂。因此，政治力量在網路的各種文藝娛樂樣式中置入特定意識形態，非常普遍。尤其在選舉期間，政治人物更把「蹭網紅」的功課當成必要行程。至此，民主政治終於讓意識形態「娛樂化」，同時也讓「藝術歸藝術、政治歸政治」的話語成為空谷足音[15]。

什麼是中華文化

在原住民固有的南島文化基礎上，台灣陸續建立漢人移民社會。四百年來，移民台灣的大陸漢人並沒有「南島化」，反而將中華文化的生活方式普遍內化整個台灣社會。即使隨後日本、美國以及東南亞文化元素明顯移入，整個台灣的文化脈絡都以中華文化為底蘊。宗教習俗、文學語言、思想藝術等等文化形態，都是如此。

古生物學中有一個所謂「型態樣本」（type specimen）的實驗方法。實驗者將某一個新的物種型態與一個較久的主要樣本相比較，若這個新物種的屬性多數與主要樣本不同或不相關，就是新的物種。否則，這個「新品」的型態就是「型態樣本」的分支演化（cladogenesis）。

註15. 在分析中華人民共和國新媒體文藝的意識形態一文中，Lagerkvist（2008）將意識形態（ideology）和娛樂（entertainment）二個字複合成一個新詞——「意識形態娛樂化」（ideotainment）。

　　從「型態樣本」的比較而言，台灣文化有太多文化因子源自中華文化。在部分國人的審美過程中，台灣文化中的種種形式經常被連結到對原來「型態樣本」的認知與感受，例如歌仔戲和布袋戲這兩種形式。過去的主流文化論述就曾表明，台灣文化為中華文化的分支演化。今天，這句話即可能被強勢話語標籤為不以台灣為主體的結構。

　　站在以中華文化為主體的立場，中華文化與台灣文化從來就不是脫鉤的兩條平行線。台灣傳統廟宇無論祭祀媽祖、關聖帝君、三太子，都是從大陸分靈而來。1925年成立的北平故宮博物院和台灣這片土地本來沒有關係，但其收藏主體卻因歷史因素而使兩岸文化中的物質成分一脈相承。因此，大中國主義者不認為國家有必要在話語上刻意排除文化中國與台灣文化緊密連結的意義再現。

　　除了宗教習俗、藝術文本、典章制度、學術思想以外，中華文化還包括「典型人物」。中華民國撤退來台初期，文化思想的代表性人物極其眾多。台北市巷弄中所謂某某人文故居，至今仍在演繹屬於台灣與大陸連結的生命意象[16]。霧峰林家幾代世居台灣，其大家族的生命歷程也都在訴說兩岸命運與共的歷史情緣。

　　兩岸固有的傳承故事使得以台灣為主體的敘事，無法自外於中華文化。在具體言行的所有細節上，多數台灣人民都歷經400年來中國方塊文字與漢人習俗的洗禮。在意識形態上，中華民國人多認為意識形態國家機器應續留中華文化的種種再現

註16. 因為看的方法不同，國人比較熟悉過去那些被台灣人民要求去職的大陸 1,080個終身國民大會「法統」代表。對於一些大陸來台的文化界人士，國人反而並無特別感覺。

與論述。

過去儒家思想在中華民國台灣地區就曾進入教育系統，成為全民的「中華文化基本教材」。儒家講義、利之辯，也講倫常秩序、君子與小人之別。比較其他思想，儒家思想是作為中國人價值觀最重要的思想紐帶。儒家思想的軟性文化與剛性的民族主義，共同構築了過去中華民國主流意識形態中的兩個核心項目。

綜上所述，有關中華文化的概念可以被表述為三個命題，即（1）中華文化是兩岸文化的上游，是兩者同源的型態樣本；（2）大陸文化和台灣文化都是中華文化的延續；（3）台灣的多元文化仍以中華文化為核心、為底蘊。見表3.3.1：

表3.3.1：有關中華文化的三個命題

有關中華文化的三個命題
1. 中華文化是兩岸文化的上游，是兩者同源的型態樣本。
2. 大陸文化和台灣文化都是中華文化的延續。
3. 台灣的多元文化仍以中華文化為核心、為底蘊。

可以想像，這種文化表述在認同政治的語境普遍被視為典型的「意識形態他者」。甚至，強勢意見更不乏將此等話語的再現定性為「外來者站在台灣土地上敵視台灣文化」的中國觀念。因此，在以台灣為主體的價值前提下，意識形態國家機器確定不再「裝載」中華文化的再現與表述。

在2019年6月29日的國民黨總統候選人黨內初選第二次「國政願景發表會」上，就有一道文化題目具體描繪了這樣一個

圖像，即國家正在漸進去除中華文化的表述機會：

> 台灣文化以中華文化為基底，融合外來文化，豐富且多
> 元。蔡英文總統就任以來，以「轉型正義」為名，主導去
> 中華文化的斷根政策。請問如果您當選中華民國總統，將
> 如何導正目前偏差的文化政策？

　　然而，台灣文化迷因的環境土壤已經告訴人們，在所有價
值儀式、價值用詞、價值再現、典籍選用等等文化表述中，如
果不以台灣為主體，難道要以中國為主體嗎？在認同政治的氛
圍下，「以中華文化為主體」是一種高傲態度。從台灣人400年
被殖民的角度，這種態度完全可以喚醒「台灣人」被「中國人」
鄙視的憤怒情緒。

　　Schori-Eyal, Halperin和Bar-Tal（2014）在一篇討論以色列
人和阿拉伯群體衝突對立的論文中，提出了「競逐受害者地
位」（struggle for victimhood）的概念。作者指出，暴力衝突的
雙方都相信自己是被加害的受害者：

> （雙方）為爭取唯一受害者的身分而鬥爭。此舉既可升高攻擊
> 他者的正當性，也合理化對敵對群體採取更為激烈的手段。
> The struggle over the status of sole victim can enhance
> aggressiveness and lead to the employment of harsher means
> against the rival outgroup. (pp.785)

　　「台灣文化以中華文化為底蘊」的話語再現，就這樣容易
引起台灣文化的受害情緒。事實上，所謂「中華文化」也備受

中國人自己的批評。中華民國在大陸時期的公民魯迅說它「吃人」、中華民國在台灣時期的國民柏楊說它「醬缸」，宋明理學更被識者公認為屬於壓抑人性的代名詞。如果經過仔細盤點，台灣人民還可以從「中華文化」的種種項目找到一連串封建、反民主的案例。

然而，中華文化有其糟粕，亦有其精華。人們確實可以舉出有關糟粕中屬於文化醬缸的例子，例如「臥冰求鯉」、「懸梁刺股」、「臥薪嘗膽」、「句踐復國」等等偏執狀態。五四運動以來，中華文化的認同者倡議應對中華文化「去其糟博、取其精華」。

例如，「成語」是集結各個歷史時期智慧結晶的典型中華文化。今天人們使用成語往往都會依經濟基礎的嬗變而與時俱進。在華人社會甚至國際社會中，這種認識論支撐了中華文化整體仍是一種可持續的、影響層面廣泛的價值體系。因此，在部分國人的生活態度與認知空間中，爭執中華文化價值應該在國家機器中絕不可以被取消者仍然大有人在。

什麼是台灣文化

台灣人要讀什麼書、要寫什麼事，是當代台灣認同最基本的文化表現。目前台灣文化所要彰顯的重點價值在於訴說台灣島嶼的故事。也就是說，在歷經多重殖民的福爾摩沙這片土地上，人們應該建立屬於台灣自己的敘事。當台灣的故事被挖掘、被書寫、被描繪、被傳頌以及被了解以後，台灣人的文化底蘊才算完成。

台灣人民對這種台灣價值的文化底蘊慢慢開始具有敏感

度。曾經在1970年代參與「台灣鄉土文學論戰」的詩人余光中（1928—2017）先生，其氣質就與這種價值明顯相左。在〈從母親到外遇〉的散文中，余光中曾說：「大陸是母親，台灣是妻子，香港是情人，歐洲是外遇」。在辭世後，這位「詩壇祭酒」就這樣無法獲頒台灣政府的褒揚令。

　　就余光中而言，兩岸內戰分離是中華民族最大的國殤。在歷經流離失所的時代悲劇中，外省第一代最終入土台灣。在〈鄉愁〉一詩中，余光中以人本主義寫下了這首現在看起來與台灣價值似乎無關的詩歌：

> 小時候，鄉愁是一枚小小的郵票，
> 我在這頭，母親在那頭；
> 長大後，鄉愁是一張窄窄的船票，
> 我在這頭，新娘在那頭；
> 後來啊，鄉愁是一方矮矮的墳墓，
> 我在外頭，母親在裡頭；
> 而現在，鄉愁是一灣淺淺的海峽，
> 我在這一頭，大陸在那頭。

　　在政府施政的態度上，任何褒揚令的頒授、作者／作品的獎補助、文化獎章的授予、扶植策略的擬定以及文化理論的選材與措詞等等，都明確表意「正典」。各種文化授獎儀式是最清楚簡明的「正典」表意活動。一個政權如果以「愛與包容」的方式濫用儀式，一種價值不清甚至沒有價值的混淆狀態隨即發生。通常在這種精神錯亂的情況下，支持者即心灰意懶、趁機離去。

　　總統褒揚令是一種價值體現的儀式。以台灣為主體、對台灣主權的忠誠，是目前本土政權在意識形態國家機器中，包括學術與文化界，所亟欲建立的基本共識。所有藝術、美學、學術等領域，都有各自不同的正典學派。政權的政治思想更是如此有著一定明確的價值脈絡。

　　因此，總統褒揚令並非「理應」表彰社會典範人物。重點是，被褒揚的人物自己散發了什麼價值。從台灣主體性的角度，余光中這位中華文化的代表人物在辭世後，終究未能獲頒台灣政府的總統褒揚令。

　　台灣主體意識、台灣價值、台灣性等概念，歷經數十年而形成品牌文化。這種品牌被多數國人視為進步而時尚，因此擁有可持續運作的文化資本。一代代新起的選民天然地、驕傲地、無償地轉貼、轉傳本土價值的訊息和理論。本土政權的話語從此成為在台灣鮮明的文化品牌。反觀中華民國義理、反台獨語彙、反去中國化的理論、「撥亂反正」的囈語等種種反抗言論，在台灣地區尚未，也很難，形成文化品牌。

　　主體性　台灣歌仔戲、布袋戲根源於中國閩南。然而，依台灣主體性立論，歌仔戲和布袋戲在台灣本來就有自己本土的發展邏輯。因此，教科書課文也就不會深入闡述這種台灣文化形態與中華文化「型態樣本」的淵源。在講述台灣文化時，108課綱國中南一版第二冊146頁就僅僅提及「閩南語布袋戲、歌仔戲締造了很高的收視率」。

　　台北故宮將中國國寶台灣化的努力也充分反映這種不必強調「淵源」的主體論述。台北故宮的每一件中國館藏文物都蘊涵中華民族的歷史感情。至少故宮的「故」字，就有將台灣自動連結「過去」歷史中國的充分意涵。然而，台灣化以後的故

宮就處處彰顯台灣人民用心保存、複製推廣，以及「文創利用」
之類屬於台灣性質的東西。因此，故宮藏品即使自動發揚中華
文化的一面，但它「以台灣為主體」的策展利用卻彰顯台灣價
值。

　　台灣的國家機器就這樣致力於生產具有台灣價值的文化產
品與儀式活動。各種文化形態表意台灣價值也就隨之成為庶民
日常的文化自覺。事實上，三太子與宮廟之陣頭文化等民俗展
演，就脫離了與中國型態樣本的牽連而彰顯台灣主體性，因而
讓世界看到台灣。

　　就算以「型態樣本」這種「淵源論」的角度，在台灣的多
元文化體系中，漢文化只是其中一個部分。南島文化、荷西文
化、日本文化、西洋文化、東南亞文化，都是構成台灣文化的
元素。以台灣為主體的文化論述指出，中國文化是台灣文化的
一部分；漢人移入所帶來的漢文化，充其量只是屬於台灣多元
文化中占有稍高比重的台灣文化而已。

　　「四百年來台灣歷經不同的外來殖民統治」是台灣文化認
識論的前提。經過外來多元文化的衝擊，台灣文化的發展經驗
已經自成一個獨特的文化體系。閩南、客家、眷村、原住民、
新住民等等文化都包含在台灣文化之中。以台灣為主體的文化
認識論，從此取代過去「台灣文化以中華文化為底蘊」的文化
認知。

　　國人繼續過著中國傳統節日的習俗與意涵，例如春節、元
宵、清明、端午、七夕、中秋、重陽等等。傳統曆法、節氣、
生肖、飲食、中醫藥等的推廣利用，也依然深植台灣人民的生
活態度之中。即使如此，意識形態國家機器並不突出台灣文化
與中華文化「型態樣本」的起源傳統，反而致力於再現上述傳

統文化的台灣化利用。例如，人們可以說：「台灣人雖然過中國中秋節，但台灣人也過西洋情人節、萬聖節，甚至在新北市也有台灣人過泰國潑水節呀！」。

　　台灣多元文化包含中華文化一支的命題，還可以用「語言」這個文化形態再加以說明。依《國家語言發展法》（2019）第3條，法定國語指的是「台灣各固有族群所使用的自然語言及台灣手語」。原住民族語言是台灣國家語言之一。根據《原住民族語言發展法》（2017）第2條第2款的隱含定義，「拼音」也是原住民族文字。因此，羅馬拼音標注原住民語即屬台灣國家語言。

　　從公共電視「台語頻道」所正在推廣「台語字書寫系統」的現象觀察，台灣國家語言也可以使用台語字書寫，不必然要用漢語的習慣用詞。在這麼多元的台灣國家語言當中，過去中華民國所稱「國語」的所謂「華語」、「漢語」或「北京話」，現在就只是中華民國台灣國家語言中的一個組成部分。

　　再以「話語再現」這個文化表意的形態來說明以台灣為主體的文化自信。「先民運用航海技術與星象知識遷徙至廣闊大洋的其他島嶼」之類的民族神話敘事，從一開始就標示著台灣人從哪裡來、到哪裡去的文化意義。當前意識形態國家機器的集體意志，就這樣期許台灣的文藝工作者「說好台灣故事」。本土政權和台派公民團體歷經數十年共構本土文化意識，最後終於讓「中華文化為底蘊」的論述慢慢離開國家機器。

　　總結台灣文化的本土印記表現在三個方面：（1）表達以台灣為主體的文化論述以及話語再現、（2）彰顯台灣主體性的各種文化形式與內容、（3）突出各種以台灣價值為「正典」的「儀式」。見圖3.3.2：

圖3.3.2：台灣文化的三種表現形態

　　當大陸在「破四舊，立四新」時，中華民國曾以「復興中華文化」與之對抗。1966年大陸爆發文化大革命，中華民國隨即在次年成立「中華文化復興運動委員會」。時至今日，國家公文書中有關涉及「文化」表述的部分卻已經普遍使用「多元文化」一詞取代過去「中華文化」一詞。流風所及，在當代年輕世代的認知空間中，「中華文化」的用詞開始產生外來意味。任何標舉弘揚中華文化的活動都可能讓台灣人民以為，這個主辦單位正在受到某種外部勢力的滲透。

第四節 歷史認同

　　針對一個合法（legalized）政權的「統治制度」（systems of rule）及其實際的「統治行為」（rulership），人們仍然可以「問責」（make accountable）這個合法政權是否具有統治的「正當性」（legitimacy）。韋伯（Maximilian Karl Emil Weber,

1864—1920）曾概括四種政權統治正當性的形態：（1）魅力型（charisma）、（2）傳 統 型（tradition）、（3）法 理 型（legal authority）以 及（4）科 層 制 度 型（bureaucracy）（見Weber, 2019）。

　　魅力型的統治正當性來自領袖個人的創見與權威；傳統型的正當性來自社會共認的傳統信念；法理型的正當性來自法律和理性的授權；科層制度型的正當性則來自官僚系統的治理效能與經濟表現。人們可以單獨或混合使用這四種統治正當性的類型觀點，來評價一個合法政權的統治行為是否具有統治的正當性。

　　依照韋伯這種理想的理論延伸，認同政治下的部落民眾特別重視一個政權的「歷史正當性」。一般來說，世界上任何一個國家都不可能承認一個具有「外來、流亡、殖民」遺緒的他者政權之歷史正當性。換句話說，一個合法執政但意識形態仍屬他者的政權將永遠被「我群」質疑其統治的合法性。

　　中華民國「憲法一中」的歷史情境一直被視為是外來政權的延續、轉型正義的標的，以及民主改革的對象。台灣的認同政治清楚表明，本土政權已經站穩400年來台灣主體歷史的合法性授權。反觀主要親中政黨則尚未確立自己對原有中華民國歷史的堅持。一個政黨永遠必須對外昭告它對若干歷史問題的決議。一個不去爭執歷史對錯的政治團體，即意味自願放棄擁有對未來發展的文化資本。可見，「歷史」之於政治是有多麼重要。

史觀

　　歷史由（1）史實、（2）史識，以及（3）史觀所構成。也

就是說，「史實」、「史識」與「史觀」相互辯證而成就歷史。
見圖3.4.1：

圖3.4.1：歷史構成圖

　　1945年8月14日，日本宣布無條件投降。在擠滿歡慶人群
的美國紐約時代廣場，一名水兵隨機親吻了路旁一名陌生的牙
科助理。這個鏡頭恰好被攝影記者捕捉並成為1945年8月27日
《生活雜誌》（*Life*）的封面。

　　無論放在什麼時空，未經他人同意即強吻路人甲乙都是
《性騷擾防治法》的訴追對象。然而，人們對這個史實的認知
卻著重在當時那個普天同慶的「場景」：當天紐約街頭擠滿人
群；他們互相既是陌生人，也是一起見證重生的命運共同體。
今天，依照這幀相片原型所建立的塑像還矗立在美國聖地牙哥
海軍基地的入口。

　　認知史實、史料的整體歷史脈絡被稱為史識。主體從史料
的歷史場景中去感受與理解史實就是「史觀」的作用。香港在
2020年實施《中華人民共和國香港特別行政區維護國家安全
法》（簡稱《香港國安法》）以後，該地小學六年級「常識科」

教科書也隨即將「由蔣介石領導的中華民國政府則遷至台灣」的原來文字、代換為「由蔣介石領導的中國國民黨則遷至台灣」的新字句。有關國共內戰結果的史實，就這樣因權力關係的流動而有不同的史觀描述。

主體書寫歷史所使用的名詞和形容詞更具體反映主體的觀點性格。慰安婦「被強徵」反映的是仇恨日本軍國主義的史觀；「日據」也反映了台灣是被日本割據的一塊中國領土的史觀。從東亞史的脈絡觀點來看，日本治理台灣就是中性的「日治」；慰安婦「被強徵」也顯然以偏概全。

一個史觀可以指出：八田與一建設嘉南大圳的動機是方便日本母國南進侵略；另一個史觀也可以突顯八田與一興建水庫、嘉惠台灣人民的一面。有人看到1949年國府撤退來台帶來大量黃金與文化菁英，也有人看到當時來台的中國人盡皆難民。

歷史觀點從來不曾脫離權力的制約。「勝者為王、敗者為寇」不僅僅是一句形容以權力來論斷是非的成語，它也是知識典範轉移的定律。對孫中山先生來說，陳炯明是叛變，所以歷史就稱呼他為「陳逆」。民主社會中的歷史觀點就這樣以各種價值用詞表示出來。所有用詞都反映主體立場與詮釋方法的不同。

舉「西安事變」的知識差異為例。過去中華民國流行「唯心主義」（idealism）的史觀。依據「攘外必先安內」的戰略，蔣委員長至始至終都不敢忘記準備抗日。在西安事變中，張學良目睹「蔣公日記」所自況的抗日用心而興起贖罪之心。最後張竟親自陪同蔣委員長離開西安回到南京。張學良從此被蔣看管軟禁台灣則是歷史後話。

大陸流行歷史唯物主義（materialism）。蔣介石被釋放的原因並非張學良的「良心」發現，而是共產國際蘇俄老大哥的執

念。蘇俄預判：蔣若死亡，共產黨必將經歷國軍鷹派的追剿。此舉也將授予日軍在蘇俄東線開闢戰場的可趁之機。蔣若停止內戰、通電抗日，中國立刻具有牽制日軍盲動的效果。因此唯物史觀指出，西安事變的和平落幕是國際局勢的必然，並非張學良瞥見蔣公日記的偶然。

美國南北戰爭的歷史也是一樣。美國內戰後南方棉花田的人力資源大量流入北方新興工業城市。當時黑奴身分雖然得到解放，但黑人只是從鄉下種田轉到工廠做工。可以說，解放黑奴命運的崇高動機並非北方發動內戰的原因。北方資本家對人力資源重做分配的經濟考慮，才是戰爭發生的主因。更有一派唯物史觀指出，林肯發動這場歷史上死傷美國人最為慘重的戰爭，是不願意見到南方陣營宣布獨立的事實。

在詮釋蔣渭水和林獻堂等人在日治時期所散發的民族氣質時，對立的意識形態主體也一樣表露史觀迥異的情況。蔣與林兩人在日治時期即向日本爭取設置議會、呼籲民族自決。對於兩位先進的價值典範，主流台灣史觀聚焦於他們帶領台灣進入本土意識的貢獻，稱兩人是以台灣為主體思想的新文化先驅。中華民國史觀則突顯兩人的中華民族認同，稱他們是台灣抗日的前鋒。

在以中華民國為主體的史觀中，兩人呼籲的民族自決明顯站在與日本異族統治的對立面。林獻堂「此番歸來祖國……」（轉引自趙芷菱2005年4月在《新紀元》網站第424期貼出的〈不說日語、不著和服「台灣議會之父」林獻堂〉一文）和蔣渭水「我等……介在漢族一血脈」（見蔣渭水1921年9月21日所作〈台灣文化協會會歌〉歌詞）等言論，最常被中華民國人引為例證。蔣渭水1929年所製作的「台灣民眾黨」黨旗，尚以中

華民國國旗為原型。

大中國史觀

　　「以中國為主體」的史觀一般都如此描述近代中國:「自鴉片戰爭以來,中國即進入『百年屈辱』的時代」。李鴻章在1874年的奏摺中稱,中國正遭逢「數千年未有之變局」。山東威海劉公島原為清末北洋海軍的重要基地。1895年日軍在甲午戰爭後期登陸劉公島,接收包括北洋艦隊在港內的所有一切。也就是說,一場甲午戰爭讓清朝好不容易建立起來的北洋艦隊,一夕瓦解。

　　1895年台灣巡撫唐景崧不接受日本前來統治台灣;他成立「台灣民主國」,年號「永清」。在5月25日的建國典禮上,唐景崧表明:「今須自立為國,感念列聖舊恩,仍應恭奉正朔,遙作屏藩;氣脈相通,無異中土。」(見「台灣民主國」〈唐景崧就任大總統宣言〉)。1895年5月29日,日軍在澳底(今新北市貢寮區)登陸。原本日軍單純接收台灣的行動遂以一場場台灣人的抗日活動開始。1895年10月21日奉清朝為正朔的「台灣民主國」滅亡,全台底定。

　　這個很快就被日軍登陸部隊消滅的獨立國度,在意識形態上是繼鄭成功明鄭之後的第二個「親中政權」。鄭成功遙奉明朝正朔,把1661年(明永曆15年)起走荷蘭人一事稱為「收復台灣」。《台灣通史》之〈與荷蘭守將書〉記敘,鄭成功堅持對荷蘭人主張:「台灣者,中國之土地也」。

　　明鄭時期,部隊屢屢發生與原住民的爭鬥事件。之後,漢人拓墾侵入「番社」部族領地的事件經常發生。在1731年至1732年清雍正時期的「大甲西社事件」中,漢人與原住民平埔

族群均傷亡慘重。最後，「大甲西社事件」還是由「外來政權」之清兵前來平定。

連橫（2017）的《台灣通史》也記錄鄭成功部隊屠殺大肚沙轆社平埔族的歷史（頁306—307）。2016年8月1日蔡英文總統向台灣原住民公開道歉時，就特別指出鄭成功這一段「對平埔族群屠殺和經濟剝削」的過去（見該日〈總統代表政府向原住民族道歉〉之總統府新聞稿）。

2017年4月，台灣取消54年來由內政部長中樞主祭鄭成功的慣例。這意味國家首次將歷來鄭成功祭典降格為台南市長主持的地方儀式。2019年108課綱高中歷史教科書第一冊第一章談論原住民主題時，鄭成功形象開始從過去的「開台聖王」，變成滅族「中部大肚（番）王……其下沙轆社」的侵略者（見南一版高中歷史課本第一冊第26頁的描述）[17]。

持平而論，鄭成功確為康熙治台前移入的中國人。這些明鄭遺老和1949年隨蔣介石到台灣的國民黨殘部，在氣質上非常相像。無論如何，明鄭開台以及清廷治台期間，大批閩粵人士相繼渡海來台。除原住民族原有祖靈所賜之地外，台灣多處為無主之地。在所謂地籍相關法規興起之前，當時漢人怎麼圈地就怎麼開墾。因此，來自中國大陸漢人的「篳路藍縷、以啟山林」終究還是成為擠壓原民被迫遷徙高山的開始。

蔣渭水等人的民族認同畢竟還是延續了以大中國為主體的漢人觀點。在1921年《台灣文化協會會報》第一號中，蔣發表以診斷「台灣病人」為母題（motif）的〈臨床講義——對名叫

註17. 對比鄭成功的屠殺形象，日本第五代台灣總督佐久間左馬太1914年入侵太魯閣原住民97社的屠殺形象，並沒有在中等學校教科書中以同等地位再現。

台灣的患者的診斷〉一文。〈講義〉一開始就指出台灣「原籍」為「中華民國福建省台灣道」……「有黃帝、周公、孔子、孟子等的血統，遺傳性很明顯」的話語。這種形容台灣身分的話語顯然承接漢民族認同觀念，和鄭成功、唐景崧、邱逢甲、劉永福等殊無二致。

　　類似蔣渭水的民族主義思想充斥著過去中華民國的意識形態國家機器。有關民族主義的文言文尤其屬於必選、必讀、必考的教科書文本。即使是軟性一點的詩詞歌賦、戲曲雜劇等文學節錄，也都是滿滿的中國歷史典故及其教訓。套句後現代主義（post-modernism）的辭彙，中文語境的文言文處處充滿指涉中國歷史的「文本互換」（inter-texuality）。可以說，只要是由中國方塊字所書寫的文言文，不管屬於什麼文類都是歷史。

　　中國人因此習慣用「以史為鑑」作為分析事理的框架。方塊字文章中無所不在的歷史就這樣涵養了作為一個中國人的意義。中國人所謂的人文素養，大部分就是在認識歷史人物及其事蹟的素養。不管是義利之辯、忠奸之別、倫理之義、君子與小人之分，都是以歷史人物的典型形象作為鑑別的標準。可見，中國歷史的傳承一直都是影響中國人認同的基礎。

歷史就是權力的再現

　　當代強勢意見畢竟把大中國史觀詮釋為等同「去台灣化」的洗腦。2015年7月23日一群高中生衝入教育部，擋下當時馬英九政府執政後期「課綱微調」的大中國史觀政策。政治權力的消長決定某一種歷史成為主流或非主流。也就是說，詮釋與評價歷史的自由並非由學術決定，而是由權力決定。

　　在意識形態國家機器中，屬於中華民國史觀的名詞與形容詞目前都已「被取消」，例如「日據」（而非「日治」）、慰安婦「被迫」、黃花崗「起義」（而非「起事」）、「光復」台灣（而非「終戰」）等等用詞。主導的名詞與形容詞既然由權力支撐，親中政黨在2000年以後即無力再以國家權力來支撐中華民國史觀。

　　「以台灣為主體」的史觀則成為討論一切事物的出發點。如同日本、朝鮮、韓國一樣，目前中國史是東亞史的一部分，是台灣史的外圍歷史。過去的歷史課本編輯方式直接以中華民族、中華文化、中國歷史的觀點取材。現在歷史課本的編排方式，則是讓中國史與其她東亞各國歷史並駕齊驅，成為台灣本體歷史同心圓的外圈歷史。

　　主體在陳述、書寫或再現歷史時，都會透露自己對歷史事實、歷史知識脈絡，以及歷史解釋觀點等三個方面的見解。不論稱為同心圓史觀、台灣島史觀，還是殖民史觀，中華民國台灣居主導地位的史觀就是「以台灣為主體」的「本土」對應「外來」的史觀。在外來者當中，日本的建設與國民黨中國的威權統治，大底為目前年輕國人的共同歷史記憶。

　　主體對過去歷史的編輯詮釋有多遠，就能對未來價值知識的定義有多遠。在108課綱南一版高中歷史教科書第一冊的章節編排中，編者以經濟、文化、政治等主題來分別講述清領時期以及日治時期的歷史。統治台灣200多年的清朝以及統治台灣僅50年的日本，都被「略古詳今」的編書原則公平地納入在這三課篇幅當中。換句話說，編者呈現了時間上不成比例的歷史編輯。

　　對歷史進行剪裁、編輯本身就是「史觀」的再現。2005年

台灣史獨立成冊的「一邊一史」教科書開始啟動台灣自古獨立
發展的思想基礎。過去台灣歷史與中國近代史「密不可分」的
命題，不再被多數國人所感知。也就是說，兩岸歷史不再被認
知為具有互動傳承的相關聯結。

　　就形塑知識主導權的作用而言，個體進入與中國史脫鉤的
台灣史越深，個體就越加區隔歷史中國。例如，1912年成立的
中華民國與台灣無關；清國雖曾殖民台灣，但中國自古也與台
灣無關。甚至，1958年的八二三炮戰也被部分國人視為與台灣
人無關的國共內戰。這對中華民國義理中的民族情感、文化連
繫以及歷史傳承等價值都產生極大的抑制作用。

　　如果從建置政府組織為基礎，兩岸「有關係」的歷史可以
顯示如下：（1）1684年清朝置台灣府，屬福建省；（2）1885
年清朝將台灣劃為單一行省台灣省；（3）1945年國府設台灣省
行政長官公署；（4）1947年二二八事件平息後，台灣省行政長
官公署改組為台灣省政府。見圖3.4.2：

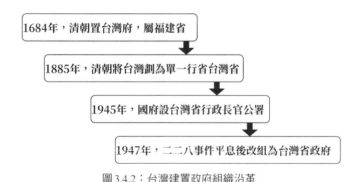

圖3.4.2：台灣建置政府組織沿革

　　1949年中華民國政府播遷台灣省並延續國祚的法理，即基於1943年的《開羅宣言》和1945年的《波茨坦公告》。台灣主流史觀則認為，從現代法理觀點，「條約」（treaty）的國際法位階高於「宣言」（declaration）。因此，依《舊金山和約》，台灣（與澎湖）並未「歸還」中華民國。

　　主流史觀對「他者」歷史的一再解構本身就是階級鬥爭的形式。以中華民國為主體的史觀擔心，中國歷史納入大東亞脈絡的結果有可能促使中華民國歷史價值滲入日本觀點。也就是說，在大東亞史的脈絡下講述中國歷史，日本視角有可能產生高於中國視角的傾向。

　　例如，日本官方對1937年「南京大屠殺」（"Nanking Massacre"或"the Rape of Nanking"）本來就表現為無可厚非的「子為父隱」態度。然而，在這種態度之外，還存在一種流傳在部分國人認知空間中的版本。這個版本翻轉了過去中華民國史觀對日本軍國主義的批判。簡述這個「以日本為主體」的視角版本如下：

> 國軍官兵無力抵擋日軍而紛紛就地解散。進城日軍見軍服隨地棄置卻不見槍械，因此研判每位平民都可能「全民皆兵」。整個南京大屠殺的傳言實際上是因為國軍未依「戰爭法」投降且混入平民的結果。從日軍防禦作戰（preventive defense）的觀點，南京大屠殺的傳言根本就不是日軍過度殺戮。反而，這個事件有可能是中國為了民族主義所製造出來的事端。[18]

註18. 1937年12月13日中華民國政府首都南京淪陷六星期後，日軍展開南京大屠殺。根據戰後遠東國際軍事法庭與南京軍事法庭的判決，此一慘劇造成二十萬以上中國平民遭到殺害。

　　以台灣為主體　連橫1920年所寫的《台灣通史》是以「起自隨代、終於割讓」的大中國史觀為立論基礎。以台灣為主體的知識體系則表明：台灣歷史是台灣人在自己土地上依序被外來政權殖民的奮鬥史。根據史明（2017）《台灣人四百年史》一書的宗旨，台灣人最終要建立屬於台灣民族自己的歷史。史明在1962年出版該書日文版時，甚至決絕地將自己施朝暉的本名連名帶姓改為史明。

　　台灣史也是四、五百年來台灣人民在奮鬥過程中覺醒的歷史。除了個別漢人移民墾殖的自發經濟行為外，把台灣當成反清復明跳板的鄭成功、將台灣納入版圖的康熙，以及至今仍殘存於台灣的大中國遺緒三者，皆為外來政權對台灣殖民的表示。也就是說，「他們」三個都是帶有中國性質的外來他者。見圖3.4.3：

圖3.4.3：帶有中國性質的外來他者

　　以台灣為主體的歷史意識指出，從一開始中國對台灣的感情就很漠然。相傳《馬關條約》的清廷代表李鴻章還曾以台灣為「鳥不語、花不香、男無情、女無義」的話語來安慰慈禧太后，作為割讓台灣無所損失的形容。對比之下，英國的打狗（高雄）領事史溫侯（Robert Swinhoe, 1836—1877）與調研台灣博物的傳教士馬偕（George Leslie MacKay, 1844—1901）等外國人，都比清國還要投入更多對台灣人文、地理、物種的關懷[19]。

　　因此，對於1895年清朝因甲午戰敗而割讓台灣的史實，部分台灣意識形態主體反而感到慶幸。也就是說，台灣能擺脫滿清而搭上日本現代化列車的歷史信念，在當代國人的認知空間中所在多有。

註19. 馬偕的《福爾摩沙紀事》共有三十六章，其中對台灣有關人文與自然風情的描述就占有三分之二篇幅（見林晚生，2007）。

第四章

意識形態階級鬥爭

第一節 「主體」是意識形態的實踐者

「後殖民主義」（post colonialism）理論曾反思過去各殖民地以西方價值為中心的一般認知。其中，抱持白人殖民觀點的主體自稱「我群」（we group; self）；與我群世界觀不同的被殖民者稱做「他者」（out-group; the other）。在後殖民時代，西方國家仍以自己的文化本位作為和世界對話的基礎。二戰後追求主權獨立的人民採取了一種視角轉換的顛倒用詞，稱本土為我群，稱過去殖民的帝國主義及其意識形態為他者。

當代倡議價值主體性的人們普遍借用了這個二元對立的符號。「我們」與「他們」、「本土」與「外來」的用詞成為當代部落民眾在進入話語論爭時頻繁使用的辭彙。在國人相互話語究責的語境脈絡中，人們可以輕易指認這種「我們」與「他們」

的意識形態敘事。在台灣的認同政治領域，國人相互間更經常出現類似「我們台灣人」對應「他們中國人」的價值語彙。

意識形態主體的特質

認知過程　佛洛伊德（Sigmund Freud, 1856—1939）曾用「文明是把野獸關進籠子裡的過程」，來形容所謂「文明」的進程。在人類進化的文明過程中，個體的思想同時受到各種制度化「機器」的形塑。一個人的成長、啟蒙以及覺醒都受到來自家庭、學校、媒體、機構，以及文化氛圍所帶給他的影響。從阿圖塞的觀點，芸芸眾生是經由意識形態國家機器的啟發而成為「主體」。

也就是說，個體接受了既定的意識形態制約，而將流行的觀念與價值視為當然。例如，人們接受女性化妝品廣告中有關「美女」造型的流行定義，讓自己對美的感受不自覺依附主流訊息的渲染。對國家的想像也是一樣；媒體、教育以及文化的主導性制約也都在形塑民眾自以為「自主」的觀念。個體在網路接收一窩蜂訊息的同時，就這樣經常忽略各種貼文背後可能存在的某種利害關係人的權力關係或對價關係。

英國作家王爾德（Oscar Wilde, 1854—1900）在其1895年的書信集《深淵書簡》（*De Profundis*）一書中，對於反思「主流聲量」對人們自我認知的影響方面，似乎有著先見之明：

> 多數人未能做自己，只能做別人。這些人的思想從別人的意見得來；他們的生活也模仿他人。他們還引用別人的熱情以為就是自己的熱情。

Most people are other people. Their thoughts are someone else's opinions, their lives a mimicry, their passions a quotation.

　　與此相反，意志堅定的主體並不會甘於被動接受主導價值的道德綁架。這些主體清楚認知，自己所堅持的意識形態並非文化風尚所形塑，也非國家機器制約的結果，而是屬於天命。所謂天命（mandate of heaven）通常是指回歸自己的DNA遺傳、家族庭訓，以及心中「佛性」對事物的反思與理解。

　　「道德抉擇」（moral choice）一直都是後現代主義（postmodernism）理論探討現代人存在困境的主題之一。然而，有些抉擇卻一直就是感情與命定的自然產物，屬於DNA的一部分。1984年，美國有一位10歲男童被其體育教練連續性侵。在警察押送犯嫌的過程中，等待一旁的男童父親一槍「崩掉」了這個強姦犯。這位父親的舉動綜合體現了他基於血緣、感情以及良心的天命。一心復仇的父親顯然不打算接受一個漫長審訊、且不會將犯人判死的結局；他的道德選擇毫不遲疑。

　　2015年7月8日，「時代力量」黨提出：「追求台灣國家地位正常化」就是時代力量的創黨DNA（見其官網中的「新聞與聲明」）。對於意識形態的召喚作用而言，DNA這種東西具有關鍵地位。可以說，「時代力量」黨的意識形態價值並不是基於什麼了不起的知識、權力或是功利主義。該黨的國家正常化追求根本就是出於該黨成員的天命！

　　有些「主體」的意識形態形塑過程並沒有類似「天命」一般的這麼簡單。有的主體確實經歷某種類似自我懷疑（self-doubt）、自我追尋（self-search），以及自我實現（self-fulfillment）的一段波折。然而，即使經過這些反復過程，主體最終總還是

把自己的信念選擇歸於天命[1]。

堅定信念　因為權力流動的關係，沒有一個政權能夠永遠掌握權力。然而，具有堅定信念的意識形態主體並不會因為權力的鐘擺效應，而跟著意識形態搖擺。即使遇到困境，主體也會堅持等待有利自己意識形態實踐的環境到來。當然，在經濟的功利主義以及社會的權力關係面前，也有人不再堅持理想、甚至價值轉向。

人的思想是流動的，在極短時間內都是如此。官場就經常發生長官原本屬意某人某個職務，但在發布的極短時間內一個念頭閃過，從此「新郎不是我」。人們這種三分鐘內才做最後決定的模式，反映了思想無從捉摸的本質。然而，這並不代表意識形態主體的理念虛無飄渺。

反而，堅持信念的意識形態主體威武不屈、富貴不淫。在威權時代，像彭明敏先生那樣的台獨先進即使受到美國保護，也必須承擔入獄風險。也就是說，在中華民國威權時期法律最為嚴峻的時刻，意識形態主體都沒有毀棄自己本來的信念。

主體的日常生活一再顯示對價值堅持的主體性。例如，他們不會購買傷害台灣人民感情的人所製作、生產出來的產品。國人曾一度愛用國產台灣之光HTC手機。2010年該廠老闆王雪紅女士在大陸市場說出該產品是「中國人創立的品牌」之後，該手機立刻在台灣掀起一股拒買與退訂的風潮。2018年12月10

註1. 傳播理論有一個「偏見確認」（confirmation bias）的認知心理學解說。個體通常以為自己判定訊息真假的決定是經由理性選擇的結果。然而，個體蒐集證據的過程往往只是在證據顯示符合自己信仰時即行停止。因此，個體尋求證據的努力本質上是在進行一種「符合自己立場」的資訊確認。也就是說，民眾接收媒體的各種訊息通常只是在確認其中話語是否符合己見，而並不會陷入在「如何做出抉擇」的所謂困境當中。

日，台灣之光麵包師傅吳寶春先生說出「身為中國人是我的驕傲」一語；台灣人民隨即發起拒吃其手作麵包以為抵制。

　　意識形態主體也會連帶對其他見風轉舵的人，投以鄙倪眼光。然而，從人本觀點，某些被評為「見風轉舵」的主體也有話要說。一個重新解脫的個人都是從心死開始。轉換意識形態的主體多數經歷「哀莫大於心死」的心路歷程。因此，也許為了不讓自己的奮鬥目標永遠無法達成，有的意識形態主體決定不再受原有意識形態的「束縛」，不再做原有意識形態的「囚徒」。

　　這種情形不排除就是造成主體轉換至其他意識形態跑道的原因。當然，主體也不可能經常轉換其意識形態。個體人云亦云、拿香跟拜的有體無魂狀態，將導致自己的話語失去真摯感情，甚至完全不知所云。

　　意識形態的「人格者」因此和意識形態的「操弄者」很不一樣。當代有些主體確實靠著販賣表象主流價值的標準用詞來謀取私利。個體或團體以權、錢、位子、機會等交換價值初衷的人並非罕見。這種意識形態的「操弄者」離人格者的初心甚遠。

　　在民主時代，人格者有時孑然一身、無人聞問，惟有時也會因受到多數民眾支持而名利雙收。然而，過去威權時期意識形態實踐的人格者則多處於磨難的境遇。台灣人權博物館轄下的「景美人權園區」負責為過去白色恐怖時期受難的倖存者書寫口述與影像歷史。這些苦難一生的前輩們所抱持的理想，至今仍啟發年輕國人對台灣價值的追求。

　　具有自主意識的意識形態主體在家勤於論著，在外敢於放言。他們有的出入於廟堂，有的始終論政於江湖。當有些意識

形態主體習慣街頭行動時，多數主體仍以「話語」的方式實踐其理念。然而，主體無不以為自己的話語就是正確價值。即使自己的話語屬於非主流意識形態，一個思想堅定的主體也很少願意在爭辯中棄守自己立場。在意識形態論爭的場域，有一種形容這種情形的美言（euphemism），叫做「忠於自己信念」。

主體性　無論主流話語的捍衛者還是意識形態的異議者，兩者都表達屬於自己價值的「主體性」（subjectivity）。理論上，一個主權國家在國家主體性的堅持上沒有彈性。然而，個別國家加入國際組織或與她國互動，通常也會為了達成某種共識而形成所謂「互為主體性」（inter-subjectivity）。

在西方馬克思主義的文論中，所謂「主體」（subject）指的是人，不是國家。個人自然外顯的主體性格，稱為「主體性」。在台灣認同政治的語境中，所謂「以台灣為主體」的說法，是將「人」作為主體的意義上升到國族主義。然而，即使把一個社會或一個國家當成「主體」，一個民主社會的首要價值仍「以人為本」。

以「台灣名義加入2020年東京奧運」這個政治議程為例。2018年台灣這個公投提案的倡議者反映了「國家主體」高於「人為主體」的價值。如果人們站在「台灣必須以主權國家之名，尊嚴地參與任何國際事務」的立場，該項公投提案即激發國人愛台灣之情緒而前往蓋印同意。人們若站在「保護國人選手能有機會出席參與賽事，並讓世界看到台灣運動員的努力」的立場，就反而提出不同見解。

也就是說，對於贊成與不贊成「以台灣名義加入東奧」（因疫情而延後至2021年7月底舉辦）議題的公投選民而言，每個人都有其價值主體性。贊成者看到「國家為主體」屬最高道

德，因此投下同意。看到台灣代表隊以「中華台北」名義始能順利參賽的不贊成者，則以「人為主體」投下不同意票。

　　一個人實踐思想的方式是藉由態度、話語等「儀式」來彰顯自己的價值。意識形態主體的所謂「主體性」，講的就是個體生命的價值彰顯。然而，任何物質在時空中運動都會轉彎，即使是普照大地的「光」也是如此。在社會生活的實踐中，主體的意識形態實踐也會轉彎。在許多因素的介入下，意識形態主體經常有機會學習如何順應情勢、曲線報國。

　　因此，空間中兩點的最近距離不一定是直線。有人以迂迴方式邁向正常國家；有人高調浪漫繼續倡議公投制憲；有人務實深化台灣價值，以教育方式百年樹人；有人雖無力讓「概念中國」的價值在國家機器中免於「被取消」（cancelled）的命運，卻仍在自我認同的思想上抱持大中國主義。

　　在認同政治的氛圍下，主體實踐意識形態的態度往往自動離溫良恭儉的氣質（temperament）甚遠。為了攻／回擊異己，主體經常挺身而出、敢於嗆聲。在當代的政治場域中，過去多數政治人物扭捏作態、講究身段的時代幾乎一去不返。

　　差異對立的主體　若以「身分認同政治」為理解框架，2008年馬英九總統候選人是用前總統李登輝先生所加持的「新台灣人」身分而勝選。在此之前，馬英九父親曾給他「化獨漸統」的家訓。台灣價值中的邁向正常國家，與中華民國義理中的反獨價值，從此就一直表現在馬總統溫良恭儉的矛盾性格上。

　　政府施政因此矛盾；這個國家有時堅持維持中華民國憲政體制，有時更高調維持台灣獨立於中華民國義理的現狀。至今，中華民國人仍在尋找中華民國治權領域剩下的屬性定位。

所謂「國者人之積，人者心之器」；在混淆的狀態下，部分民眾「聽到這個也對，聽到那個也對」。也就是說，國人經常掉入政治人物隨機、隨意的話語迷障當中。因此，有關中華民國與台灣之間互斥的意識形態理念經常讓人們不知所以、徘徊歧路。

反觀堅定的意識形態主體絕非受到環境影響的群盲。主體從身分、資格、心態上有意識地堅定自己信念、否定別人信念。認同政治的話語論爭尤其被認為就是一邊是正教徒，另一邊是異教徒的戰爭。人們經常聽到一種摧毀他者人格可信度的說法：「所有人都可以批評這件事，就你最沒資格說話，因為你過去如何、如何！」。可見，人身攻擊、「以人廢言」是主體展開話語鬥爭的第一步。

「塔希陀陷阱」（Tacitus Trap）說明了受眾在接收訊息時通常會受到這種人身攻擊策略的話語影響。一旦說話者本身不受歡迎或其公信力遭到質疑，他的所有言行都不會受到支持，甚至引起厭惡。然而，意識形態主體並不會因為人格遭到否定而不接戰。主體堅守意識形態階級立場是「維穩」支持者的基礎。因此，他必然理直氣壯重申其一貫的價值信念。

在意識形態鬥爭的場域，許多主體所從事的政治工作就是在各種平台上發動各式各樣的「帶風向」話語。一般針對謊言「本質」的倫理推論是：謊言重複一千遍，也不會成為真理。然而，關於「帶風向」的「效果」推論則是：謊言被重複一千遍，多數人就把謊言當成真理。

毛澤東在1942年〈在延安文藝座談會上的講話〉中，希望文藝工作者在刻劃角色人性時不要忘記「人性有階級性」。當時這個「人性有階級性」的教條強調，主體應站穩階級立場、

對敵人毫不妥協。在今天的認同政治氛圍下，部分意識形態操作者的心性，庶幾接近這種概念。

政治領域中的事例經常證實，人性真的有「階級性」這一回事。人們觀察到，民主時代小民可以擠身和大官合照同框，但兩者「人性同理心」的共鳴點卻極低。當一個人從高位退休或職務退盡時，他身上的某種「官性」人格卻經常久久無法回復到尋常人家的普遍人性。可以說，一種缺乏移情作用的性格在統治團體成員中普遍存在。

神經科學領域不乏測試戀愛中情人腦波相互傳達「化學感應」（chemicals）的研究。與此相比，過去文獻就缺乏對統治階級成員腦部「同理心區塊」是否受損，或是否異常的討論。例如，統治階級成員的腦下體是否真的會產生變異？「權力使人腐化」的哲學用語是否就是生理學上所謂腦波病變的意思？在這些研究問題無法等待學術討論之前，毛澤東一句簡單的「人性有階級性」概念，說明一切。

意識形態「我群」對待「他者」的態度就充分顯示這種「人性有階級性」的定理。舉例而言，對於犯下相同錯誤的不同群體成員，部落民眾經常表現對「我群」的寬容以及對「他們」的仇恨。對事物堅定採取不同標準的「雙標」（雙重標準）人性，就是普遍人性以外的所謂「階級人性」。

一個政權執政太久即產生掠奪優勢（predatory ascendancy）的可能。然而，身分政治中的「立場」卻使人們願意放棄民主政治中的防弊想法。例如，過去威權時期的國人普遍認定「總統」一職應該就是由「蔣總統」擔任，要不然就應該由「經國先生領導」。當時的政治宣傳強調，這是基於中共「謀我日亟」的最適化選擇。民主台灣仍持續與中共政權武力對峙，公民團

體也繼續提出本土政權執政不應鐘擺回讓「親中政權復辟」的邏輯。

意識形態鬥爭因此表現為一種階級人性的鬥爭。即使「親中政權復辟，會讓中國併吞台灣」的話語陷入邏輯的滑坡謬誤（slippery slope），但此類話語終究是強調敵我意識的最佳寫照。民主台灣的民主就這樣清楚呈現一種「身分認同政治」的定位。民主政治視為當然的反對運動與反抗話語，在中華民國台灣明顯成為不同民族身分、不同文化感受、不同歷史觀點，以及不同國家定位的政治。

在過去威權時期，黨外民主人士、台獨工作者以及共產黨被稱為中華民國的「三合一敵人」。在現在民主台灣時期，大中國思想言論與中華民國憲法義理也被連結到具有敵視台灣的意涵。民主台灣內部因此實際仍未走出鬥爭環境。這也導致原本應該是同島一命的全體國人，因身分認同政治而成為彼此的階級敵人。

主體的話語政治　意識形態主體不但以話語彰顯自己的主體性，還以話語激勵一般人民勇於對國家未來提出想像。一個意識形態主體更經常以和他者互斥的話語，來建立自己的主體性。比較迪卡爾（René Descartes, 1596 - 1650）「我思，故我在」的名言，有關主體性的理論則側重「我說話，故我存在」。

從社會學角度，失語的人即意味其主體性的消失。一個人說話詞不達意、晦澀難解，這個人的「主體性」也一樣無法彰顯。可以說，主體的主體性是經由其清晰的話語所構成的。然而，基於權力關係或利害關係，有些人遇到關鍵問話就採取沒有意識形態傾向的模糊說詞。

這種保持緘默的另類形式給自己維持了一種言論不自由的

狀態。在身分認同政治的氛圍下，許多國人多年來已經養成自我審查言論的習慣。人們經常聽到這樣一種匆忙辯解的話語：「我沒有立場、我真的沒有藍綠，我只是如何、如何！」。所謂「心中的小警總」，應該可以用來形容這種慢慢已經可以被指認出來的集體焦慮。

有些人對自身的民族身分感到困惑。他們既不敢政治出櫃來面對強勢觀念的群眾，也不願接受自己「認知不和諧」（cognitive dissonance）的自相矛盾心理。這些人對什麼是中華民國價值並無概念，對台灣邁向正常國家也失去信心。在意識形態論爭的場域，許多人因此選擇保持緘默來隱匿自己的主體性。然而，在我群與他者的對立氛圍下，這些人終究還是成為意識形態主體口中的「國家認同可疑」的人。

本質上，一種模糊的、不知所云的、不表立場的話語，會被認為是不認同優勢話語的一種反抗形式。一般而言，青少年反抗父母教訓以沉默不語居多、歇斯底里吵架居少。在民主社會，優勢話語的主體通常比較能容忍這類失去直接反抗能力的個體。「沉默不語」雖然也是反抗形式的一種，但這些人只不過想找到一種得以喘息的庇護所。換句話說，這些不想進入意識形態論爭的人對政權較不具破壞力。

然而，一個經常保持緘默的個體，還是會被詮釋為立場漂浮、言詞閃爍，甚至代表敵意的意識形態他者。在嚴酷的認同環境下，即使是民主台灣的大法官也必須要有明確的政治立場。例如中華民國派的大法官會斬釘截鐵地說：「中華民國的國號一直就是中華民國」。台派大法官則必須說「台灣是主權獨立的國家，現在的名稱固然叫中華民國。以後，台灣國號是中華民國還是其他，要看台灣人民如何決定未來。」

對於這個國家到底是「憲法一中」還是「一邊一國」，國人非常願意爭執。雖然憲法原來規範的中華民國價值已經在文化風尚中被取消，但新的國家想像卻未能在憲法中成為規定。因此，有關國家認同問題與其從大法官釋憲文中去尋找答案，不如憑自身感覺與認知去堅定自己的信仰系統。

主體的話語受權力影響　影響主體話語方向有四個主要變因，即（1）為了免除爭議或害怕引起衝突；（2）為了滿足被愛、被喜歡的補償心理；（3）為了符合權力結構的位置；以及（4）為了表達主體性而與他者話語相互對立。見表4.1.1：

表4.1.1：影響主體說話方向的四個要素

影響主體說話方向的四個要素
1. 為了免除爭議或害怕引起衝突
2. 為了滿足被喜歡的補償心理
3. 為了符合權力結構的位置
4. 為了表達主體性而與他者話語相互對立

首先，人們通常因團體壓力而依附主流。在社會交往關係中，個體為了免於引起衝突而往往帶上人格面具。雖能滿足他人對自己的角色期待，個體戴上人格面具有時不免與自身信仰產生衝突。有些人的角色扮演可以隨遇而安，魂與體倒相安無事；有些人卻因太過扭曲而造成心理病變。某些「越來越不喜歡自己」的角色衝突，會在這種個體身上留下憂鬱的痕跡。

為了留給他人良好印象是人們話語「從眾」的第二個動機。個體會以一種被國家機器認可的主流知識，作為與人交

往、互動的言談基礎。這些人的對外形象因為永遠與主流價值一致，主流市場也相對回饋這些個體等量的喜好度。

第三個影響主體話語方向的變因是「結構位置」。「社會大於個人的總合」是社會學的基本原理。個人進入某一社會位置即表示將接受此一位置所賦予的紀律約束。在台灣媒體的新聞採編實務中，所有新聞從業人員都見識過一種無形的「新聞室的社會控制」（見Breed, 1955）。如果一個「身在曹營」的普通記者卻寫出「心在漢」的話語，他唯一的結局就是必須離開他的曹營位置。

每一個英文單子都有許多意義，關鍵是放在什麼地方。在一個完整句子中，句子的文法「結構」規定了每一個單字該有的位置，及其在位置中的特有意義。因此，從結構語言學的觀點，句子大於單字。同理，每一個個人都有他在社會交往關係中的所屬位置；社會結構規範了位置上的每一個人所可以講出的話語。

這就是所謂「個人從屬於位置」的紀律。把一個異議分子納入到官場結構中給他一個位置，這個原本應該是「異議」的分子立刻成為順從的官員。舉例而言，陸委會主委對兩岸關係所說出的話語，就和他在擔任政治學教授時不會一樣。沒有位置時，主體會說出支持公投制憲的話語；有位置時，主體也會說出「做不到就是做不到」的話語。

可見，「個人從屬於位置」的紀律自然規範了主體的話語方向。個人的話語因為總是被一個高層次的背景所控管的原因，「只要我喜歡，有什麼不可以」的概念顯然不是社會交往關係中的重點。權力關係以及利害關係才是促使意識形態主體改變話語方向的重點。因此，主體換位置不必然要「換腦

袋」，但主體的話語在換位置後的表達方式卻必然發生轉變。

　　第四個影響主體話語方向的變因，就是這個話語和其他話語「必須有所差異」。人們看過「小綠政黨」經常被「大綠政黨」吸納或被邊緣化的情形。如果小綠的話語沒有與大綠政黨產生區隔差異，那麼，自己存在的品牌價值就被視為沒有必要。

　　台灣「新黨」的品牌形象雖然旗幟鮮明，但影響力卻小眾而邊緣。過去少數個別的新黨議員也曾有以依附主流價值的標準用語來參與政治評論的情形。這些新黨議員的意識形態言論很不像新黨。因此，他們往往在擔任一、兩屆議員後就銷聲匿跡。新黨成員若凜於主流聲量而處處閃爍其原本應該表達的親中立場，那麼這個成員在新黨中就算是「擺錯位置」。

　　主體清楚表明與對立者的立場差異性，是讓自己話語得以獲得意義的第一步。也就是說，主體的話語必須放在與其他話語的對立關係中，才能夠清楚建立自己的意義。因此，質詢者與接受質詢者、審問者與被審問者、攻者與防者、台派與中華民國派等主體所站的立場不同，所使用的話語才有可能被人們理解。可以大膽地說，甲、乙雙方各自的話語都是對方話語的依變數（dependent variable）。

閱聽眾的認知空間

　　「真理越辯越明」的俗話在於表達：主體是為了爭執道理而進行意識形態論爭。然而，主體進行意識形態階級鬥爭的目的則在於召集信仰者、改信懷疑者、打擊反對者（rally the believer and convert the skeptics）。為了達到這個目的，發言者首先必須爭取平台／空間，也就是要有「屬於我們的輿論陣地」。

　　就「空間」這個概念而言,「網際空間」目前在台灣是一個非常清楚的法律概念。例如《國家安全法》(2019)第2之2條就將網域空間納管,指出「國家安全之維護,應及於中華民國領域內網際空間及其實體空間」。然而,所有話語最後的目的地,都是要進入閱聽眾兩耳之間的「認知空間」。

　　政治網紅多以上帝視角來進行知識生產;他們的話語大大影響閱聽眾的基本認知。然而,一般民眾在接收政治網紅的話語時,本身有哪些心理機制促使自己接受或不接受這些話語的意義呢?以下舉兩個有關個體「認知空間」的理論,來說明閱聽眾如何將他人訊息,形塑為自己承認或不承認的價值。

　　「超真實」概念　　布希雅(Jean Baudrillard, 1929－2007)認為,主體日常生活所經常接觸到的事物並非原件,而是一連串對真實原件的「擬像物」(simulacrum, simulacra)(有關擬像物的解說,見 Baudrillard, 1994)。因此,人們所接觸到的日常訊息也只是對真實事物的模擬(simulation)。Wolny(2017)曾解讀布希雅的哲學觀念認為,相較於複雜難解的外在真實,人們反而比較能理解那種對真實事物的模擬或複製等「擬像」狀態。

　　以電影為例。電影模擬人生真實狀態的物件是「拷貝」。當人們在欣賞電影拷貝中演員的各種表演時,這些演員都不在現場。人們看到的是鏡頭捕捉真實狀態之後的「擬像物」——「拷貝」。然而,拷貝中的電影世界又把雜亂無章的真實人生條理化。在觀眾的認知與理解中,拷貝世界於是比真實世界還要真實。

　　布希雅就這樣把人們對「擬像」的認知狀態稱為「超真實」(hyper reality)。事實上,在資訊魚龍混雜的時代,人們很難區別真實與虛構的界線。就連電影中什麼畫面是電影拍攝時

的真實存在，什麼畫面是人工智能所製造出來的影像，人們並無從分辨。

在政治論述的語境中，幾乎每一句政治話語都可能是對真實的「擬態」。以「台灣是主權獨立的國家」這句話語為例。為了認識這句話是否在國際政治中為真，人們不必去尋求聯合國文獻，也不必從國際組織的互動關係中去尋找答案。因為，「超真實」的認知屬於一種理解外在世界的自我建構；人們說她是，她就是。

台灣駐美代表處代表與美國政府機關互動的頭銜為「台北經濟文化代表處代表」（Representative, Taipei Economic and Cultural Representative Office）。這是美國官方同意台灣駐外主體代表人的名稱。2020年9月19日，中華民國駐美代表蕭美琴女士在自己的「推特」簡介上自稱為「台灣駐美大使」。「大使」（ambassador）是對邦交國駐外使節的稱謂。基於對「擬態」的信念，台灣人民對這項自我授予的超真實頭銜多表達歡迎態度。

一般民眾並沒有國際關係或政治學方面的實際經驗，或甚至間接經驗。也就是說，人們對台灣政治事物的認知多半是從意識形態主體所傳播出來的話語中得知。真實的東西往往複雜難解；如果真相複雜到令人難以負擔，人們即傾向自行建構自己的理解。因此，主體在面對「真實」與「對真實的模擬」（reality vs. the simulation of reality）時，一些簡單易懂並契合民眾「心中的佛」的超真實，會比真實還要真實。

布希雅的「超真實」概念其實就在闡述當代任何一個普通人的意識形態作用。對傳播者而言，傳播簡單話語和美好想像比說不清楚的混沌現實，還要真實。台灣認同政治的語境就這樣生產許多「超真實」的擬態話語。就受眾的接受程度而言，

人們對這些「超真實」話語的認知與信仰又比曖昧多義的現實世界還要來得可以觸摸。

　　「超空間」概念　詹明信（Fredric Jameson, 1934－）沿用布希雅的後現代哲學，提出「超空間」（hyperspace）概念（見Jameson, 1992）。詹明信指出，當代訊息總是呈現一種真實與虛幻的混合樣貌。詹明信曾用「拼貼雜燴」（pastiche）一詞來概括這種「後現代社會」的訊息特徵。

　　詹明信所提出的所謂「拼貼雜燴」訊息特徵，主要表現出以下五個命題：（1）訊息因缺乏歷史脈絡而導致意義經常斷鏈；（2）訊息的語法「永遠處在當下」（endless immediacy），因而人們沒有時間對之加以深思；（3）每個人的話語等值，因而學術菁英的觀點經常被民粹意見打臉；（4）大眾品味與主流風尚加速非主流意見的消失；（5）話語本身的用詞明顯表達立場，訊息充滿認同傾向。見圖4.1.1：

圖4.1.1：當代拼貼雜燴的訊息特徵

　　許多人的認知空間被這種混亂拼貼的訊息所衝擊，因而空間迷向、不知所措。詹明信認為，任何人都應該在令人迷惘的虛、實話語環境中去繪製一張屬於自己的「認知定向表」（cognitive mapping）。在自己所定向的認知「超空間」中，身處真實空間的主體才不容易脫網迷航（off the grid），才不會「知覺失調」（schizophrenia）、訊息焦慮。

　　中華民國國民／台灣人民目前生活在金馬台澎自由地區，其中台灣本島面積為36,193平方公里。往團結的方向想，居住在這個實際空間的人們共組了一個「命運共同體」；往異質的方面思考，這個空間存在著一種令人迷惘的混亂格局、存在著一種無法定向的話語氛圍。也就是說，有關新舊知識的交疊、民族身分的割裂、歷史觀點的解離、文化風尚的重構等等都正在發生。

　　例如，有人說台灣是主權獨立的國家、說台灣是美國的海外託管地、說台灣只是統治當局（governing authority）、說台灣（包括澎湖）的主權從來不曾「歸還」中華民國、說中華民國就是台灣、說中華民國是外來殖民政權、說中華民國是流亡政府、說中華民國是一個已經死亡的空殼……。所有話語都試圖提出定論，對人民說教。這些話語越來越競爭，也越來越混亂。一個沒有定向的個體很難不受這些話語的干擾、很難不會迷惘、很難不會徬徨。

　　對詹明信來說，人們在面對言論市場中的各種話語召喚時應該建構一個屬於自己的「超空間」定向。在這個「超空間」的認知建構當中，主體一定會知道台灣應維持獨立現狀比較好，還是應維持中華民國體制現狀比較好。對兩岸人民同屬中華民族還是分屬不同民族，已經定向的主體也會有自己不容混

淆的想像。

　　儘管「超空間」這種「想像的認知」無論如何也都是主體自己的意識形態，但人們至少在縱橫交錯的意識形態「網格」（grid）中看清局勢、找到自我。然而，個體在認知空間中的自我定向雖然不一定要向主流價值靠攏，但人們通常也害怕離主流民意太遠。也就是說，人們並不想經常成為「活在天龍國」或「活在平行時空」的受評對象。這又顯示，人們對事物的認知選擇經常受到外在壓力的影響。

認同政治的參與主體

　　「沒有中心思想、缺乏核心價值」的機會主義者，只是競逐權力位置的政治「尋租」（rent seeking）人。與「一個人同時信奉多個主」的人相反，堅定信念的意識形態主體通常根據自己的意識形態觀念而行動。

　　以媒體人為例。有政治影響力的媒體人／政治網紅（political influencer）是對意識形態提出道德標準的意見領袖。他們在裁判誰愛台灣、誰不愛台灣的過程中，多表現為意識形態實踐的尖兵。政治網紅以戲劇化的表演方式站穩立場、表達戾氣。台灣社會大眾所感受到的主要政治氣息，就是這些媒體人敢言、敢衝、敢批評的現象。

　　政治網紅在螢幕上所呈現的捍衛價值作風，讓觀眾感覺他們的殺伐之氣不亞於竹聯幫的和堂兄弟。這些敢言、敢衝、敢批評的媒體人永遠受到觀眾歡迎。英國作家王德爾（Oscar Wilde, 1854—1900）在其1890年的小說 *The Picture of Dorian Gray* 中就說：

你們永遠會喜歡我。因為我替你們再現了你們自己從來沒有勇氣承諾的所有壞的一面。

You will always be fond of me. I represent to you all the sins you never had the courage to commit.

　　新媒體時代的「自媒體」（we media）文風也不乏類似的激進風格。網路記者、公民記者、部落客寫手等所有自媒體就經常貼出他們對價值堅持的訊息。在很鬆散的定義下，所有新媒體時代提出政治意見的寫手都是意識形態主體。然而，這裡只提出（1）年輕人、（2）二二八事件的利害關係人、（3）外省第二代、（4）軍公教等四類意識形態主體的「集體側寫」（collective profile），作為讓讀者認識各方意識形態話語時的背景參考。

年輕人

　　年輕人的體力、熱血以及奮鬥之心兼具。對所謂「青年」的定義，聯合國採15至24歲的年齡界定。中華民國教育部青年發展署的政策服務對象，則將青年的年齡界定為15至35歲青年。又依國家《兵役法》第3條規定，義務役役齡男子為年滿18歲至除役年齡之36歲為止[2]。

　　在忠烈祠供奉的40萬餘人當中，為國家存在而戰死的烈士平均年齡更不到30歲。從黃花崗烈士林覺民寫下「意映卿卿如晤」的〈與妻訣別書〉中，人們即可清楚感知當時青年為了廢

註2. 依《兵役法》第38條規定，原屬於「一般民眾」的後備軍人於應召在營期間即成為「現役軍人」，為俗稱「軍法」之《軍事審判法》的適用對象。

除中國被列強加諸的不平等條約，而願意捨身赴義的情操。

年輕國人對於守護民主台灣或追求國家正常化的信念，一樣備感榮耀。年輕人平時行使公民權利，對國家發展積極表達意見。在戰時，他們更是擔負反併吞作戰的主力。既然會以犧牲個人生命來捍衛國家的是青年，年輕人在承平時期就完全有權利要求國家要為他們的未來而服務。

年輕世代最怕過一個永遠低薪的人生。在新媒體時代，經濟的弱勢不見得也是話語的弱勢。當上流社會正在炫富的同時，經濟弱勢的年輕人已經在網路中提出各種社會批評。與他們的前輩相比，當代年輕人對政治的影響遠遠超越過去。確切地說，一個政治或社會議題會不會繼續發酵，都要看年輕人在網路論壇中是否願意讓這個議題結束。

可見，原本應該只是消費主力的年輕人群體，在當代民主社會搖身一變成為帶動輿論、影響政治的關鍵。"youthquake"這個過去曾經流行一時的複合字，就是在形容年輕人這種有能力鼓動風潮的特徵。2017年《牛津辭典》(*Oxford Dictionaries*)還將此字延伸意義為：年輕世代在文化、社會以及政治上所帶來的重大變革。

台灣青年　年長者的意識形態一般都「根深蒂固」。也就是說，年長者的意識形態通常並不存在真正意義上的思想改造可能。「改信」(conversion)這種機率在年長者身上相對較小。因此，意識形態主體通常不寄希望於年長者的轉念；年輕人才是為台灣價值而覺醒、而奮鬥的意識形態尖兵。

除了史明的《台灣人四百年史》，馬偕(George Mackay，1844—1901)的《福爾摩沙紀事》(*From Far Formosa*)也屬於具有台灣本土意識年輕人的必讀書籍。該書稱：相傳16世紀

大航海時期，葡萄牙人看到台灣這個美麗之島時驚艷讚嘆 "Ilha Formosa!" 作為意識形態主體，台灣青年對福爾摩沙這片土地普遍投入極大感情。

　　過去也有一些極少數激進青年採取對蔣介石陵寢潑漆、砍下威權象徵首級、衝進會場掀桌、在人群中叫囂扭打之類的行為藝術。政治評論員也普遍以包容態度，推崇這些青年在為轉型正義的理念而奮鬥不懈。這些年輕人有時也會對本土政權不滿，認為「噁心的大人」只是把邁向正常國家當成執政的符號，並沒有嚴肅以對。

　　觀察年輕世代的從政比例，以參與台派陣營、為台灣價值效力者居多。這些小黨相互之間戰術容或不同，但守護民主台灣、邁向正常國家的心意並無二致。志同道合的台派年輕團體多以台灣為主體的符號，競逐更多的社會回饋與民意認同。他們的論述在意見市場中旗幟鮮明；他們在各種網路論壇上的貼文也都反映力抗大中國思想殘餘的強烈態度。

　　可以說，本土政權的主要支持者是年輕大眾。自從1979年的美麗島事件之後，歷經1990年「野百合」和2014年反服貿的「太陽花運動」，台灣年輕人前仆後繼的政治運動已經形成一個守護民主台灣的共識。尤其從太陽花運動中可以看出，台灣年輕人對台灣的認同強烈、對中國的厭惡更強烈。

　　中國青年　年輕人可塑性高，是「大人」意識形態主體培養對象的重中之重。所有在新聞中披露的民調都顯示，台灣年輕人願意挺身而出為台灣反併吞而戰。相較之下，那些讀文言文古書並且要做「堂堂正正中國人」的「中國青年」，占中華民國所有年輕人中的比例幾乎稀有到可以忽略。

　　因此，「新黨」年輕人的從政之路異常辛苦。本來中華民

族主義是這些青年理解世界的框架，充其量是目前台灣多元價值的一個側面。然而，本土價值的知識建構帶有什麼是對、什麼是錯的道德高度，新黨年輕人的意識形態因此被常民的知識（常識）推定為不愛台灣的一方。他們在國會的席次長期處於趨近於零的狀態，但這些年輕人並沒有因此噤聲。他們零星的主體性話語，仍然在社會網絡中不時冒出。

　　台灣的統治團體非常重視青年工作，惟崛起的政治中國竟然也對台灣中小企業、中下階層、中南部以及青年等「三中一青」提出政策。晚近，中國大陸更以青年一代與基層一線的「一代一線」策略深化對台灣青年「也是中國人」的認知。因此，除了對青年持續擴大價值溝通外，台灣任何政權都要對青年們的民生經濟提出實惠政策。否則，稀少的所謂「中國青年」仍有可能擴大影響，反過來與台灣覺醒青年的話語作對。

二二八事件的利害關係人

　　在當代認同政治的氛圍下，1947年的二二八事件是現在的二二八、是永遠的二二八。具體地說，二二八是台灣人對過去歷史意識以及對未來國家解放之間的一個「銜接概念」。這使得二二八不會只是一個「過去的」歷史，而是一種「永恆的」觀念。這種不會結束的觀念還規範台灣所有跨族群國人都必須一起面對。然而，微觀的二二八事件之利害關係人及其後人，還是一個比較旗幟鮮明的意識形態群體。

　　1945年台灣民眾以歡欣鼓舞的心情重回「祖國」懷抱（有關「祖國」定義，見本書附錄文章）。以中華民國為主體的史觀表明，作為台灣行政公署行政長官，陳儀做事認真、勤政愛民。然而，國家的民族大痛終究發生。二二八事件的前後八

天（2月27日晚至3月8日），台灣人民究竟在一個什麼樣的情境下起義？3月9日國軍21師在完全登台後為什麼要把同胞當成嚴酷鎮壓的對象呢？

　　人們從當代主流話語的再現（例如文藝作品）中得到這樣一個輪廓：二二八事件發生的緣由是政府貪汙腐敗、橫徵暴斂，因而引起台灣人民官逼民反。在國軍部隊增援來台後，外來者即展開無差別殺人。國軍甚至以殺傷力極強的「達姆彈」濫殺無辜。在多數台灣人民的印象中，湯恩伯部隊在上海解放前夕大肆槍殺上海共產黨員的紀錄片影像，就是二二八事件國軍對台灣人民殘酷鎮壓的翻版。

　　司馬遷《史記》記載，中國歷史上第一起官逼民反的武裝行動是秦朝末年陳勝、吳廣的農民揭竿起義革命。這個行動雖以失敗告終，但也加速了秦朝的滅亡。二二八的起義行動雖然也以被鎮壓、被「清鄉」告終，但也促成了中華民國價值在台灣終於走向被取消的命運。

　　二二八事件的歷史再現自然呈現相關角色如下：蔣介石、行政長官陳儀、復員的台籍日本兵、滯台的日本浪人、台共謝雪紅的17部隊、鼓勵台灣獨立的美國駐台北副領事葛超智（George Henry Kerr, 1911－1992）、國軍21師、本省無辜民眾、外省無辜民眾等等。抗爭行動發生的歷史場景則有基隆要塞司令部、高雄要塞司令部、虎尾空軍基地，以及二二八紀念公園內的二二八紀念館……[3]。

註3. 二二八紀念館在事件發生當時是「台灣放送協會台北放送局」。當時這個電台是最早發表號召人民起義的地點。虎尾機場戰役則是二二八事件起義民兵最大的一場勝利。1947年3月2日清晨，台灣人民攻陷虎尾空軍基地。這個事件被稱為「三二虎尾機場戰役」。目前中華民國政府對於該處現址是否應立碑以為紀念，並無討論。

　　1947年二二八事件的效應震撼日後所有的台灣政治。直到今天，二二八事件及其「白色恐怖」（white terror）後續，仍然是當代台灣認同政治中「憤怒值」爆表的話語懸崖。作為政治動員的歷史資源以及文化資本，二二八事件的力量大到足以打倒一切站在「以台灣為主體」對立面的所有反動勢力。

　　依過去經驗，二二八紀念日當天所舉辦的儀式氣氛會隨主持人的身分而變化。紀念儀式如果由外省的原罪領袖主持，整場活動即呈現一種激憤情緒。紀念儀式如果由本土政權領袖主持，場面就是一般國殤典禮的莊嚴肅穆、永懷追思。

　　從文化研究的角度，憤怒的源頭是「痛」。因為痛、因為悲慟，二二八事件的後人對追隨國民黨中國來台的外省群體及其後人有著深切的排斥感。「痛」就是促使台灣意識形態主體徹底改變其民族認同的根本原因。台灣人由蔣渭水式的中國認同改變為台灣認同，就這樣從二二八的「痛」開始[4]。

　　目前只要是《國家機密保護法》（2019）予以解密的檔案，中華民國台灣的各個單位都採取資訊公開的態度。有些資料也慢慢以整理好的資料庫形式，方便國人理解二二八。國人可以至國史館、轉型正義委員會、景美人權園區、台灣文獻館、二二八事件紀念基金會，以及仍保存二二八歷史事件檔案史料的各級政府機關、機構進行調查研究。

　　然而，當前強勢話語所勾勒的二二八圖像仍然標誌著身分

註4. 世界上的痛有兩種，一種只讓人受傷，另一種則讓人改變。所謂「大澈大悟」、「痛改前非」的成語，就是針對「痛使人改變」這個命題的註解。例如，妻子久久隱忍之後終於展開對大老婆的反擊；小媳婦終身唯唯諾諾以後開始平視婆婆、頂嘴說不！易卜生（1828—1906）《玩偶之家》（*A Doll House*, 1879）女主角娜拉在家中對丈夫忍氣吞聲，最終也是因為「痛」而決定出走。

認同政治的排他情緒。有關二二八事件的話語再現經常讓現在的中國國民黨、現在的外省第二代以及中華民國固有價值之歷史定位等成分，淪為外來政權、加害體系以及「原罪」的綜合體。這一點又讓二二八事件的歷史影響，蒙上了意識形態階級鬥爭的陰影。

外省第二代

所謂「外省人」是指1945年抗戰後來台接收，以及1949年國共內戰後遷徙至台灣省的大陸其他各省份軍民。在意識形態論爭的場域，這些外省人被視為多屬難民。1949年遷徙來台的200萬大陸軍民當中，「高級外省人」其實不多。除了國民黨高官與少數帶來資本並在台灣主持興利事業的富商以外，多數是基層軍教，其中又以60萬軍人最多。

在過去威權時期，「高級外省人」一旦被國民黨提名就篤定當選。每到選舉期間，眷村口早已掛好寫上「本村一致支持某某某」的紅色布條。被支持的候選人走進眷村一一與人握手，但眼球不一定正視眷村老兵。當時老兵後代也有戲稱外省黨政軍商要員之第二代為「權貴子弟」者。

目前，台灣意識形態主體對外省人的刻版印象並無差別待遇。現在所謂台灣人與中國人的區別，並不在於個人或個人先祖來到台灣的先後，而是在於國人是否具有以台灣為主體的本土意識。在這個定義下，具有大中國思想意識的少數外省人即很難稱得上屬於被認可的台灣人。在認同政治的操作下，過去的「外省人」稱謂因此多被改為「滯留在台灣的中國人」身分。

在台中國人被強勢話語認定為是經常以鄙視心態打壓台灣文化的他者。然而，目前大多數老兵第二代即使居住在大台北

地區的「中國城」當中，多數外省第二代的經濟地位與文化水平，實際上並沒有什麼基礎可以生產鄙視本省人的高傲之心。雖然意識形態論爭的場域多見「台灣人」與「中國人」相互使用輕蔑用語，但雙方動機都是出於「義憤」，並沒有誰要「傲視」誰的動機。

1940、1950年代的美國《時代雜誌》稱本省人為「福爾摩沙人」（Formosan）。在《對日和約》（*"Treaty of Peace with Japan"*, 1951）（即《舊金山和約》）中，「台灣」的英文也是 "Formosa"。一直到1954年的《中美共同防禦條約》，"Taiwan" 一詞才正式成為美國國家文書所通用。在台灣竹籬笆內出生長大的外省第二代與福爾摩沙人在思想脾性上確有區隔。例如，目前約占台灣總人口數15％的外省第二代，多數仍秉持兩岸內戰遺緒所留下的種種思維與態度。

其中，兩岸內戰遺緒所遺留「台灣人也是中國人」的思想言論被視為侵略台灣價值的符號。在台灣這片土地上，多數外省第二代還在述說兩岸民族同屬一中、文化底蘊中華相連、歷史血緣一脈相承等等話語。因此，「台灣海峽沒有加蓋」、「慢走不送」等針對「也是中國人」最好搬回中國大陸的話語，漸漸成為「我群」國人對「他者」國人的殷切期盼。

基於二二八事件的家庭傳承，外省第二代在過去成長過程中常有被本省人指點為「外省豬」的經驗。從正義的角度，二二八受害者後人本來就可以要求加害者後人，對其先祖的迫害行為代為悔過。每年二二八紀念日期間，台灣也都有意識形態主體舉牌告示，要求外來者悔改。然而，世界上並不存在不經思想改造就能真心悔改的事例。被牽連的外省第二代，尤其老兵第二代群體，一直都沒有準備好願意承認所謂「原罪」的標籤。

　　這就是不願意「悔改」的態度。然而，外省第二代即使意識到自己的大中華情懷與民族堅持，但卻並沒有刻意交待第三代要堅持什麼大中國思想意識。實際上，外省第二代的後代也多屬「天然台」大熔爐的一分子。可以說，不管台灣有沒有成為一個法理獨立的台灣國家，那些尚存在台灣、歲數多超過或接近花甲的所謂外省第二代，十足就是一群在台灣「也是中國人」的最後一代。

　　最後一代中國人多有眷村經驗與軍公教經驗。在成長過程中，他們多有熬夜不睡、等待電視轉播中華少棒隊在美國比賽的經驗。他們很自然就接觸「救國團」的活動訊息，也對校園民歌的文青感覺算是熟悉。在整個學生時代，外省第二代這個群體被美國電影、美國音樂深刻洗禮。在小學上課時的中午，外省第二代經常與本省籍同學一起翻牆溜出校園，擠在雜貨舖門口觀看黃俊雄的電視布袋戲《雲州大儒俠》（直到該節目被禁播為止）。

　　外省第二代把李小龍視為民族英雄。在民族主義的脈絡中，李小龍的電影典型帶有憎恨日本軍國主義的符號象徵。直到現在，外省第二代在民族主義上的一些堅持，仍然與大陸同胞的想像殊無二致，例如對「南京大屠殺」與「強徵慰安婦」這兩個歷史事件的認知。在本質上，外省第二代的這種思想特徵與台灣民族視二二八為民族仇恨的心態，恰好類似。

　　在選舉期間，外省第二代經常看到自己村口懸掛「本村一律支持某某某」的反民主布條。更要命的是，這個群體多數反台獨。現在外省第二代對國家機器中，例如各種慶典裡，「中華民國」主視覺圖騰字樣過小，或被拿掉，或被改為「中華民國台灣」等等做法都特別敏感。對某些公車路線的電子看版上

使用什麼、什麼「駅」日文也會覺得突兀。

　　大中國思想　對外省第二代來說，中華民國在台灣「走過從前」的歷史記憶與生活經驗的總合，就是所謂中華民國價值。這個總合包括了「中華文化基本教材」中的儒家思想、黃花崗七十二烈士與辛亥革命的開國史蹟、北伐抗戰時期蔣委員長的救國形象、松滬「四行倉庫」戰役中的八百壯士、日本軍國主義的殘酷印記、中華民國光復台灣的喜慶、島嶼戰爭的保台事蹟、李國鼎孫運璿趙耀東、十大建設，以及「亞洲四小龍之首」的經建成就等等。

　　這些歷史記憶缺乏了中華民國政府在二二八、在白色恐怖時期、在壓制台灣民主運動、在壓制台灣獨立運動中的負面形象。在當代主流話語的再現與表述中，這種負面形象就是外來政權的統治形象；其中尚有將蔣家政權類比為納粹政權者。在1949至1954年間被捕入獄的三萬多名「匪諜」當中，外省人政治犯是本省人的3.8倍（見楊渡，2018，頁33）。然而，外省第二代卻普遍並未感受到過去中華民國的統治行為竟然有傳說中的這麼不堪。

　　在意識形態鬥爭的場域，一般認為外省第二代、部分軍公教群體、經濟統派（包含赴陸經商與從事演藝工作的國人）、極少數讀中國書、做中國人的新黨知識青年、中國政黨（例如國民黨）內被劃分為非本土派的從政同志，以及自覺為文化中國、歷史中國一分子的本省籍知識分子等散戶，共同組成了逆反主流意識形態的隊伍。在這些散兵游勇當中，「也是中國人」的外省第二代居於歷史原罪的標竿地位。

　　意識形態實踐　外省第二代加入本土政權者，多數卓然有成。然而，以比例而言，多數外省第二代並未融入意識形態變

遷。相對於本土意識高張的其他公民團體，這些花甲之年的群體在政治上多不熱衷社會運動；他們少有以街頭行動來喚起民眾對中華民國義理的堅持。

在新媒體尚未形成可怕的擴散效應以前，外省第二代的說話渠道並不「公共」。他們只在同學會中、在忘年會中、在登山群組中、在聚餐中等場合「私下」高談闊論。然而，新媒體讓這類緩慢的相濡以沫得以快速交換，因而換來主流意志的注意。公民團體、本土社團、台派意見領袖以及網路公共論壇上的鄉民，有的說這些中國人的言論反映了敵視台灣的高高在上，也有的評論他們唱衰台灣、暢旺中國，是典型的中國代言人。

在主流意識形態當道的政治氛圍中，部分外省第二代開始自我懷疑甚至自我否定。當有人批評本土政權去中國化的政策時，自我懷疑的部分外省第二代也會跳出來好心呼籲：「本群組不要談論政治！」有些人雖然沒有加入台灣價值的學習行列，但看到大勢所趨的本土意識也開始懷疑中華民國歷史的虛無，甚至懷疑中華民國在目前是否仍然存在。

部分外省第二代成立（被標籤為）「統派團體」的公民團體，企圖在公共領域與主流價值爭奪話語權。沒有參與公民團體的多數外省第二代則經常聚在一起，宣洩一種中華民國曾經走過從前的年邁記憶。更多的外省第二代已經絕口不再「意識形態」，只專注自己的養生世界。

軍公教

所有國家的軍公教群體都一律接受統治團體的領導。大體上，所有的統治團體也都會提供接受其領導的軍公教群體一定程度的安全保障。在過去很長一段時間裡，中華民國幾乎就是

以一種「恩給制」的終身俸制度，吸引國人從事必須效忠國家的軍公教職務。

　　公教人員是一群被考選制度涵養、被考核制度教養、被退撫制度保養的群體。國家公務員也都經過努力讀書才考上高普考。政府管理他們有害國家尊嚴的方法尚得以剝奪其月退俸的方式為之（例如《兩岸人民關係條例》第91條6項）。可以說，軍公教群體在職期間循規蹈矩，退休時亦然。類似街頭陳抗之類的民主參與，違反了這個群體的天性。

　　一般來說，中產階級安土重遷，不大願意看到社會變遷。過去歐洲世襲貴族階級式微以後，平民商人階級興起。為了做生意的規則不被打破，也預防自己的所得不被政府課以重稅，商人階級通常希望制度永續。經過一定考選程序（非約聘僱）任用的軍公教群體雖不經商，但希望過平穩日子的心態很像中產階級。因為薪資普遍高於白領勞工之故，稱軍公教為台灣的「中產階級」並不為過。

　　其中，軍人身處封閉社會，受國家機器的主流意識形態教育最深。公務員歷經國家機器的各種背誦考試，涵化（cultivation）最重。相較之下，學校老師是台灣民主化最早的見證。一直以來，他們都是辦理選務工作的第一線主體 [5]。可以說，中小學教員在軍公教群體中對於政黨的支持意向最為多元。換言之，中小學教員的意識形態非常兩極，有的極藍、有的深綠。

　　在一般人的印象中，年長軍公教以及退休軍公教群體並不

註5. 根據《公職人員選舉罷免法》第58、59條規定，投開票所之「主任管理員」、「主任監察員」均須為現任公教人員，而「管理員」則須半數以上為現任公教人員。

是本土政權的粉絲。然而,這種印象相當粗略。想像中,調查局國安站對公教人員所組織的團體應該沒有側寫檔案。長期關注各類消費族群消費習慣的廣告業,也不曾針對軍公教群體發表過什麼相關研究。對比年輕消費族群,商業領域對軍公教的整體消費觀念似乎抱著可以忽略的態度。

實際上,軍公教奉公守法、省吃儉用,視《公務人員服務法》為他們行為舉止的根本大法。這就是軍公教作為「群體」的主要生活模式。然而,在2018年公、教年金改革制度完成以後,這個群體似乎比以前願意花更多時間來評論政治。從貼文作者對政府運作的了解程度觀察,公教群體成員似乎漸漸有在新媒體匿名對當代政治發表議論的跡象。

第二節 「話語」是建構知識的工具

任何一句話語都會對不同聽者產生不同意義。一位非裔人士可以自嘲為「黑鬼」(nigger),務實台獨工作者也可自詡其言行屬「親中愛台」。在聽者的認知系統中,「他者」使用相同語詞則失去傳遞相同無害意義的特權。換句話說,白人不可以稱非裔人士為黑鬼;大中國思想者同樣親中愛台的言論也只會被詮釋為「過度親中」。

即使屬於普世價值的話語,也會因說話者的權力關係而有不同的意義側重。有的民主國家認定攻占官署為法定罪刑,有的國家也會認同人民為了阻卻政府不法而得以行使「公民不服從」的所謂「抵抗權」。有些主體強調言論自由的真諦,有些主體則劃定某些言論類別必須被「預防性」立法而予以禁制。有人堅持提出某些價值屬於天賦人權,更多的人也會提出「國

情不同」的主張。

　　因此，每一種話語先天上都帶有屬於主體自己觀點的侷限性。沒有任何一種話語的定義可以適用「所有的人」。也就是說，話語的使用與話語被賦予的價值，都屬於「特定的個人」。特定的人所陳述的話語都帶有自己權力關係的脈絡。反過來說，不同的受眾也會賦予某個特定人的話語不同的意義。

話語的性質及特徵

　　話語的結構　學術上，「質性研究」（qualitative research）的「次級資料」（secondary data）蒐集方法一般有三種原則：（1）分類原則、（2）簡化原則，以及（3）關聯原則。見圖4.2.1：

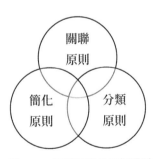

圖4.2.1：資料蒐集的三個原則

　　這三種原則也適用在話語的階級鬥爭上。首先，民主政治中的「差異政治」（politics of difference）表現為將事物分類。例如台灣人與中國人、國民黨本土派與「黃復興黨部」、本土

政權與親中政權等等分類。其次是簡化複雜概念。愛台灣、護主權、捍衛中華民國、熱愛中華文化等簡單訊息簡化與強化了人們對身分政治的想像。最後，人們和自己可以「承認」的意識形態我群「物以類聚」，和自己「不承認」的意識形態他者「劃清界線」。

　　如果人們要驗證某句話語是否為「真」，最簡單的方法就是去檢驗這句話語的結構是否符合（1）上帝旨意、（2）科學邏輯，以及（3）經驗常識等三種標準。至少在外觀上，話語不脫離上帝、邏輯以及常識這三種結構。如果話語的外觀脫離了這三種結構，即無法說明事理、生產意義、進行說服。見圖4.2.2：

圖4.2.2：檢驗話語是否為「真」的三種結構

　　首先，所謂「上帝旨意」的意義指的是人的良心自有善惡、自有是非。除非精神分裂或罪大惡極，一般人都不會接受那些鼓動人們為非作歹的話語。其次，一般人也都依邏輯行事。邏輯是從小就接觸得到的一種科學。習慣上，眾人往往對

於那些說話顛三倒四的人報以鄙夷眼光。最後，話語結構須符合一般常民的經驗常識。任何帶有說服目的的話語都不忘提醒受眾，自己所陳述的道理屬於常識。

　　話語的「意義」　從索緒爾（Ferdinand de Saussure, 1857—1913）的結構主義語言學觀點，話語本身所建構的圖文符號和它所指涉的外部真實事物，不盡然存在必然連繫。舉「台灣主權應交由台灣兩千三百萬人民自決」一語的句型為例。這句話語的文字結構自行構築了一個令人振奮的表面意思。然而，這句話語所指涉的內容並無法連結到外在真實世界的真實狀態。

　　上述「台灣主權自決」之話語陳述如果是指真實「正名制憲」的情況，或邁向正常國家的其他變更中華民國國體的方式，「外在現實世界」的《公投法》已經給予否決。如果考慮外因（exogenous）問題，例如美國等利害關係人的外部態度，台灣前途應由台灣人民自己決定的這類話語本意，恰好就與外在事物的真實狀態相反。

　　因此，話語的接收者不必執著於以「是否為真」作為標準而去採納或不採納一篇評論、一篇投書、一個意見的話語內容。重點是，接收者在閱聽他人話語時給自己賦予了什麼「價值」。例如，馬英九先生已經當過中華民國的總統了。在他任內，台灣主權是否「經常被賣掉」的意義依然對台灣民眾持續開放。也就是說，閱聽眾可以依照不同的價值觀來對馬總統販賣台灣主權的狀態，生產自己的意義連結。

　　一般而言，主體都以話語來表達思想。因此，話語既是主體的從屬，同時也是主體意識形態的實踐。有關意識形態問題，政治人物並沒有保持緘默的權力。李登輝總統給宋楚瑜省長的建議永遠適用：「說清楚、講明白，票自然來！」（見1998

年中國國民黨新舊任中央委員會祕書長交接時李登輝的講話）。

話語再現真實的困境　話語總想「再現」（represent）真實，但永遠只讓真實的程度打折。人們實際上並沒有資源可以周遊列國，卻可以藉由再現的符號來神遊世界。對沒有錢行萬里路的人來說，旅遊網站中的圖文符號有時比實際景點還令人神往。即使實際景點乏善可陳，關於這個景點的旅遊文案卻經常打動人心。當旅人照著文人騷客所再現的詩詞前往尋幽訪勝時，敗興而歸的結局經常發生。

可見，任何符號的再現真實都不能保證做到如實傳達、真實反映。也就是說，話語表達真實的能力有限；符號「再現」真實的任何形式，其語意都注定有所缺漏。然而，一般人都以為「再現」真實的話語就等於真實情況。在新媒體時代，符號與真實不等值的情形更經常受到忽略。

政治話語更是一種典型難以連結外在真實的符號再現。政治人物在表達正常國家願景、講述國家現存狀態、訴說國家施政正在「超前部署」等等話語的當下，話語內容中的所有「指涉物」（referent）一律都「不在現場」（absent）。然而，這並不妨礙受眾仍然可以理解並接受說話者所勾勒出來的圖像。在某些情況下，有些政治人物會利用民眾這種「願意相信」的心理機制而「什麼話都敢說」。

話語的技術與效果

話語是主體的從屬

話語既然「從屬於主體」（subjection to the subject），話語就必然洩漏主體心跡。佛洛伊德（Sigmund Freud, 1856—1939）

的精神分析學說表明：所有事物從來都不是意外，即使是最不
經意的話語也是如此。因此，人們必須經常警戒腦中思想，做
好自己的話語管理工作。一句英文諺語部分說明了這種現象：
"Beware of your thought, it may come out anytime!"。

所謂「心口如一」的意思，就是一個人「言必出於所想，
所想必用於話語」（says what one means and means what one
says）。然而，在一般社交場合，人們通常並不會以過於主體性
的語言來刺激他人。例如，在一個意識形態話語可能引發人們
不悅的聚會或群組中，「不談政治」也就成為大家共認的默契。

然而，意識形態主體一旦展開爭奪話語權的鬥爭，主體就
開始「以人廢言」、進行人身攻擊。一個主體攻擊另一個主體
的最好方法，就是找到對手「神經病」的過往、缺乏誠信的紀
錄，或者過去的「威權履例」。「塔西陀陷阱」（Tacitus Trap）
的教訓，就是在讓人們認識到這種「以人廢言」的用詞與暗示。

在意識形態論爭的場域，任何主體都必須經營從過去到現
在的所謂「象徵資本」（symbolic capital）[6]。否則，主體發言的
可信度會因受到人身攻擊而降低。反觀具有象徵資本的主體，
其話語可信度較不容易因受到人身攻擊而產生多少改變。人們
常在政治論述中聽到「李遠哲是台灣重要的資產」、「王金平是
國民黨的重要資產」等形容。這些重要人物的「象徵資本」都
是經過長期經營得來；人們對他們的話語接受度或容忍度也因
此相對較高。

一個人的立場和態度一旦被接納，這個人的話語內容也就
比較容易被接受。保持政治正確、說庶民的語言、與多數常民

註6.「象徵資本」是法國學者布迪厄所闡述的四個非經濟學資本理論中的觀念
　　之一，見（Bourdieu, 1986）。

的觀點同步等等策略，都是建立「安全論述」的第一步。新媒體時代出現了許多政治網紅。他們表面上以爭議性的用詞針貶時事，但內涵則多帶有隨俗色彩。很難想像一個沒有保持政治正確的政治網紅，能得到多少廣告置入。

　　然而，任何人以任何形式發表談話，都不免遭遇競爭。隨著權力關係的更迭，過去的一些強勢話語在今天可能已在「歷史的灰燼」中；今天具有話語權地位的人，明天也可能信用折損。可見，世界上少有哪一種論調永遠管用。從民進黨歷來的黨綱與決議即可得知，傳統台獨的理想主義大多向務實主義過渡。從物質是第一性，精神是第二性的馬克思主義定理來看，這是一個「處境」決定「意識」的鮮明例證。

　　這麼說來，被苛責為所謂「政治變色龍」的某些主體，也不過在回應特定群眾的制約和引導而已。孫子兵法兵勢篇有云：「故善戰者，求之于勢，不責于人，故能擇人而任勢。」中華民國台灣自有身分認同政治以來，部分政治人物的話語從意識形態光譜兩端切換已非罕見。他們多數審時度勢、沒有惡意。大體而言，他們仍然在努力經營自己的象徵資本。

　　這裡借用氣候風險管理的「三A原則」，來說明主體的話語的確隨「大勢所趨」而更動的情形。「三A原則」原指（1）認知（awareness）、（2）評估（assessment），以及（3）適應（adaptation）。民主社會的主流話語因「三A原則」而經常表現出越來越主流的趨勢。例如，一個政治網紅首先「認知」到台灣目前政治的一般風向、氣候以及趨勢；接著他「評估」自己的話語在言論市場中的定位；最後，他順應主流方向來調適自己，並適應大眾品味。見圖4.2.3。

　　然而，意識形態之所以把個人召喚成具有社會意識的主

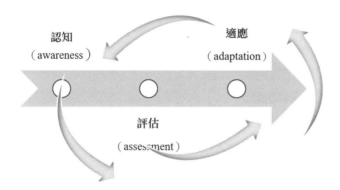

圖4.2.3：主體適應政治風向的「三 A 原則」

體，就是要個人清楚辨識自己人與敵人、我群與他者的區別。中國古代有義利之辯與君子小人之別；近代革命理念則有集體與個體、大我與小我之分。「捍衛中華民國」與「守護台灣」兩者之國家認同符號的價值取向差別很大。然而，因為權力關係總是經常流動的原因，有時主體的話語會故意置換中華民國認同與台灣認同兩者概念的區別，藉以規避言論的代價。

　　缺乏「操作型定義」是關鍵。在召喚群眾的過程中，意識形態主體的語意概念經常轉換。雖然「概念轉換」的目的是在躲避輿論標籤的攻擊，但卻把意識形態糾結得異常複雜。主體一下說「台灣與1912年成立的中華民國無關」，一下又說「要正視中華民國的存在」。 認同政治的話語就這樣經常表現為一種不穩定的結構；許多話語因此成為政治虛語。

　　在一個權力真空的理想狀態下，本土政權本來就必須在意識形態國家機器中繼續深耕台灣價值與本土意識。親中政權也必須在意識形態國家機器中，回復其中華文化實踐與中華民

國主體史觀。實踐是檢驗真理的標準；一旦缺乏實踐，所有維持獨立現狀、所有邁向正常國家、所有保衛中華民國等等「真理」，就都是一連串空洞符號的集合。

話語的鬥爭功能

在論述「超空間」（hyperspace）概念時，詹明信曾指出各種後現代的訊息特徵（見第四章第一節的解說）。Tesich（1992, January）更進一步觀察到一種當代「話語政治」的普遍趨勢。Tesich的「後真相政治」（post-truth politics）理論指出，當代話語多以簡單意見而非複雜分析的方式來進行陳述。主體依立場所採取的雄辯風格，比話語內容是否傳播真實來得重要。

台灣新聞媒體機構的所有權人幾乎都涉入政治。這些機構所發表的言論也就十足表現為支持我群、打擊他者的利器。可以說，「後真相政治」理論揭露了主體為鞏固目標群眾所進行的一種話語策略。這種策略的內在邏輯清楚表明：話語並不是溝通的工具，而是壓制、反抗以及衝突的工具。

在2020年台灣和美國的總統大選中，人們都見識過「今日香港、明日台灣」、「選民主黨拜登，就是選擇中國」的典型「滑坡論證」（slippery slope argument）。「滑坡論證」屬於邏輯謬誤（fallacy）的一種。只要一個決定的後果存在其他多種可能性，A等於B的武斷論述就一定不符合因果邏輯。

然而，選民總會擔心自己的選擇真的有可能發生不可承受的後果。因此，主體在話語中放大事件的因果關係正符合人們與生俱來的擔憂心理。可以說，主體的意識形態推論靠的是高於邏輯的「認同」與「保證」，而不是邏輯本身。因此，對於召喚選民而言，「滑坡論證」的話語策略經常有效。

　　現代話語的「後真相」本質更挑戰哈伯馬斯（Jürgen Habermas, 1929—）有關「公共領域」（public sphere）的古典觀念。1962年的「公共領域」概念在於表達一種平等與理性的理想化境界：儘管各方主體在「公共領域」對各種議題表達不同關切，但所有話語最終還是能形成公眾可以遵循的規範。也就是說，公共領域能察納雅言，最終完成民主共識（見Habermas, 1991）。

　　然而，身分認同政治讓民主社會的公共領域顯示不一樣的面貌。一直以來，公共領域本身就被懷疑帶有權力色彩。在當代民主社會中，所有各種異質群體都已不再願意依附或遵守公共領域中原有既定的權力建制。換句話說，所有異質群體在公共領域的多元主張，都宣稱自己是「輿論」。

　　Fraser（1990）曾針對性別意識提出過「次等公眾的抵抗式公共」概念（subaltern counterpublics）。此後，一種「抵抗式的公共領域」（counter public sphere）觀念即成為非主流意識形態在主導意識形態所建制的公共場域中，進行正當防衛的理論基礎。

　　在當代各種平台中，《中華民國憲法》所揭櫫的大中國意識形態即屬於一種非主流的抵抗式公共論述。以在有線電視系統上架的多數新聞頻道為例。當政治評論員評論相關政治議題時，大中國義理和憲法一中的價值相對於台灣主體意識，呈現的就是一種異端的「反抗式再現」（counter-representation）。

　　過去威權時期的統治團體曾直接進入校園成立黨部、直接進入媒體指揮節目；這些情況在中華民國進入民主台灣時期後都已經絕跡。然而，民主社會中爭奪話語權的各方主體卻一直不曾放棄進入公共領域。國立大學或公共媒體之類屬於非政府職能的公共化機構，就通常被意識形態主體高度介入。

　　一方面，民主台灣的統治階級固然要擴大意識形態國家機

器的涵蓋範圍；另一方面，反抗勢力也一直想要重回掌握公共
領域。因此，民主社會的公共領域即使有其公共專業的自主地
位，公共領域卻早已成為政治上鮮明的意識形態園地。

話語的修辭方法

　　民主國家的政治團體不得以槍砲彈藥為奪權工具。中華民
國憲法第139條就規定：「任何黨派及個人不得以武裝力量為
政爭之工具」。然而，民主國家的政治團體確定以「話語」為
政爭工具。從民主觀點，以話語推動政爭必須進行價值論述；
從民粹觀點，以話語推動政爭必須進行認知作戰。

　　無論以何種手段，認同政治的相關話語長期以來累積了一
定的修辭技巧。這裡歸納台灣社會常見的五種話語修辭手段，
即（1）一再重申、一再重複、（2）使用「標準用語」、（3）
由國際人士認證、（4）丟出「塔希陀陷阱」，摧毀對手說話的
信用度、（5）替對手貼上標籤。見圖4.2.4：

圖4.2.4：話語政治的五種修辭技巧

　　首先，修辭學中有一種反覆詠嘆的「重複手法」（repetition）。這種手法運用文字疊韻來表達強烈感情。意識形態話語同樣運用「一再重申」（reiterate）、反覆宣示的技術來突顯重點、加深印象、強化記憶。「以台灣為主體」、「邁向正常國家」、「保衛中華民國」等話語一再被重申，人們即「無所逃於天地之間」。唐朝詩人劉希夷的「年年歲月花相似，歲歲年年人不同」的詩句，好像就在說明意識形態話語這種「一再重申」的特性。

　　可以說，當今國人所呼吸到的空氣，就是氮、氧以及「意識形態重複例句」的混合物。然而，這種促使意識形態話語成為普遍知識的途徑也有風險。那就是，意識形態話語因為「一再重申」而有老生常談、陳腔濫調的危險。曾參殺人的故事顯示了三人成虎的效力，但一再述說一種無法實踐的話語也自動使話語的邊際效益遞減。

　　學術研究領域存在所謂「自我剽竊」（self-plagiarism）的倫理問題。「自我剽竊」指的是作者以新發現的名義，推出自己過去已發表的發現。雖稱不上真正的自我剽竊，意識形態話語卻高度呈現「自我重複」（self-repetition）的自我剽竊作風。主體反覆重申、一再宣揚他已經有的論述、觀點以及結論。報章的社論、網路的圖文、電視的評論等等話語內容，一般都不脫離這種特徵。

　　其次，使用「標準用語」是書寫或言說意識形態的第二個修辭特徵。「標準用語」（boilerplate language）指的是讓某些語彙形成習慣用語，以表示某個事物或某種概念是「已經被大眾接受」的標準定理。台灣主權、親中賣台、一中各表等名詞形容詞，都是認同政治語境中的標準用語。主體使用標準用語充滿信仰熱忱，因而把自己的論述「越說越旺」。然而，

當標準用語一再被重複而定型化時，平民部落之間的知識鴻溝（knowledge gap）也就越趨擴大。

國人說不聽、聽不進的話語，就由外國人來「借嘴說話」。話語的「出口轉內銷」是第三個話語論爭的修辭技巧。例如，多數國人對於「敵人已在國內」的緊急狀態多少有所警覺。然而，由美國人在外媒發表「敵人已在台灣」的主題文章，再由主流媒體轉述給國人看，國人才能更加警惕。家長告誡小孩要懂事聽話，總追加一句說「這是老師說的」，或「這是醫生說的」。藉由國際人士認證意識形態話語的手法，在台灣非常普遍。

質疑對手說話的信用度與專業度，更是第四種話語鬥爭的常見手法。過去說謊的人、過去有反民主案底的人、過去有「威權履歷」的「他們」，現在都沒資格批評「我們」。被開紅單的違規用路人經常辯稱：「前面也有相同違規者，你們怎麼不抓？」批評「我們」政府過度集權的人往往被網友打臉指出，「這些人怎麼從來不曾批評中國政權的極權統治？」。

最後，為了操作方便、區分敵我、識別對錯，民主社會的話語論爭主體都會給對手貼上標籤。「貼上標籤」是目前台灣認同政治非常普遍的第五個修辭特徵。標籤話語經常使用煽情語言（emotional-driven language）來召告誰是人、誰是鬼。

身分認同政治促使每一個意識形態主體都想操作標籤話語。例如「黨國」的標籤本來專屬「親中政黨」，但在2020年底「美國萊豬進口事件」以及「中天電視廢照事件」以後，本土政權也開始被親中政黨貼上效力並未普及的「黨國」標籤。

話語的倫理效果

　　人們可以在主體的認同言論中找到以下四種Tesich（1992, January）曾經指認出的「後真相」話語結構：（1）意見成為事實、（2）雄辯就是正確、（3）認同取代證據、（4）立場決定是非。見圖4.2.5：

圖4.2.5：「後真相政治」的四種話語結構

　　錯誤的資訊並不等同說謊，但主體操作資訊故意使人陷於錯誤就肯定涉入「後真相」的政治目的。也就是說，意識形態本身雖與道德無涉（amoral），但主體的話語操作則存在倫理問題。Tesich（1992, January）講述「後真相政治」的目的，其實就在於促使人們反思話語背後的政治操作，而不是糾結於話語內容所指涉的事物。

　　以雄辯就是正確為例。因為政治話語不斷概念轉換的原因，部分政治網紅其實並無法將「真相」說得準確。然而，他們往往以激昂憤怒的「聲音」來表示自己話語內容的正確性。莎士比亞在17世紀初就藉由《馬克白》（Macbeth）劇本，以無韻詩句辨識了這種以聲音取代真實的特殊話語現象：

可憐的表演者在舞台上橫行踱步，之後便像燭光乍熄一樣
悄然退下、無人聞問。這個傻瓜先前所陳述的故事內容空
無一物，但卻充滿了聲音和憤怒！
Out, out, brief candle! Life's but a walking shadow, a poor
player, that struts and frets his hour upon the stage, and then is
heard no more. It is a tale told by an idiot, full of sound and fury,
signifying nothing!

　　一般人都以為「後真相」的政治文化讓訊息沒有真相。
然而，倫理學所要關注的「真相」指的是訊息背後的各種「操
作」。訊息背後主體的立場、動機以及訊息內容所指涉的利害
關係人之間的權力關係等等，才是人們媒體識讀的重點。因
此，人們執著於關注意識形態論述的內容是否為真，並不適
切（irrelevant）。

　　如果承認這一點，那麼凡是意識形態話語所想要搏取的道
德高度，恰恰好就與追求道德的目的相反。邏輯上，後真相政
治的操作很可能就是組織、系統的一部分。也就是說，個別的
政治評論員有可能被國家機器或者特定組織所餵養。例如，他
們接受特定來源供稿，在一定時間內散布特定意見。

　　這樣的後真相政治對所有階級都構成不公平競爭。如果統
治團體因掠奪濫權而倒台是民主，但被後真相政治打倒卻是對
民主的威脅。同理，政治團體靠真相上台是民主，但靠後真相
執政也是國安危機。然而，無論是意在自保、意在使他人不當
選、意在測試輿論風向、意在配合選舉造勢、意在打擊政敵、
意在顛覆政府、意在甩鍋責任等等，主體操作話語訊息的「後
真相政治」文化正在與台灣的認同政治如影隨形。

傳播學界對1880年代美國煽情捏造的所謂「黃色新聞」（yellow journalism）知之甚詳。媒體人對1960年代美國「參與式報導」的所謂「新新聞」（new journalism）小說筆法也非常熟悉。新聞史的種種案例都顯示，任何媒體老闆總是在一種不會干預新聞部編輯方針的公開形象上，實施其不成文的「新聞室的社會控制」（social control in newsroom）。連第一線記者都會把來自公司高層的這種控制視為當然。

民主社會因此確定以話語為工具，進行奪權與護權的階級鬥爭。在台灣歷次的選舉中，衝突話語不時激盪出一些進步的思維與感動的情緒。在台灣民主化的過程中，因話語消長而被淘汰的歷屆政治人物多到不可勝數。然而，我群與他者雙方的話語衝突牽涉資訊取得的成本。通常掌握國家機器的一方取得現實資料的成本較低、能力較強。因此，統治團體的話語公信力也就相對較高。

在意識形態話語激烈論爭的氛圍下，優勢話語也會給反抗話語提供一種相對不尋常的容忍空間。台灣有上百個政治團體或公民團體，其中表現出不抵抗、不張揚、不突顯主體性、甚至完全不去實踐其政治理念的政團組織不在少數。就顛覆國家政權的危險程度而言，所有統治階級幾乎都可以刻意忽略這類組織的話語訴求。這就如同古代帝王容不下忠臣諫言，卻可以容忍身旁小丑弄臣的一再批評一樣。

因為時間的變遷，人們也漸漸可以容忍自己原本聽不習慣的話語。從「新制度論」的角度，制度變遷永遠是漸進的。制度漸進變革的取徑能讓民眾有時間習慣新生事物成為既定事物。也就是說，與習慣有關的制度變遷過程具有促使民眾接受原本陌生話語的效果。例如，人們現在已經非常習慣說出「中

華民國台灣」這個國家名稱。

　　制度漸進變革的理由仍然很難說服意識形態主體。對立群體的話語論爭因此並不在於以說服對方為目的，而是在於打擊對方。「逆火效應」（the backfire effect）的實驗證明，儘管個人努力提出說服性解說，他人只會更堅定自己主張，因而出現反說服的效果。就算自己所接受並轉傳的訊息最後被權威單位（例如「訊息查核中心」）加以更正，主體也會本能捍衛原來看法，堅持不被相斥的資訊所侵犯[7]。

　　逆火效應理論顯示，主體通常具有保護自己既有觀點不受外來資訊侵害的機制。這種「誰都說服不了誰」的心理機制，使得個體不願意讓自己暴露在與原本認知結果不同的情境當中。如果個體不小心「暴露」在政治網紅的「一派胡言」面前，一種焦慮或緊張的不舒適感油然而生。

　　因此，在面對電視名嘴各種互斥的資訊時，人們總會藉由遙控器轉台來表達「選擇性暴露」（selective exposure）的心理機制。這種轉台動作就在於避免「認知不和諧」（cognitive dissonance）所帶來的不舒適感。

　　如果必須暴露在與自身立場相異的訊息面前，人們不但選擇不相信，還會想要對之加以反駁。Nyhan與Reifler（2010）就曾提出過人們對自己信念具有「持久性」（persistence）的相關研究。可見，在當代認同政治的場域，過去哈伯瑪斯認為理性話語能在公共領域進行說服與溝通的理想主義，經常被證實為無效。

註7. 話語通常「先說先贏」。「逆火效應」間接證實，被動回應指控的話語先天上存在說服力較弱的缺陷。因為民眾先聽到什麼就先相信什麼的原因，主體在話語論爭的第一時間也就往往搶著先拋出風向。

話語的價值、真理與自由

真理與價值

在外觀上，意識形態就是知識，意識形態就是價值。個體選擇以知識為核心的信念較能讓個體產生自豪感與自信心。雖然主體選擇意識形態根本上是出於感情的召喚與天命的驅使，但主體通常認為自己的意識形態選擇乃是基於進步的知識和正確的價值。也就是說，意識形態主體相信「真理站在我這邊」。

胡適（1891—1962）在1959年就指認過這種主體自認自己的意識形態屬於真理的現象：

> 一個政治團體總相信自己的政治主張是對的、是不會錯的，所以他總相信那些和自己不同的政治見解必定是錯的、必定是敵人。……一切對「異端」的迫害，一切對「異己」的摧殘……一切思想言論的被壓迫，都由於這點深信自己不會是錯的心理。因為深信自己是不會錯的，所以絕不能容忍任何和自己不同的思想信仰。……容忍是一切自由的根本；沒有容忍異己的雅量，就不會承認異己的信仰可以享受自由。（胡適，2009，頁190）

在1962年過世時，胡適被蔣中正譽為「新文化中舊道德的楷模」。上述文字卻明顯在指責蔣中正總統對言論自由的箝制。胡適寫就該文時，現代民主社會的認同政治並未發生。然而，當代民主社會中的部落成員卻更有將自己價值作為最高道德，而無法容忍「他者」言論的相同心態。

民主社會中的優勢話語經常企圖自詡為「絕對真理」。在

黑格爾（Georg Wilhelm Friedrich Hegel, 1770—1831）的理論體系中，所有社會矛盾發展到最高階段都要服從「最高道德」。黑格爾以一種唯心主義的真理觀認為，「最高道德」或「絕對真理」是所有事物的最終解決方案（見Hegel, 1998）。

從黑格爾以降，西方政治哲學開始強調國家必須服從一個比日常政務還要更高的道德目的。國家唯有具「道德力量」才能贏得人民信賴。這種政治哲學的副作用是：任何政治團體都開始重視掌握道德話語，以取得執政地位或取得執政優勢。在掌握某種最高道德的話語權之後，意識形態主體甚至認為「大是大非」以外的其他「非常態」（anomaly）事物，都可以被忽略為旁枝末節。

相對主義的真理觀並不相信真理具有絕對性。相對主義的真理觀指出，因為真理有其時空特殊性，所以一切真理都只具有相對性質。換句話說，在時間的座標上，所有被感受為真的東西都只是在一定的期限內有效。時間無窮，自我生命有限；一些對人們一時一地有意義的東西，或人們正在體驗為正確的事物，並無法被證明可以恆久不變。

人們可以從一些具有教訓意義的「成語」中發現這種「真理具時效性、真理具保鮮期」的定理。成語是一時一地智慧的結晶，也是某一特定歷史時空的庶民常識。然而，人的經濟生活改變了許多封建時代的歷史條件。在歷史的長河中，過去的許多成語在今天看來都已不再適用。過去有關性別、人權、族群等的知識定論，在今天也都印證「真理具有相對性」。

「相對真理」的論點就在於指出，人們論斷事物的對錯宜考慮時空等「脈絡」參數，不必然只突出真理的絕對價值。舉

例而言，過去中華少棒隊在美國佛羅里達州「威廉波特少棒賽」連年奪冠。這個賽事只是美國一個少年體育俱樂部邀請各國學童交流的教育活動，目的在培養孩童團隊精神。

然而，該「世界盃賽事」在威權時期卻異化為中華民國軍民士氣團結的一個窗口；當中華少棒選手奪冠的時刻，也就是國人心情最為激動的時刻。在那一段期間，入選各國小少棒隊的每一位學童都必須經歷鐵血訓練，以拿「世界盃」冠軍作為準備。

當年全國軍民這種高昂士氣出於資訊封閉，也出於「國家要被世界看到」的一種集體意志的反映。從今天的標準看，整個國家期盼學童視死如歸、以拿冠軍的認知是扭曲的。惟從當時時空來看，那種愛國的全民意志表現又是正確的。人們現在絕對不會日以繼夜訓練兒童，然後賦予其為國爭光的重責大任。然而，現在不會做的事並不能用來否定從前的價值脈絡。

霍克海默（Max Horkheimer, 1895－1973）就曾指出，只在一定時效內為真理的真理，並不意味人們可以隨意斷定這個真理本身是「不正確的」。人們普遍認為，在今天被證明需要轉型的東西，在過去也一定是不正確的。然而就霍克海默來說，這種觀念也等於自陷價值的「絕對主義」窠臼。

霍克海默的真理觀是一種辯證統一的觀點（見Horkheimer, 1935）。也就是說，真理與價值本身並沒有高低之分。說「真理是絕對的」，只不過在於指出真理確實是由一時、一地的實踐而加以確定。說「真理是相對的」這句話也主要是指真理受歷史條件的制約。因此，霍克海默的觀點可以帶給閱聽人辨證地看待真理與道德所具有的多層次性。

因此，人們一方面不應把政治話語中所揭櫫的真理或價值

當成絕對，也不應該把真理或價值的相對性絕對主觀化。重點是，價值的「主流」與「進步」之間並沒有必然的連繫。台灣認同政治話語中所楬櫫的真理與價值，就這樣應該交由歷史來評價、由實踐來檢驗。

換句話說，世界上不會有任何一種「進步價值」的論斷可以免於接受歷史與實踐的檢驗。歷史上也從來沒有一種主流聲音可以簡單披上道德外衣就可以非法化另類價值對之加以解構的挑戰。然而，雖然意識形態價值只有時間才能證明對錯，「權力」還是所有價值對錯一時一地的主要定義者。

話語的言論自由

不管是幹譙人物還是點評時事，言論自由永遠是民主社會最鮮明的特徵。然而，主體所陳述的意識形態「言論」往往都自我排除科學上的所謂「可證偽性」（falsifiability）。也就是說，主體所有自圓其說的話語，在詮釋學上都沒有「邊界」。

例如，在「中華民國大於台灣」的陳述「為真」的條件下，說「中華民國就是台灣」也不能算是「偽」。原本台海之戰「首戰即終戰」的意思是：台灣一周內被中國打趴而投降。對不同的意識形態主體而言，這句話同時也可以被解釋為：中國兩周內被美國「打回解放前」。

自從1987年解嚴迄今，台灣各種言論眾聲喧嘩。2016年行政院還把鄭南榕先生4月7日的忌日訂為「言論自由日」。政治本來就是一種「可能」的藝術。當話語的表意和詮釋都沒有邊界時，看起來不可能的事、聽起來很唬爛的事，發展到最後都有發生的可能。一個疫情、一場在其他地區發生的暴動、一件突如其來的「兩顆子彈」，都有翻轉世界的可能[8]。

　　個人表達思想本來就必須經由話語。在過去威權時期，個體把自己的思想說出來是一件極其危險的事情。在《刑法》100條尚未修正前，統治團體還可以因為一個人的言論表示，而「預防性」將此人的「犯罪之預備」施以懲罰。

　　主體因為言論而被視為預備犯罪的例子，在美國典型表現在槍擊事件的預防上。美國對於「我要拿槍掃射學校」之類的話語一律依「明顯而立即危險」（clear and present danger）原則加以處置。「我想掃射」的話語和「我真的掃射」的行動之間，其實並無必然連繫。然而，因為美國擁槍的特殊文化以及校園槍擊的真實事例，使得有關用槍的言論自由成為法律和道德的禁忌。

　　實際上，意識形態話語不僅僅是話語；它最終還能促成行動。話語真的促成事情發生的案例，班班可考。因此，在當前台灣進行轉型正義的年代，某些言論類型，例如統一言論，自然被強勢意見指為非法。

　　在民主台灣的國情中，「統促言論」甚至「一中言論」都屬於政治異端。如果以認同政治的理解框架來分析，即使政府不立法對之限縮，部分知識青年或公民團體也自然會站出來以實際行動回應這些言論。也就是說，即使政府不出面動用法律工具，公民團體也會以話語甚至行動來壓制那些「利用台灣民主、濫用言論自由」的「他們」。可見，社會風尚一樣可以達到限制言論自由的目的。

　　守護民主台灣的預防性立法呼聲在台灣從未間斷。一般民主國家的憲法通常賦予個人言論權利不被社會道德侵犯。然

註8.　有關「兩顆子彈」的效應，見2004年中華民國總統大選前夕陳水扁總統候選人遭槍擊事件的相關報導。

而，部分國人始終希望政府能限制例如「五星旗宣傳車呼嘯而過」之類的政治言論（見2018年「國發會公共政策網路參與平台」上的公民提案與附議）。國人呼籲立法限制某種類別的言論，明顯表達台灣目前非常重視「預防性民主」的特殊國情。

部分國人就經常呼籲政府應以立法或行政方式，加強管理力度。例如，政府應（1）對全國社團啟動保防安全的調查工作；（2）對有「疑似證據」的情形應立即詳查；（3）對網路空間的「含中成分」言論進行追蹤；（4）對出版與網際網路視聽服務的中國文化入侵進行防制；（5）對國內非上市、櫃公司進行「含中成分」檢核，包括公司總營收、總盈餘的中國比例；（6）對國內企業人士進行安全查核，包括公司常駐中國之台幹、台幹家屬等之人數統計……。

孔子做《春秋》而亂臣賊子懼。當中華民國台灣對「反滲透」的定義擴大以及對「國安」的適用範圍增加時，被台灣意識形態主體定性為「國家認同可疑」的「統派」聲音也就自然被有效嚇阻。這樣一來，意識形態他者很難在台灣內部形成具有一定話語權的反抗力量。甚至，永遠噤聲的意識形態他者，也就等於沒有意識形態他者。

在台灣民主化的過程中，人民的言論自由曾經經歷一段時間的不斷開放。過去《集會遊行法》曾規定：「主張共產主義或分裂國土」的集會遊行應不予許可。1998年大法官釋字445號認定，主管機關於許可集會遊行前「就人民政治言論而為審查，與憲法保障表現自由之意旨有違。」又根據2008年大法官釋字644號，原《人民團體法》禁止主張共產主義或分裂國土的規定為違憲。從此，符合內亂或外患罪的構成要件必須以是否具有著手實施的犯行而定。

　　然而，《中華民國憲法》第11條雖然規定「人民有言論、講學、著作及出版之自由」，但第23條也以「防止妨礙他人自由、避免緊急危難、維持社會秩序，或增進公共利益所必要者」之理由，規定了言論自由的界線。即使美國在20世紀初也以「明顯和立即危險」原則，劃出了言論自由的紅線[9]。可見，民主社會中的所有人身自由，包括言論自由的權利，也都會被各國人為的特殊國情所限制。

話語中的仇恨言論

　　仇恨言論（hate speech）的種子非常適合在認同政治的土壤落地生根。當意識形態實踐不斷遭受反挫、當要求自我身分被承認但卻不斷被打壓時，某種憤怒的因子就容易找到萌芽發展的合理空間。例如，如果主體無法以公投正名制憲、無法徹底究責黨國加害體系（及其後代）、自己的認同不斷被標籤化汙名化等等之類的挫折，都將導致激進言論甚至激進行為的發生。

　　一個法治社會的仇恨言論是意識形態階級鬥爭的最高形式。帶有高憤怒值的言論表面上是主體發洩對他者的憎恨與輕蔑，但背後也存在主體崇高的愛國／愛台灣動機。與一般網路霸凌的語言不同，意識形態主體的話語恨意主要是針對他者的道德批判。換句話說，極端語言往往帶有滿滿是非對錯的倫理意涵。因此，在接收極端語言時，認同的民眾也多以同理心來理解話語主體充滿恨意的動機。

註9. 在1919年Schenck vs. United States（249 U.S. 47）的案例中，美國聯邦最高法院對言論自由的界限提出了以下見解：如果言論產生「明顯而立即危險」（clear and present danger）時應加以限制。例如，在電影院高喊「失火了！」這種足以引起人們相互踩踏的言論即屬之。

　　然而，理想主義者（例如哈伯瑪斯）還是指出了極端語言可能影響閱聽眾判斷，並阻斷公共領域內正常討論的弊病。也就是說，憤怒值超高的言論具有傷害民主的潛力。在認同政治的場域，極端恨意的語言實際的目地就在傷害他者、排除他者；極端語言的附加價值尤其得以讓「我群」轉移事件焦點，減少社會對自己的批評。

　　與他者「討論」事情，從來就不是主體發動恨意言論的動機；「排除他者」才是仇恨言論的主要目的。在這個框架下，發動仇恨言論的主體往往強調他者的「非人」身分。在話語論爭的場域，人們經常見識到我群汙名化他者、對他者施加劣等標籤之類的語言暴力。

　　以網路貼文為例，貼文者傳播憤怒所得到的感情回饋豐富而多樣。理論上，網友發洩憤怒的仇恨言論「武器對等」。也就是說，就憤怒情緒所能召來的破壞力而言，所有意識形態光譜兩端的網友能力無分軒輊。以下指出三種仇恨言論的態樣，即（1）標籤化、（2）妖魔化、（3）競爭受害者地位。見圖4.2.6：

圖4.2.6：三種仇恨言論的態樣

標籤化　在認同政治的語境中，所有標籤式稱號都「以文害意」。例如，本土政權與親中政權這兩個名詞就是一種帶有價值取向的政治標籤。以後者為例。如果親中政權真的親近現代政治中國，那麼實務上，親中政權在台灣參政的機會為零，遑論在台灣執政。因此，親中政權尚未否棄的可能是親近中華民國價值中所固有的民族、文化、歷史等相關元素。

然而，所有政治標籤的名詞釋義有的約定俗成、有的望文生義，最多的則是由權力關係來決定。以所謂「天龍國」這個標籤為例。中華民國人被認為多盤據在台北市。台北市中多個區域的生活韻味甚至仍帶有中華意象。從歷屆選舉人口的統計意義而言，居住在這些地區的人多支持親中政黨候選人，大安區、文山區尤其明顯。

除士林、北投等以支持本土政黨為主的區域外，許多台北市地區甚至被意識形態主體標籤為台灣的「中國城」。在台北市未被本土政權光復的期間內，台北市作為「天龍國」的標籤一直存在。

「仇恨言論」並非台灣目前的法律用語。法律上構成「公然侮辱」的定義是主體對特定對象或可確定得知之人所為的侮辱言論（見大法官釋字第145號）。反觀仇恨言論在實務上，多屬針對不特定之人或不能推論而得知的特定人所為的言論。因此，「阿陸仔、台巴子、中國豬、支那賤畜、綠蛆賤畜、綠蛙、滾回中國、皇民後裔、滯台支那」等一般認為屬於仇恨語言的形容詞、名詞，卻經常沒有當事人出面提出傷害之告訴。

覺得很不爽的利害關係人最普遍的反應，通常是向「階級敵人」加碼丟出更為貶抑尖銳的話語。在這種相互激盪的影響下，仇恨語言就這樣形成民主台灣一股不可逆的政治風氣。

妖魔化 「標籤」用語明顯帶有妖魔化特定群體的母題
（motif）。1947年二二八事件以來的「外來政權」概念，一直是台
灣認同政治主體妖魔化「特定群體」的原型之一。為了說明這
個「特定群體」的外觀與個性，這裡轉述主流媒體「讀者投書」
之類曾經出現過的類似文字如下：

> 外來政權的黨國後代到今天都還沒有承擔二二八與白色恐
> 怖的歷史責任。這些黨國子女現在正加速連結專制中國、
> 傷害民主台灣。

從1979年美麗島事件以來，台灣部分的話語政治充分表露
復仇心態。在以台灣為主體的民族紀事當中，二二八事件本身
及其文化再現（representation）普遍表達過去「外來政權」隨
機用達姆彈殺人、強闖民宅、搜捕良民等等「清鄉」印象。今
天連結專制中國、傷害民主台灣的主體並不一定就是那些屬於
少數「外來群體的後代」。然而，台灣的認同政治話語卻經常
網羅一些「原罪」群體，將他們打包成整體加害者的形象。

即使針對管中閔教授是否合法就任台大校長一事，主流媒
體的公共討論也不乏指向針對「特定族群」的評論。檢視2018
年1月前後的相關公共話語後發現，具有族群動員以及文革色
彩的文章相當普遍。類似以下的文字不乏其例：

> 當年白色恐怖的幫凶現在仍然把持台大。管中閔事件反映
> 了外來黨國殘餘勢力仍在控制頂尖大學的事實。因此，我
> 國高等學府正是一個有待轉型正義的部門。

　　帶有詆毀意涵的名詞、形容詞等話語，在網路中更表現為撲天蓋地。我群與他者陣營的仇恨用語脈絡多到無法列表。即使那些走出鍵盤對威權象徵進行潑漆、斬首等行為藝術的演繹者，通常也伴隨張貼「支那」等仇恨語言。雖然大數據並沒有向大眾顯示相關仇恨話語的聲量統計，但稱呼具有大中國思想的國人為「支那」的話語仇恨值，在台灣一直居高不下。

　　1998年以前，北愛爾蘭曾歷經長達30年的族群衝突。直到今天，北愛當地親英和親愛爾蘭的不同族裔後人仍互相敵視。烏克蘭東部親俄與親美兩派公民甚至以內戰方式，造成國家民生凋敝的慘況。因此，在愛爾蘭、英國、德國、法國、加拿大、澳洲甚至新加坡等國的法制中，各民主國家都有針對仇恨言論的相關禁制規定。

　　在NCC第一次（2007/12/20）、第二次（2008/7/22）報行政院的「通訊傳播管理法草案」版本中的第148條第1項第4款都曾草擬，頻道事業提供之節目或廣告不得有「……煽動族群仇恨……」的規定。這類禁制事項的立法旨意符合了世界民主國家的法制潮流。然而，中華民國台灣禁止針對特定族群的仇恨言論規定，至今一直都未能完成立法。

　　競爭受害者地位　受害心理是造成主體憤怒的基本來源。主體占據受害者的身分位置，即意味自己的言行也站穩道德高地。因此，「競爭受害者地位」可以是主體操作認同政治話語的一種策略。Schori-Eyal, Halperin與Bar-Tal（2014）就指出，我群與敵對他者之任何一方都希望自己能爭取到唯一受害者的地位（見第三章第三節的解說）。

　　人們可以用這種「競爭受害者地位」（competitive victimhood）的概念，理解當前台灣話語鬥爭背後的一種特定文化現象。

Schori-Eyal, Halperin 與 Bar-Tal（2014）的文章語境指的是以色列人對待阿拉伯人的態度。在對美國的遊說以及對世界的觀感訴求上，以色列一直都在提醒世人她在歷史上的受害身分。以色列人就這樣以曾遭屠殺的受害理由對加薩走廊與耶路撒冷占領地的巴勒斯坦人進行不成比例的壓迫。

　　基於台灣四百年被殖民的悲情（見李登輝總統於1994年與日本作家司馬遼太郎對談時所提出「生為台灣人的悲哀」概念）以及二二八事件的受難，台灣的認同政治並不缺乏自覺為受害者身分的意識形態。這種情緒經常促使意識形態主體積極挖掘外來者敵視與鄙視台灣的言行。因此，多數國人對是類受害者主體的憤怒言行多報以支持與理解的態度。

　　然而，受害者積極尋找「外來者」的話語結構有時也顯示了過度評論、牽連過廣的失準狀態。類似以下文字即充分表明一種「競爭受害者地位」的憤怒句型：

> 那些滯留台灣的外來群體不惜打壓台灣文化、阻撓轉型正義。他們展現外來優越、鄙視被害群體；台灣主流民意應該讓他們……。

　　類似用語極度掀起族群仇恨的力量。儘管主體推動意識形態實踐並不以煽動仇恨為動機，但主體話語論爭的過程卻往往擦槍走火。如果話語中處處充滿受害者必須復仇的情緒，台灣民主政治的本質就是認同政治的地獄。

仇恨心理

　　以話語持續堆疊憤怒值的貼文過程，類似宗教「集體亢奮」

的儀式經驗[10]。理想主義者認為，「集體亢奮」終將回歸理性。然而，認同政治的歷史經驗卻一再表明，「集體亢奮」隨時接受「感性」召喚而處於經常亢奮的狀態。甚至，主流媒體的報導者與評論員更經常借用「網怒」、「網爆」、「網驚」、「打臉」、「跳腳」等之類的廣泛用詞延長仇恨氣氛。

即使西方老牌民主國家也潛藏仇恨意識。理論上，在某些大數據工具的追蹤與探勘下，諸如白種人優越意識、物化亞洲女性意識、汙名化墨西哥人意識等等仇恨語言，應該都可以浮出檯面。例如，人們可以用Google的「趨勢探索」工具來找出網路使用者自以為隱藏身分的匿名痕跡。

一個人的思想就如同行為一樣，「凡走過必留下痕跡」。光是人們在入口網站簡單搜尋什麼，就表示他們在想些什麼。然而，人們的黯黑心理通常只會在相對隱私的網路中直白宣洩；社會科學就始終無法找到「仇恨主義人口學分布」的證據。在1891年的 *The Critic as Artist* 一文中，英國作家王爾德（Oscar Wilde, 1854—1900）指出：

> 人們以真面目說話最不像自己。給他一個面罩，他就說出真話！
> Man is least himself in his own person. Give him a mask, and he will tell the truth.

可見，仇恨心理在制式的社會調查中只會隱而不宣。當川普在2016年當選美國總統之前，美國所有機構民調都忽略將

註10.「集體亢奮」（collective effervescence）是社會學家涂爾幹（Émile Durkheim, 1958—1917）的用語（見Durkheim, 2016）。

「白人至上主義」之類的種種暗黑變項，列入加權。

民眾情緒的最大出口是每四年的總統大選。在所有祕密投票的事務當中，仇恨力量和愛的力量一樣，都是主體前往投票所排隊蓋印的重要動機。也就是說，選民希望某人落選的動機有時比希望某人當選的動機還要來得強烈。儘管大數據演算法可以間接證實人類具有仇恨動機，但現階段民主台灣的制度理論並沒有準備好接受台灣族群仇恨的真實議題。

這是因為「恨他者」往往具有與「愛我群」相連動的效果。一般人通常注意到仇恨言論中愛我群的部分，而忽略並默許我群成員對他者成員充滿恨意的指數。因此，既然仇恨言論具有團結我群的效果，認同政治的操作者也就無法割捨採取某種以仇恨為基底的鬥爭策略。

在一個異質的文化空間中，例如同學會的Line群組中，若有成員破壞某種和諧氣氛「亂發」政治訊息，通常會遭到政治敏感者出面制止。除非這個群組本來就是意識形態的同溫層，否則意識形態差異將破壞群組友誼、滋生群組成員的怨懟。

相反地，在意識形態相互取暖的同溫層群組間，個別成員意見往往會在一種「團體學習」（group learning）的交互影響下發生加乘效果。也就是說，同溫層的「回聲效應」（echo effects）所創出的推、噓聲量，將促使社群成員形成集體世界觀。在集體世界觀的影響下，部分抱持不和諧（dissonant）的個體將傾向噤聲。網路中竄起的「一窩風」集體世界觀及其所連帶掀起的仇恨用語風潮，就是交互影響下團體學習的文化產物。

《新約聖經‧馬太福音》中的寓言大意是：凡是你已有的，神會給你更多。「馬太效應」（Matthew effect）這個術語因此用

在描述金融界的一種普遍現象，即越有錢的商號，向銀行申請到的貸款越多。資本主義的言論市場也有這種「西瓜偎大邊」的馬太效應。也就是說，閱聽眾經常傾向給予主流聲量更多回饋。如此一來，馬太效應一詞也可以用來說明一窩風評論最後竟然能掀起一股海量仇恨的原因。

媒體識讀

　　為了形容法國啟蒙時代思想家伏爾泰（François-Marie Arouet, 1694—1778）堅持言論自由信念的處世態度，Evelyn Beatrice Hall（1868—1956）在其1903年的 *The Friends of Voltaire* 一書中寫出以下名言：

> 我並不同意你的觀點，但將誓死捍衛你說話的權利。
> I disapprove of what you say, but I will defend to the death your right to say it.

　　理論上，所有民選政府都願意以包容和相互尊重的方式作為和諧社會的統治手段。然而，輿論之爭是民主社會奪權與護權的最重要形式。所有政治團體無不以如何處理對我群不利的爭議訊息，作為其順利執政或取得執政的重中之重。因此，上述容忍異己言論的美言只能作為人們想像態中的美好事物。

　　在此情況下，一般公民即需拿出「媒體識讀」（media literacy）的素養來解構各種標籤化、妖魔化，以及競爭成為受害者的種種話語結構。即使中華民國台灣是否真有一股「無色」的中立選民備受質疑，這裡仍然提出解讀政治訊息的四個基本觀念如下：

　　一、每一個客觀事件的陳述都與發文者自己的主觀意見共構為所謂「訊息」；二、訊息真相背後一定存在其他真相。因此，所有訊息都有詮釋的多種可能，絕不會只有發文者的單一詮釋；三、訊息的脈絡情境非常重要。這種脈絡包括訊息為何會在某一個特定時間點說出某個特定內容；四、所有訊息背後都存在利害關係人之間的各種權力關係。訊息希望誰得利、誰受害是關鍵。

　　仇恨政治確實已是各國當代民主政治的現實；中華民國台灣的仇恨政治尤其來自一段很長時間的歷史醞釀。當公民在思考這個社會如何避免仇恨政治所帶來的民粹災難時，有些意識形態主體卻盤算如何運用民粹力量，使帶有標籤化、妖魔化以及競爭受害者地位的仇恨言論成為奪權或護權的資源。這就是為什麼當代民主台灣始終不願意以法制面對仇恨言論的原因。

第三節　主體以話語表達差異

　　在一個認同政治迷漫的社會，彰顯意識形態主體性最鮮明的是新聞媒體。台灣主流媒體中的任何一篇報導、任何一張照片、任何一個標題、任何一則評論、任何一件外電選譯，都強烈傳達認同訊號。甚至，電視新聞頻道、YouTube頻道、臉書粉絲專頁以及台灣最大網路論壇PTT等現代版「街談巷議」，都是當前台灣意識形態主體傳達認同訊號的輿論陣地。

　　閱聽眾因此習慣哪個媒體是親中媒體、哪個媒體是某一個派系的本土媒體、哪個媒體永遠在批評執政黨、哪個媒體永遠在監督在野黨、哪個媒體永遠在關注共產黨。在有關「涉己事務」的報導與評論中，即使是主流傳播媒體也從來不避諱表達

「就算我不好、他比我還差」的態度。

1945年7月26日邱吉爾落選英國首相職務時曾說：「對政治領袖的無情是偉大民族的標誌」（"Ingratitude towards their great men is the mark of strong peoples."）。在1998年台北市長連任失利後，陳水扁市長也說：「對進步團隊無情是偉大城市的象徵」。繼馬英九市長執政八年後的2008年，台北市的治權仍然落入「親中政權」郝龍斌手中。台北市這個城市從此被進步團隊的支持者稱為「天龍國」。

差異政治

不同主體的差異論述主要在突顯對手世界觀屬於退步的部分。民主政治的意見（opinions）和觀念（ideas）尤其以「相異」為趨力，而不是以「相同」為導向。基於這種「差異政治」（politics of difference），「雙方在相互尊重的基礎上求同存異」這句話通常只有在權力對等時才會成立。

除了具有差異與對立的外觀，台灣的政治論述經常透露壓抑與否定的內涵。說「台灣是一個主權獨立的國家」是正向命題，但「不必再宣布獨立」一語卻又自陷壓抑與否定的情緒。說「台灣要邁向正常國家」是正向命題，但語義卻自證「台灣不是正常國家」的否定情緒。

因此，認同政治的話語到處充滿「矛盾律」（law of contradiction）。說「台灣是一個主權獨立國家」的意識形態主體，同時召告「大陸」「要正視中華民國的存在」。「台灣主權」的一般概念也隨時置換「中華民國主權」的憲法概念。可見，在認同政治的語境中，即使法理上的定義以及歷史上的成規也都有隨時被「概念

轉換」的可能。

　　「差異政治」是當代所有民主化社會固有的東西；把彼此的意識形態差異視為民主內戰也並非民主台灣所獨有。然而，中華民國與台灣的國家認同差異有時並不完全表現為涇渭分明的態度。例如，對立的話語主體並不強調「我是台灣派、你是中華民國派」，而會說「我是台獨、你是華獨，我們兩個都一樣是獨」。一種話語的「改良主義」（reformism）甚至讓統派拒絕一國兩制，讓獨派拋棄正名制憲。兩者都同樣對中國大陸宣稱「要正視中華民國的存在」。

　　可見，當意識形態的實踐窒礙難行時，話語也就經常跟著「改良」而轉彎。此時除了理想性之外，主體也開始注重意識形態的實用性。意識形態話語之所以有時令人困惑，就是因為這種話語的改良主義經常發生。也就是說，主體說這個也好，說那個也行。

　　理則學上有所謂「真偽不對稱性」（the logical asymmetry between verification and falsifiability）。「真偽不對稱性」指的是「真」往往很難被證實，「偽」卻可相對容易被指認。在意識形態論爭的場域，認同對立的雙方永遠都在指摘對方之諍論為非。台派說外來政權以《開羅宣言》證明中華民國光復台灣為濠笈；中華民國派則請台派拿出台灣國家成立的國際法證明。

　　台派與中華民國派兩邊都以「證偽主義」（falsificationism）宣布對方為非。兩種不正常狀態因此發生：（1）矢言邁向正常國家的人絕不以公法宣布台灣獨立地位；（2）抱持兩個地區「同屬一中」的中華民國憲法支持者也絕口不提「一個中國」的價值。

　　整體而言，邁向正常國家的論述在台灣的意見市場中獨領

風騷。在意識形態論爭的場域，「打臉」一詞意味正確的意見教訓錯誤的意見。以台灣主體性出發的言論被認為具有「打臉」他者話語的功能。例如，「台灣文化以中華文化為底蘊」的文化論述就經常被台灣主體論述糾正為：「台灣多元文化的核心為400年來所固有，中華文化只是台灣文化的一支」。

　　過去中華民國經由學校教育，運用「復興中華文化」、「復興中華民族」等民族主義感染了三、四、五年級國人的愛國熱情。現在這些話語被中華人民共和國接收，因而導致這些話語本身殞落在台灣社會的底層角落。在目前中華民國「以台灣為主體」的特定歷史時期，過去許多「以中華民國為主體」的習慣用語紛紛開始沾染舔中的羞恥符號。

　　台灣有些家庭本來就有日本情結或大中國情結；有些家庭也有反日情結或反中情結。以大中國情結的DNA為例，海內外全體中國人原本都對中華民族復興的未來懷抱想像。這是一個無可救藥的民族主義，也是一種不可抹滅的心理事實。然而，因為政治中國崛起的原因，過去中華民國所謂「中華民族復興」的話語開始滲入中華人民共和國「必須收復台灣」的內容。

　　部分中華民國人因此開始對「民族復興」這個概念產生疑惑。儘管如此，多數大中國思想主義者還是可以輕易將（1）中華人民共和國、（2）中共政權、（3）中國，以及（4）中華民國這四個概念加以區分。然而，當代國人的強勢意見卻不以為然。也就是說，意識形態主體並不接受在台灣這片土地上還應該殘存民族、文化，以及歷史上的所謂「概念中國」。

思想對立

　　關於「人的存有」這種基本哲學問題，考慮的是「我們

從哪裡來，要往哪裡去」。這個問題通常無解，只能靠「凝想」（meditate）來取得一種自我認同的生活態度。解答「台灣從哪裡來，要往哪裡去」的知識卻不能依靠凝想；它必須以行動來實踐。

本土價值的知識建構有的以法理為基礎、有的以史料為基礎、有的以基因血緣的「發現」為基礎；所有知識建構的目的都在進行認同說服。先不論「台灣價值」的內容項目是什麼，光是「以台灣為主體」的句型就足以造成所有台灣人民願意親近。

傳統認識論（epistemology）指出，科學的研究方法最終可以解決研究問題，並使研究發現趨近真理。例如「邏輯」就提供了分析事理、解決問題的保證。然而，認同政治所引用的事實、法理、歷史等話語卻從來都缺乏標準一致的操作型定義（operational definition）。也就是說，客觀邏輯從來就沒有超越認同政治的特權。

事實上，所有「去脈絡化」（decontextualization）、「片斷化」（fragmentation）、「眼前」（present）等政治話語都缺乏操作型定義。例如，「台灣是主權獨立的國家，她的名字『固然』叫中華民國」、「台灣從來不屬於中國」、「清國不是中國」、「中華民國不是中國」、「中華民國是台灣」等等文字迷障，都只是缺乏操作型定義話語中的舉舉大者。

李登輝時代開始建構以台灣為主體的教育改革。2006年普通高中實施95課綱以後，台灣價值開始鞏固。可以說，2000年前後出生的國人（也就是所謂「Z世代」）已經具備作為一個台灣人的清楚定向。在看到時代風尚中的主流趨勢時，原本價值迷惘的少部分人也開始對過去中華民國時期的舊知識產生懷

疑。他們多數自我改造，選擇融入。

　　然而，外省第二代、退休軍公教、天龍國的長住居民、經濟統派、陸配家庭成員，以及赴陸發展的台商藝人等少數「中國人」的言行，仍經常被指認出具有趨附中華文化、打壓本土文化、擁抱大中國史觀、敵視台灣史觀、侈言中華民族、拒絕接受台灣民族意識等不融入的現象。也許是基於對「外來族群」後代潛藏的刻版印象，部分國人使用所謂趨附、打壓、擁抱、敵視、侈言等價值動詞多少反映了中華民國價值在主流台灣價值中的「不被包容性」（non-inclusivity）。

　　在現今全台人口結構中，1949年從大陸移入的群體屬於少數。人們可以用20比80的粗估，來計算這些群體後人占台灣總人口數量的比例。這些少數族群被視為還有能力攻擊台灣價值的原因，可能是因為他們在主流話語中經常表露「歧見」。

　　強勢話語認為，滯留台灣內部的這些「中國人」並無心隨台灣民主化而融入。「敵人已在國內」之流行用語所指認的對象，有些指的就是這些應該被思想清理的國人。在台灣社會的平民部落當中，出於這種信念的意識形態主體不在少數。基此，民進黨在《族群多元國家一體決議文》（2004）第6點提出態度：「中華民國認同與台灣認同應相互接納……台灣認同與中華民國認同，都是對國家認同的表達方式，不應被曲解為族群對立，而應相互尊重、理解和接納」。

　　比95課綱的教育改革更早，李登輝總統於1991年廢止《動員戡亂時期臨時條款》後，台灣主體意識已經在國民黨執政時期成為主流。1997年9月1日，國中開始實施「認識台灣」教學。此後，中國國民黨作為名義上的親中政權，在意識形態國家機器的價值議題上與本土政權幾無二致。

　　「我們與他們不同」的命題是差異政治的精隨。然而，因為長期處於意識形態之非優勢地位，親中政黨在2000年以後即開始慢慢顯現其在民族、文化、歷史等觀念與本土政黨甚少差異的黨性與黨格。

　　以台灣為主體的觀點是目前中華民國台灣的優勢話語。被優勢話語壓制的，是1996年以前曾經在中華民國意識形態國家機器中裝載過的「概念中國」價值。當代優勢話語甚且將抱持「文化中國」與「歷史中國」觀念的人，連結到與現代「政治中國」沆瀣一氣的地步。

　　理論上，真正的意識形態主體不會為自己的認同而道歉。孟子就曾稱許一種「自反不縮，雖千萬人吾往矣」的氣魄。在權力真空的條件下，主體的理念尤其「越說越旺」。然而，抱持非主流價值的人要在民粹社會保持自身發展並非易事。從「沉默螺旋」現象觀察，主體要在社會網絡中將其被宰制的意識形態話語做到「不縮」的地步，實屬罕見。

　　以中華民國史觀而言，台灣現狀是中華民國兩岸分治、分裂的現狀。中華民國人對這種現狀的認知雖然來自中華民國憲法法理，但缺少民眾普遍支持。反觀在多數國人心中，所謂維持現狀的意思即是維持台灣主權獨立的現狀。這種「台灣為主權獨立國家」的現狀雖尚未經法理宣布，但台灣人民早就普遍將之「自我宣布」（self-proclaimed）。

　　這就是為什麼以台灣主體意識過生活的國人，不願意見到親中政權執政的原因。台灣人防範中華民國人復辟的意思，主要就在於防範這個國家回復到充滿中國性的思想與態度。過去馬政府時期接受過一中各表的九二共識。不管九二共識是國民黨定義的一中各表，還是共產黨的「體現一個中國原則的九二

共識」定義，光是承認九二共識的這種一中「態度」本身，就被強勢話語定性為出賣台灣主權尊嚴的行為。

如果只是作為中華民族的認同者、中華文化的愛好者、中國歷史的傳承者，中華民國人在台灣地區的文化攝取並不會失去自由。換句話說，任何一個中華民國國民在台灣還是可以接收「大中華區」的音樂、從香港伺服器接收中國「愛奇藝」的戲劇節目、在台灣親中報紙投書、在YouTube繼續觀看在2020年底不予換照的「中天新聞」頻道等等。

然而，意識形態國家機器不只是階級鬥爭的工具，它就是階級鬥爭的場域。中華民國價值是否被判定為屬於被宰制的地步，還是要回到觀察這個價值在意識形態國家機器中的「再現」程度。例如，公營媒體不可能再讓歌手毫無自覺地唱著大中國思想的〈中華民國頌〉；部隊長官更不可能再領唱帶有「中華文化不可喪」歌詞的「舊版」〈勇士進行曲〉[11]。

被意識形態國家機器去除的文化產品，並不會因為被取消而流失。文化大革命時期共產黨摧毀中華文化，但今天中國共產黨還是必須回到孔孟學說。中華民國威權時期的國家機器曾壓抑台語及其文藝表現形式，至今台灣本土文化依然強勢回歸成為主流。因此，意識形態主體既在意個別文化產品本身不致遭受侵害，更關心「價值話語」是否在意識形態國家機器中得以充分再現。

價值話語再現的程度可以讓人們感受到自己的文化信仰是否仍然存在。國家機器所透露的文化氛圍究竟是主體所能「承

註11.〈勇士進行曲〉為國軍弟兄最普遍傳唱的一首軍歌。歌詞一開始即氣勢磅礡：「男兒立志在沙場　馬革裹屍氣浩壯　金戈揮動耀日月　鐵騎奔騰撼山崗」。2006年以後，〈勇士進行曲〉改版。新版歌詞只改掉其中一句「中華文化不可喪」。

認」的感覺，還是主體所「不承認」的感覺，是衡量一個國家是否「亡國」的重要指標。在2020年台灣的總統大選期間，年輕國人普遍以「芒果乾」的諧音表達「亡國感」。這種亡國感在當時經常伴隨候選人的「話語再現」而起伏。因此，在認同政治的場域，「我們」總是希望文化信仰對立的「他們」，最好都應該被納入成為政黨政治的清理對象。

　　在意識形態國家機器中，「台灣認同」與「中華民國認同」的文化再現並不存在如同《族群多元國家一體決議文》（2004）所述「相互接納」的空間。過去原屬中華民國的主導價值甚至已經在中等學校教科書中被移除殆盡。不論是主題的選擇、篇幅的比例，以及內容的解說，教科書都已經完成了以「台灣性」代換「中國性」的工作。理論上，台灣從此終結了過去那種被認為鄙視台灣文化的教育態度。

價值對立

　　多數台灣人民對於台灣從來不曾是中國土地這件事情的認知，根深蒂固。例如，1945年蔣介石部隊受盟軍統帥麥克阿瑟《一般命令第一號》（General Order, No. 1）到當今越南北部接受日軍投降後即行離開；蔣介石軍隊亦受此命令在台北受降卻從此「賴著不走」。1949年中華民國內戰失敗後，中華民國政府甚至還舉國「播遷來台」。

　　多元史觀認為，這個歷史事實成為台灣人身分認同混亂的開始。今天的主流史觀因此讓所有經過義務教育的年輕人開始了解，《開羅宣言》只不過是一個不具國際法效力且非以條約方式簽字的新聞稿。

　　如果劃一個中華民國義理與台灣價值的各自認同曲線圖，

後者確定呈現一條不可逆的成長直線，前者則繼續維持「懸崖效應」（cliff effect）。也就是說，不管是什麼形式的「一中」價值在台灣都沒有市場。在台灣必須經過選舉產生的任何政權都不具備享有「一中論述」的奢侈情境。「統一論述」更注定只能由不在台灣選舉的中國共產黨提出。

因此，目前親中政黨所能做的，應該只是勉力發揚以中華民國為主體意識的民族、文化，以及歷史觀。然而，目前以中華民國為主體的知識雖然顯示在《中華民國憲法》及其增修條文當中，但卻沒有任何讓它走出法理保險箱而成為民眾普遍感知的途徑。歷經制度變革和教育創新，過去台灣有關中華民族、中華文化，以及中國歷史等一中語彙，目前確定都屬於少數沉默螺旋的一端。

傳播實證研究證明，要人們改變「思想」很難，但要讓某一種「思想再現」成為沉默螺旋的微小一端則相對容易。即使在過去中華民國反共情緒高張的年代，當《精武門》（1972）電影場景中李小龍一腳踢飛「狗與中國人不得進入」的告示牌時，台灣觀眾尚能公開表達相同的民族情緒。現在，人們在國家治權領域的任何空間表達兩岸人民同為中華民族，則經常遭致輿論後果。

民主時代更沒有任何一位公民有義務去捍衛「他者」保持緘默的權利。認同政治的實務表明，即使是一個只談民生經濟的專業學者、即使是一個只談科學防疫的醫生、即使是一個只談市政本務的地方首長，這些人只要公開講話就都無從迴避身分認同問題。

總之，中華民國價值並不被多數國人承認。老一輩意識形態主體甚至把中華民國國旗取了一個渾號，叫做「車輪旗」。

目前台灣的部分年輕世代更全盤檢討整個中華民國這個國家的符號意涵。例如，青天白日滿地紅國旗內崁入「青天白日」中國國民黨黨旗就是一大諷刺。中華民國海軍軍歌仍然自我期許「為青天白日旗爭光榮」。國家武裝力量也繼續沿用中華民國自民國14年準備北伐以來的「國民革命軍」之「國軍」簡稱。

　　台灣的民間習俗與宗教節慶，目前也繼續表現為「概念中國」的常習；多數國人普遍使用中文語法、書寫方塊文字。然而，什麼炎黃子孫、中華兒女、「中華文化不可喪」等等過去屬於中華民國國家意志的用詞，在今天的認同政治語境中已清楚被歸類為屬於「被取消」的黨國遺緒。

　　在國人自相鬥爭的語境中，「概念中國」是「貢三小」。強勢話語的態度經常表明，所謂「中國」似乎就只能與中華人民共和國做政治連結。仍具有大中國思想意識的國人就這樣經常被評為「身在台灣、心向中國」的「國家認同可疑的人」。因此，中華民國和「中國」概念固有連結這件事，在自由地區越來越像是一件隨時可能遭到被打臉的錯事。

話語對立

　　資本主義下的兩黨政治通常表現為執政黨是正方，在野黨是反方；兩者在規則下對立。可以說，因為規則的問題，民主社會並不存在正反一方掀桌走人、街頭革命的現象。即使2014年反對兩岸簽訂「服貿協議」的反方政黨也沒有真正反對兩岸服貿本身，而只是反對「黑箱服貿」。

　　然而，在意識形態的激化對立下，民主社會的平民部落還是經常採取激進手段。2014年「三一八太陽花學運」的參與學生畢竟攻占了行政院官署。反對經濟傾中是多數年輕人主要的

一種生活態度。當時體制內的反對黨成員因同情這個理念而跟隨公民，一起走向掀桌走人的街頭改革。施明德女兒施蜜娜女士所書寫的「當獨裁成為事實、革命就是義務」一語，道盡了在一個民主社會，激烈手段也可能隨時發生的例外。

　　成熟的民主政治很少孳生革命的環境，尤其台灣的親中政權與本土政權有關國家主權的施政，都必須依附美國結構的制約。然而，兩黨在話語上仍然必須在「維持現狀」的美國定義下突顯差異。本土政權說台灣要維持台灣的獨立現狀，親中政權說台灣要維持中華民國憲法體制的現狀。除了對「現狀」的認識論具有差異外，兩黨對國家未來想像的態度也有所不同。

　　親中政權不與大陸共謀一國兩制、台灣方案，只追求不統、不獨、不武。本土政權則一方面在思想體系上務實去除中國元素與含中成分，另一方面仍不放棄「邁向正常國家」的願景。可見，兩個政權在國家現況定位以及未來願景方面，呈現明顯差異。

　　台灣的意識形態國家機器已經完成建構台灣主體意識、去除中國「殘性」這種無煙硝的「革命」。然而，在所有其他社會網絡的層次上，各種意識形態的口誅筆伐仍然持續上演。也就是說，我群意識形態主體仍經常在各個領域與他者進行輿論鬥爭。意識形態主體之間經常表現將對手「擊之誅之可也」的態度。人們在鍵盤後面說話的狠勁，越來越有不信神、不怕鬼的規格。

　　這種規格導向族群仇恨的案例越來越多。正如同意識形態國家機器只能裝載我群價值一樣，人的腦袋也不願意聽進他者言論。主體隨時尋找他者的異端話語來宣洩自己「民族被壓迫」的恨意。可以說，認同話語的鬥爭性質是「零和」的；它沒有

所謂要不要「顧清議」、要不要「懼神明」的問題。

　　尤其，中國人有「百年屈辱」，台灣人也有400年被殖民的悲情和二二八的傷痛。世界上再也沒有什麼比這種「創傷民族主義」（traumatic nationalism）更能讓全民激憤的情緒。因此，在認同政治的氛圍下，意識形態我群與他者之間就算可以同桌吃飯，但也絕無愛與包容的空間。政治是實踐理念之事；國家機器不可能將我群與他者的理念兩面並呈，就是這個道理。

　　民主政治既然是差異政治，政治人物在標榜政策意見時也就以突出與對手的差異為主。連主體個人的人格特質也往往對外顯示「我」與「他」的不同。尤其在選舉的關鍵時刻，各陣營頭人無不全力突顯差異、爭執對錯。然而，台灣的差異政治主要表現為身分認同的差異。即使針對一般公共政策的見解差異，最後也都上升到身分認同政治。

　　檢視過去台灣的新聞報導與評論後發現，舉凡台灣該不該以核能發電、該不該進口曾發生核災之地區食品、該不該進口含萊克多巴胺的美國豬肉牛肉、該不該要求我群領導人因社會公安意外而去職、現代社會該不該以國家發生地名命名流行病毒，甚至管中閔教授該不該就任台大校長等等事例的話語再現，都充滿「身分」這方面的差異政治。

　　部分國人堅信，400年來繼西班牙、荷蘭、明鄭、清國、日本、中華民國黨國等外來政權的統治，至今仍糾纏台灣的就只剩下中華民國在台灣的類殖民遺緒。對轉型正義具有急迫感的部分年輕國人而言，光是把國號俗稱為「中華民國台灣」是不夠的。過去的本省人外省人、現在的台灣人中國人、本土與外來、愛台與親中等等措詞，就是在提醒國人台灣民主政治中「身分標籤」的這個特殊重點。

　　中華民國與台灣兩者名號並立，暗示的是台灣未能將「中國性」盡除，且將「台灣性」自縛手腳的不正常狀態。歐盟各國的合拍電影經常表現為欠缺各自國家文化主體性的特徵，因而被評為「歐洲布丁」（Euro pudding）。把價值不能兼容並蓄的中華民國與台灣交雜一起，也一樣給人「提不起、放不下」的布丁感覺。

民族矛盾

　　認同政治的本質經常往「求同存異」的相反道路發展。因此，各方主體的差異論述往往帶給國人極大的知識鴻溝（knowledge gap）。人們對基本的民族、文化以及歷史等知識，都存在各自的認知差異。以目前法理上的「中華民國」為例。這個國家是內戰後撤退來台的政府延續，並以1955年生效的《中美共同防禦條約》而得以在金馬台澎自由地區延續其國祚。

　　以中華民國為主體的論述稱：台灣掏空中華民國實質，還借殼中華民國上市；以台灣為主體的說法則稱：中華民國寄生台灣，且成為台灣邁向正常國家的枷鎖。台灣與中華民國兩者的主體性立論基礎，剛好使對方互為典型而完美的意識形態「他者」。

　　認同政治的主體在中華民國國民／台灣人民之間進行台灣人與中國人的物種分類。Erikson（1968）曾指出，所有物種都有區分我與他人的強烈傾向。然而，人們將他人視為比「我」次等的心態並以此合理化「我們」對「他們」的歧視，則是人類習焉不察的所謂「假性物種化」（"pseudo-speciation", p. 41）。

　　在認同政治的場域，「我群」與「他者」兩者民眾都累積

了相當多「不承認對方」歷史記憶與文化涵養之類的負面情緒。過去中華民國黨國時期的教育機器屬於一元化威權領導；現在民主台灣的意識形態國家機器，也十足表現為葛蘭西所解說的文化霸權形塑。

甚至，在認同政治的語境中，妄議本土政權即代表唱衰台灣這片土地。因此，在與中華人民共和國對峙的任何情境中，台灣人民通常也會對內展開與意識形態他者的纏鬥。在國人的反併吞話語中，有很大一部分是針對「已在國內」的「中國同路人」所進行的話語究責。

因此，台灣內部的大中國思想主義者隨時都成為國人抗中的憤怒出口。國人對之究責的氣度猶如中華民國過去「五四運動」時期「外爭國權、內除國賊」的味道。拒絕承認他者言論是意識形態主體的執念。一中言論在台灣說什麼都是異教徒。部分國人甚至將之與「有害台灣民主」的汙名，劃上等號。

持平而論，台灣社會一直都沒有出現所謂「統一公投」的倡議，更缺乏統一後會有什麼「美好生活」的論述。主體著手實施足以破壞台灣民主憲政秩序的統促行為，更屬法所不容。因此，主體就算散播大中國的思想言論，也很難稱得上有害台灣民主。

在中華民國人的基因中，「概念中國」畢竟一直存在。部分國人確實不打算拋棄原本民族、文化、歷史等等之類的中國符號。然而，雖然「大中國思想帶原者」的言論在台灣這片土地上並不能產生什麼實際作為，但是如果在歷史、文化，甚至在民族的議題上都是大中國、都是概念中國，那麼二二八、正常國家、台灣價值、轉型正義、「以台灣為主體」等等的知識建構及其成效，又算什麼？可見，當代中華民國台灣身分認同

政治的蓬勃發展，實屬歷史之必然。

民主內戰

　　民眾實踐認同政治的理念從「話語戰爭」（battle of words）開始。既然是戰爭，就表示至少有敵我兩造。從敵、我雙方話語中的偏差（bias）內容來看，台灣的「話語戰爭」很難說只是出於民族內部矛盾。例如，打擊本土政權的話語聽起來好像在打擊日本軍國主義；打擊一中言論的話語又好像在打擊「赤納粹」（Chinazi）的概念。在話語論爭上，中華民國國民／台灣人民絕對具備敵我矛盾所需要的各種異化情緒。

　　意識形態階級鬥爭的思維因此普遍瀰漫。幾乎所有主體都相信，不到最後一刻「階級敵人」都會對我群進行反撲。依照阿圖塞的意識形態理論，意識形態只能被「時間」與「實踐」來檢驗。因此，差異的意識形態爭執也只能持續走向自我強化的道路。可以說，美國歷經黑白種族的民權撕裂，台灣也正在經歷中華民國義理與台灣價值的拉扯。

　　台灣過去曾發生「漳泉械鬥」；當時兩造群體以殺戮方式宣洩仇恨。目前台灣因為仇恨話語而轉為仇恨犯罪、最終導致內戰的機率為零。台灣幅員過小、戰鬥群體缺乏長時間迂迴轉進的腹地是原因之一。民主政治共認的「政黨政治」原則是原因之二。中、美兩國各自的國內法（即《反分裂國家法》與《台灣關係法》不會讓台灣發生動亂的有關規定，是原因之三。

　　一般而言，台灣價值或中華民國價值都不能逾越例如包容、平等、尊重少數等普世價值。然而，如果台灣價值與中華民國義理在國家機器中真能相互平等尊重，那麼意識形態階級鬥爭也就不會存在。阿圖塞曾說，意識形態階級鬥爭「艱苦而

永恆」。民主社會的所有政治團體也都清楚知道,「意識形態階級鬥爭永遠存在」的這個特點。

事實上,如果沒有知識對立,意識形態就不存在所謂優勢與劣勢、主流與非主流的區別。一直以來,台灣價值的主導權都是建立在與過去中華民國價值的對立之上。然而,優勢與主流的意識形態雖然能在國家機器中形成宰制工具,但居於劣勢的非主流意識形態,也可以通過多種社會網絡而形成零星抵抗。

可見,凡事有建構就有解構(deconstruction)。意識形態知識建構與知識解構的過程,就是一種持續不斷的鬥爭過程。除非以法律壓制,另類思想的傳播總是在國家機器以外的社會網絡中持續流通。一方面,主體解構對手知識的目的在於奪取知識的支配權力;另一方面,任何零星的反抗話語也具有足以解除主流知識支配力的潛在危險。這也就是為什麼另類思想言論一旦萌芽,就會立刻遭遇我群網民「出征」的原因。

部分意識形態主體希望能將台灣的政黨政治永遠導向神魔對決。這種意識形態階級鬥爭的決絕氛圍讓「撕裂」成為這片土地上的真實,讓「包容」成為天邊的一朵雲彩。依《民法》第736條規定:「稱和解者,謂當事人約定,互相讓步,以終止爭執或防止爭執發生之契約」。除非意識形態他者改信融入,否則對立雙方不可能依《民法》精神,而產生「約定互相讓步以終止爭執」之類的和解契約。

沙特(Jean-Paul Sartre, 1905—1980)在《沒有出路》(*No Exit*, 1944)的劇作中曾暗示所謂地獄的意義:地獄就是兩個被關在一起的對立者無處可逃的地方。在這個空間裡,不能和解的主體相互拒絕傾聽對方;主體只說自己的話、聽自己的聲

音。經典《禿頭女高音》（*The Bald Soprano*, 1950）劇本的故事情節就充分反映這種人們活在自己世界各說各話，但又必須同處一室的荒謬情境。

《等待果陀》（*Waiting for Godot*, 1953）的劇本也有類似政治「現代性」（modernity）的隱喻。國人都在談論的「正常國家」和「撥亂反正」可能就是傳說中的「果陀」。也就是說，國人終其一生的所見所聞都可能見不到該等「果陀」的「現身」。從良善的角度觀察，在台灣這片土地上一起生活的人民叫做「同島一命」；從上述「荒謬劇場」（theatre of the absurd）的文化評論角度，中華民國台灣國民相處一起、相異認同，叫做「地獄」。

就算通往天堂之路從地獄開始，所有意識形態主體都不會接受上述這種政治荒謬劇的國家解說。換句話說，意識形態主體並不會因為過去荒謬劇場曾經揭櫫過種種「存在主義」（existentialism）的人生狀態，就放棄自己對這個國家的信仰以及對未來的追求。

事實上，莎士比亞在《哈姆雷特》（*Hamlet*, 1603）劇本中對人世間荒謬情境的說法是：

世事本無好、壞，是自己的想法賦予它對錯！
There is nothing either good or bad, but thinking makes it so.

在台灣認同政治的想像中，「什麼事都有可能，什麼可能的事都不確定」（Everything is possible, everything is uncertain.）。一種真實加虛幻的想法確實存在：在往後10數年的中美對抗過程中，美國一夕轉念修改《台灣關係法》與台灣建交、廢除《台

灣關係法》與中華民國復交，甚至與中華人民共和國重修舊好都有可能。

政治操作

對於有關中華民國台灣現在的國家屬性以及未來的主權願景，國人意見多屬分歧。然而，無論統、獨、維持現狀等方向，中華民國台灣的法制目前一律欠缺「自我實現預言」（self-fulfilling prophecy）的途徑。也就是說，所有中華民國法律既禁止兩岸人民洽商統一，也排除台灣主權應由台灣人民自決的公投實踐。甚至，「台灣已經是獨立國家，不必再宣布獨立」的話語也變相替國家正名送終。

在只能維持現狀的結構制約下，台灣意識形態主體仍然熱情鞏固台灣本土意識的主導權。人們一步一腳印號召支持者、改信懷疑者、遏制反對者。中華民國人可能還不知道發生了什麼事，或慢三拍才理解究竟發生了什麼事以後，「以台灣為主體」的意識形態理念已經在國家機器中形成知識霸權。

然而，在中華民國自由地區，大中國思想的傳承終究難以消弭於無形。《憲法增修條文》中的「自由地區」、「大陸地區」用語本身就是大中國思想意識。部分國人因此憂慮，如果政黨輪替的意義是把政權交給親中政黨，本土政權在各領域建立台灣主體意識、抑制大中國思想意識等等的成效就有可能遭到反噬。

目前，公認最能徹底翻轉中國義理的途徑是年輕世代。因此，政治工作者特別重視青年署、大學學生會、PTT等組織的耕耘工作。例如，使用Dcard發言的年輕國人近年有普遍接受大陸「抖音」和「小紅書」中有關大中華用語的趨勢。針

對這種現象，意識形態主體開始密切注意該等網站管理者的管理機制。

在中華民國治權領域，中華民族、中華文化、大中國歷史觀等原有的中華民國義理目前也成為權力鬥爭下的被宰制工具。在主流與非主流的對襯下，具有大中國思想的意識形態他者在台灣從事政治工作時，即經常必須選擇「只談經濟、不談政治」的政治路線。

事實上，即便文化、血緣相同，美國還是獨立於英國。也就是說，文化與血緣相同並不足以成為兩岸統一的理由。同理，民族分離、文化脫鉤、史觀對立也與台灣法理獨立的必要條件無關。因此，從觀察正名制憲在台灣因結構制約而永遠不可能到來的條件下，統治團體貫徹由民族、文化、歷史等成分所主導的知識體系，或稱台灣價值的本身，很可能「過程就是目的」。如果真是這樣，中華民國國民的台灣國家認同，在可見的未來都注定要繼續混淆。

第四節 主體爭奪話語權

話語（discourse）以評論、說帖、教科書、新聞稿、貼文、留言、意見、「哏圖」、「懶人包」等形式說明事理、生產意義，進行說服。所有主體與客體、統治者與被統治者、改革者與被改革者、建制派與挑戰者之間的權力關係，都由「話語」所生產出來的知識來加以確定。因此，爭奪所謂「話語權」是所有主體實踐意識形態的必經過程。

「話語權」爭奪的過程就是主體使用上述各種形式，在各種平台來建構知識主導權的過程。主體具有話語權即意味具有解

釋事件、定義價值的能力。各主要強權國家在制定國際規則時也都會一起輸出自己的價值觀念。二戰後，世界多數國家地區尤其接受美國規則。也就是說，「國際社會」對過去、對現在，以及對未來事物的認知與解釋大多受美國「話語權」的影響。

在行使出兵、制裁、遏制、談判、退出等國際權力的同時，美國都在行使話語權；美國連入侵她國都會掌握話語上的道德高度。與美國合縱的盟邦通常也習慣「再生產」（reproduce）美國觀點，以此來承認美國行為與動機的道德正當性。美國對世界的這種至高無上的話語權力，永遠讓自己成為國際事務唯一的裁判者。如果話語是構成是非善惡知識的一種形式，美國的裁判者身分就永遠讓自己成為正派的一方；與之對抗的另一方則永遠處於反派角色的地位。

話語本身也是行動的一種；這種形式的行動可以召喚更多人採取行動。民主國家法律上的所謂「煽惑他人」、蘇俄革命時期所謂「鼓動宣傳」（agit-prop）等案例，都是以「話語」來進行的。在資訊爆炸的時代，話語訊息更未必能幫助人們理解事實。為了爭奪話語權，主體的話語反而經常混淆認知、侵蝕意義、造成困惑。

話語權力就是媒體權力

從報紙發明以來，媒體就存在社論立場。比起現在的認同政治，過去北美13州黨同伐異時期報紙的意識形態鬥爭，其實都不算嚴重。也就是說，當代台灣媒體帶有更為強烈的敵我意識與價值原則。

這種情形經常顯示在任何一篇報導、一幀照片、一幅圖

畫、一件外電譯稿、一個標題、一則評論、一篇文選、一篇讀者投書、一段「說新聞」的視頻節目、甚至一篇藝文展演介紹文等的內容與編輯上。在媒體老闆們都不介入新聞編輯的表面「適格」形象上，所有記者編輯們都一律服從「新聞室的社會控制」（social control in newsroom）。

儘管「統派媒體」、「親中媒體」、「紅媒」、還是「本土媒體」等標籤化的分類並無操作型定義，但台灣所有傳媒本身都是意識形態最堅定的倡議者。所有台灣媒體都會批評統治團體做的不好，或做的不夠。可見，台灣媒體並不「姓黨」。然而，台灣媒體一律再現自己所承認的身分、打擊它所不承認的身分。

中國大陸媒體有所謂「黨性原則」。媒體的黨性原則指的是媒體要在所屬的每篇文章、每篇報導，每條通訊、每則消息中都貫徹黨的觀點、黨的意志。台灣媒體沒有黨性原則，但也必須貫徹「公司」的意識形態認同框架。

在節目內容製作與節目排播上，媒體所用的辭彙無不彰顯主觀評價。從一開始，究竟是「國民政府播遷來台」還是「國民黨敗逃來台」，就成為台灣媒體意識形態認同差異的起點。麥克魯漢（Herbert Marshall McLuhan, 1911－1980）稱：「媒介是人的延伸」。這句話在當代民主社會的意思可以成為：「媒介是意識形態的延伸」。

在新媒體時代，個人就是自媒體（we media），人就是媒介！直到2021年1月8日被停權以前，美國總統川普的「推特」（twitter）就擁有8,800萬粉絲。就算川普在2020年11月的美國大選連任失利，他一個人「富可敵國」的「推特」加上好友《福斯新聞網》（Fox News），就幾乎打趴全美整個主流新聞

界的敵對評論。

在認同政治論爭的場域，全民激情促使媒體樂於扮演爭議訊息的推手。像哈伯瑪斯（Jürgen Habermas, 1929—）這類的唯心主義者曾經主張，新聞媒體應該替所有公共議題提供討論空間。當代認同政治的實踐結果卻證明，所有國家媒體、公共媒體以及私人媒體，無一不標榜自己所選擇的意識形態主體性。

即使媒體是社會的守望者、監督者，台灣媒體各有立場、過度評論也是不爭的事實。或者因為商業需求，或者基於政治利益，媒體老闆們既「呈現」輿論也「製造」輿論。對於涉己事務的報導，媒體尤其表現為對我群好話說盡，對他者盡情打擊的風格。

辯證地看，在持續引導、塑造閱聽眾觀念的同時，當代媒體更在意回應主流意識形態的偏好。閱聽人研究已經證實，民眾傾向給予符合其思想意向的媒體較高可信度的支持。基於自由市場的實際考量，所有媒體都有隨俗傾向。也就是說，民主社會的新聞媒體商業化還是高於一切。在一個不受外力干擾的情況下，新聞媒體的資本主義邏輯最後還是高於政治邏輯。

然而，所謂主流意識形態就是國家所主導的優勢話語。基於葛蘭西「文化霸權」理論所揭示的知識主導權形成邏輯，多數閱聽眾會站在「國家」認可的知識隊伍當中。因此，逆勢的反抗話語就經常處於道德與常識的底層地位。作為意識形態國家機器，媒體最終還是對人民傳播了「什麼是對、什麼是錯」的社教功能。

以電視的社教功能為例。電視是麥克魯漢口中的所謂「涼媒介」（cool media）。受限於時段、篇幅等條件，媒體人經常以片段真相以偏概全。即使有心道出全部真相，政治評論員也

沒有辦法在輕鬆娛樂的電視媒介中呈現事實全貌。然而，部分真相具有掩蓋全部真相的破壞力。這就是為什麼法官要求被告說出真相之後，總會再要求犯嫌說出「全部」真相的道理。

因此，如果真的要有社會教育的功能，一個民主社會最好的媒介態樣是強化媒體的「外部多元」（external pluralism）。換句話說，公民要求某一媒體的立場與觀點要公平，不如要求這個社會要有立場不一樣的媒體和媒體人。在這種「外部多元」的民主前提下，媒體各自支持不同理念、不同政黨、不同派系等等現象即可被視為常態。

也就是說，只要一個社會還能維持外部多元，那麼民眾仍然擁有價值選擇的自由。然而，被爭議訊息干擾而影響執政的統治團體通常不喜歡放任人們「活在平行時空」。對統治階級而言，「政治平行主義」（political parallelism）並不好受。

媒體作為輿論陣地

新聞媒體　20世紀英、美民主國家標榜媒體屬於「第四階層」或「第四權」（the fourth estate）的身分。然而，多數民主化國家的媒體受政府監管，是十足意義上的意識形態國家機器。永遠與執政黨站在對立面的媒體注定收到監管單位的罰款通知與行政指導。媒體作為多數民主化國家的「第四階層」理想落實，實務上很難做到。在一般情況下，媒體充其量只能儘量發揮公共領域的制衡與調節作用。

當代新聞媒體影響人們對世界的認知，以及左右選民的意向甚鉅。因此，新聞媒體一直都是意識形態主體最重要的輿論陣地。根據派系政治的權力邏輯，政黨一旦執政，各派系勢力即紛紛進駐各重要領域。新聞媒體是影響統治團體永續執政的

領域，因此是所有勢力範圍中的重中之重。

　　政務官在推動所屬業務的同時因此必須連帶經營媒體關係或組建宣傳團隊。政府使用在媒體宣傳行銷上的預算費用，甚至比推動本業工作的經費水準為高。當政府在決定新聞傳播標案的執行廠商以後，媒體就成為政府的「執行廠商」。作為媒體的最大廣告主，政府與媒體共同顛倒了被監督者和監督者的民主關係。

　　可以說，現代國家的民主政治就是媒體政治。政府掌握媒體可以讓執政團隊在第一時間即掌握話語權，因而得到自清甚至反制的機會。即使進入「隧道效應」（tunnel effect）的忙碌官員也要撥冗進行話語權爭奪，作為他政治生命延續的基礎。

　　可見，所有政治工作者都要投注資源、自我包裝。一個成功網路直播主的策略可能是透過花錢「買榜」，將自己的文章「置頂」或「推首頁」。當代政治人物也廣泛操作類似手法，讓自己的觸及率、點擊率、按讚數、留言數等衝高。在當代民主政治中，衝高人氣與熱度的新媒體「聲量」操作，經常就是一般民眾所認知的所謂「公共議題」、「公共關注」。

　　既然脫離「社會公器」而成為意識形態國家機器，媒體在過去所享有的話語權威也就被稀釋殆盡。表面上，所有媒體都必須做到消息查證、老闆不介入新聞編輯，以及設立外部監察人（ombudsman）之類的內控機制等專業倫理。實際上，即使是主流新聞媒體也都曾接受或正在接受政治人物與政府政策的業配新聞。這種情形，無一例外。

　　網路媒體　新媒體時代的政治人物精準掌握消費文化的節奏。他們不但開直播，同時也蹭網紅。羅斯福（Franklin Delano Roosevelt, 1882－1945）、希特勒等領導人因廣播而受

民眾愛戴、甘迺迪（John Fitzgerald Kennedy, 1917 － 1963）因電視而走紅、歐巴馬（Barack Obama, 1961 － ）、川普、馬克洪（Emmanuel Jean-Michel Frédéric Macron, 1977 － ）等當代政治人物則受惠於於臉書與推特。依照麥克魯漢的「科技決定論」（technological determinism）邏輯，公眾人物注定「活在」媒介科技當中。

因此，社群平台上的數據高手自然吸引當代政治向他們靠攏。許多政治人物自己的遣詞用字也開始鄉民化。可以說，媒介科技紛紛把原來咄咄逼人的政治人物，改造為動作、表情、歌聲都頗為「賣萌」的鄰家暖男或自家妹子。然而，政治人物可以在媒介科技下創造議題和製造聲量，但是否有「觀眾緣」卻必然在時間的醞釀下現形。也就是說，政治人物很難華麗轉身變成一個討拍賣萌的暖男。政治人物兼任討喜網紅的時間，通常也並不會太長。

就認同政治而言，主體進入網路載體並非只是想要讓人「疼惜」。認同政治的意識形態主體通常很快就要進入有關「對立攻擊」（adversarial attack）的辯論世界。台灣有關族群身分、文化、歷史等相異的認同觀念都有關鍵字，例如「統獨」、「一中」、「主權」、「中華文化」、「正名」、「台灣人中國人」等的對立攻擊訊息，無時無刻不在網路中流竄。

大數據演算法（algorithm）可以辨識爭議訊息中的正反關鍵字，也可以據以產生相對應的言論。可以說，在真人貼文以及真實媒體的發言表象之下，AI技術的程式設定同時強化了今天意識形態戰場上的武器質量。臉書曾使用一些技術方式來刪除特定文章，例如設定抱怨次數多的關鍵字。臉書也曾針對疑似發出爭議訊息的個人以及涉及轉載或按讚的「好友」，予以

停權數日的處分。2021年1月，臉書更曾宣布無限期延長封鎖川普總統的帳號[12]。

儘管如此，意識形態對立的各方主體仍經常質疑臉書管理者的立場。有人說臉書主管總是依附統治階級，也有說臉書主管的心態仍不脫大中國立場。多數主體則稱臉書態度傲慢，經常對我群陣營成員之貼文諸多質疑。這些評論反映了意識形態主體在爭奪話語平台的過程中所經歷的焦慮心態。

整個新媒體平台都充斥認同政治的爭議措詞。無論是網友個別的心情隨筆、由「機器人」生產器發出的文章、「數位組織者」（digital organizer）帶風向的推、噓文字，還是由特定人士交給政治網紅報料的「一源多用」（one source, multi use）話語訊息，通通都在網路媒體中火網交叉、競逐聲量。

真實鄉民的真實情緒姑且不論，數位組織者以及闇黑成員的發言越來越多。具特定目的的訊息在社群媒體與PTT等網際空間一再放大。當這個訊息透過「聲量」轉進Line之類的封閉群組時，本質屬於「操作的」（manipulated）意見即顯現其「大規模毀滅性武器」的威力。

一般閱聽眾習慣先挑選高討論度的文章來閱讀。因此，各種不同身分的帳號留言會用「拋出議題」和「上網回應」兩種方式，交叉進行一面倒的輿論攻勢。這種製造熱度的討論方式可以被歸納為四個步驟：（1）透過單一帳號發表帶有特定目的的文章；（2）透過其他帳號反串一般使用者來回應此一貼文；（3）

註12. 過去臉書曾有不干涉政治言論的一般做法。認知作戰的局勢演變至今導致臉書總部在2021年6月初對外宣布，該平台將結束對政治人物較為寬鬆的審查政策。也就是說，政治人物的言論將比照一般用戶的言論尺度辦理。

透過我群不同帳號來附和或攻擊此一貼文內容中的人物；（4）完成製造特定意見、營造輿論方向的目的。見圖4.4.1：

完成製造特定意見、營造輿論方向的目的

透過大量不同帳號來附和或攻擊此一貼文內容中的人物

透過其他帳號反串一般使用者來回應此一貼文

透過單一帳號發表帶有特定目的的文章

圖4.4.1：帶動輿論風向的四個步驟

　　數位組織者就這樣成功製造一面倒的正、反回應文章來吸引群眾關注、操作政治聲量。在許多「個人」不斷進來加入議論以後，一個有目的的輿論風向就完成了風吹草偃的效果。一個受到攻擊的意識形態他者，也就因此立刻成為無專業、無信用、反民主、反常識的爛人。

　　以輿論風向攻擊特定人物的這種做法不脫以下五個目的：（1）模糊原有議題、（2）分散問題焦點、（3）逃避自身責任、（4）開創利己新局、（5）團結我群信仰。見表4.4.1：

表4.4.1：帶風向話語的五個目的

帶風向話語的五個目的
1. 模糊原有議題
2. 分散問題焦點
3. 逃避自身責任
4. 開創利己新局
5. 團結我群信仰

以動輒上萬人上線討論的PTT八卦版為例。PTT是台灣最大的電子佈告欄網站；「八卦版」又為其中第一大版。一直以來，PTT上的大量帳號發文具有絕對能力把某一個人的形象及時噓爆。平常在論壇中穿插留言的一般網友很自然會根據意識形態主體的操作而跟進發文。意識形態主體在這個平台所操作的輿論經常倍速移轉到實體世界。

這種效率導致PTT超越臉書等其他社群平台，成為認同政治下的兵家必爭之地。在這麼重要的輿論陣地中，各勢力數位組織者、各主流媒體記者、各警政國安單位、各黨政負責文宣工作者都在此駐點。然而，PTT平台管理者完全站穩台灣本土意識的社論立場。例如，PTT八卦版一般都有禁止回文某些特定議題的管理方式。2020年12月中，PTT就曾針對當時的「反萊豬」相關話題公告「禁回」（禁止討論）[13]。

註13. 意識形態主體不時呼籲政府可以考慮將有違台灣價值的網路負責人或經營者的「適格性」納入管理。意識形態主體也不吝於公開讚揚網路論壇負責人在關鍵時刻暫停新帳戶註冊的做法。PTT的管理層目前即已不開放新進者申請帳號。

　　網路論壇上的輿論操作雖然容易被人理解，但一般人無法證實此一操作。大數據工具也許可以計算某一議題「鄉民」發文或回應的留言數量、速度，以及貼文、回文的時間差等類目。然而，除了國安單位具有可以監控網路生態與進行網路數據分析的公權力外，一般人對網路發文者是否為分身帳號、是否共用IP、是否為組織行為、是否為網軍打工賺錢行為、是否以「推高調」方式生產虛假輿論等行為的證據，無能為力。

　　一般人民受到爭議訊息攻擊可以用「提告」途徑進行救濟。然而，民主台灣對言論自由的法律定義是：「……惟行為人雖不能證明言論內容為真實，但依其所提證據資料，認為行為人有相當理由確信其為真實者，即不能以誹謗罪之刑責相繩……」（見釋字第509號）。因此，主體在輿論平台上操作打擊某一個「他者」，法院判例經常顯示以未侵犯法律為由終結。

　　意識形態主體的輿論操作如果是針對攻擊統治團體成員，警察機關卻能援引《社會秩序維護法》先認定有觸犯「散布謠言罪」之虞主動查辦。民主化國家並不認為網路是一個意識形態國家機器的「類治外法權」（being a law unto itself）。基本上，網路只是一個相對較難完全掌握的意識形態國家機器而已。

　　第一次世界大戰中的敵對雙方在壕溝中蟄伏久了，最後都必須起身衝鋒。如今的「他者」敵人在網路碉堡中也一樣無法永久躲藏。台灣統治團體曾在2020年底倡議推動「科技偵查法」立法。雖然當時法務部因人權爭議而暫時撤下草案，但國家機器一直都對在網路世界進行執法一事保有多種工具。目前，「數位通訊傳播法」的立法研議就是國家工具箱中的一個最新利器。

訊息即故事

新聞故事

　　「增廣見聞但不受影響」（"Be informed, not be influenced"）
是美國新聞網站NEWSY所標榜的觀眾素養。閱聽人以這種態
度去近用（access）媒體訊息，算是做到了「媒體識讀」的初
步。然而，一般人經常忽略媒體的「後真相政治」。當見到一
面倒的意見風向時，人們基於一種對情緒與信仰的追求往往也
跟著再生產同一論調。

　　在一般情境下，「後真相政治」的話語傳遞多來自真人和
真實媒體。因此，假訊息是假的，但它在人們心理認知中的
「存在感」是真的。站在「人民知的權力」位置，真人和真實媒
體貼出爭議訊息通常有如下包裝：（1）在爭議訊息的句子後面
加上一個問號、（2）在爭議訊息的句子後面要求被攻擊者自己
應出面澄清、（3）轉引其他「網民說」、（4）「道聽塗說」被
視為一種必須被保護的消息來源。見表4.4.2：

表4.4.2：爭議訊息的四種包裝

爭議訊息的四種包裝
1. 在爭議訊息的句子後面加上一個問號
2. 在爭議訊息的句子後面要求被攻擊者自己出面澄清
3. 轉引其他「網民說」
4. 「道聽塗說」被視為一種必須被保護的消息來源

　　在閱聽人對現代媒介機構的信任感普遍降低的時候，某些

媒介機構對某些人而言仍具有高度的「可信度」（credibility）。人們選擇接近特定媒介訊息不僅僅只是因為某些訊息符合自己的喜好而已；閱聽人之所以選擇近用某個特定的媒介訊息，反映的是自己對那個媒介「可信度」的支持。

換句話說，因為某個媒介具有「可信度」，所以人們才會願意選擇相信該媒介所說出的訊息。然而，某個特定媒介所說出的訊息內容越接近人們的思想信念，人們也才會認為這個傳播媒介具有較高的可信度。這種辯證思維如果成立，人們選擇和自己信念、立場一致的媒介訊息就與訊息是否真正可靠、媒介是否真正具有可信度無關。

應該說，媒介把「新聞故事」（news story）說得能引起情緒共鳴，才具有較高的可信度。在傳播理論中，這種現象叫做媒體的「選擇性可信度」（selective credibility）。「選擇性可信度」理論間接證實，每一個閱聽人自己就是認同政治下的意識形態主體。

上述論理並不意味媒體在「可信度」方面不存在科學判準。事實上，媒介資訊的品質、內控，以及產製透明度等等評價指標，都可以用來檢視媒體在「可信度」方面的程度。只是，人們作為認同政治下的意識形態主體，往往忽略這種判準。

真假訊息揉合一起所呈現的世界圖像，本身都屬於一種「對真實事物的擬像」（simulation of reality）。然而，當代種種並非真實事物的「擬像物」（simulacra），卻又一直是主導人們選擇世界觀的依據（有關「擬像物」的解說，見Baudrillard, 1994）。

人們可以用解構神話的方法，來看待新媒體時代訊息真假

交纏的現象。根據李維史托的結構主義（structuralism），神話起源於故事形成當時的社會矛盾與階級衝突（見Lévi-Strauss, 1974）。表面上，許多神話故事的人物與情節一看便知「故事純屬虛構」。然而，產生那些人物與事件的現實環境卻真實存在。

李維史托稱，人與自然無法協調的二元衝突結構，正是所有神話敘事的深層意義。例如日治時期開始的「吳鳳神話」就傳頌了一種荒謬的想像。這種想像可以被理解為當時統治者企圖解決一個無法妥協、卻真實存在的族群衝突問題。台灣「紅衣小女孩」的都市傳說也可以被視為城市過度侵犯荒野，或人們過於探索神祕所引來大地反撲的隱喻。

目前台灣所有媒介所反映出來的我群與他者形象，在在反映了台灣人與「中華民國人／也是中國人／滯台中國人」對於身分衝突的無法妥協性。這導致台灣社會的新聞報導言論，處處表現為爭議訊息瀰漫的現代神話印記。如果後人要研究台灣今天媒體中的「新聞故事」時，研究者的眼光勢必要挖掘當代台灣社會環境中所潛藏的這種二元對立的衝突結構。

爭議／虛假／仇恨訊息

Bok（1999）在《說謊》一書中，提出以偏概全、為大局著想、為不想冒犯、為自我保護、為出於善意等等動機之下的說謊態樣。在這個羅網般的定義下，老師、律師、醫生、記者都會說謊，遑論政治人物與政治評論員。

「維基百科」對假新聞（fake news）的定義更是寬鬆。根據它不斷擴增的定義，現在的所有意識形態話語都成為虛假訊息。例如「斷章取義」正是現在每一則新聞標題所正在做

的事情。只要有消息，所有求快的新聞內容通常也都「求證不足」。意識形態主體以立場來劃重點的話語也屬於「焦點錯置」的一種。採取不同標準立論的「雙重標準」訊息在當代更是普遍。可以說，維基百科對於虛假訊息的定義，很難涵蓋爭議訊息的本質。

其實，虛假訊息的重點並非來自內容本身的錯誤（misinformation），而是來自主體對事實與數字的扭曲。因此，主體對訊息的選擇性解讀與引導，才是訊息被操作成虛假或惡意的真正內涵。因此所謂虛假訊息，指的應該是「被主體操作而成為爭議的訊息」（disinformation）。

「被主體操作的爭議訊息」一語還是埋藏太多不確定概念。一個可以對假訊息具有查核與反制能力的權力者，其本身的「偽宣傳」實務上也經常落入虛假與爭議的範疇。在認同政治的氛圍下，統治階級的假訊息宣傳方式一般並不會被我群公民團體承認為是虛假訊息。美國語言學家杭斯基指出了以下原因：

> （民主國家）所發展出來的宣傳策略在於引導知識菁英的思想，使其願意為散布這些宣傳而努力……
> …direct the thought of…the more intelligent members of the community…who would then disseminate the propaganda…(Chomsky, 2002, p. 8).

在主導的話語與反抗的話語都會製造爭議訊息的公平條件下，有關認同政治的訊息越來越爭議。川普經常高調批評媒體就是假新聞的製造者；許多美國媒體也都認定，川普當選美國第58屆總統就是得力於假新聞。總之，所有新媒體時代的話語

政治都相當可疑。

　　當代認同政治下的所謂「新聞」更是由廣告主、公司老闆、自媒體個人、「網友」、爆料檢舉，以及「抓到了！」的聳動標題所共同構成。民主社會的意見自由市場就這樣經常擺放著幾無守門過程（gate keeping）的偽劣商品。可見，在各種勢力的交互作用下，虛假訊息讓輿論不一定反映民眾的自主意志。

　　主體的訊息操作經常導致原本不相信的個體轉為半信半疑，最後信以為真而加以按讚或轉傳。這種「輿論」永遠對「自由民主憲政秩序」有害，也對「中華民國之存在」有害。然而，相對其他手段，操作爭議訊息成本低廉。因此，操作虛假訊息幾乎成為民粹政治奪權與護權的常見手段。

　　在貫徹國家意志的過程中，統治團體尤其經常遭遇各種爭議訊息的干擾。權力關係顯示，政府是界定人民財產權的裁判，也是界定真假訊息何者為真、何者為假的裁判。因此，統治團體處理「事情的訊息」比處理「事情本身」還要來得急切。所謂「防民之口，甚於防川」正是當代「話語權爭奪」的註解。

　　法律防制　認同政治的對立方都認為自己的發言平台不夠，必須積極加以爭取。「我雖不同意你的觀點，但會捍衛你說話的權利」這種不斷為人所傳誦的唯心主義說法，已被證明為典型「語言腹瀉」（verbal diarrhea）的一種。聖經所說「人打我左臉，我會讓他再打右臉」的感化策略，在意識形態論爭的場域也不存在。實際的狀況是，意識形態我群只會試圖阻斷意識形態他者說話的管道。

　　所謂爭奪話語權，首先意味「我群」必須奪取可以發聲的管道，其次再迫使他者在那個管道下架。台灣的認同政治尤

其表現出異常激烈的媒體平台爭奪與割據。過去的民主運動證明，台灣的言論自由都是人民向政府爭取得來。在今天民主台灣的認同政治中，非主流話語要爭取言論自由更要面對來自主流社會對自己「取消文化」（cancel culture）的批判浪潮。

即使如此，對立的意識形態主體在平台爭奪方面，至少在網路端表現得還算勢均力敵。甚至，我群與他者在網路上仇恨用語的激進程度顯示為幾乎同等規模。一方的仇恨言論一經說出，另一方立刻回應；一方提出「日本皇民」，另一方立刻回應二二八期間所慣用的「中國豬」用語。「綠蛆賤畜」也幾乎就與「支那賤畜」武器對等。

因此，除了「言論自由」、「知的權力」等普世價值以外，今天民主台灣的人民更應該要求「免於被說謊」、「免於被霸凌」的自由。然而，在法院的判例中，發出爭議訊息的主體卻多數以「有相當理由確信其為真實」而免責。可見，虛假訊息容或對個人名譽或其他法益造成損害，民主社會卻很難將虛假／爭議／仇恨訊息的操弄主體入罪。

民主社會很難將爭議訊息的操弄主體入罪，是指對一般部落平民而言。事實上，所有民主化國家都備有高度防制工具對付攻擊政府施政的爭議訊息。目前台灣法制已經將有關詆毀國家元首、打擊政府威信、扭曲政府政策等爭議訊息的管理方法銜接到《刑法》等「國安五法」與《反滲透法》等法律系統當中。其中整個國家機器打擊虛假訊息的重點，尤其側重查察有關「出於惡意、虛偽造假、造成危害」之類的所謂惡、假、害爭議訊息。

然而，台灣正在研議的「數位通訊傳播法草案」（2017）之類的作用法畢竟沒有特別針對「族群仇恨言論」這一部分做出

禁制規定。「草案」第16條雖然規定對於侵權行為平台「需移除」或為「其他處置」，但這與「課以平台限時下架誹謗言論以及族群仇恨言論」的價值高度相差甚遠[14]。

訊息操作

一般閱聽眾會在訊息留白之處自動增添想像。然而，所有個人自行腦補出來的「心象」實際上就是「揣測」。散播揣測本質上就是在散播爭議訊息。從法律實務面觀察，散播針對統治階級成員的爭議訊息依《社會秩序維護法》被移送的機率較高。也就是說，當統治階級的成員受到爭議訊息的攻擊時，國家機器通常主動介入。

然而，不論法網如何具有效率，爭議訊息都不大輕易被指認為犯罪，尤其涉及組織化的操弄訊息更是如此。任何意識形態主體在操弄訊息時，都只會揭露部分資訊、不會揭露完整資訊。主體對於資訊的部分揭露、選擇性揭露、找時機點揭露等等操弄態樣，通常不會被法院入罪。而且，只要涉及人的主觀檢核，斷定某一訊息為操弄訊息又經常回到意識形態的立場問題。

在娛樂報導中，某些為影、歌星量身訂做的故事以新聞樣貌露出稱為「假事件」（pseudo event）。「假事件」是製造出來的事件，旨在博取好感。針對影劇記者配合經紀公司發稿一個安排好的事件，或親自撰擬一個逼真情境在媒體製造話題等

註14. 反觀德國2017年10月1日生效的《社群網路強制執行法》（"Network Enforcement Act/Netzdurchsetzunggesetz", NetzDG），就處處充滿防制族群仇恨內容（hate speech）的相關禁制規定（見 "The German Law Archive" 英文官網）。

等，新聞學已清楚定義為「假事件」。現在的「假新聞」議題則橫跨所有領域，尤以政治領域為烈。

政治領域的虛假訊息尤其意在謀取有利於己、不利於人的效果。不僅統治團體高度防範來自反對陣營的訊息攻擊，反抗陣營也持續關注來自統治團體支持者的訊息操弄。例如，過去「軍公教年金若不改革，退撫基金會破產」的句子經常被概念轉換成「軍公教年金若不改革，國家會破產」的話語。誤植文字頂多只是錯誤資訊，惟擁有查核、評鑑以及澄清高度的「事實澄清專區」之類的平台若能代為釋疑，改革者與被改革者在當時的怨懟程度即可降低。

「民調」也經常被意識形態主體操作成爭議訊息的下場。民調的抽樣方法要滿足等機率，母群體也要滿足代表性。然而，利用民調製造輿論效果本來就是說服策略的一種「內宣」形式。主體以一種引導式的「誘導民調」擬問卷、用文青語言渲染民調結果，或將調查數據跳躍推估到一種非邏輯關聯的地步，都讓民調的科學性降格成為典型的訊息操作。

操作爭議訊息的手段不勝枚舉。主體自覺或不自覺曲解原意、信任消息來源而實際上卻查無消息來源、藉由「網友說」或「黨政高層說」進行匿名放話、無中生有的留言分享等等手段都是。主體更可以放出一個易於查證的虛假訊息，以反串方式嫁禍敵對陣營。

民主社會中真真假假的訊息操弄到處都是，尤其數位技術使得操弄方法更加容易。例如，由俗稱「網軍」的數位組織者所擴散出去的資訊，一下子就讓資訊本身成為兵器。以打擊對手與維護自身利益為目的的消息，尤其反映了這種大規模殺傷武器的效果。一般人在分不清發話者動機、看不到說話者惡意

之前，已經跟著加入打擊他者的行列，開始對他者進行道德獵巫。

數位組織者的帶風向意見所向披靡。受到排山倒海的推、噓引導，人們通常跟、推發文。收購帳號或購買高流量粉專這件事就成為主體進行「輿情引導」的必要手段。這是民主社會不同於極權社會的平台爭奪方式。實際上，極權國家控制網路輿情，民主國家在網路中以宣傳引導輿情。美國語言學家杭斯基就說：

宣傳之於民主國家，就如同棒子之於極權國家。

Propaganda is to a democracy what the bludgeon is to a totalitarian state. (Chomsky, 2002, p. 16)

第五章

「以台灣為主體」
的意識形態實踐

第一節 以「中美對抗」為理解框架

白邦瑞（Michael Pillsbury, 1945—）最早提出中國「絕非
和平崛起」的理論。他指出，中國正以發動網路攻擊、竊取
科技、利用宣傳等破壞普世價值的做法企圖取代美國成為超
強。根據這位精通中文的美國學者觀察，中國稱霸全球的終極
結果或將於2049年中華人民共和國建國一百周年時出現（見
Pillsbury, 2016）。

印太戰略

在中國並非和平崛起的這個信念下，美國總統川普提出全
面遏制中國的「印太戰略」。2028年是世人普遍預測中國經濟

總量（GDP）可能超越美國成為全球第一的年代。因此，即使
在2021年拜登（Joseph Robinette Biden Jr., 1942－）總統開始執
政的後川普時代，遏制中國的相關做法都被視為是一個至少到
2028年之前都會存在的全球政經大戲（mega game）[1]。

　　這個全球政經大戲的實際發動是從2017年11月9日美國總
統川普訪華後開始的。川普先禮後兵；2017年12月18日白宮
發佈川普返國後的第一份《國家安全戰略報告》（US National
Security Strategy of the United States of America）。《報告》提出
「印太戰略」（Indo-Pacific Strategy）概念，定性中國為「競爭對
手」。

　　2018年美國正式稱中國為「修正主義強權」（revisionist
power）並再度確認中國為美國最大的「戰略競爭對手」（strategic
competitor）。2019年「自由開放的印太」（free and open indo-
pacific）具體成為美國全面「遏制中國」（containing China）或俗
稱「敲打中國」（China-bashing）的總稱。2020年5月白宮提出
《美國對中華人民共和國的戰略方針》（United States Strategic
Approach to The people's Republic of China）。這個方針大抵總結
了美國全面遏制中國的整體思維。

　　這是中國改革開放以來從未有過的變局[2]。2003年國務院
總理溫家寶還曾歡喜提出中國「和平崛起」的願景；2006年中
央電視台還以西方大國為師，製作紀錄片《大國崛起》。2012

註1. 2021年美東時間3月3日白宮國家安全委員會公布《暫行國家安全戰略指
　　南》（Interim National Security Strategic Guidance）。當川普用印太戰略遏
　　制中國的積極角色定位台灣時，拜登《指南》的基調又回到美國在《台
　　灣關係法》中對台灣這個民主政體傳統上的防衛承諾。

註2. 在川普提出任內第一份《國家安全戰略報告》的10天後，2017年12月
　　28日習近平主席在「中國2017年度駐外使節工作會議」上首度承認這個
　　中國「百年未有之大變局」。

年習近平初就任國家主席時更高度期待能與美國共建「新型大
國關係」。在換來美國決意遏制、推回（push back）中國的戰
略下，2018年習近平主席仍然提出「實現中華民族偉大復興中
國夢」的倡議。

　　目前美國參、眾兩院以及行政部門對於提防來自中國
挑戰的主流看法，幾乎完全以上述白邦瑞的立論為師。因
此，從太平洋至印度洋的廣大區域，美國陸續與各國「合
縱」（bandwangoning）共同遏制中國進出第一島鏈、進入第二
島鏈。

　　這個計畫包括非法化中國在南海聲索的正當性、策反中
國一帶一路已簽署基礎建設合約的國家[3]、斷鏈中國在科學技
術方面的發展、強化台灣抗中嗆中的意志，以及解構中國利用
「亞投行」向各國進行「掠奪性」融資的影響力等等策略。

　　二戰後美國在思想上習慣將太平洋視為其內海。當習近平
說出「太平洋夠大，可以容得下中、美兩國」的話語時，聽在
美國耳裡明顯挑戰現況。中國想要將鄰接其領土邊界的東海、
黃海、台海、南海等現代「四海」當成其國家護城河的想法，
也直接碰撞美國在這個區域內的勢力範圍。

　　當代所有民主國家都實施政黨政治。各個政治團體尤其因
相互衝突而經常需要爭取外援。「依賴美國」通常是各民主國
家政治團體的主要路徑。反觀中國卻是一個一黨專政且不惜代
價對內維穩、對外堅決反對外國勢力干涉內政的國家。「中國
威脅論」等「嗆中」模式在民主世界因此一直未曾消失。然而，

註3. 2021年4月23日，在印太戰略合縱國家中表現最為積極的澳洲宣布取消
　　國內維多利亞州與中國已經簽訂的一帶一路協議。截至2021年8月底，
　　中國還保持和140個國家及31個國際組織簽有「一帶一路」的相關合作
　　文件。

過去各國都只是以「話語」抨擊中國，印太戰略開始後，美國帶領全球開始採取實際行動。

合縱　事實上，中國在部分領域對美國造成威脅，但並不意味「中國威脅論」足以衝擊到美國世界第一的地位。首先，中國的核打擊力量就遠低於美國，中國無論如何都沒有在自己不被摧毀的條件下威脅美國。其次，美國在亞洲韓、日、台地區的軍事地位永遠都不可能發生「不穩」的現象。最後，中國根本無法與世界合縱國家的整體實力對抗。可以說，中國連抵禦美國都來不及，遑論對美國構成真正意義上的威脅。

實際上，美國所認知的「中國威脅」反映的是世界規則將被改變的憂慮。美國國務院政策規劃小組（The Policy Planning Staff, Office of the Secretary of State）在2020年11月發表《中國挑戰要素》（*The Elements of the China Challenge*）報告。《要素》摘要開宗明義點出：

> 中國共產黨的崛起是想取得世界霸主的地位，並建立以中國為核心的世界新秩序。
> ...to fundamentally revise world order, placing the People's Republic of China (PRC) at the center and serving Beijing's authoritarian goals and hegemonic ambitions.

人們所熟知的所謂「國際社會」一詞，指的是以美國為首的西方民主陣營。2017年底，美國接受日本安倍政府建議啟動美、日、印、澳等「四方安全對話」（QUAD）機制。2018年起，台灣實質也以QUAD-plus的低調方式配合參與。另外也有多個國家陸續釋出訊息，有意以各種行動響應這個特殊的區域

安全架構。可以說，印太戰略不是美國單獨遏制中國，而是多個國家的「合縱」抗中[4]。

中國與多數鄰國存有領土爭議，而這些鄰國多數親美。就印太戰略而言，這些國家都是潛在牽制中國發展的盟國。因此，印太戰略的種種議程實質上起到了替中國周邊製造外交麻煩的潛力。因此，中、美對抗表面上為二強對抗，但實際上即便是局部衝突，中國也必須以一擋十，消耗本身大量資源。

例如，美國斷鏈資通訊產品零組件輸往中國以及禁用「華為」等中國科技產品就不是美國單獨實施。台灣等其她國家和地區都與美國的指令同步。為配合美國印太戰略，中華民國外交部還在亞太司下新設「印太科」統合處理澳洲、紐西蘭與印度業務。國防部的各項演訓作業也經常依印太戰略的指導實施。

2018年底美國的《亞洲再保證倡議法》（"Asia Reassurance Initiative Act of 2018", ARIA）自動將台灣排進同盟的結構。就算沒有被美國自動排入印太戰略的隊伍中，台灣因與美日價值同盟也會主動加入。這是因為以美國為主體來說，台灣是美國「禦敵於千里之外」的武器。從以台灣為主體的角度，中美對抗是台灣反併吞戰爭的延伸，美國是台灣反併吞抗中的代表人。

如同日本、韓國，台灣一直是美國戰略控制的一部分。美國在亞太地區的軍事防衛架構，至今仍保留冷戰時期的管理方法。「北約」（North Atlantic Treaty Organization, NATO）駐歐美軍在失去「華約」（Warsaw Treaty Organization）這個敵人以後，美國開始將亞太可控範圍的防空識別領域，積極打造成一個結

註4. 傳統上，印度有作為不結盟國家的鮮明主體性。因此，印度在對外話語的表達上一直都沒有把這種多國聯軍的QUAD同盟關係明確化。

合「四方安全對話」的新一代「亞洲北約」。

人們可以從19世紀初美國絕不允許外國勢力插旗中南美洲「後院」的「門羅主義」（"Monroe Doctrine"），來推估美國現在不容許外國勢力介入日本、台灣這個區域的堅定態度。過去美國曾以多種具體而實際的手段，實踐過這種行使區域安全的主義。這些手段包括煽動政變和軍事入侵等等方式。因此，面對這種「新東亞門羅主義」，習近平終其一生的中國夢可能都要處於和美國冷戰、熱戰的緊張關係之中。

預期結果　不管是不由自主地或刻意主動，台灣單純的反併吞意志就這樣被納入了中美對抗的複雜戰場當中。以台灣日常的安定狀況而言，國人並不想要身陷冷戰時期（1947—1991）的古巴，也不想身處以阿戰爭時期（1948—1982）的黎巴嫩。然而，美麗之島福爾摩沙是否成為中美意志較勁的亞洲北約熱點，確實繫於中美對抗的情勢演變。

在美國遏制中國的布局中，台灣剛好是停泊在美國最西端的不沉航空母艦。作為美國地緣政治的前沿，台灣先天上就扮演中國大陸出海的屏障。今天，不論這個國家叫什麼名字，台灣這個「太平洋上最前哨」的美麗之島都已經讓自己演化為美國圍堵中國勢力、消耗中國大陸進出第一島鏈最核心、最重要的一方[5]。

章家敦（2001）曾出版《中國即將崩潰》一書。這本書的預言是在美國尚未傾全力遏制中國的年代所提出，失準之處不可以道里計。2019年中美正式展開全面對抗以後，中國必敗之

註5. 1960年代香港明星葛蘭在兩岸三地唱紅了一曲〈台灣小調〉（1959）。「我愛台灣同胞呀，唱個台灣調……太平洋上最前哨，台灣稱寶島」是其中歌詞的一部分。

說再度抬頭。在2020年底拜登勝選美國總統以來，多數政論也都預期美國雖然不會主動尋求中國毀滅，但也會秉持「推回」對手在世界影響力的「川普主義」（Trumpism）遺產。

對抗實力　在提及「權力轉移理論」（power transition theory）時，早期一本政治學教科書提出了以下基本命題：當對抗國家的綜合實力差距極度不平等時，戰爭風險就會減少、和平機率就會增加。當兩個對抗國家的國力大致呈現均勢時，不滿意現狀而先挑起戰爭的國家卻經常是其中綜合實力稍弱者（見Organski, 1958）。

中美對抗的現狀稍稍改寫了這個基本命題。中美雙方都不滿意現況，但世界超強美國比區域強權中國還更不滿意世界規則即將被改變的情形。美國雖然未採取先發動武器戰爭，但卻展開在各領域聯合世界對中國極限施壓。雖然中華人民共和國並不缺乏面對世界反共聯盟的經驗，但「21世紀是中國人的世紀」這句歷史學家的預言則勢必經過「印太戰略」所有合縱國家的抗中考驗[6]。

目前，中國並沒有建立集團或建構代理人戰爭的基礎結構。也就是說，雖然媒體形塑中國為「強國」形象，但中國至今並無結合盟國發動抗美戰爭的實力。反觀美元在國際貨幣的霸權地位、美國資本市場吸引外資的能力、美國在高科技咽喉技術（choke point technology）上的領先等既成優勢，都讓中國對美國「蚍蜉不能撼樹」。

甚至，全世界只有美國能印出足夠的美元儲備來和任何國家打貿易戰、科技戰、金融戰、匯率戰、太空戰……。全世界

註6.「21世紀是中國人的世紀」一語是英國歷史學家湯恩比早期在與池田大作合著的對談錄中的觀點，見Toynbee（1976）。

也只有美國航空母艦能在全球各地自由航行，維護世界「使用美元」的秩序。光是這一點，美國就永遠不會衰弱。美國國債都使用美元標價。世界各貿易國賺的錢都自然進入美國金融市場。如果美國金融不穩定而大印鈔票就會讓所有貿易國辛苦賺來的美元貶值。可以說，全世界經濟理性的國家都不願意看到美國衰弱。

　　只要美元還是資本市場的主要交易貨幣、清算貨幣，以及結算貨幣，美國就永遠是世界第一。美國影視等文化軟實力還把美元與美軍的物質功能改編成「普世價值」的劇情。就司法「長臂管轄」（long-arm jurisdiction）的有效執行而言，美國就是「全球」的代名詞。在愛好自由民主的世人心目中，「自由民主」也一樣就是「美國」的同義字。

　　過去中國革命有三大法寶，即統一戰線、武裝鬥爭，以及黨的建設。總的來說，現在的美國霸權不止有三大法寶。美元、美軍、美麗的好萊塢、美債、制度、標準、人權外交、兩黨政治的對外輸出等等都是美國現行的法寶。美國實力還不僅僅是這些影響力的集合。遇到須要解決的世界大事時，美國總有實力揪出團夥一起行動。

　　以制度、標準這個法寶為例。二戰後國際法的制度創新都由美國主導制定。然而，在使用國際法一段時間以後，美國也往往要求重訂國際法。在倡議重訂國際法的過程中，美國甚至不惜從各種條約、公約、組織中「退群」。在民主國家的主流價值語境中，美國創作的國際法在一段時間後「不合則棄」的做法一律不被稱為「撕毀」，而只稱做「退出」。

　　反觀中國從清道光至宣統至民國至文革期間，一直積弱不振。即使中華人民共和國成立，她也是一個各方鄙夷、毫無希

望的「支那」。中華人民共和國成立後，大陸自己也展開一系列自毀的革命運動，例如三反、五反、大躍進、人民公社、大煉鋼，以及10年的文化大革命等浩劫。直到1979年，中國大陸才實施改革開放。

時至今日，中國奉行「集中力量辦大事」的制度，企圖辦到「中華民族的偉大復興」。21世紀部分港、台年輕人對這個國家的人民取了一個含有諷刺意味的渾名，叫做「強國人」。然而，美國卻對「強國」這個名詞嚴肅以待，並決意絕不可能與企圖復興的中國分享地球。

從1952年至2018年，中國GDP成長1,300倍。中國在GDP超過美國的60%時，美國即決意全面遏制中國崛起。哈佛大學教授Allison（2020, March/April）認為，後冷戰時期美國「唯一強權」的時代一去不返；台灣主流媒體對這個命題卻持不同見解。多數電視政治評論員都認為，中華人民共和國這個不結盟國家充其量也就是區域強權，不可能平視美國、與美國平起平坐。

基本上，美國並非只針對中國崛起做出遏制。美國遏制所有挑戰美國利益的國家。過去美國要求產油國之石油交易使用美元、要求日本匯率升值、要求亞洲各國解除金融管制、要求歐元不得挑戰美元等等做法通通都是「美國第一」政策下的產物。在中東和在中南美洲，美國更不乏採取推翻當地政權的行動。美國的種種軍事外交實績顯示，中美兩國力量呈現的就是一種極度不平衡的狀態。

基此，加入印太戰略的合縱國家最自然的預測就是：中國最終將因美國的長期遏制而回到二等國家。有些國家更勇於想像，中國總有一天將被美國「打回解放前」。中國的「解放前」

原型是什麼呢？在1979年12月18至22日中共11屆三中全會鄧小平確立改革開放以前的1978年，中國每10人當中就有九人每天賺不到二塊美元[7]。

實力比較

雖然崛起、衰弱是萬物的定律，但「中國會崩潰」的話語就如同「美國會衰弱」的話語一樣，都顯示了說話者的一廂情願。人們分析兩國力量消長，必須長期針對雙方在各領域的相互對照。然而，現階段中國在中美對抗的過程中明顯處於被動與承受的地位。這顯示在經濟、軍事以及科技三個方面的物質條件上。

經濟

世界油價與金價都以美元計價。三分之二以上的全球外匯也都以美元形式儲存。使用美元交易還必須經過由美國控制的「國際支付系統環球同業銀行金融電訊協會」（Society for Worldwide Interbank Financial Telecommunications, SWIFT）處理[8]。理論上，美國也可以像排除伊朗一樣排除中國於SWIFT之外。屆時，建置數字人民幣區塊鏈尚未周全的中國將立刻走進鎖國世界。對中國來說，美國發動所謂「金融熱戰」不啻為

註7. 在一場以「修昔底德陷阱」（Thucydides' Trap）為主題的YouTube上名為 "Is war between China and the US inevitable?" 的演講中，哈佛大學教授 Graham T. Allison 提出了當時中國人民賺不到日均兩美元這個「絕對貧窮線」的大致數字。

註8. 2018年3月開始，中國嘗試在上海以人民幣交易原油期貨。這一丁點的象徵動作絲毫撼動搖不了美元作為世界貨幣儲備的獨霸地位。然而，美國並不喜歡這樣的象徵動作。

就是金融核戰。

比較兩國歷年人均所得（per capita income）以及人均GDP（per-capita gross domestic product），美國都超出中國不可以道里計[9]。根據國務院總理李克強在2020年5月「兩會」期間的公開講話，當代中國還有六億人月收入僅為1,000元人民幣。即使李克強的這個公開說法並無任何佐證資料，但多少透露了中國人民在人均所得方面與美國天差地別。

因此，除非中國成功推廣數字貨幣的全球流通並繞過美國金融控制，否則在各種持續消耗資源的對抗模型中，美國最終挺住、中國必被拖垮。一種自由流通的資本市場與長期穩定的美元優勢結構，說明了美國不必考慮在任何對抗過程中產生「民窮財盡」的後果。反而，「民窮財盡」將是所有與美國長期對抗國家的必然結局。

經濟殖民　在台灣的反併吞話語中，「經濟殖民」一詞是用來形容中國一代一路、亞投行等中國對計畫中國家的用心。2014年台灣「太陽花運動」所表示出來的強勢意見，也就是在防範中國對台灣的一種「經濟殖民」。

所謂「經濟殖民」一詞更多用於揭露跨國企業獨占市場的全球化現象。霸權國家在二戰後紛紛放棄對她國領土的占領策略，改為要求世界各地開放市場、採行自由貿易。美國更以貿易制裁為工具，在美元與石油輸出體系的混合戰略下，打開了世界上幾乎所有國家、地區的市場。

可以說，當代所有老牌帝國主義國家都已經拋棄了占領她國領土的思維。除非安全或歷史因素，只要市場是「我們

註9. 根據世界銀行（the World Bank）網站之推算數據，2020年中國人均GDP為10,500.4美元，美國為63,543.6美元。美國為中國的六倍。

的」、只要能確保甲乙雙方買賣能呈現具有默契的長期交易，那麼「我們」為何要派兵占領「他們」呢？

　　各國經濟部就這樣必須經常應付美僑商會透過美國國務院所施加的各種壓力。以美國影視產品在台灣市場的獨占為例。美商對台灣一個普通電影院的影廳都保有「統包排片」（block booking and blind selling）這種違反公平交易的實質影響力。換句話說，非美商發行或代理發行的電影片若要在全年52個星期中排出檔期放映，必須尋求美商所遺留下來或准予空出的臨時空檔。

　　美國的跨國商品與服務貿易在全世界都有類似獨占或寡占市場的情形。美國企業在中國卻沒有這種待遇。然而，美國與站隊的各國似乎也都沒有要與中國「經濟脫鉤」的意向。2020年是美國以貿易戰制裁中國的高峰期。聯合國的數據顯示，2020年中國卻又是外商直接投資（foreign direct investment, FDI）金額最高的國家。

　　貿易比較利益　　國際企業在全球選擇投資地點必然經過風險評估。從總體經濟學的角度，「比較利益」法則告訴人們的是國際分工的互惠原理。中美貿易也是一樣。以美國對各國大多屬於貿易逆差的這種情形為例，美國對外貿易不管逆差順差，她都具有較優的貿易「比較利益」（comparative advantage）。比較上，逆差的美國最終還是以低廉價格取得各國外銷的高品質商品。可以說，美國人每次消費，都在享受全球勞動者所給予的種種福利。

　　基於美元享有主導全球國際貨幣體系的特殊地位，美國在國際收支帳上擁有絕對償債能力。因此，貿易順差國的收益多數購買美元避險，儲存為該國的外匯存底。各國將本幣換回

美元回流美國的通例，就這樣一直讓美國金融市場保持繁榮。更確切地說，在對中國的貿易「赤字」當中，美國發達的資本市場照樣吸納外國資金、國民照樣維持經濟消費力；遇有困難時，美國也照樣可以協調貿易夥伴國的貨幣對美元升值。

可以說，即使面臨貿易赤字，美國的對外貿易逆差都不能稱為「損失」。因此，儘管川普總統任內極力告知美國人民中國如何對美國進行商業剝削，從2018年中美貿易戰開打以來，2020年美國還是讓中國對美的貿易順差達到3,169億美元。這個數字比貿易戰開打前的2017年還高出15％（見中華人民共和國海關總署網站有關2020年中美雙邊貿易的統計數據）。

軍事

中國大陸國土先天很難成為海洋國家。她周圍被14個接壤國家環繞，東邊又被數個「島鏈」包圍。屬於第一島鏈的韓、日（含沖繩）、台、菲律賓等地，都駐有美軍。其中台灣又剛好位在南海與東海的截點。台灣東沙島更位於中國進出巴士海峽的咽喉地位，南沙太平島也是美軍自由航行與戰艦停泊的補給位置。總之，台灣是阻止解放軍進入美國屬地關島周邊海域的最大屏障。

在對外的所有戰鬥中，美軍都有直接入侵敵國的案例。然而，美國仍以第三國進行代理人戰爭的方式最為常見。台灣與大陸最近距離只有140公里。中、美若在南海產生軍事衝突，台灣就具有自動成為理想交戰區的方便性。

台灣沒有任何一個政權會想把中美衝突的戰火引向台灣。然而，台灣作為中美軍事衝突最方便的戰場卻是不爭的事實。例如，由美軍操作、台灣出資500多億建置與升級的新竹大霸

尖山之樂山基地，其「舖路爪長程預警雷達」所蒐集的新疆、內蒙遠程洲際彈道飛彈情資，即在提供美國戰略前沿之所需。可見，中、美發生「進攻性防禦」（offensive defense）的衝突起點都是台灣。

這與日俄戰爭時，日本和蘇俄在中國東北方便開打技術上是一樣的道理。美國在打韓戰、打越戰時，台灣在安全上和經濟上都自動成為受益者。今天，中、美兩國在南海、東海的衝突，台灣顯然就是戰場的一部分。

然而，台灣沒有避險（hedging）機制。實施兩邊同時下注的主體國家有菲律賓、新加坡、韓國等國。她們把中美對抗當成「機遇」而左右逢源。台灣缺乏這種高度自主的能動性。從蔣經國時期以降，台灣就一直採取「堅守民主陣容」的一面倒政策。今天，台灣的任何政權也都不敢離開依賴一個世界超強的美國體系，轉而依賴一個只是區域強權的中國。

中華人民共和國南海9段線之固有領土主張，繼承中華民國領土「南至曾母暗沙」的11段線主張。然而，目前國際法認定南海為國際水域，美軍可在此自由航行。當前美國的航母實力又遠超過中國在南海島礁上的任何軍事設施。當中國進口的過半油源必須通過南海時，美軍戰艦就此震懾中國在此「固有領土」上的生命線。

美國已經主導了全球所有海上咽喉的規則，包括蘇伊士運河與巴拿馬運河等等，中國沒有。對崛起中國而言，民族復興的預防性戰爭就是反美軍介入的戰爭。日本偷襲珍珠港本質上就是一場反美國介入日本大東亞共榮圈的預防性戰役。歷史殷鑑不遠。日本國力根本不足以重創美國，最後自己還被打到帝國解體。

科技

　　5G與隨後6G的科技能量注定改變戰爭模式。基此，美國對中國的科技斷鏈才是印太戰略中最重要的組成部分。美中科技戰的發展趨勢顯示，美國不會只滿意於遲滯中國5G的商業發展；不讓中國的5G和6G科技有跨入軍事作戰的可能，才是美國遏制中國技術發展的最大目的。

　　目前，5G、AI、物聯網、大數據等全面性的尖端運用是中美科技戰的明顯戰場；「華為」、「中興」的相關產品只是這個戰場被突出的前沿而已。在美國切斷所有科技產品關鍵零組件的供應鏈與市場鏈以後，中國科技領域發展預料將嚴重遲滯。舉凡新一代高階資訊與數據應用、航太、能源、生技、機器人等關鍵項目的各種計畫，中國都很難回到以往可以持續制定短期績效指標的狀態。

　　美國發起全面封殺中國科技產品最早的道德理由，是這些產品潛藏資安疑慮。美國對華為手機、抖音軟體等產品可能為中國政府開後門、竊資訊的指控在政治上相當合理。對於使用個資的政策，美國跨國科技巨擘一向也都採取不透明態度。例如，即使網站用戶已經登出或刪除帳號，「臉書」仍然可以持續擷取使用者的資訊。「谷歌」的安卓系統也同樣可以追蹤手機用戶的動向，獲取人們設定經緯度座標以外的數據。

　　美國國家安全局（National Security Agency, NSA）2007年起曾實施網路監控活動。在過程中，美國科技業者也都曾替美國政府開有後門[10]。然而，谷歌、蘋果、Line等科技大廠為美國開設後台是為了防範恐怖主義；中國資訊產品若為政府留有後門，則是對民主世界的敵對行為。

　　這是西方民主國家對中國的不信任問題。美國對中政策一

直保持「不信任且必須核實」（distrust and verify）的戰略態度。也就是以這種不信任、不認同的態度，美國正領導印太戰略的合縱國家，包括「五眼連盟」國家，警戒中國利用科技對世界的威脅。

　　美國決意保持目前的5G領導優勢以及下一代6G的超前部署。2020年底「北美電信組織」（North American Telecommunications Organization, ATIS）創立名為「次世代行動通訊聯盟」（Next G Alliance）的6G技術聯盟組織。加入聯盟的科技大廠確定排除中國公司。

　　這意味美國日後的行動通訊系統將與中國的行動通訊標準脫鉤。反過來說，中國日後使用自己系統（例如物連網）將與西方多數國家不相容。以西方為中心的邏輯因此推論，中國將從此失去「產業創新運用」方面過去原有的領先地位。

文明衝突

　　美國白宮國安會於2021年1月13日對外公布〈印太戰略框架〉（United States Strategic Framework for the Indo-Pacific）10頁文件。原為機密文件的〈印太戰略框架〉提出遏制中國的七大目標。其中第三大目標即是：

　　推廣美國價值以抵銷中國模式對區域國家的影響。

註10. 見2013年史諾登（Edward Joseph Snowden, 1983—）在「維基解密」（WikiLeaks）所揭露的「稜鏡計畫」（PRISM）。2021年5月底，歐洲媒體又陸續披露在「稜鏡計畫」被揭露之後的2012至2014年間，美國國安局（NSA）仍繼續藉由丹麥海底電纜進行系統性監控德、法、瑞典、挪威等國政要的消息。美國國安局對歐洲社會的這些指控一概不予回應。

Promote U.S values throughout the region to maintain influence and counterbalance Chinese models of government.

　　至此，有關價值理念的所謂「文明衝突」被證實為中美對抗的一個重要側面。「文明衝突論」首先由杭亭頓（Samuel Phillips Huntington, 1927－2008）在1990年代提出。以歷史上基督教文明和伊斯蘭國家衝突而引發的200年十字軍東征為立論背景，杭亭頓表明當代各種衝突的根源就是文明的衝突（見Huntington, 1993）。

　　2019年4月29日，美國國務院政策規劃主任在一場論壇的演講中更直接挑明：美國與中國表現在外的「文明衝突」乃屬於一種「全然不同的文明和不同意識形態的對抗」[11]。2021年3月25日美國總統拜登在上任的首場白宮記者會上終於定調，如果不能堅持自己的價值觀，美國就會失去領導世界的正當性。

　　本書作者認為，在中、美對抗中，兩國至少表現出三種意識形態的衝突對立。見表5.1.1：

表5.1.1：中美三種價值的意識形態對立

中國	美國
中國民族主義	美國愛國主義
實現中華民族的偉大復興	美國第一
中國特色的社會主義制度	西方民主制度

註11. 見Kiron Kanina Skinner在一場由美國智庫「新美國」所舉辦的論壇上之講話：https://www.newamerica.org/conference/future-security-forum-2019/

制度

　　中國過去確實依循西方模式而取得目前的經濟成就，例如加入WTO的全球化制度。即使目前中國在各個領域都倡議發展自己特色，但她在許多領域也呼籲美國應回到聯合國體系的既有秩序。然而，習近平時代更希望國家要能全面走出中國自己的「制度自信」。

　　以經濟體制為例。中國以國家力量主導經濟走向，企業的優勢無論如何都不是來自自由競爭，而是政府扶植的結果。表面上，中美對抗是以私有企業為主的自由經濟體制對抗以國家資本主義（state capitalism）為主的計畫經濟體制。然而，體制是意識形態的再現。因此，中、美對抗本質上就是意識形態的對抗。

　　從媒體披露有關貿易戰和科技戰的報導得知，中美雙方陣營的市場情緒（business sentiment）多數還是圍繞在各自的經濟體制與價值結構的立場。美國指認中國是以剝削美國的方式崛起；中國則稱美國的貿易赤字乃是因國際分工、儲蓄不足、高科技禁賣中國，以及美元作為國際貨幣的結構性結果（見中國國務院2018年9月24日公布的《關於中美經貿摩擦的事實與中方立場》白皮書）。

　　制度是文明的反映。中美兩國的「貿易戰」、「科技戰」等都只是美國極限施加壓力的「名義」。事實上，美國以貿易戰作為遏制中國試金石的真正意圖，就在於希望中國改變制度。因此，「文明衝突」這個傳統概念確實可以適用於詮釋目前中、美對抗的許多層面。

　　在疫情與印太戰略的背景下，中共在2020年10月29日的十九屆五中全會仍審議通過《中共中央關於制定國民經濟和社

會發展第十四個五年規劃和二〇三五年遠景目標的建議》。然而，中國「具中國特色的社會主義」在2035年之前是否走得下去，仍取決於美國在後川普時代在各領域對中國極限施壓的結果。

在此情境下，中國認為每個國家的制度問題牽涉各國文化結構；西方國家輸出普世價值很可能是一種文化偏見。中國的「外宣」話語雖然強硬，中國遭遇美國及其合縱國家的各種施壓卻是不爭的事實。

從民族主義的角度，美國首次面對來自非白種亞洲國家的意識形態挑戰。好萊塢電影經常再現美軍在海外英勇作戰、袍澤情深。美軍的敵人則往往被刻劃為組織鬆散，缺乏聯合作戰的能力。電影中的亞洲街景則多呈現一種雜亂無章、喧囂無序的市容。美軍在這種地方休假還總有風情萬種、廉價多情的亞洲女子投懷送抱。中國崛起的文化心理情緒對西方白種人而言，可能無以名狀、百味雜陳。

美國以外，以白種人基督教社會菁英所組成的美、英、加、澳、紐等「五眼聯盟」國家，更一致支持中國必須「制度轉軌」的倡議。歷史上有所謂「白種人的負擔」（The white man's burden）一說。基此，中美文明衝突的潛台詞很可能也是西方社會為了世界普世價值，而再一次替國際社會承擔責任。

作為五眼聯盟的美國隊成員之一，澳洲自詡為領導亞洲的西方國家。澳洲在19世紀採行「白澳政策」（White Australia Policy）。今天澳洲的人口組成及其統治階級也仍然以白人為主。中國移民澳洲者眾，「中國威脅論」在澳洲也隨之甚囂塵上。2020年底，中國的民族主義開始挑戰澳洲在印太戰略對抗過程中的積極角色。中國人民認為，也許是基於白種人優越的

潛意識，以致該國一些白人救世主（white savior）政治網紅，經常出現把現代政治中國比擬為納粹德國的言論。

不僅澳洲，所有「五眼聯盟」國家都譴責中國運用科技產品監視自己人民的行為。科技產品占有世界市場一向是一國影響力的指標。一直以來，領導世界制定科技產品「標準」的國家都是美國與歐洲。誰建立「器具」的規格標準，誰就占有全球市場。過去通訊傳輸設備、電視製播設備等規格都是如此。就先進科技方面的傳輸與接收系統方面，「美規」市場更是獨霸全球。

目前，中國在硬體製造方面明顯具有制定世界「標準」的用心。在軟體計畫方面，中國也勇於制定世界「規則」。在所有「器具」的系統解決與應用操作上，中國甚至經常提出世界「方案」。中國這隻大象幾乎已經拋棄鄧小平先生自許應隱身樹叢、蹈光養晦的哲學態度。反觀美國偏好「以美國規則為基礎」的世界秩序。因此，中國成為美國當前必然遏制的戰略競爭對手，時間剛好而已。

有關科學技術標準的制定、金融體系的規劃建立、國際法觀念的推廣與實施等等方面，都涉及國家權力在國際間行使的效能。在對外日漸伸張的影響力當中，中國都顯示了在這些方面制定規則、書寫規則的企圖。因此，中國科技產品具有監視自己人民的疑慮不是問題、中美貿易逆差也不是問題。也就是說，整個遏制中國崛起的重點明顯不是單個領域的對抗，而是整個文明制度的不相容。

「美國第一」的口號絕非空洞虛幻的夢境，而是紮紮實實以國家利益為優先的意識形態。中國所提出的道路自信、制度自信、文化自信，以及理論自信等觀點就是公開挑戰「美國第

一」的反映。以美國之大、之強，她決不相信「具有中國特色的社會主義」能有什麼道德性來領先美國價值。

Gingrich（2019）就指出，2001年美國支持中國加入WTO，但中國最終卻未能如預期般被自由貿易所改變。Pillsbury（2016）（白邦瑞）更把美國這種誤判的責任，歸責於中共自1949年以來即不斷以欺敵手法進行外交的習性。

然而，各種來自印太合縱國家對中國的厭惡話語尚未起到令中國制度轉軌的作用。福山過去「歷史將止於西方民主」的大話也未能得到證實。甚至，世界民主化國家的民主更越來越趨向民粹。Allison（2017）「修昔底德陷阱」（Thucydides' Trap）的理論似乎就在暗示，中美兩國文明衝突最終就只有走向戰爭一途。

意識形態

除了積弱不振的東亞病夫以外，百年來世界對中國的心理印象還有「黃禍」之類的「中國恐懼」（Sino phobia）。200年前拿破崙（Napoléon Bonaparte, 1769—1821）形容中國「是一頭沉睡的獅子，一旦醒來，世界將為之震動」的說法其實隱含西方國家對於未來世界「將由中國統治」的驚悚預警。

可以說，只要中國共產黨存在的一天，中共暴政必亡的論調永遠不會消失。西方民主國家也絕不接受「21世紀是中國人的世紀」這個命題。Yoho（2018）就認為，21世紀的中國史反而將是一個恥辱的歷史。總之，「中國威脅論」、「中國必將崩潰」、「中國被厭惡」等主題文章都在闡述一種「中國醒來即為害世界」的想像。

因此，中國面臨的「世界」不會只有美國一國。不論是英

語系統的「五眼聯盟」國家，還是印太戰略的亞洲合縱國家，中國都得面對多國聯軍。美國遏制中國是基於掌握地緣政治與永續領導的目的。然而，美國的價值語境仍一再表明，西方民主國家是為了反對中國對台灣霸凌、是為了支持台灣反併吞而做出的抗中、反中行動。

美國總能結合盟國一起對她國進行制裁這件事，一直都是美國外交的成就。然而，以民族主義的歷史脈絡換個角度看，多國同盟的印太戰略還是喚醒了過去「八國聯軍」入侵，導致每個中國人都賠償一兩銀元的屈辱歷史。依當時中國四萬萬五千萬人口數，1901年簽訂的《辛丑條約》要求中國賠償四億五千萬兩白銀。可以說，民族主義依然是中國凝聚自我認同的關鍵。廣大的華裔社群在地球上不管國籍為何，他們確實感受到一種有關文明衝突這個中、美對抗的歷史意涵。

世界多數華裔社群並不像台灣地區一樣能成功建立屬於自己獨立的民族血緣、文化，以及歷史方面的「想像共同體」。換句話說，即使全球六千萬華僑都不認同中國共產黨的國家治理，但自認自己是中國人的可能不在少數。因此，在理解中、美對抗的深層意義方面，民族主義這種意識形態在華人社群中仍占有相當程度的「事實存在」（de facto）。

話語

向世界投射普世價值的「美國之音」（voice of America, VOA）是美國愛國主義力量的延伸。美國之音隸屬美國全球媒體總署，依美國政府撥款與自籌款維持營運。2020年中，美國之音並未完全遵照川普總統以「中國病毒」（即新冠肺炎）究責中國的宣傳口徑，台長、副台長雙雙下台。

　　依2018年3月21日公布的《深化黨和國家機構改革方案》,「中國中央廣播電視總台」整併原中央電視台所屬的中國國際電視台、中央人民廣播電台,以及中國國際廣播電台。這些機構對內仍保留原來呼號,對外則統一稱為「中國之聲」。

　　在中、美對抗的布局下,目前「中國之聲」負有改善中國形象的外宣責任。這個由中共中央宣傳部直接領導的中國之聲,主要在對抗美國政府在二戰時即成立的「美國之音」。也就是說,「中國之聲」和「美國之音」都承擔講好本國故事、做好國際輿論的任務。

　　這是兩國意識形態國家機器爭奪國際話語權的絕佳範例。「中國之聲」如同中國的所有媒體「必需姓黨」。當促進國家利益的「美國之音」遇上堅守「黨性原則」的「中國之聲」時,人們都可以在其中找到針鋒相對的話語。

　　在美元霸權屹立不搖的地位下,任何與美國對抗的反擊力量都相對有限。美國既可以發行美債養軍,又可以用美軍支撐美債償還的信用。如此條件不對等,哪一個國家可以和美國比賽消耗資源?可見,中國對美國通常無法每一個案例都能以牙還牙。人們開始看到,中國經常對美國採取「戰略定力」的態度。簡單地說,中國面對不管是什麼戰,都希望能與美國再度「相向而行」、攜手合作。

　　然而,爭鋒相對的「狠話外交」(tough talk)必須持續。如果人事權是權力的內在表現,話語權就是權力的外部表現。在一國境內,話語權包括定義價值觀念與解釋歷史事件的權力。在國際間,話語權指的是在制定國際規則時所提出的「合理說法」。16世紀「地理大發現」以來,歐洲先進國家在殖民地輸出產品,同時也輸出價值觀念。霸權國家就這樣充分以價值話

語的全球表達，普及了西方的政治思想與管理態度。

　　二戰後，美國的思想型態和對事物的解釋權凌駕所有國家。美國在進行國際權力合縱時也一直在實踐其話語權。不管是出兵、制裁、談判、還是退出國際條約，美國都在話語中表達其道德高度。即使美國利用地緣政治扶植或鼓勵反中、反俄，反伊朗等戰略前沿，美國還是會把「道德」擺在對外宣示話語中的第一順位。

　　今天，中國主動提出許多價值翻轉的語境。例如，中國倡議什麼論壇、什麼自信、什麼標準，甚至還創設「中國之聲」、出版《年度美國人權報告》。中國還將其話語權進一步延伸到制定當代國際規則的「道理」上。中國更開始向世界提出以中國為主體的文化與史觀[12]。總之，中、美對抗是經濟力量的對抗、是軍事科技力量的對抗，更是文明衝突下的話語權對抗。

　　美國在2019年以後即陸續制定一連串涉及台灣、西藏、新疆以及香港議題的相關法案。以往在華府政治圈的所謂「敏感紅線」，在印太戰略下變得微不足道。至少在美國川普總統任內，美國把一些過去實際執行但卻隱而不宣的政策，大方以話語形式公諸於世。可以說，美國正以這一種公開話語的方式表明對中國施壓的態度。

　　台灣曾被麥克阿瑟（Douglas MacArthur, 1880—1964）將軍

註12. 以中國為主體的史觀認為，人類全球化的軌跡並非從大航海時代開始；國際貿易從張騫出使西域的絲綢之路時期（西元前202年至西元9年之西漢時期）就已存在。台灣大專校院傳播科系對德國古騰堡（Johannes Gutenberg, 1398－1468）於1445年左右發明活版印刷術（movable type）的「古騰堡風雲」非常熟悉。然而，宋朝畢昇（約970—1051）在大約1045年就已經發明了膠泥活字印刷術。這個發明事件比古騰堡的活版印刷術還早了四個世紀。

比喻為是最靠近中國大陸的一艘不沉航空母艦。航空母艦打擊
群是無堅不摧的武器。美國不可能不掌握台灣這種先天就具有
遏制中國崛起的資源。因此，不管共軍怎麼繞島巡航、國台辦
怎麼讓利統戰，中國都必須釋出大量資源對台灣「軟的更軟、
硬的更硬」。台灣人民可能永遠都不知道，中國大陸到底花了
多少預算對台統戰[13]。

民族主義

1972年尼克森與周恩來在上海簽訂《上海公報》，開啟了
中華人民共和國與美國之間共榮共利的大門。2019年開始行動
的印太戰略歷史，則開啟了兩國關係最黑暗的時刻。

其實，早在美國部署印太戰略以前，中、美對抗早就縱橫
沙場數十年。長期以來，美國政府的力量一直都在幫助流亡海
外的中國民運人士、法輪功、圖博獨立運動、新疆人權運動，
以及香港民主運動。在全球出版市場中，以中國為題材的書
籍數量更一直居高不下。其中，從章家敦2001年《中國即將
崩潰》一書開始，書市都不缺「中國令世界討厭」的主題。可
以說，中國面對世界反中的浪潮歷史很深、戰略很廣、戰線很
長。

中、美對抗尤其成為人們理解台灣反併吞論述的框架。
換句話說，台灣的反併吞話語必須放在中美對抗的格局中來理
解。就印太戰略而言，美國加強扶持台灣的意義在於遏制中
國。然而，從台灣作為主體而言，台灣正站在美國巨人的肩膀

註13. 根據假設條件推測，針對中國對台灣的任何紅色滲透，美國都會協助台
灣政府予以嚴防。2021年起，國防部軍事情報局人員也開始從大陸轉
進台灣本島與外島，在各領域進行佈建、「染色」以及情蒐的工作（見
2021年2月1日《中國時報》有關軍情局「開疆闢土計畫」的報導）。

上，主動反抗中國併吞。

美國國會制定的惠台法案多處充滿一連串無拘束力的用語，例如「國會的意願是……」等等。如果純粹從以美國為主體的觀點看，川普時期美國印太戰略的工具箱中有太多這類主要在「玩殘中國」、次要在支持盟國的手段。除了台灣以外，美國還可以利用與中國接壤的其他鄰國，打厭惡中國的代理戰爭。

美國更可以用美元結合多國對中國進行消耗戰、以情報分享各國來對中國進行輿論戰，或以長臂管轄進行制裁中國領導成員的法律戰等等不一而足。在種種極限施壓的環境下，中國通常的反應是不斷表達與民族主義有關的話語。中國的民族主義夾雜了歷史上西方列強對中國的不堪過往。從民族主義的角度分析，中國忍耐美國極限施壓的「極限」，應該不會只考量最後物質損失會有多大，而是要看西方國家到底有沒有給她「尊嚴」。

2020年底之前，中國政府為了通過《香港國安法》而對在香港可能損失的巨大外匯利益毫不在乎。2020年底中國政府阻止史上最大規模的「螞蟻金服」公開發行上市（initial public offering, IPO）也在所不惜。2021年7月初中國更不考慮國家巨大金融利益，而迫使全世界最大叫車平台「滴滴出行」停止在美國掛牌上市。

據說，「台灣問題」更是大陸最不可能讓步的民族大義。在2021年7月1日中國共產黨建黨100年大會上，習近平總書記重申：

> 任何人都不要低估中國人民捍衛國家主權和領土完整的堅強決心、堅定意志、強大能力！

　　美國知道這個死穴，反而以台灣繼續消耗中國。至少，美國朝野就經常主動釋放各種惠台政治法案的理念訊息。美國軍機更隨時降落松山機場。總總消息面的用意就在點燃大陸「環球時報」「抓狂」、「跳腳」的引信。面對美國這種「說給你氣死」的「大聲公外交」（megaphone diplomacy），中國也以「戰狼」（wolf warrior）外交的話語應對。在此過程中，台灣經常消耗直接成本。

　　美國天然資源、科學技術、金融紀律等多個領域倍數強大於中國。中國僅有的經濟總量完全不足以威脅美國。然而，美國還是決意發動遏制中國發展的各項議程。美國在中國各方面發展的路徑上設下層層關卡，估計確實可以達到滯後中國整體國力成長的速度。中國共產黨施政習慣提出「幾年什麼計畫、幾年如何完成」等模式。在面對美國全面且長期的戰略鬥爭中，中國所有這些節奏有可能都無法達成預定指標。

　　印太戰略開始以來，美國參、眾兩院對中國勢在必得。這種樂觀主義甚至比「美西戰爭」前期還要激昂。1899年美西戰爭後，美國取得關島、菲律賓、波多黎各等地。當時國會還同時通過兼併夏威夷王國的決議。至此，美國勢力延伸到整個太平洋亞太地區。

　　美西戰爭開打前，美國人愛國主義高張、戰鬥情緒激昂。基此，美國新聞界知道如何以渲染對抗的方式製造敵意螺旋。具體的說，美西戰爭的開打是當時普立茲（Joseph Joe Pulitzer, 1847—1911）與赫斯特（William Randolph Hearst, 1863—1951）兩大報系「黃色新聞」（yellow journalism）推波助瀾的結果。基於愛國主義，新聞界很願意炒熱美國人同仇敵愾的氣氛。

　　目前美國整體遏制中國的施壓手段層出不窮。貿易戰、科技戰、資本戰、法律戰、輿論戰、太空戰、台灣牌、香港牌、新疆牌、西藏牌、內蒙古牌、印度牌等等都是整體戰略中的連環戰術[14]。台灣主流媒體經常分享美國在各種戰術中處處積小勝為大勝的圖像。可以說，國人的反併吞情緒與美國同步。這種情緒更在 2021 年 1 月川普總統敗選之前，達到顛峰。

　　美國合縱盟國的能力一呼百應。她在全球各地都建置有區域安全網絡。任何想要與美國對抗的強權都捉襟見肘、備多力分。歷史一再證明，任何挑戰國最終都只有被拖垮的命運。因此，中國可能隨時都要準備做好各領域中國版本的「敦克爾克大撤退」。

　　也就是說，中、美對抗這種長時間的鬥爭過程對美國有利。美國在冷戰期間的軍備財政可以加碼到太空競賽，最後硬把蘇聯拖垮。在中、美對抗的所有戰線中，中國應該理解這種持續作戰的痛苦歷程。然而，喪權辱國的歷史在中國民族主義的記憶中歷歷在目。若要對美國讓步，中國一定要找到某種絕不能失去民族尊嚴的辦法。

第二節 反併吞話語

　　西方國家對中國崛起的方式和中國崛起的事實，都感到不

註14. 列舉美國全方位施壓中國的做法如下：在南韓部署薩德導彈、在南海、台海實施自由航行、向第一島鏈前沿提供與部署先進軍武、促使一代一路沿線國家與中國解除合約、限制孔子學院與中國媒體在世界的銳實力擴張、壓制華為、中興等科技大廠及其全球 5G 布局、以科技戰阻斷供應鏈與市場鏈、友台法案、友港人法案、友新疆法案等各種遏制中國的作為。

安。一直以來，美國民調公司（例如Pew Research Center）的數據都顯示，部分先進民主國家的多數民眾對中國都持負面看法。在這種厭惡中國的國際氣氛下，2019年美國政府還是以區隔中共政權（Chinese Communist Party, CCP）與中國人民的方法，對中國劃下了統一戰線。

美國開始對中共政權嚴加批判，但卻支持中國人民的民主運動。類似話語是美國目前遏制中國策略的「中共非中國」美國版。依美國「中共非中國」的用詞，部分台灣意識形態主體也開始轉為以「中共」一詞，作為反併吞話語所指涉的對象。然而在台灣抗中的語境中，多數國人還是習慣以「中國」一詞稱呼海峽對岸。

美國的統戰做法用意在切割政府與人民。例如，美國利用「美國之音」等宣傳機器一再提醒中國人民，中共正在以系統性權力踐踏中國公民應該享有的人權，而美國有意願、有能力來協助中國人民一起締造民主中國的誕生。

對於那個世界上唯一想要併吞／統一／收復台灣的敵人稱呼，台灣意識形態主體多數並沒有像美國那樣的政治作戰企圖。一般而言，中國雖有致力追求民主的維權人士，但多數中國人民仍然反對台灣獨立。在網路論戰中，任何「台灣與中國離得越遠越好」的主題都引發中國人民同仇敵愾。只要涉及領土完整問題，十四億中國人民幾乎與中共政權意見一致。這種情形自然讓多數台灣人民很難區別中共和中國的不同[15]。

註15. 即使如此，國際上仍有許多中國維權人士、海外民運人士、領導「東伊運」的維族人士、香港民主派人士等的對外發言和台灣主流話語多有一致的情形。台灣政界、媒體通常對這些原為中國籍的人士禮遇有加。

以美國為主體

　　《中美共同防禦條約》（1954）簽訂後，美國即訓令台灣戰機艦艇必須在海峽中線以東活動。然而，中華民國撤退來台初期仍矢志反攻大陸。1954年美國劃設海峽中線以後，所有中華民國自發的軍事作為都發生在海峽中線以西。例如1956年馬祖空戰，1958年九二台海戰役、1958年坪潭空戰（亦稱八一四空戰），1958年澄海、金門、溫州灣多次空戰、1965年東引、東山及烏坵三次海戰，以及1967年一一三空戰等等。

　　基於地緣政治，美國必然以「海峽中線」這條假想線（imaginary line）作為當時台灣與大陸兩個政權的邊界。台灣海峽雖然是中國進出太平洋的門戶，但更是美國太平洋「內海」的門戶。因此，美國不會坐視她國介入影響台灣海峽這條國際航行的重要走廊。海上是美國最強的戰場。台灣人民的信念也多認為，當美軍航母打擊群在蒼茫大海中浮現時，其巍峨的畫面即說明一切。

　　在台灣人民的認知當中，兩岸軍事衝突永遠不可能是台灣與大陸單方面之間的消耗戰。也就是說，兩岸衝突必然是美、中對抗的「台灣回合」。因此，國人想像美軍的角色，指的是美軍航母現身花東外海的畫面，而美軍「現身」台海就更意味任何勢力都應該知所進退。

　　過去美國負有以第七艦隊履行1955年生效、1980年失效之《中美共同防禦條約》的義務。當前台灣安全最好也是經由類似的「清楚承諾」才能算數。如今，美國卻只有以「不贊成兩岸以非和平方式解決台灣問題」的話語，作為將馳援台灣的暗示。事實上，美國對台灣的所有安全表示都使用象徵用語。

2018年以來，美國立法部門所制定的所有相關惠台法案都是如此。

　　另一方面，美國五角大廈與台灣軍方卻一直保持密切連繫。具體地說，美國五角大廈與大直國防部一直維持暢通的所謂"3C"聯絡。"3C"聯絡指的是（1）資訊暢通的保持（communication）、（2）指揮系統的協調（coordination），以及（3）應變計畫的超前部署（contingency planning）。可以說，位於台北市大直的博愛營區是全台灣最美國化的辦公基地，見表5.2.1：

表5.2.1：美台指揮系統的 "3C" 連繫

美台指揮系統的"3C"連繫
1. 資訊暢通的保持（communication）
2. 指揮系統的協調（coordination）
3. 應變計畫的超前部署（contingency planning）

　　美軍在鍵盤上從事高科技戰鬥並不是神話。在美國內華達沙漠的軍事基地中，冷氣房裡的軍事人員以遙控無人機、發射地獄火飛彈的方式取敵人首級於千里之外。可以想像，美軍對戰解放軍似乎也可以依照來自台灣新竹樂山基地的資料參數，進行這種5G加AI加GPS加「人臉辨識」的現代化戰爭。

　　因此，台灣意識形態主體有絕對信心對大陸喊話：武統開始之日即為台灣獨立之時。反過來說，台灣也不會傻到主動去唸出一篇「獨立宣言」。無論如何，誰發起武統或誰發起獨立的第一槍，美軍都必須馳援。換句話說，無論台灣的反併吞戰

爭或是大陸的反台獨戰爭的前因後果為何，都繫於美國態度。

　　台灣要維持獨立現狀更需要依賴美國。美國以各種支持法案與武器提供（銷售），力挺台灣。然而，這種依賴美國的基礎同時限制台灣自主決策的機會。經驗顯示，依賴美國即意味別無選擇。台灣沒有像菲律賓與韓國一樣得隨機以本體利益為優先玩兩手策略的空間。在兩岸政策上，甚至在農畜肉品進口的民生政策上，台灣對美國的主體性幾乎只表現為「義無反顧」的單一面向。

　　美國畢竟還是以「一中政策」的象徵話語表達對台灣的支持。也就是說，美國雖然對台灣的主權問題不採取立場，但也不承認聯合國把台灣視為中華人民共和國的一部分。後者令台灣人民感到莫大鼓舞。然而，美國模糊認定台灣主權的處境也很令台灣人民困惑。

　　其實，美國這種典型的話語象徵主義早有前例。2016年聯合國安理會2334號決議：「約旦河西岸」是以色列人占領的巴勒斯坦領土；以色列占領約旦河西岸屯墾區為非法。美國的政策態度卻稱，美方不會對該地區的法律地位表示任何意見，但也不會如同聯合國一樣把以色列占領約旦河西岸屯墾區視為非法。

　　對台灣到底是什麼地位的問題，美國就這樣一直保持「戰略模糊」。對台灣的惠台法案到底有多少實質助益，台灣人民也並不很清楚。以沒有實際影響卻極有象徵價值的《台灣旅行法》（"Taiwan Travel Act", 2017）為例。《台灣旅行法》授權美國行政部門可派高階官員訪台。實際上，美國行政部門早就無需國會授權就根本擁有這項權力。將這項惠台措施入法的原因，就是為了達到讓中國注意的「嗆中」效果。

　　《防止台灣遭入侵法案》(*"Taiwan Invasion Prevention Act"*, 2020)也是一樣。《法案》授權美國總統在認為必要的情況下出兵防止台灣遭到入侵。有無這個法案，美國行政部門對要不要派出航母與中國對戰一事從來都可以不需國會授權。這類一系列惠台法案的目的，都在對中國用力說出一種美方「並不說死」的象徵意向。

　　可見，「象徵」是一種極為重要的政治工具。台灣非常歡迎這種象徵主義的高調效果。然而，美國有時依法案有動作、有時依法案沒動作的象徵主義還是令台灣人民擔心。有時一些象徵性的惠台法案甚至不利台灣。例如，當中國必須加以回應美國的象徵性動作時，幾乎所有衝擊的對象都是台灣。

　　歷史時序已經無法證明中、美兩國誰先挑釁，但在華府高調擺出調戲中國之際，也就是中國軍機「繞島巡航」以及「越過中線」的時候。局勢非常清楚：在每一次的中、美敵對劇本中，台灣經常支出成本、疲於奔命。

　　實質(substance)才能讓意識形態主體放心邁向正常國家。如果不能以主權國家得到一個美國背書的「協防條約」之類，台灣也需要一種嚴肅的、清晰的話語表示。因為沒有得到實質保證的原因，部分國人開始懷疑美國模糊的象徵主義只是空洞的作態。也就是說，美國並不會派出自己子弟投入台海戰場。

　　這種擔心並非空穴來風。美國鼓勵親美團體打仗，但在關鍵時刻又放棄這些團體的例子多到不可勝數。例如，為了打擊伊斯蘭國(ISIS)，美國曾經武裝並鼓舞庫德族(Kurd)部隊。然而，當庫德族要宣布獨立時美國卻任由伊拉克和土耳其以軍事行動打壓該族的獨立運動。2021年8月中，美國撤出阿富汗並改為呼籲阿富汗人「自己國家自己救」的舉措，再為自己增

添又一例證。

　　在1949年8月5日發表的《對華關係白皮書》（*The China White Paper: United States Relations with China, with Special Reference to the Period,* 1944—1949）中，美國總統杜魯門（Harry S. Truman, 1884—1972）已經檢討過美國失去大陸的原因。21世紀美國不能再失去台灣的理由更為充分。一般認為，「台積電」等半導體產業供應鏈的所謂「矽盾」（silicon shield）因素，就足以讓美國必須與台灣價值同盟（見Addison, 2001）。

　　今天，當中國大陸人民要為收復台灣而戰時，台灣人民則要為保衛台灣而戰。因此，部分意識形態主體開始大膽想定，美國的「接戰準則」應該重新考慮「核戰邊緣」（nuclear brinksmanship）之類的嚇阻策略。事實上，2021年5月拜登政府就向世人宣告，美國此後軍事建設的重點之一即是「核武的現代化」。

　　1958年八二三炮戰爆發前夕，美國空軍就曾在台南空軍基地部屬20枚可搭載核彈頭的「鬥牛士」（Matador）TM-61地對地巡弋飛彈。1960年美國正式在台灣部署核彈頭。1972年美國與大陸簽訂〈上海公報〉以後，美國開始減少在台灣已經儲備的200件核武器存量。1974年，美國全數撤離在台灣的核子力量。之後，蔣經國總統更曾在中科院一所（今行政院原子能委員會核能研究所）祕密發展原子彈，直到1988年被美國拆除為止。

　　美國雷根（Ronald Reagan, 1911－2004）總統在1984年國情咨文（State of the Union address, 1984）中對蘇聯喊話的一席話語說明一切：

在核子戰爭中沒有國家會贏。我們兩國擁有核武的意義，就在保證它們絕不被使用！

...A nuclear war cannot be won and mustnever be fought. The only value in our two nations possessing nuclear weapons is to make sure they will never be used....

除了「核戰邊緣」的建議以外，台灣主流媒體與部分政治網紅也經常以不求戰、但也不畏戰的堅定語氣，告知民眾台灣導彈具有「打上海」、「打三峽大壩」的實力。事實上，國防部在2021年3月18日公布的《2021四年期國防總檢討》中就表明，國軍將發展主要在針對大陸軍事目標的遠距遙攻武器系統。也就是說，「遠程打擊」是國軍未來的建軍目標。

中國軍費支出為全世界第二位。然而，她支出的軍費與其她所有國家軍費加總，也不及美國的一半。當代美國在世界各地作戰次數也都遠遠超過任何其她國家的總和。可見，美國自己單獨與中國作戰都實力堅強，何況她還要求所有合縱國家分攤成本。

目前的情況是，美國在政治上繼續對台保持象徵、在軍事上繼續對台軍售並責成台灣做好「自己國家自己救」的後備兵力整備工作。從美軍對台灣的各種軍事顧問跡象研判，美國充分表露了儘量讓自己延遲與中國直接對戰的企圖。

中國因素

從鴉片戰爭開始，中國近代史進入「百年屈辱」的晦暗時代。整個中華民族的壓抑過程歷經八國聯軍到日本侵華。其

中，《馬關條約》割讓出去的台灣則是中國所有壓抑情緒中最希望回復的一塊拼圖。可以說，「中華民族的偉大復興」之話語基底，就是建立在這種民族被壓迫的歷史記憶上。

　　在被帝國主義百年壓迫的屈辱氛圍下，整個中國近代史的書寫方法都反映著企圖讓中國人揚眉吐氣、國富民強的集體潛意識。共產黨在中國大陸統治的正當性，有極大一部分就是建立在這種人民的心理共識上。換句話說，要求光復不平等條約的最後一塊失土台灣，是共產黨人必須回應中國人民的一種態度。

　　2020年7月哈佛大學甘迺迪政府學院發表一份從2003至2016之13年間的八次調查報告。該研究案以「訪談法」取得3.1萬人樣本。研究結論指出：中國人民對政府治理的滿意度逐年上升；2016年研究結束時，這項滿意度調查的數據為91%（見Saich, 2020, July）。

　　依照韋伯（Max Weber, 1864—1920）的理念，任何類型國家的政權都存在統治正當性的問題（見第三章第四節的討論）。人們根據上述調查數據最自然的推論是，大陸人民對共產黨政府的高滿意度來自其治理效能和經濟表現。然而，如果承認中國人存在濃厚的民族主義這個特點，人們就不能排除共產黨人「始終願意回應中國人民對民族主義的堅持」這種可能變項。

　　美國遏制中國的戰略趨勢卻顯示，共產黨最好不要遇到啟動戰爭的「義務」，否則國家發展必然在自己手中倒退，政權自然也就跟著瓦解。因此，中國目前充其量也只能用話語或象徵動作，表達兩岸同屬一中的心意。舉凡在國際組織中要求各國稱呼台灣為「中國台灣」之類的象徵動作，沒完沒了。

　　一直以來，中國都以一種無窮盡的資源去做反獨促統這件

事情。一百多年的民族屈辱使得中國人民的心理底層對於國家統一這件事，有著複雜深沉的糾結。她不斷發出強烈意志的信心喊話，企圖阻止分裂中國的任何言論和行動。反獨促統的話語從過去的「不允許」、「不容忍」、「堅決反對」，到現在「必須處理台獨」、「列出台獨頑固分子名單」等等，逐漸升高其強度。

然而，中國並沒有如同美國一樣具有「長臂管轄」的能力。在2020年7月1日中國制定《香港國安法》以後，多個西方民主國家即開始考慮與之改寫相關引渡條款。中國更沒有像美國CIA或俄羅斯KGB一樣的高科技斬首暗殺的能力。被列為「台獨頑固分子名單」的台灣人民或被中國制裁的其她各國人士，通常也多以話語表示「獲頒榮譽勳章」的態度居多。

儘管如此，中國有關統一的言論卻始終一貫：「一切分裂祖國的圖謀都是注定要失敗的」、「偉大祖國的每一寸領土，都絕對不能、也絕對不可能從中國分割出去。」、「中國人民有堅定的意志、充分的信心與足夠的能力挫敗一切分裂國家的活動」。《反分裂國家法》（2005）第8條甚至對武力統一劃出三個條件：（1）台灣從中國分裂出去的事實、（2）發生將導致台灣從中國分裂出去的重大事變，以及（3）當和平統一的可能性完全喪失。見表5.2.2：

表5.2.2：中共的武統三條件

中共的武統三條件
1. 台灣從中國分裂出去的事實
2. 發生將導致台灣從中國分裂出去的重大事變
3. 當和平統一的可能性完全喪失

　　目前，台灣的所有政治團體都沒有宣布台獨的意願。台灣
意識形態主體目前所從事的務實工作，也從來不包括起草「獨
立宣言」或修改《公投法》納入正名制憲之類的相關議案。
因此，上述《反分裂國家法》的動武三原則幾乎形同具文。
然而，雖然大陸成功在台灣抑制了部分台灣人民在過去原本追
求的「法理獨立」，但對於台灣在國家機器中去除含中成分一
事，大陸並無反制能力。大陸只能在話語上對「民進黨當局」
丟出「文化台獨」的帽子。

　　在過去中華民國的國民教育中，「中華文化復興」或「中
華民族復興」之類的作文題目，常被用來激勵年輕學子的愛國
意識。然而，「實現中華民族偉大復興」的文字如今卻被寫在
2018年的《中華人民共和國憲法修正案》序言當中。上述提振
中華民族、中華文化之類的題目因此也自動成為「敵人用的我
們不用」的黑色主題。針對兩岸民族同種、文化同根、歷史同
源等中華民國人「也是中國人」的觀念，在台灣地區隨之受到
壓力而開始噤聲。

　　中華民國法定「境外敵對勢力」或「敵人」「明文」不限
於大陸，但也指向大陸為唯一對象（見《反滲透法》、《陸海
空軍刑法》、《刑法》、《國家安全法》、《國家機密保護法》、
《國家情報工作法》等相關用語）。除了立法防制本國境內「也
是中國人」的中國代理人之外，目前台灣反併吞話語的行動充
分表示在（1）對美軍事採購，以及（2）提升後備人員戰力這
兩種主要的作為上[16]。見圖5.2.1。

　　即使台灣價值在中華民國治權範圍內具有全部的話語權，
但中國崛起的力量還是不斷滲透。也就是說，台灣青年到中國
就學就業的「人才流動」仍在持續；中國大陸對台工作逕行採

圖5.2.1：反併吞話語的兩個具體行動

取單邊、片面的作為也在進行。兩岸所有實體與資訊方面的交流也多少影響台灣人民對國家認同的信心。因此，台灣針對大陸對台「認知作戰」的種種「紅色滲透」行為一直保持高度警戒。

以台灣為主體

　　從中華民國威權時期以來，敵人入島、入戶、入心的潛伏勢力一直延續到今天的民主台灣。基於「敵人已在國內」的信念，台灣的外部威脅就是內部威脅。因此，在承平時期，台灣反併吞話語的主戰場並非在台灣海峽，而是在中華民國治權領域之台澎金馬自由地區。例如，「兩岸一家親」之類的一中言論如果在台灣這片土地上展示，即被認定是專制中國併吞民主台灣的象徵。作為守護民主台灣的最基本價值，意識形態主體無不針對這類陳述進行話語究責。

註16. 在2020年美國遏制中國的高峰期，台灣成為全球購買美國武器的最大宗客戶。美國對台軍售在2020年公布的官方數字為55.8億美元。惟美國在台協會處長酈英傑（William Brent Christensen）於2020年11月28日對媒體公開表示，台灣實際花費118億美元（3,422億台幣）。這項採購金額為台灣歷來單一年度最高。

　　人們看到，台灣每一場大選都是國家保衛戰。對統治階級而言，每一場選戰會議也都是國安會議！過去中華民國實施由上而下的「仇匪恨匪」教育，今天中華民國台灣的仇中情緒則多數由下而上，屬於人民自發。因此，對親中言論採取強硬策略在台灣一直是一個能成功召喚支持者熱情的「議題設定」（agenda setting）。

　　兩岸民族、文化，以及歷史的系譜在在顯示千絲萬縷的連繫。同時，台灣人民的血緣、文化以及家庭傳統部分也存在承襲日本、與日本緊密相連的一面。然而，因為反併吞的原因，當前國家意志主要還是在突顯兩岸「沒有關係」這一個側面。經由意識形態國家機器的長期建構，目前中華民國與中華人民共和國互不隸屬的政治觀念，逐漸概念轉換成台灣與中國「自古以來」就沒有關係的概念。

　　對於解決或不解決台灣問題的意圖，中、美兩國經常相互釋放戰略模糊的欺敵訊號。然而，在台灣自己的反併吞話語中，台灣人民對中國的態度卻十分明確。在國際談判中常見的 "agree only to disagree" 或 "agree to differ on its definition" 之類的所謂「擱置歧見」或「各自表述」等文字遊戲，多數台灣人民都相當反感。具體地說，意識形態主體受夠了「雙方都接受兩岸有歧見」、「兩岸對於一個中國有各自不同定義」等等所謂「九二共識」的說法。

　　多數台灣人民就是反對任何形式的「一中」。年輕的中華民國國民／台灣人民從被生下來開始就感覺台灣、中國是一邊一國的狀態。因此，無論憲法一中、兩岸一中、一國兩區、一中各表、一中屋頂、一國兩府、一國良制甚至「大中華聯邦」等等說法的「一中」，都被多數台灣民意所不能理解，遑論衷

心支持。「一國兩制」更被視為投降的代名詞。親中政權的多位領導人就曾公開表示，一國兩制是必須"over my dead body"的禁區。

　　當前台灣的民主等同氧氣，高於食物。儘管食物也是維生所須，但目前台灣人民對中國「跪不下去」，也是一個事實。1938年邱吉爾曾批評英國首相張伯倫（Arthur Neville Chamberlain, 1869 － 1940）與希特勒簽訂《慕尼黑協定》（"Munich Agreement"）的綏靖政策。他說：

> 在戰爭與屈辱面前，英國和法國都選擇了屈辱。（可是屈辱過後）兩國仍得面對戰爭！
> Britain and France had to choose between war and dishonor. They chose dishonor. They will have war.

　　台灣價值的範疇之一，就在於「民主台灣面對流氓中國」時絕不委曲求全。因此，只要兩岸關係一緊張，人們對本土政權的凝聚力也就越強。中國越要「一個中國」，選民越團結在本土意識與台灣價值這邊。可以說，對本土政權而言，外來壓力和內部團結呈正相關。

　　因此，中國打壓台灣主權並沒有獲得實質好處，反而一再讓台灣人民團結選出能勇敢嗆中的統治團體。在維持抗中調性的同時，主流聲量更經常挾帶超強底氣將憤怒出口迴向給國內那些「同屬一中」的意識形態他者。也就是說，台灣意識形態主體在嗆中反制的同時也同樣責備「已在國內」的其他部分國人，稱這些人不但沒有跳出來不分藍綠一致對外，甚至還妄議本土政權。這種周而復始的循環，已經成為台灣身分認同政治

的常見公式。

可見，除了「統一」言論之外，台灣反併吞話語的矛頭同時也針對「一中」話語。過去，大中國思想言論具有沙文主義。也就是說，過去的主導力量要求並不認同大中國思想理念的國人也要有大中國思想。現在，多數台灣人民也具有相同理由，發自內心以本土主義（nativism）對大中國思想言論者不假辭色。

國家意志

兩個敵人的地理環境先天相互緊鄰，就叫做「場所的悲哀」（sorrow of place）。從中美對抗的地緣政治角度觀察，台灣不是作為中國抗美的前線，就是美國制中的前沿。目前台灣選擇站在美國的隊伍中，對中國發出強勢的反併吞話語。台灣頻繁的反併吞話語與中國持續的主權打壓，目前共伴成為「行動—反應」（action-reaction cycle）的日常循環。

與兩韓人民都想要邁向統一的心理不同，《中華民國憲法》中的一中法理只是政治修辭；所有有關「一中」的憲法表述都是沒有希望的虛語。在「我不情願而你一直要」的情況下，台灣人民的抗中情緒就更加大了兩岸人民世界觀的殊異。除了兩岸政治是一邊一國以外，多數中華民國國民／台灣人民連血緣、文化、歷史的一中觀念也日漸稀釋。

目前台灣的國策是離所謂「心靈契合的統一」越遠越好，並繼續爭取維持獨立現狀的時間。大陸則繼續延長自身發展的時間，以等待統一的機會。也就是說，中國想要「先融合，再統一」，台灣則決意「先去中，再成為正常國家」。前者把融合視為統一的條件，認為兩岸融合到一定程度，國家統一就自然

形成。後者則認為把大中國義理在台灣去除殆盡後，這個國家的正常台灣國家認同也就水到渠成。

　　儘管中華民國台灣存在兩種意識形態價值差異的認同問題，但任何政黨執政都會堅持反對一國兩制、反對法理台獨。台灣《公投法》第2條就以正面表列方式，間接否決部分台灣人民正名制憲的提案要求。可以說，本土政權堅定反對法理台獨，親中政權堅定反對一國兩制。兩個政權同時都對中華人民共和國說：「請正視中華民國的存在」。

　　過去中華民國反共，現在中華民國台灣抗中，過去中華民國威權時期堅守民主陣容，現在民主台灣則加入印太戰略。從蔣經國以降，所有統治階級對於固守「聯美、友日」的戰略並無二致。這種兩岸關係的主旋律目前還正在持續深化演進當中。

集體心理

　　雖然「中國即將崩潰」根本難以預料，但天下大勢「其興也勃，其亡也忽」。蘇聯一夕崩解的例子讓世人記憶猶新。中國內部問題很多，美國又對其極限施壓。這些都是中共政權每天都得面臨的挑戰。更不必說，中國千秋萬世都得面對新疆、西藏、香港等「永遠都在路上」的獨立運動與之伴隨。種種跡象都讓世界抱有中國裂解或即將崩潰的期待。

　　全球反共媒體更經常「再生產」世人這種普遍信念。例如，法輪功集團媒體《大紀元時報》與「新唐城電視」就頻繁報導中共政權統治基礎的薄弱、官民之間的對立，以及習近平「小熊維尼」的平庸形象。然而，習近平這位終身主席卻始終不改其一貫反獨促統的堅定態度。對於保持獨立現狀與邁向正常

國家的種種議程而言，習主席對外表露的那種穩定形象對台灣極為不利。

　　台灣意識形態主體因此憂慮不安。雖然「邁向正常國家」是一種積極昂揚的情緒，但在這個情緒背後，意識形態主體卻普遍憂慮台灣有隨時被中國併吞的危險。主體減緩這種「生年不滿百，常懷千歲憂」的焦慮感方法，就是讓反併吞話語保持不滅。

　　例如，在2021年2月美國總統拜登簽署禁止聯邦機關使用「中國病毒」指涉「新冠肺炎」的行政命令後好一段時間，台灣國家機器、主流媒體、各級政府首長仍久久沿用「武漢肺炎」此一帶有強烈抗中意志的用語。

　　台灣不滅的反併吞話語確實讓中國大陸「不承諾放棄使用武力」的言論，失去了令人恐懼的效果，而只產生了令人「討厭」的反效果。舉好萊塢電影《教父》（*Godfather*）二（1974）、三（1990）集為例。第二代黑幫老大麥可・柯里昂想讓妻子與之相處時不要感到害怕而有距離，因此刻意表現寬容態度。

　　麥可更用包容與和諧的行為模式對待江湖同業。道上兄弟開始無視江湖規矩；各幫派家族紛紛「以我為主」。種種道上的「新常態」（new normal）導致柯里昂家族事業版圖日益萎縮。麥可姊姊看出事態端倪，開始幫助麥可重振雄風。姊姊首先想到的策略是展開暗殺方法，讓江湖幫眾重新「害怕」麥可。然而，這個方法最後也導致麥可自己的死亡，且讓整個柯里昂家族殞落。

　　上述電影評論的筆觸想要折射的命題是：「中共武統言論令人害怕的程度，連黑手黨柯里昂教父都比不上」。台灣主流價值的說法則是：民眾對沒有長臂管轄的中國，選擇無懼。中

共一再預警「勿謂言之不預」，但習近平本人至今一直不動如山。部分台灣人民因此把大陸機艦擾台等小型動作，自動當成「周幽王烽火戲諸侯」的劇碼。

也就是說，針對武統論者「留島不留人」的恐怖殺無赦威嚇，主流輿論並沒有在怕。對中共軍機進入台灣防空識別區等行動，國人的反應向來也只表現出「厭惡」。部分政治網紅（political influencer）甚至公開叫陣：「要不然你打過來呀！」。從網路聲量得知，台灣人民從來沒有在怕中共這隻「灰犀牛」終將對台灣發動軍事打擊的後果。

1979年中華民國與美國斷交時，國人曾蜂擁出現辦理移民的往例。在2021年6月、7月台灣普遍缺乏「新冠病毒」疫苗的期間，有錢的國人也曾爭相赴美施打疫苗。然而，這類驚恐盛況完全不適用當今國人在反併吞情境下的心理狀態。《台灣關係法》第2條支撐了台灣人民這種思想武裝：

（美國的政策是要幫助）台灣人民抵抗任何訴諸武力……危及台灣人民安全及社會經濟制度的行動。

to maintain the capacity of the United States to resist any resort to force or other forms of coercion that would jeopardize the security, or the social or economic system, of the people on Taiwan.

除非每天盯著大陸官媒《環球時報》，否則台灣媒體一般很少轉述大陸對台灣的大外宣聲音。在主流媒體的評論與報導中，國人日常的所見所聞反而多是美國在印太戰略中處處遏制中國所傳來的捷報。

　　台灣人民對中國的同仇敵愾更日漸表現出敵意螺旋的上升趨勢。歷史是一面鏡子。在1880年代美國「黃色新聞」時期，各家報團對西班牙的報導就多渲染類似敵意的文字。也就是說，對於和西班牙開戰一事，美國媒體表現了推波助燃的無比熱情。就在這種美國很想一戰的全民心理下，美西戰爭（Spanish-American War, 1898）不可避免。

　　美西戰爭發生的原因之一，正是媒體基於愛國主義情緒所製造出來的輿論。一部被譽為「美國最偉大的電影」《大國民》（Citizen Kane, 1945），形象地說明了當時報業幾乎就是「製造業」的情形。影射當時報業大亨赫斯特（William Randolph Hearst, 1863—1951）的電影角色正在口述電文，訓令旗下記者續留西班牙領地古巴，不要因為西線無戰事而打算束裝返國：

　　你應該（留在那裡）繼續提供文稿，至於戰爭（的內容），我來提供！

　　yes. Dear Wheeler—(Pause a moment)—You provide the prose poems—I'll provide the war.（見《大國民》電影劇本）

　　美西戰爭前夕正是黃色新聞（yellow journalism）的高峰期。當時美國新聞界普遍流行一股以製造事端、過度評論，以及升高敵意螺旋的新聞採編風氣。對於一天到晚都想要「收復」台灣的中國，台灣主流媒體的報導語氣從來不假辭色。即使針對與台灣人民無關的2020年中共「脫貧政策」，台灣主流媒體也多選擇報導該政策的負面。台灣「統派學者」曾說：「兩岸關係回不去了」。這句話語的意思，大概指的就是當代兩岸人

民這股持續升高敵意的不可逆趨勢。

第三節 對外爭主權

作為主權國家，中華民國台灣不被聯合國、不被美國、不被G20國承認。然而，依1934年生效的《蒙特維多國家權利義務公約》（*"Montevideo Convention on the Rights and Duties of State"*）第3條，一個主權國家不需藉由她國承認才成為國家；國家被承認之前也都有自主實施如同其她被承認國家一樣的各種權利：

> The political existence of the state is independent of recognition by the other states. Even before recognition the state has the right to defend its integrity and independence... The exercise of these rights has no other limitation than the exercise of the rights of other states according to international law.

目前地球上仍有一些小國繼續與中華民國維持外交承認。在中華民國邦交國數量並未完全消失的情況下，中華民國作為主權國家的法人格事實存在。在這些承認中華民國的邦交國心目中，「台灣」一詞卻不是一個沒有國格的地理名詞，而是一個已經超越中華民國國號的國家主體名稱。事實上，中華民國自己也一直在外交上為這個國家的主體名稱就應該叫做台灣而奉獻心力。

例如，中華民國政府積極在各外館代表處加註台灣，或在外館直接掛牌「台灣駐某某地方代表處」等等。在給外國海關

檢視的中華民國護照封面上，英文「台灣」（Taiwan）字樣醒目
呈現，「中華民國」（Republic of China）的英文字樣則微縮進入
一個藝術圖形當中。見圖5.3.1：

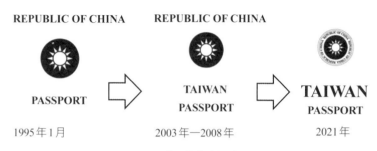

圖5.3.1：護照英文字樣演進圖

　　中華民國在國際上「正名為台灣」的對象，針對的是與
本國往來的各國政府、國際非政府組織（NGO），以及跨國企
業集團。中華民國對外正名為台灣的意思是要向這些單位要求
承認台灣主權。然而，中華人民共和國卻總是迫使中華民國國
家代表處的英文書寫改為以城市為主體名稱。例如，「中華民
國（台灣）駐約旦代表處」被改為 "Taipei Economic and Cultural
Office"（「駐約旦台北經濟文化辦事處」）之類的案例就是如此。
　　台灣人民認為，兩岸關係不管怎樣，台灣主權都不能喪
失。孟子說「三軍可奪帥也，匹夫不可奪志也！」台灣主權被
視為比任何事情，包括兩岸關係，都來得重要。作為反併吞的
第一要務，主權問題是兩岸關係成為敵對關係的最根本原因。
這是政治的現實，也是歷史的必然。然而，「台灣主權」被突
顯成「問題」，到底表現在哪些方面呢？

主權

主權（sovereignty）是一種排他的政治權力。理論上，主權可概分為掌握在人民手中的「政權」，以及政府在統治範圍內所行使的「治權」。前者包括人民所擁有的選舉、罷免、創制、複決以及遊行、陳抗等民主權利。後者為統治團體在治權領域內所行使的行政、立法、司法、考試、監察等五種統治權力。一個國家對外行使的外交、軍事、談判、協議、司法管轄等等的自主能力，更是一個國家的主權象徵。

所有上述主權內涵的總和都是國家存在的核心。換句話說，國家維護主權的施政位階絕對高於經濟發展。然而，「國力」是影響一個國家對外伸張主權的物質因素。「所及範圍」更是一個國家行使主權的關鍵字。國家對於在自己治權所及範圍的主權行使通常順暢；國家在治權範圍以外行使主權時，則有主權受損或主權不得伸張等不同情形。

也就是說，一個國家對外行使主權的順利程度存在許多限制因素。日本雖然宣稱擁有被俄國占領的「北方四島」之主權，但日本在該等島嶼並無法行使主權。同理，中華民國台灣擁有日、菲所占領的釣魚台與中業島等領土主權，但在該等領土，台灣主權得不到伸張[17]。

主權具有絕對排他性。這就是為什麼過去中華民國與中華人民共和國互不承認對方主權的原因。今天，作為主權國家的台灣即使放棄了過去中華民國主權及於大陸的主張，但中華人

註17. 位在東海的釣魚台列嶼適用《美日安保條約》第5條。至於位在南海的中業島，美國也可能在必要時解釋為適用《美菲共同防禦條約》。無論如何，美國以這兩個國際法確保了日本和菲律賓對這兩個島礁的實質占領。

民共和國卻仍不放棄擁有台灣主權的主張。可見，中華民國在地球上不管叫做什麼名稱，對岸的主權觀念都和這個國家的主權觀念互斥。

　　在中華民國國國民／台灣人民自己的認知空間中，有關這個國家的主權定義也存在國家認同方面的歧見。在《中華民國憲法》本文、《憲法增修條文》、《兩岸人民關係條例》，以及相關釋憲案主文當中，人們都可以找到這個國家有關「主權」的名詞。然而，目前國人對於「主權」的認知差異仍然存在（1）領土（包括領空、領海，以及經濟海域）、（2）承認、（3）尊嚴，以及（4）名稱等四個範疇的不同見解。見圖5.3.2：

圖5.3.2：國人對「主權」認知差異的四個範疇

領土

　　中華民國曾在「五四運動」中有兩句口號：「中國的土地可以被侵略不可以被斷送，中國的人民可以被殺戮不可以被欺辱」。所有國家對於領土主權問題一般都「寸土不讓」。因此，這句話的主詞「中國」完全可以代換為任何一國。

　　以日本維護領土主權的積極程度為例。「沖之鳥礁」為日本最靠近台灣的領土。「沖之鳥礁」由兩塊偶爾浮出水面的岩石組成，卻被該國主張具有島嶼所享有約42萬平方公里的200

海浬專屬經濟區（exclusive economic zone, EEZ）。日本在這個EEZ內經常對台灣漁民的捕撈作業「執法」。2016年屏東琉球籍漁船「東聖吉16號」就曾遭日本海上保安廳第三區公務船扣船裁罰。

「沖之鳥礁」在海面下的礁體雖然夠大，惟其露出水面的兩點礁岩只距水平面數公分，島圍總面積也僅兩個睡床一般大小。因此，2008年11月日本向「聯合國大陸礁層界限委員會」（U.N. Commission on the Limits of the Continental Shelf, CLCS）申告「沖之鳥礁」為大陸礁層之延伸並未獲認可。

然而，因「沖之鳥礁」位於太平洋第一及第二島鏈中間，其周邊海域牽動美、日兩國在西太平洋的經濟與安全戰略利益。基於價值同盟關係，台灣對日本這個指礁為島的立場不便多做表示。只是對比之下，比沖之鳥礁大數十倍的太平島卻被國際法庭「指島為礁」。這個判決使得中華民國台灣失去200海浬專屬經濟海域的國土。

屬於台灣宜蘭頭城的釣魚台海域也是如此。自從1972年5月15日美、日兩國的《沖繩返還協定》生效以後，台灣漁民至釣魚台傳統漁場捕魚必須與日本進行相關漁業協議以取得同意。在目前相關協定付之闕如的情況下，台灣實際無法在這個地方行使經濟主權。

日本對俄國占領的北方四島、對韓國占領的竹島（韓國稱獨島）同樣也宣稱擁有主權，但同樣也無法在這些地方行使主權。可見，一國宣稱一塊土地為一國之主權，與該國實際於這塊土地行使主權是兩種不同的概念。後者屬於實際的權力關係，前者則是基於對歷史的信念。

如果回歸中華民國憲法，這個國家的領土現況應該做如此

表述：中華民國是主權獨立的國家，目前有效統治的國土僅及於台、澎、金、馬。然而，中華民國之意識形態信念並未放棄固有之領土主權，包括大陸地區、東海釣魚台、南海11段線內之大小島礁等等。目前這些國土雖實際為敵人與盟國所占領，但中華民國以「不承認」這些國土主權為她國所有的方式，表明心跡。

即使中華民國憲法表示了上述陳義，中華民國台灣時期的任何政府都已無意再強調這種被多數台灣人民「嗤之以鼻」的國土意識。具體地說，台灣人民就是不認為中華民國台灣的主權領土應該及於大陸。然而，因為修憲的高門檻以及制憲的不可能，台灣意識形態主體對於中華民國憲法這種有關「固有疆域」的主權表述，一般都採取在話語上表達不滿的態度。

釣魚台列嶼在清朝屬於福建省台灣府噶瑪蘭廳。1895年清廷割讓台灣，即包括割讓屬於台灣的澎湖以及台灣附屬島嶼。依《開羅宣言》與《波茨坦公告》，二戰後台灣及其附屬島嶼包括釣魚台列嶼的主權應歸還中華民國。然而，1895年日本統治台灣之初就將釣魚台劃歸沖繩縣。因此，在美國安排釣魚台行政管轄權交給日本之前，中華民國政府即搶先在1971年1月公布釣魚台列嶼行政隸屬在台灣省宜蘭縣頭城鎮。

然而，這個以地籍法規宣示主權的動作都屬於以中華民國為主體史觀的天寶遺事。目前，強勢的多元史觀聲稱，依《舊金山和約》台灣連本島都沒有「歸還」給中華民國的事實，遑論釣魚台。目前台灣主權的概念當然不願意與共同抗中的日本，去爭執日本稱為尖閣諸島（登野城尖閣）的釣魚台列嶼主權。甚至，台灣多數主要媒體也採取日本觀點，稱「沖之鳥礁」為「沖之鳥島」。

　　美國所主導的世界秩序非常清楚：美國已經讓日本實質占領釣魚台列嶼。早在1979年制定《台灣關係法》時，美國就以「台灣統治當局」的定義，將原中華民國之領土主權安排到僅限於台灣與澎湖，排除金門與馬祖的地步（見《台灣關係法》第15條之2）。在此條件下，中華民國台灣的任何政權都很難再以中樞的高度，向共同抗中的日本抗議釣魚台的主權歸屬。

　　台灣漁民的傳統魚場固然喪失，但就國家意志的主體性而言，「釣魚台為中華民國台灣主權所有」的意識形態信念也跟著淪喪。在意識形態國家機器中，台灣教科書並沒有做出「釣魚台是我們的」強烈表示，更沒有提出日本占領台灣附屬領土的評述。

　　反觀釣魚台列嶼為日本「國有」之尖閣諸島一事，該國從2020年開始甚至列為小學教材。中小學教科書是啟迪年輕人認同最重要的意識形態國家機器。可以說，在有關釣魚台領土主權的意識形態表述上，日本的國家意志非常堅定、台灣的國家意志非常不堅定。

承認

外交承認　1648年西歐地區神聖羅馬帝國內原本交戰的各公侯領地國，相互間簽訂了尊重彼此「主權」的《西發里亞條約》（"Treaty of Westphalia"）。「西發里亞體系」國家彼此約定同意承認某些共同事項的觀念，開啟了日後「國家承認」的國際關係結構。

　　簽署《西發里亞條約》主權原則的背景，是當時各公侯領地國為了確保各自對各領地的勢力範圍所發展出彼此尊重、相互承認、避免戰爭的共識。日後一般主權國家的構成理論即承

襲了這個方便的原則，認為國家存在須與其她國家約定承認。

1934年生效的《蒙特維多國家權利義務公約》（"Montevideo Convention on the Rights and Duties of States"）打破了這項理論傳統。《公約》第3條第一句話即指出，「國家的政治存在不需其她國家承認」。依《公約》陳意，任何一個具有土地、人民、政府等要素的國家，都有權利自我宣稱為獨立國家。

然而，二戰後聯合國體系的主權國家觀念又回到了強調對外交往與國際承認這一國家構成的原則上。現代國際關係實務更一再表明，一個國家與其她國家「相互法理承認」的必要性（見Krasner, 2009）。

基於當代一般國際習慣法則（customary international law），一個作為在國際上具有獨立法人格地位的國家（即主權國家），應具備以下四個條件：（1）領土、（2）一定的常住人口、（3）政府，以及（4）與她國交往和建立關係的能力。一直以來，這四種國家構成的要件都是中等學校社會科領域的基本常識。見圖5.3.3：

圖5.3.3：國家構成的四個要素

從1971年以來，中華民國主權持續面臨外交承認的危機。今天的中華民國台灣也一樣被迫減少有關台灣主權的符號。目

前中共一以貫之，在海外持續讓中華民國台灣的邦交國減少。針對各國際非政府組織、各跨國集團公司、各國籍航空等團體，中國不斷界定「一中原則」。簡單地說，中共的所有外交努力都在讓中華民國或者台灣的主權符號消失。

世界上約有195個國家，其中承認中華民國台灣為主權國家地位的國家超過10個。這10幾個國家的經濟總產值卻不到世界的百分之一。在其她不承認中華民國台灣為主權國家的國家中，多數承認（recognize）台灣是中國的一部分，美國則「注意到了」（acknowledge）「台灣是中國一部分」的中國立場。

依聯合國體系的主權國家觀念，如果邦交國數量歸零，中華民國台灣的國際法人格即跟著消失。然而，儘管「外交關係」是國際人格的條件，但所有與中華民國台灣建交的邦交國本身在國際關係互動上的主體性都不明顯。中華民國台灣少一個或多一個這類邦交國，除了表現在政府機密預算的增減之外，對國家的實質利益意義有限。換句話說，對比台灣和上百個國家簽有免簽證待遇，「邦交國數量」實在是一個令國人困惑的主權指標。

經常性「被斷交」的經驗促使了台灣人民產生上述疑惑。執行國際援助是地球村公民的義務。然而，為外交承認而花錢的戰略如果只一再換來片面斷交的恥辱，台灣主權尊嚴即形同一再受到傷害。台灣的電視節目經常報導友邦民眾感恩台灣付出的各領域志工與農耕醫療等服務。然而，多數傳聞證據也顯示，各邦交國的普通民眾普遍並未覺得有受惠的感覺。

多數國人對友邦的所在位置及其地理特徵也不甚清楚。台灣人民與太平洋友邦人民即使在民族上同屬南島語族，但無論在地理位置或心理感覺上，兩者都相距甚遠。從許多跡象推

論，台灣所運用的機密預算多集中在讓少數統治團體成員與外交掮客獲益的情況。類似這種外交交易屬於機密，證據根本不可能外洩。人們是從邦交國新政府控訴舊政府的話語中，才逐漸得知這種屬於金錢交易之類的爭議訊息。

然而，一般政治正確的論述還是會支持「維持邦交國數量是護主權的KPI（key performance indicators）」這種觀念。人們本來就習慣經由他人眼中看自己。邦交國元首在適當場合強調「支持台灣」或「要做台灣忠誠的好朋友」之類的愛台話語，對台灣只有好處沒有壞處。

反而，美國對台灣的承認態度才是撲朔迷離。美國不支持台灣獨立公投，但支持台灣維持獨立現狀。美方協助台灣穩住太平洋和中南美之邦交國，但本身對台並不相互約定承認事項。

在《台北法案》（2019）（或譯為《台灣法案》，*"Taiwan Allies International Protection and Enhancement Initiative"*, TAIPEI Act of 2019）第4條中，美國願意在自己已參與的條件下支持台灣「不以主權國家為會員資格」進入國際組織。美國更支持台灣能參與「適合的」國際組織成為觀察員：

It should be the policy of the United States--(1) to advocate, as appropriate--(A) for Taiwan's membership in all international organizations in which statehood is not a requirement and in which the United States is also a participant; and (B) for Taiwan to be granted observer status in other appropriate international organizations...

美國不接受中華人民共和國對台灣擁有主權，也不承認台灣現狀屬於一種美國獨特法例架構下的一種託管性質。美國更從未表達希望台灣有如波多黎各一般，成為美國海外法理的自治領（dominion）[18]。在2020年美國全面遏制中國的高峰期，台灣主流媒體甚至傳言美國非常有可能正式承認台灣。在美國的所有外交話語當中，台灣主權地位就這樣屬於一種不確定的、不穩定的、怎麼認知好像都可以的「遊魂狀態」（limbo）。

話語承認　作為社會科學，傳統政治學並未突出「意識形態話語」這種對主權承認或不承認的重要表示。巴勒斯坦人始終「不承認」加薩走廊和耶路撒冷為以色列主權所有。中華民國也保留憲法對固有疆域的主權擁有。雖然「其何傷於日月乎」，但主體承認「我有主權」，不承認「你有主權」的話語，卻是一個國家宣示主權的重要做法。

1991年第一次修憲時，中華民國確定了「自由地區」與「大陸地區」的兩岸定位。然而，當代台灣的強勢意見是並不想要接受這種安排。因此，中華民國原本在憲法中所規範與定義的領土主權觀念，被後來提出的「台灣主權」一詞所覆蓋。國家認同的分歧因此點燃。不明究理的旁觀者往往對不同語境中的所謂「主權」定義感到困惑。與此同時，部分意識形態主體則更加堅定自己不同的主權論述。

例如，「台灣是主權獨立的國家」這個立論必須「自己說了算」。主體不能管是否其她國家承認這種地位，也不能管自己在參與國際事務時是否能行使國家主權。也就是說，主體必須以話語立場來表達「承認」或是「不承認」的意識形態。

註18. 波多黎各在2017年再度舉行公投，建州主張獲得97%以上選民支持。然而，美國國會至今仍然擱置這項波多黎各的建州提案。

「自己說了算」並非阿 Q，而是主體對現狀的真實感覺。這種主權觀念的意識形態表述，在世界各國的對外交往關係中非常普遍。

可見，一國的領土主權歸屬由憲法法理決定，也由人民的意識形態話語來決定。大陸地區、釣魚台、中業島，以及太平島經濟海域等國土，是否為中華民國主權範圍，或是否為台灣主權範圍，都由中華民國國民或台灣人民的思想意識來決定。台灣無法在上述地方以及多數國際組織中行使主權，乃是客觀存在的事實。然而，台灣人民「承認」與「不承認」的相關意識形態話語，仍然驅動這個國家對「主權」此一抽象名詞的態度。

這種「意識形態承認與不承認」的說法具有情緒性，不容易以歷史相關證據描述清楚。有關美國人對於槍枝管制、白人至上，日本人對補鯨是否屬於文化遺產或是否違反生態保育、中華民國國民對於台灣主權或中華民國主權的界定和堅持等等，都依照自己對歷史事實和科學數據的「觀點」與「感情」來決定。也就是說，對於任何被提出來的歷史事實與科學數據，主體都找得到另外與之對立的歷史事實與科學數據。

因此，「意識形態承認與不承認」的說法繫乎主體的感情、情緒，以及態度。然而，一個國家主權與治權分開的道理也並非難以理解。1967 年以色列在「六日戰爭」中奪取極具戰略價值的敘利亞領土戈蘭高地（Golan Heights）。雖然以色列已經占領該地多年，敘國仍聲稱對該地擁有主權；阿拉伯世界也普遍以「不承認」戈蘭高地為以色列主權所有，來表達立場。

即使意識形態的主權認知操之在我，但仍不敵客觀上的外交承認。美國總統川普早在 2017 年即承認巴勒斯坦之耶路薩冷

領土為以色列首都。2019年3月25日川普再度打破聯合國長期共識，承認戈蘭高地為以色列主權擁有。當美國承認戈蘭高地的以色列主權時，當美國象徵性地把大使館遷至以色列自認的首都耶路薩冷時，巴勒斯坦人就只能「群情激憤」。

今天，儘管中華民國所能行使的政治權力僅限於台灣地區，但中華民國的主權觀念卻仍不放棄及於大陸地區。然而，現行台灣的意識形態國家機器並未替台灣人民提供多少「大陸地區」的國土記憶。因此，與上述阿拉伯國家人民相比，多數台灣人民對「中華民國主權」這種大中國的思想意識顯然缺乏熱情。當新一代年輕人高喊「釣魚台是我們的」話語時，說話者也因教科書缺乏相關陳述而自然缺乏真情流露。

尊嚴

司法管轄權　　主權也包括國家在權力所及範圍內的「司法管轄權」。凡在中華民國治權領域內犯罪，無論本國人或外國人均適用《刑法》。這是所謂「屬地主義」的原則。過去西方列強對晚清時期的中國有所謂「領事裁判權」。「領事裁判權」指的是外國人在中國涉案不必接受中國法律裁判，而是由犯嫌母國行使審判權。這是她國對在地國司法主權的一種侵害。

司法主權也有「屬人主義」的原則。如果台灣人在外國設立電信機房詐騙中國大陸人民而被捕，中華民國台灣政府也會以「屬人主義」為由，要求被當地警方拘捕的犯嫌回台受審。台灣人被告逃至她國，檢方也會請求他國引渡。外國政府有時同意這種中華民國台灣的「屬人主義」請求，有時不同意這種請求。

反觀美國通常能順利行使「屬地主義」以及「屬人主義」

的各項原則。美國不但對在她國犯罪的本國公民擁有追訴權，外國人在國外侵害美國公民權益或違反美國禁令，美國也有權追訴審理。除了2020年「華為孟晚舟案」之外，過去台灣科技公司主管在台灣涉犯美國禁令而至美國出庭、坐牢者大有人在。在多個案例中，美國都能順利行使這種全球拘捕的所謂「長臂管轄」（long-arm jurisdiction）。

美國行政部門經常在全球習慣性實施這種獨有的長臂管轄權。對於這種「在境外適用自家法律」的「長臂管轄」概念，美國最高法院尚未形成一致見解。然而，許多案例都顯示，除了在俄羅斯、中國、伊朗、朝鮮以外，美國似乎已經可以做到在地球上任何角落完成司法訴追，而維護其主權至尊的地步[19]。

態度　過去中等學校教科書曾書寫中華民國國土範圍為「北至薩彥嶺，南至曾母暗沙」。因為東沙島、太平島目前仍為中華民國台灣實質控制的原因，台灣國境之南為南沙島礁在國人的認知當中較無疑議。

然而，中華民國台灣政府一直以來對於南沙國土及其周邊海域都未曾提出自主的經濟計畫，例如漁場建置、觀光休憩，以及能源開發之類的倡議。民間企業也無人建議諸如建設漁貨加工廠或度假村等經濟生財的想法。可以說，中華民國台灣在國境之南的所有福國利民措施，都顧慮到這個區域其他聲索勢力的反應。

註19. 台灣行政院公平交易委員會是中華民國中央政府的獨立機關。2017年10月11日該委員會決議「以不公平方法直接或間接阻礙其他業者參與競爭行為」，裁罰美國科技大廠高通（Qualcomm）234億元。公平會於次年即改變決議，改為與高通和解。沒有公開資料顯示此案之變更為美國政府施壓所致。然而，所有國家在實施針對美國這個世界強權的法律裁判時，主權尊嚴隨時都有受損的可能。

　　2016年7月國際法庭裁定太平島是礁非島。表面上，這個由美國主導的裁判讓中華民國台灣喪失一個島所能享有的200海哩專屬經濟權。然而，台灣自己也從來就沒有對這塊區域有過什麼企圖或想像。2018年高雄市長候選人韓國瑜曾一度提出未來得在南海太平島周邊「挖石油」的主張。韓國瑜的這種「想像的能指」（imaginary signifier）在當時立刻遭到反對者揶揄訕笑。

　　畢竟200海哩約等於42萬平方公里的面積，也就是12個台灣加澎湖的概念[20]。這麼誇張的面積一定覆蓋到了其她印太戰略盟國的經濟海域。可見，「國力」客觀地限制了國人對主權行使的想像。對比之下，日本這個面積不大的國家卻勇於將一些漲潮時就不見的礁岩，例如「沖之鳥礁」，併計專屬經濟海域。日本國土中有6,800多座島嶼島礁；日本的國家意志就這樣讓自己一躍成為世界第六大國。

　　日本主張「沖之鳥礁」經濟海域的島嶼主權尚以剝奪台灣漁船捕魚作業的權利為代價。這就衍生了國際上一般所認知「主權尊嚴受損」的問題。然而，目前台灣「主權尊嚴受損」的主流定義是在防範中國對台灣主權的打壓。也就是說，主流媒體在陳述台灣「主權尊嚴」時，幾乎不曾表達針對中國大陸以外的其她對象。

　　有關「妨害國家主權尊嚴」的法制規範也是一樣。《兩岸人民關係條例》及其施行細則就針對國人涉及妨害國家尊嚴的行為劃出了一條清楚界線。例如，《條例》第9之3條規

註20. 12個台灣加澎湖面積為：〔36,193（平方公里）＋141.1（平方公里）〕X 12＝436,009.2（平方公里）。200海哩範圍換算成平方公里的面積為：〔200（海哩）x1.852〕2＝430,795.9424（平方公里）。

定，「……不得參與大陸地區黨務、軍事、行政或具政治性機
關（構）、團體所舉辦之慶典或活動，而有妨害國家尊嚴之行
為。前項妨害國家尊嚴之行為，指向象徵大陸地區政權之旗、
徽、歌等行禮、唱頌或其他類似之行為」。

名稱

　　具有台灣主體意識的台灣人民都希望這個國家能以台灣
名義，參加國際組織或參與國際活動。然而，所有國際組織
或國際活動的主辦單位卻和世界各國以「互為主體性」（inter-
subjectivity）的方式互動。

　　以ISO（International Organization for Standardization, 國際
標準化組織）這個負責國際名稱「標準化」的非政府組織為
例。ISO為位於日內瓦的小型獨立機構。在1974年即出版的
「ISO 3166-1代碼表」中，台灣被歸為「中國台灣省」（Taiwan,
Province of China）。目前在全球網際網路協定的軟體標準中，
國際標準化組織、聯合國、世界經濟論壇、世界銀行、國際貨
幣基金組織等國際組織的電腦下拉式選單表格中，台灣（TW
or TWN）仍被註記為「中國一省」。

　　「國際奧委會」更為台灣人民所熟悉。1981年的《洛桑協
議》（"Agreement between the International Olympic Committee,
Lausanne and the Chinese Taipei Olympic Committee, Taipei"）決議，
中華民國應以「中華台北」（"Chinese Taipei"）為名、以五環旗
為標幟參與賽事。

　　「中華台北」這個中華民國在國際奧委會中的正式官方名
稱，據說還是過去政府努力爭取得來的稱號。「中華台北」的
應用範圍很大；目前在凡是需要以主權國家身分參與的國際組

織中,中華民國都不能以台灣名稱參加,只能以「中華台北」
的名稱讓世界看到台灣。

實際上,英語語系並無「中華」的對等詞可供對應「中華
台北」。"Chinese Taipei"的正確翻譯恰好就是「中國的台北」或
「中國人的台北」。因此,在國際場合出現的"Chinese Taipei" 英
文字樣名牌就是讓外國人加深印象,認為「台灣人就是中國
人」。作為國家,台灣的名稱問題因此成為所有外交事務的重
點。一直以來,以台灣名義參加國際組織或參與國際活動的話
語堅持和抗議,都是中華民國外交人員主要的重複性工作。

中華民國對外的正名敘事就這樣幾乎每年不斷反覆。在希
臘神話中,天神宙斯懲罰薛西佛斯(Sisyphus)終日推石上山。
儘管薛西佛斯日復一日做著同樣工作,最後世人卻因習以為常
而將之逐漸淡忘。在中國的打壓以及美國結構的制約下,台灣
意識形態主體不得不反覆經營這種台灣主權發展的正名敘事。
不同於薛西佛斯為世人所遺忘,中華民國持續的對外正名工作
開始讓世界各國逐漸注意到,原來中華民國不應該叫做中華台
北,而應該叫做台灣的價值。

在對外爭主權名稱的同時,統治團體在中華民國治權領域
內也持續進行正名工作。部分國人甚至公開呼籲,中華民國在
全面正名後希望能與中國建交,兩國成為兄弟之邦;也就是中
國、台灣正常往來,和平相處的意思。中國在與她的邦交國建
交時都會以「建交公報」的形式約定「……台灣是中國領土不
可分割的一部分」。因此,要書寫台灣國與中國成為兄弟之邦
的建交公報,屬於程序上的不可能。

中華民國的正名工作以修憲完成,更屬於邏輯上的不可
能。《憲法增修條文》第5條第5項規定:「政黨之目的或其行

為，危害中華民國之存在……者為違憲。」即使《公投法》開放人民正名公投，即使完全執政的統治團體最終突破超高門檻而完成修憲，台灣的國家正名工作在中華民國境內實施，或依中華民國憲法實施，也完全是一種悖論。

可見，雖然中華民國的中等學校教科書已經全面貫徹以台灣為主體的國家意志，但法律上的國家正名卻遭遇到中華民國法律上的阻礙。這種動彈不得的悖論，唯有「以台灣之名、制台灣之憲」的革命運動才能得到邏輯上的解決。

兩種主權概念相互滲透

在2018年中華民國台灣與多明尼加共和國斷交的聲明稿中，外交部稱：「台灣與多明尼加共和國自1941年建交以來……」、「中國……再度以鉅額金援誘迫我友邦多明尼加共和國片面斷決與台灣長達77年之外交關係」。從中華民國主權的角度，1941年台灣仍為日本殖民地；台灣不可能不經過日本總督府而與多明尼加有建交的情事。可以說，這篇聲明稿是「台灣主權」置換「中華民國主權」概念的典範。然而，聲明稿的用詞卻又符合多數台灣人民對於台灣主權的認知習慣。

中華民國主權

1951年48個二戰同盟國成員（不包括在台灣的中華民國與在大陸的中華人民共和國）在舊金山與日本簽訂《對日和約》（即《舊金山和約》）。合約文本表明日本宣布放棄台、澎主權。1952年美國再安排日本單獨與中華民國簽訂《台北和約》（即《中日和約》）。《和約》第4條載明，日本承認1941

年以前與中國所締結之一切條約因戰爭結果而歸無效。《和約》第2條也重申先前《舊金山和約》放棄台灣、澎湖之聲明。

　　日本已經先在《舊金山和約》中完成對台澎主權的放棄。因此，在《中日和約》中日本也就不再對「放棄後給誰」的問題有所陳述。「台灣主權未定」（The status of Taiwan remains to be determined）的邏輯從此開始。

　　延續這個邏輯，台灣108課綱多個版本的高一歷史課本就將《舊金山和約》這個歷史事實定性為「正史」。例如，南一版高中一年級歷史第一冊第142頁即否定中華民國以《開羅宣言》（1943）與《波茨坦公告》（1945）來統治台灣的歷史正當性：「兩個宣言都僅有聲明或公告的地位，並無正式條約的效力……」。

　　意識形態國家機器明顯讓多元史觀解構《開羅宣言》。例如，當教科書一再重申宣言（declaration）或公告（proclamation）效力不及條約（treaty）時，網路即開始充斥《開羅宣言》為謊言的多元論述。然而，外交部官網卻也不移除《開羅宣言》的中華民國論理。在這種情況下，台灣人民開始對「依國際法台灣主權並未交給中華民國」的主導觀念產生各種想像。

　　部分國人仍堅持《開羅宣言》與《波茨坦公告》為中華民國正史。這種堅持中華民國曾經光復台灣的論理表現在對（1）法理、（2）強權，以及（3）道義三個方面的認知。

　　就「法理」而言，在香港人民向中國政府爭取民主的所有示威活動中，英國每次都呼籲中國應該確實遵守《中英聯合聲明》。可見，在英國所認知的國際法理念中，她並沒有因為《聲明》只是"declaration"而質疑它的效力。

　　目前台灣教科書的翻案陳述，是以不承認中華民國曾經

光復台灣為基底，用以呼應多數台灣人民希望自決台灣主權的心聲。然而，在日本接受《波茨坦公告》第8條聲明後，《開羅宣言》即已執行完畢，屬於歷史的「既成事實」（fait accompli）（見中華民國外交部官網）。

就「強權」而言，美國在二戰後的確是安排台灣主權的主體。例如，1971年6月17日美國與日本簽署《沖繩返還協定》（"Okinawa Reversion Agreement"），將釣魚台列嶼的行政管轄權連同琉球群島歸給日本[21]。1971年7月29日中華民國海軍也奉命不奪回淪陷給菲律賓的中業島。

在2016年7月由美國主導的「南海仲裁事件」中，海牙法庭更將中華民國南海太平島判決為礁，因而使台灣失去主張200海里專屬經濟海域的主權。儘管美國對中華民國台灣的主權安排都出於遏制中國之類的挺台動機，但也同時突顯國際法中「強權即公理」的本質。

就「道義」而言，中華民國以死傷三千五百萬同胞的代價，牽制大日本陸軍於中國戰場。在《開羅宣言》中，中華民國要求收回日本戰後將甲午戰爭割讓給日本的台灣，實質符合全世界中國人心中的公理期待。在當時尚不存在中華人民共和國的情況下，《開羅宣言》始終遭遇「蔣介石軍隊奉盟軍統帥來台接收，最後卻賴著不走」的多元但強勢的流行史觀。

即使在過去戒嚴時期，「中華民國為外來政權」這類話語

註21. 二戰後美國仍占領亦稱沖繩列島的琉球群島。在1971年之前，釣魚台列嶼中的黃尾嶼、赤尾嶼尚為美軍打靶練習的場所；台灣漁民在此海域亦可自由補魚。美、日簽署《沖繩返還協定》的本意是將釣魚台列嶼連同琉球群島交給日本。然而，1970年底中華民國留學生在美國本土發起「保衛釣魚台運動」。美國政策後來出現將釣魚台「行政管轄權」而非「主權」交給日本的模糊舉動是否與當時的保釣運動有關，不得而知。

就一直處於流通狀態。現在中華民國史觀「典範轉移」為以台灣為主體的觀點時，《開羅宣言》的歷史正當性更一再遭到解構的待遇。

中華民國主體史觀稱中華民國「以德抱怨」，只要求日本於投降後歸還台灣與澎湖，並沒有要求日本割地賠款。然而，有關「開羅會議」的「歸還」要求，事後證明只是英、美兩國以等同「新聞公報」（press communique）的方式意思一下而已；各國領袖在《開羅宣言》中並無簽字。美國甚至在1952年還授命日本與世界其她二戰同盟國簽署《舊金山和約》，開啟了台灣主權地位「尚未被決定」的千古懸念。

從後見之明的角度，開了四天的開羅會議似乎只是美、英兩國為了鼓勵中華民國配合盟軍戰略所開出的「雨中支票」（rain check）。美、英兩國領袖對於有關歸還台、澎等戰後事宜的討論，在心態上可能直逼酒吧裡的聊天檔次。

國人至今仍可以在各種視頻節目中，觀看到中華民國在台北公會堂（今台北中山堂）接受日本投降、光復台灣的典禮標語、照片以及紀錄片。然而，《開羅宣言》的非條約形式還是讓以台灣為主體的史觀爭執：國民政府來台灣受降只是代表盟軍，並不代表中華民國光復台灣。

固有領土　1947年實施的《中華民國憲法》第4條第5項規定，「中華民國領土依其固有之疆域，非經國民大會之決議，不得變更之。」然而，憲法卻未具體列舉固有疆域之領土究竟為何。大法官以國家統治行為非司法審理事項為由，對「固有疆域」之定義不予解釋。然而，不予解釋「固有疆域」定義的司法院大法官釋字第328號解釋文卻也不忘提醒國人：「我國領土……為概括規定……有其政治及歷史上之理

由……」。

　　有關中華民國擁有「大陸地區」的疆域主權就明白記載於《憲法增修條文》以及《兩岸人民關係條例》中。「最高法院108年度台上字第334號刑事判決」還曾出現重申這種中華民國擁有「大陸地區」主權領土的見解。該判決稱：雖因歷史事實而使得國家統治權不及於大陸地區，但國家並未放棄對此地區的主權主張。

　　多數台灣人民顯然不想承認這種憲法主張與法律見解。也就是說，中華民國領土主權觀點，與台灣主流話語所稱的台灣主權領土觀念明顯不符。然而，如果中華民國領土由概括主權的一國二區要變更為國家實質治權所及的台灣地區本身，即意味中華民國領土必須經過某種形式的變更。換句話說，統治階級必須以一種特定方式，作為表達願意放棄原為中華民國故土的表示。

　　《憲法增修條文》第1條即規定，領土變更案須經立法院提案、公民投票複決等多重複雜的方式為之。迄今為止，中華民國台灣的任何政權在完全執政時期，都不曾以立法委員提案的方式決議領土變更案。一直以來，台灣地區選舉人也未獲任何法律授權，例如《公投法》的授權，而得以提出變更中華民國領土的相關提案。

　　根據1946年12月的《國民大會實錄》，有關「領土變更」的定義為「領土放棄」或「領土接收」。然而，所謂「領土變更」通常指領土放棄，否則程序不會如此折騰。在1919年的「巴黎和會」中，協約國陣營決定把戰敗國德國在中國山東的領土主權移轉給日本。「五四運動」最終還是成功迫使中華民國北洋政府以拒絕在《凡爾賽合約》中簽字的方式，不承認這項決議。

　　中華民國領土主權經常習慣性被列強強行安排。二戰快結束時，美、英、蘇三國就在雅爾達（Yalta）安排戰後外蒙古獨立。「雅爾達密約」還要求中國以《中蘇友好條約》的形式，安排中國東北港口權利交給蘇俄。二戰後國軍到東北接收，即歷經蘇俄以國際法為由百般阻撓。

　　《波茨坦公告》第8條重申日本必須執行《開羅宣言》之條件。然而，美國還是在1951年安排了日本與48個同盟國簽下不言明台灣主權交給何國的《舊金山和約》。比「巴黎和會」的處境還要不堪，中華民國政府當時並未獲邀參加在舊金山的這個對日會議。像這種大環境迫使中華民國主權淪喪的不堪過往，讀過中國近代史的中華民國人無不深感壓抑。

　　日軍撤離南海諸島後，1946年12月國軍以中業號、太平號兩艘美國軍艦，接收中業島與太平島等中華民國11段線領海島礁。1971年4月18日，中業島陸戰隊官兵因颱風移往太平島避風。菲律賓遂於1971年7月29日登島至今[22]。

　　菲國占領中業島後國軍為什麼該收而未收呢？根據中華民國海軍陸戰隊司令部出版的《陸戰薪傳》一書，當時在中業島旁仍有國軍驅逐艦、戰車登陸艦各一，以及一個陸戰隊加強連。指揮官（支隊長）甚至評估，一小時內即可殲滅島上之菲國部隊。最後，台北還是命令指揮官不必作為。

　　不必收復中業島主權的命令有可能仍然受制於美國南海戰略的整體布局。收復中業島並非如同反攻大陸一樣困難；人們對領土主權的觀念一般也都是「寸土不讓」。然而，衡諸1971

註22. 1952年生效的《美菲共同防禦條約》規定，若菲國國土遭到武裝侵犯美國將給予協助。儘管《條約》對菲國國土範圍是否包括南海的定義仍有待商榷，但在遏制中國的前提下，美國並不會預先排除任何適用執行《條約》的可能解釋。

年正是中華民國風雨飄搖的一年。退出聯合國的情勢讓美國並不樂見可控的南海諸島，有可能成為中華人民共和國——加以繼承的資產。

　　1971年是中華民國主權連續喪失的一年。不僅中業島，中華民國11段線領海範圍內的南海多數礁岩——淪陷給菲律賓、馬來西亞、越南等國。釣魚台列嶼的「行政管轄權」更被美國移轉給日本。以中華民國為主體的史觀稱，台灣所屬釣魚台應依《開羅宣言》歸還中華民國。然而，伴隨中華民國退出聯合國的連帶損害（collateral damage），正是這個國家的領土主權相繼淪喪。

台灣主權

　　台灣主權與中華民國主權兩者概念多半並不相同。民進黨《台灣前途決議文》就稱：「台灣……主權領域僅及於台澎金馬與其附屬島嶼」。反觀《中華民國憲法增修條文》第11條則區分國家主權範圍為「自由地區、大陸地區」；《兩岸人民關係條例》第1條也說明《條例》為「國家統一前」之特別立法。可見，有關主權觀念，《決議文》與《憲法增修條文》、《兩岸人民關係條例》的義理明顯差異。

　　《決議文》中的台灣主權觀念是現階段台灣人民多數之民意所嚮。基於主權在民的理念，統治團體如果舉辦「複決」現存有關「一國兩區」憲法條文的「諮詢性」公投，理論上應該會得到多數國人，尤其是年輕國人的支持。然而，統治團體一直以來一方面主張台灣主權，一方面卻又以中華民國主權的捍衛者自居。這種矛盾的政治處理方式雖然屬於政治上的必要之惡，但「上位者以為文，下位者以為神」；一般民眾紛紛陷入

國家認同的混淆狀態。

作為一個被原子彈夷為平地的戰敗國，日本在二戰後並無可能對台澎主權放棄後的歸屬存有置喙餘地。這個主權安排的權力當然由美國做主。中華民國外交部（1952年5月13日）最後還是不得不承認：日本在《舊金山和約》放棄台灣、澎湖主權而未明訂其誰屬一事，「自非《中日和約》所能補救」（見第54冊11面左頁）。

然而，因為韓戰爆發的變數，歷史又再度翻轉為美國以實際行動支持了中華民國政府在台灣的統治。中華民國既然沒有亡國，中華民國史觀當然堅稱，台灣主權回歸中華民國乃依據《開羅宣言》、《波茨坦公告》，以及日本《降伏文書》等三項歷史文件，且已於1945年10月25日執行完畢（見中華民國外交部官網）。

與中華民國外交部的見解不同，一個在台灣未立案的組織「台灣民政府」（Taiwan Civil Government）引伸《舊金山和約》之法理，定義台灣主權的現實狀態為「日屬美占」。因為「台灣地位未定」，台灣主權屬於「大日本帝國」，但治權由「美國軍政府」暫時管理。既然台灣地位未定，台灣人民除了主張台灣獨立以外，也一樣可以主張「與日本統一」，或主張讓美國從暫時託管轉為永久接管。

「台灣民政府」也使用「流亡政權」一詞形容中華民國。該團體曾組織「日本天皇陛下祝壽團」前往參拜日本靖國神社。自2012年起，該組織宣稱「美國軍政府」授權它發行身分證、旅行證、行照駕照等證件。它開辦課程，保證結業學員在美國軍政府接管告一段落後可優先派任政務官。部分國人曾繳費上課，也樂於付費領取台灣民政府的身分證。

　　儘管也是以《舊金山和約》的法理為基礎，但台灣民政府實踐其政治主張的程序卻十分離奇。當實踐台獨主張必須以公投程序來完成人民自決時，「台灣民政府」卻號召支持者繳納各種款項。該團體聲稱，「美國軍政府」終究會站到第一線接管台灣。一旦美國現身接管台灣以後，經過付費課程認證的普通民眾都有擔任政務官的機會。

　　事實上，台灣由美國託管（trusteeship）或由美國軍政府接管的說法其來有自。1947年二二八事件前，在台灣的美國軍事機構確曾有此建議。二二八事件期間，美國在台副領事葛超智（George Henry Kerr, 1911—1992）就曾鼓勵台灣仕紳尋求台灣由「聯合國」託管（見高雄史料集成編輯委員會，2018）。

　　在二二八事件的起義者當中，反抗中華民國黨國政權戰鬥力最強的謝雪紅一部，後來還在香港發表聲明，譴責台灣這些託管派為「美日帝國主義的走狗」。在1947年11月1日對外公開的〈告同胞書〉一文中，謝雪紅說：

> 美國帝國主義者……利用其走狗進行要求「托管」或「獨立」的陰謀，企圖把台灣完全變成美國帝國主義的殖民地。[23]

　　過去由美國託管50年的「帛琉」在1994年底獲同意獨立後，世界上就再也沒有所謂「美國的託管地」了。然而，美國仍以《自由聯合協定》（"Compact of Free Association"）的條約方式繼續掌控帛琉的國防、外交50年。在主導《舊金山和約》

註23. 讀者除了在網路可找到此篇文章的完整版，〈告同胞書〉一文還被收錄在當代北京出版的一本著作當中（見吳藝煤，2017）。

以後，美國對有關台灣主權地位的安排也如同對帛琉一般，一直保持高度主體性。直到今天，美國都不允許國人以「公投」方式來實踐台灣的主權自決。

可見，美國對台灣的種種政治安排雖無託管之名，卻有「統制」之實。因此，認為台灣實為美國海外「自治領」（dominion）的國人並非少數。在眾多有關台灣主權歸屬的認定上，「台灣民政府」的多元史觀只是其中各種乍看頗為獨特的看法之一而已。

然而，只要是一個有尊嚴的國人，其價值體系應該都不會喜歡「她國正在管理台灣政府」的這種自居次等的形象。目前以台灣為主體的主權表述因此仍然是：台灣不是大日本帝國的屬地、不是美國軍政府的託管地或美國的「自治領」，更不是中華帝國的一部分。

主權模糊

1949年中華民國失去大陸、保住台灣，但「台灣」或「中華民國台灣」作為國家名稱一詞卻始終未能顯示在《中華民國憲法》及其增修條文當中。「台灣」在《兩岸人民關係條例》的文字中，更只是一個表述地域的用語，即「台灣地區」。

2019年南一版高一《台灣史》教科書第136頁稱：「我國現今領土主要由台灣、澎湖群島、金門群島、馬祖列島、太平島、東沙島等島嶼所組成。」。「我國現今領土」的陳述還是未能解決「中華民國固有疆域」包括「台灣地區」與「大陸地區」等有關國家主權的法理認知。

依民進黨《台灣前途決議文》（1999），「台灣已經是一個主權獨立的國家」。這句意識形態話語意味：《舊金山和約》所

遺留下來的「台灣主權未定」已經得到解決。也就是說，經過本土政權多次執政，台灣主權歸屬已經不是問題。因此，台灣人民不必再糾結於什麼「公投」或「宣布」之類的自決程序。

　　然而，台灣即使不必經過公投與宣布的程序就已經獨立，有關台灣主權定位的說法還存在中、美二元對立結構中其他利害關係人的意見。其中美國的態度最為關鍵。美國一方面以「台灣統治當局」法理定位台灣這個民主政體，另一方面也經常以國家（country）的稱謂稱呼台灣。例如，2018年的《台灣旅行法》（"Taiwan Travel Act"）第2條，以及2019年6月的美國《國防戰略報告》（National Defense Strategy）都是如此。

　　美國在許多場合都稱台灣為國家，台灣人民因此希望美國乾脆能法理承認台灣為主權國家（nation, state）。甚至，國人持續發動在美國國務院官網上的連署請願活動，希望美國承認台灣的主權國家地位。可以說，台灣的「主權在民」，但更在於美國承認。

第四節　對內邁向正常國家

　　雖然民進黨從2007年就開始制定的「正常國家決議文」至今仍在草案階段，台灣邁向正常國家的方法從2016年開始已經逐漸形成清楚脈絡。以往人們所理解的「國家必須改名、憲法必須制定」的浪漫主義，現在在「結構」的制約下確定淪為多元價值中的一個組成部分。就政務推動而言，台灣當前所實踐的國家正常化觀念大致集中在三個領域，即（1）台灣正名（2）去中國化，以及（3）轉型正義。見圖5.4.1：

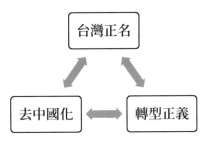

圖 5.4.1：台灣邁向正常國家的三種方式

台灣正名

對外

在美國支持的力度以及中共打壓的力度都不變的條件下，中華民國台灣以中華民國或台灣作為主權國家之名都進不了聯合國及其專業組織。一直以來，中華人民共和國每年對聯合國貢獻財力物力；這導致中國立場的國際聲量較以往為高。每當中華民國政府發起對外正名抗議活動，例如要求以台灣名義加入世界衛生組織會議（World Health Assembly, WHA）成為觀察員，中共的國際話語權總是讓這類訴求鎩羽而歸。

儘管面臨層層阻力，中華民國政府目前高度重視的外交工作還是對外正名。中華民國外交部的所有同仁都知道，中華民國之名一走出去，"Republic of China"就讓世人以為這個國家仍然在代表中國，而不是在代表台灣。因此，所謂「正名」就是希望世界各主要外交平台都能將台灣以主權國家的名稱上架。

在國家對外名稱不可為「中華民國」的情況下，中華民國在外交上轉而以「台灣代表處」或「台灣經濟文化辦事處」之類的名稱掛牌外館。2017年，台灣對日本的外交機構「亞東關

係協會」就成功改名為「台灣日本關係協會」。2019年台灣對美國的交涉機構「北美事務協調委員會」也獲美方同意更名為「台灣美國事務委員會」。2020年中華民國更在索馬利蘭這個世界上唯一零邦交的國家，設立「台灣駐索馬利蘭共和國代表處」。

　　中華民國台灣主流媒體多將這類外交突破譽為台灣對外正名的典範。見表5.4.1：

表5.4.1：台灣正名外交的努力方向

範圍	事件舉例
政府駐各國機構衙牌	希望從「台北駐某地經濟文化代表（辦事）處」之類的駐外館處名稱，正名為具有主權意義的「台灣駐某地辦事處」。
政府去函各企業網站	要求「中國台灣」名稱須改為「台灣」。
網路論戰	台灣網民留言論戰，稱中國打壓台灣名稱之舉為「玻璃心」，台灣就是台灣。

　　所謂正名的「正」是指「正確」的意思。台灣地區人民使用漢字繁體字；大陸地區人民使用漢字簡體字。過去馬英九政府希望中華民國國民自稱本地使用之繁體中文為「正體字」，觀點即是中華民國台灣地區使用的中文書寫文字才是「正確的」。在外交場域，中華民國國家名稱一直都被冠以多樣複雜的稱呼。多數台灣人民認為，所有稱呼都應該統一使用其中「最正確」的台灣之名。

　　目前，中華民國護照封面以Taiwan字樣為文字主視覺，而非以Republic of China為文字主視覺的設計，多少反映了這種主流觀點。然而，中華民國政府自己對外的公文書名稱卻還

是習慣使用複數稱號。中華民國用括弧註記台灣、台灣用括弧註記中華民國簡寫，或直接稱台灣等三種態樣都有。中華民國駐各邦交國大使館、代表處在銜牌、文書，以及口語上的使用名稱經常顯示這三種態樣，即 Taiwan; Taiwan（R.O.C.）以及 Republic of China（Taiwan）。

各種針對這個國家的多樣稱謂有時互用、有時混用、有時「被使用」。如果以「斜槓」（／）符號表示，中華民國在國際上的名稱更包括了：台灣／台灣（中華民國）／中華台北／台北／台澎金馬個別關稅領域／中國台灣。

中華民國在「亞洲開發銀行」（Asian Development Bank）的會籍名稱更出現「中國台北」這種複雜面貌。為了與 "Honkong, China" 的一國兩制地位區隔，「中國台北」的英文書寫故意寫成逗號之後不空格的 "Taipei,China" 這種獨創的特殊語法。見表 5.4.2：

表 5.4.2：台灣參與國際事務所使用的名稱

國際組織名稱	台灣對外被使用的名稱
奧林匹克運動會 （Olympic Games）	Chinese Taipei
世界衛生會議 （World Health Assembly, WHA）	Chinese Taipei
亞太經濟合作會議 （Asia-Pacific Economic Cooperation, APEC）	Chinese Taipei
亞洲開發銀行 （Asian Development Bank, ADBA）	Taipei,China
世界貿易組織 （World Trade Organization, WTO）	The Separate Customs Territory of Taiwan, Penghu, Kinmen and Matsu

　　當代全球的年輕人都可能從事多種工作。一個「斜槓青年」的名片可能是「學生 / 店員 / 快遞 / Uber Eat送餐員 / ⋯⋯」。表面上斜槓青年選擇多采多姿的多元生活，實際上多是被經濟所迫的「零工經濟」（gig economy）一族。

　　斜槓青年被經濟所迫而兼職，中華民國具有多樣稱謂的名片則受政治所迫。有鑑於此，外交部針對國人對外交流的稱謂制定有〈政府機關（構）辦理或補助民間團體赴海外出席國際會議或從事國際交流活動有關會籍名稱或參與地位之處理原則〉函。

　　《處理原則》函第4點、第5點強調，民間團體對外應使用中華民國、中華民國台灣或台灣。《處理原則》還要求民間人士絕不接受"Taiwan, Province of China"、"Taiwan, China"、"Taipei, China"或"Chinese Taiwan"。《處理原則》更建議，如果使用Chinese Taipei，國人應儘量避免「中華台北」被扭曲為「中國台北」。

　　對比之下，世界其她國家的正名工作看起來都相對簡單。例如，韓國早就要求世界各國不要再稱呼該國為「南韓」。韓國尤其要求所有漢字文化圈的國家和地區稱其首都為「首爾」，不宜再稱帶有附屬中國唐朝意味的「漢城」。有些國家改名也稀鬆平常。荷蘭改名尼德蘭（from Holland to Netherland），史瓦濟蘭改名史瓦帝尼（from Swaziland to Swatini）的例子都是如此。

　　有些國家的更名則稍微曲折。緬甸軍政府在1989年將國名由"Burma"改為"Myanmar"。聯合國、中國、法國、日本等國承認，美、英兩國則不予承認。美、英兩國不承認緬甸新國名的理由，是當時軍政府的更名舉措並未獲人民同意。

　　一方面，"Burma"是緬甸在英國殖民期間的稱謂；另一方面，"Myanmar"是過去非民主選舉產生的軍政府所取名。因此，即使目前緬甸憲法並無明文規定人民應使用何種國名，緬

甸國民使用其中一種國家名稱即自動透露該國民的認同傾向。

整體來說，上述國家的自我正名都不困難；中華民國對外使用台灣的名稱卻一直受到打壓。2021年2月，台灣在南美蓋亞那共和國公告設立「台灣辦公室」不到一天，蓋國即片面終止設處協議。部分意識形態主體因此認為，台灣的對外正名工作最好還是先經過國內自我更名的法律程序。例如，政府應該在中華民國憲法中先登記這個國家的名稱為台灣[24]。

在《公投法》第2條的正面表列下，「正名制憲」的提案已被排除。因此，目前作為主權國家的「台灣之名」是多數台灣人民的一種生活態度，屬於台灣人民的精神嚮往與思想寄託。這種意識形態力量促使國人一再託付民選政府，必須持續不懈地在世界正名的戰場上，抵抗中國對台灣主權名稱種種打壓式的「不予承認」。

對內

中華民國對外的正名活動是爭執國家名稱為台灣，而不是「中華台北」或「中國台灣」。台灣對內的正名運動則並不針對國家名稱，而是完全屬於主權所及範圍內的意識形態實踐。陳水扁總統時代就已經開始國內的正名運動。中正機場改名桃園機場、中國石油公司改名台灣中油公司、中國造船公司改名台灣造船公司、中華郵政改名台灣郵政……[25]。

註24. 中華民國如果要對中國大陸宣稱「須正視中華民國的存在」，邏輯上就要在國家治權領域先留存中華民國的國家屬性。同理，台灣對外的正名工作也必須以先完成國內自己更名的法律程序。然而，實施這兩者的過程與結果都明顯互斥。

註25. 因為《中華郵政股份有限公司設置條例》必須修法而未修法的原因，中華郵政改名台灣郵政後隔年（2008年）又恢復原名。

陳水扁總統時代就曾嘗試推動中華航空更名未果。一直以來，針對中華航空公司更名一事，台灣意識形態主體始終都在思考以機身塗裝或英文直接音譯（transliteration）「中華」的方式（即"China Airline"直譯為"Chunghwa Airline"），希望能繞過中華航空更名所可能帶來國際航權更動等複雜的衝擊問題。

針對所有涵蓋「中華」、「中國」字樣的國有企業、泛官股上市公司、國家建築、重要地標、文化象徵場域、場景佈置意象等等，中華民國當前的國家意志都是朝拿掉中華、改為台灣的方向去思考。例如，中華民國僑委會在2018年就將海外僑胞正名為簡稱「台僑」的台灣僑胞，不再使用中華民國國父 孫中山先生所慣用的「華僑」稱謂。

外交部為國外人士了解台灣之美所不定期製作的「中華民國國情簡介」影片，現在多以「國情簡介」作為影片名稱。國防部「中華民國國軍三軍六校聯合畢業典禮」場景佈置中的主視覺布條文字，也以省略「中華民國國軍」主詞為常態。在內政部主辦的全國性年會、論壇、典禮等活動現場當中，主題名稱前冠以「中華民國」之慣例也普遍改為「台灣」或「我國」的字樣。

在多數台灣人民的賦權下，台灣正名運動在中華民國治權領域實施相對容易。然而，中華人民共和國在世界範圍內也同時從事「正名台灣」的運動。台灣貨物以及演藝人員進入大陸市場，「台灣」二字前都被加上「中國」稱謂。例如，國際電商販售金門高粱酒就標示產地為「中國台灣」。

在聯合國轄下專業組織、全球航空公司與連鎖飯店、落地大陸的非政府組織、進入大陸市場的跨國連鎖企業等的國籍登錄欄位中，中國都把「台灣」名稱全面更改為「中國台灣」[26]。

即使在美國印太戰略全面遏制中國的高峰期，中共這種「正名台灣」的動作一直沒有緩解。見表5.4.3：

表5.4.3：中共更名台灣的案例

範圍	事例
跨國企業網站	在全球44家航空公司的官方網站中，將「台灣」更名為「中國台灣」。
地圖名稱	去函各地圖發行公司，要求「一點都不能少」。
貨物標示原產地	輸入中國大陸之「台灣製造」貨品被要求標示為「中國台灣製造」。
文化產品	台灣製作、發行之文化產品於進入中國大陸市場時，原產地（country of origin）被標示為「中國台灣」。
演藝人員	持台胞證之參演人員，其作品在中國露出、評獎時，演職員表中的身分被標示為來自「中國台灣」。

去中國化

　　中華民國台灣對內的正名工作不可避免地連動進行了「去中國化」（desinicization）的文化運動。「去中國化」可以被定義為是去除中華文化在中華民國台灣的主導地位。過去中華人民共和國在文革時期，毛澤東也曾以馬列主義去除中華文化在大陸的主導地位。基於過去威權時期的統治團體曾以中華文化

註26. 目前國際航空公司在台灣以外地區的官網都使用了「中國台灣」之名。經中華民國政府的努力，全日空與日本航空在台灣的繁體官網則已由「中國台灣」的標註正名為「台灣」。

的教條主義打壓台灣本土文化的事實，「去中國化」成為目前民主台灣建構台灣國家主體性的一項重要工程。

美國在印太戰略中圍堵中國或遏制中國的主要方法之一，也就是一種在經濟、科技等領域和中國「脫鉤」（decoupling）的「去中國化」。反觀台灣意識形態主體在中華民國治權領域內實施去除含中成分的這種工作，更標誌著整體國家機器去除大中國思想的文化課題。

價值對立

「以台灣為主體」的價值主軸顯示：台灣民族最早以南島語族的身分立足台灣、自成一格，爾後再向廣闊的大洋開枝散葉。以台灣為主體的立場所看到的中國歷史，只是東亞脈絡的一部分；台灣歷史本身則自主發展、與世界互動。因為與世界頻繁互動，台灣文化吸收了包括中國等國家的各種文化特色，因而形成現在以台灣為主體的多元文化。

「以台灣為主體」的價值培養了國民對台灣自己的民族、文化，以及歷史方面的信心。在意識形態國家機器中，台灣民族與中華民族思想、台灣本體文化意識與中華文化意識、台灣主體史觀與中華民國主體史觀等不同脈絡，都一一成為認同政治下的相反概念。在此過程中，建構一個、標舉一個，就勢必貶抑另一個、去除另一個。

在過去威權時期，意識形態國家機器「罷黜台灣、獨尊中國」，當代多數民意則歡迎原中華民國時期的中國性質、中國屬性、中國元素，以及中國成分，都從意識形態國家機器中下架。也就是說，台灣人民歡迎「去中國化」的重點在於建構並貫徹台灣自己的價值體系。

　　然而，任何知識中的價值建構都要經過「我們」與「他們」的知識互斥。例如，台灣民族起源就不是中華民族起源的概念、台灣文化就不是以中華文化為底蘊的概念，台灣歷史與中國歷史就是一邊一史的概念等等。這些都表現為知識互斥方面的權力鬥爭。因此，台灣價值的知識建構必然自動使得互斥的另一方成為被摒棄的對象。

　　然而，舊有的「中國殘性」並沒有消失。對某些仍維持舊知識的國人而言，當代社會的主流身分認同帶有明顯的壓迫性。在主流身分認同的優勢導向下，一些國人仍然選擇有意識地讓自己的認同維持一貫性與秩序感。也就是說，部分個體仍然按照自己的生命歷程自我追尋（self-search）、自我理解（self-awareness），最後完成自我實現（self-fulfillment）。

　　在意識形態論爭的場域，上述這些少數個體被視為是不願意融入主流價值的群體。Giddens（1991）卻認為，如果個體每天都把自己是誰、該如何行動、該怎樣生活的反思過程視為有意義的生活，那麼這個個體也就讓自己成為一個實踐「生活政治」（life politics）的主體。正如同實踐「解放政治」（emancipatory politics）的主體一樣，實踐「生活政治」的主體也是用「決策」的方式來形塑自我。

　　這就是Giddens（1991）「自我認同」（self-identity）的大致概念。抱持大中國思想意識形態的國人並非「不能融入」主流價值，而是有意識地在中華民國治權領域內實踐其本有的「生活政治」。然而，台灣認同政治的經驗顯示，一般部落平民往往只願意承認自己身分，不大願意理解他人身分。透過輿論的定義，意識形態相異的主體之間就這樣互相剝奪對方「生活政治」的正當性。

　　以文史教科書為例　「歷史」是一面鏡子；人們通常以歷史曾經發生過的類似情形，作為理解現實問題的框架。可以說，中國人所謂「以史為鏡」、「鑑往知來」的道理就是西方人 "In God we trust" 的概念。正史以外的中國文學藝術、詩詞歌賦、民間戲曲、稗官野史、神話傳說、宮廷軼事等敘事傳統，也都充滿著「文史不分家」的歷史內容以及歷史教訓。

　　這種無所不在的歷史傳統塑造了中國人的世界觀。在意識形態國家機器中選讀任何一篇中國古代文言文，年輕學子就會立刻發現自己的見解正在受到中國歷史觀的影響。2006年95課綱停止《論語》、《孟子》等「中華文化基本教材」之教學。充滿中國性質的文言文也從59篇降至30篇。2016年高中教科書之古文文選再從30篇降至15篇。可以說，國人受到中國歷史觀的影響機率逐年減少，甚至從此無由發生。

　　所謂「中國歷史觀」體現在過去中華民國國文科和社會科教科書中的「典型人物」身上。范仲淹、文天祥、史可法、袁崇煥、戚繼光、秋瑾、林覺民等「典型在夙昔」的人物，開始與年輕世代產生隔閡。然而，2005年獨立成冊的台灣歷史並不缺乏典範人物可供學生反思；以上的中國典型順勢離開意識形態國家機器，即屬於知識對立下的必然產物。

　　舉一個2017年意識形態國家機器在知識對立下的必然選擇為例。在高中二年級翰林版的國文課本中，官方以洪繻（洪棄生）所作〈鹿港乘桴記〉代換連橫的〈台灣通史序〉。〈台灣通史序〉展現自開台先祖渡「黑水溝」「篳路藍縷，以啟山林」的壯闊視野；洪繻所作文章則呈現作者個人經驗所及之鹿港時況。

　　中等學校教科書是意識形態國家機器的最前線。〈台灣通史序〉中的「荷人啟之，鄭氏作之，清代營之」史實，缺乏對

外來政權的批判。雖然作者在「起自隨代，終於割讓」的宏觀
企圖下作史，但同時也展現以中土為中心的史觀。結尾的「婆
娑之洋，美麗之島，我先王先民之景命，實式憑之」之文義，
更充分表露中華文化的道統傳承。這種意識形態並不能彰顯台
灣主流價值。尤其，文章一開始即破題「台灣固無史也」，更
屬台灣價值之不可取。

　　反觀〈鹿港乘桴記〉以娓娓道來的自然筆觸，透露對這片
土地的自然關懷。掩卷之後，讀者油然對台灣地景變遷、人情
風俗等想像隨時保持關注。這種本土意識絕非連橫的大中國思
想所能企及於萬一。因此，〈台灣通史序〉與〈鹿港乘桴記〉
這兩篇文章在國家機器中不可能兼容並蓄的事理，「其理自
明」（self-explanatory）。

　　當代意識形態國家機器以貫徹台灣價值為使命。〈台灣通
史序〉原來在國家機器中的選讀地位讓給文章結構、邏輯論
理，以及思想深度都較為遜色的〈鹿港乘桴記〉，反映的正是
當代國家對台灣價值的禮遇[27]。

　　95課綱以後，舉凡文言文與白話文比例、描述日本殖民時
期的用語、台灣史觀的建立，以及文化價值的定義等等教育項
目，中等學校教科書就這樣做出不同以往的變革。然而，對多
數台灣人民而言，現在的所謂去中國化正是對過去黨國「去台
灣化」的撥亂反正。

　　台灣意識形態主體的見解是，國民黨中國過去完全不正
視、不知道、不理解、甚至不承認台灣400年來自有的主體

註27. 政大教授鄭自隆稱〈台灣通史序〉是篇「結構完整，條理分明，文筆流
　　　暢的好文章」。見鄭自隆在2017年11月8日聯合報A15「民意論壇」上
　　　題為〈文采・視野・大器 為《台灣通史序》抱屈〉的文章。

性。可以說，黨國時期的意識形態國家機器就是在致力於輕視台灣、獨尊中國的「去台灣化」工作。如今中華民國台灣既然推動台灣國家的正常化，讓年輕學子接受翻轉教育一事就顯得相當必要。

任何知識的建構與去除都是「選擇」問題。現在中華民國台灣的意識形態國家機器獨尊台灣價值，並在國家機器中漸進去除中國概念的施政作為，應該已經是一個有著清楚脈絡的國家意志。在歷史的長河中，典型人物及其事蹟總有被新知識中的其他人物與其他事件所取代的時候。從台灣文化與台灣歷史中取材來代換上述那些什麼文天祥、史可法之類的中國歷史人物及其事蹟，就這樣起到了台灣主體意識的教育目的。

然而，大中國性質的文化遺緒在台灣仍難以盡除；它以化整為零的方式在社會網絡中再現。來自當代中國大陸的史觀、文化、民族等現代中國版本的論點，更經由無國界的OTT等視頻滲透台灣，影響台灣人民在國民教育階段就已經建立的價值共識。

過去，意識形態國家機器中保有許多屬於中華民國價值的IP（intellectual property，即普遍流行的智慧財產版權），例如死守四行倉庫的「八百壯士」等民族敘事。當代中華民國台灣有的缺乏固守這些敘事，有的並不承認應當屬於現代台灣國家的民族IP。

在這種狀態下，中華人民共和國揀去這些民族敘事並以當代政治中國的觀點回銷中華民國台灣。例如，2020年票房為世界最高的《八佰》（2020）電影在中國大陸上映後，「中華民國國旗」或「台灣國旗」在電影中模糊再現的詮釋問題，又再一次浮出檯面。

　　阿圖塞稱，任何掌握國家政權的統治團體都必然在意識形態國家機器中進行「永恆的意識形態階級鬥爭」。對台灣意識形態主體而言，如何去除現有殘存的中華民國「含中成分」復辟，與如何防止滲有政治中國版本觀點的「新一代外來含中成分」入侵，同樣重要。

含中成分的殘餘

　　去除含中成分的一切努力，最後還是要面對正名「中華民國」這個根本問題。如果無限期擱置這個最後一哩的改造工作，一個弔詭的情形終究無法使台灣邁向正常國家。那就是，中華民國台灣想要把中華民國改造成台灣，但自己也同時自動被中華民國加以改造。

　　例如，當代台灣強勢民意「明明」把兩岸關係視為國與國的敵人關係，但陸委會不屬外交部、大陸事務也不屬國際事務。自己官方所使用的「海峽兩岸」行政用語，更加深台灣人民對國家認同的混淆程度。

　　台灣這種同屬一中的官方建制讓中華民國人的一中言行，找到了是非對錯的基礎。目前中華民國與台灣作為同一個國家的最大矛盾，就是讓中華民國國不成國，讓台灣也國不成國。

　　例如，從中華民國憲法以降，所有組織機構、路名校名、歌曲歌詞等都殘存中國性的政治符號。意識形態主體往往以轉型正義的名義爭執秋毫之末，卻無法、無由、無權正視中華民國作為「這個國家」的輿薪。最上位的國家意象不能轉型，社會網絡中就必然充滿大中國的思想殘餘。

　　甚至，中華民國的國防單位也洋溢滿滿的大中國性質。儘管台灣國軍已經可以自覺不再高唱動員戡亂以來的〈我愛中

華〉，但高雄鳳山的陸軍官校仍標榜「這是革命的黃埔」、傳唱「黨旗飛舞」的歌詞。在「為青天白日旗爭光榮」的海軍軍歌之後，空軍軍歌也在「翱翔崑崙上空……用血汗永固中華魂」的氣魄下，和〈傘兵進行曲〉中的「三民主義新中國」意象，一起宣示國家主權應及於神州大陸。

顯然，當前中華民國台灣還在「不得已」延續中華民國屬於中國性質的大中國情懷。持平而論，在「結構」的制約條件下，中華民國台灣的任何團體與個人都不可能突破美國框架而得以正名制憲。台灣意識形態主體因此希望，一個完全執政的統治團體至少可以用修憲的方式，使中華民國主權國土不包含大陸地區。行政院大陸委員會之業務也希望能併入外交部。台灣的公文書也應當改稱對岸為「中國」，不能再有「大陸」或「中國大陸」之稱謂。

在台灣補正完成這些法理工作之前，台灣人民的日常生活用語早就先開始把憲法所界定的「台灣」對應「大陸」用詞「不予承認」。多數台灣人民的精神狀態與價值觀念，更早就有意識地排斥大中國思想意識。然而，如果官方在法理上無限期一直暗示國人，原來「我國」竟然還是中華民國時，所有台灣邁向正常國家的話語又立刻回到效力遞減的地步。

目前，部分國人把這種「不得已」想像成是邁向正常國家的過渡。有鑒於社會網絡中仍然存在上述中國殘性，統治團體在意識形態國家機器中只能加快腳步跟上台灣意識形態主體去中國化的步伐。

例如，去孔孟之中華文化基本教材、推動新歷史課綱、取消中華民國史觀、縮減中國史篇幅、降低「文言文」選文數量、《開羅宣言》之效力由《舊金山和約》的上位視角取代、

停辦抗戰紀念、廢止孔子、鄭成功的中樞祭典規格等等做法，都是中華民國台灣企圖邁向正常國家的表示。

　　對於邁向正常國家的種種做法，台灣意識形態主體抱有高度期待。在多數國人授權的條件下，本土政權施政通常考慮（1）以台灣價值為核心、（2）以去除各領域含中成分為方法、（3）以轉型正義為法律、（4）以維持獨立現狀為感受、（5）以邁向正常國家為目標。整體策略正是當前台灣價值的一貫體現。見圖5.4.2：

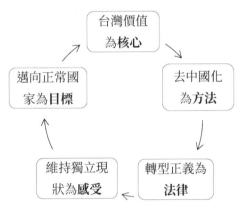

圖5.4.2：台灣體現正常國家的成分結構

　　一般認為，對過去歷史的定義有多深，對未來正常國家的定義就有多遠。在過去，「邁向正常國家」被誤解為以法理為方法進行正名制憲。在現在，國家正常化的目標確定為以意識形態為依歸。然而，中國元素仍殘餘在各種盤根錯節的社會網絡當中。因此，如果說「國家正常化」在國際戰場上的意義是從事國家名稱的正名運動，「國家正常化」在國內戰場上的意

義，就是繼續與意識形態他者進行價值定義方面的階級鬥爭。

轉型正義

世界各國並不缺乏各種轉型正義的相關事例。僅從理念而言，美國改善印地安原住民以及有色人種人權的系列做法，即屬於轉型正義的範疇。依照這個邏輯，美國總統詹森（Lyndon Baines Johnson, 1908－1973）在1960年代所制定的三大民權法案，應可被視為轉型正義的典範。

首先，《1964年民權法案》（"Civil Rights Act of 1964"）禁止對有色人種在就業和受教育方面的歧視，結束了在公共場所的種族隔離制度。其次，亦稱《投票法》（"Voting Rights Act"）的《1965年民權法案》（"Civil Rights Act of 1965"）確保了有色人種在投票時不受歧視的待遇。最後，《公平住屋法》（"Fair Housing Act of 1968"）解除了少數族裔在住屋方面所受到的歧視。

過去南非曼德拉（Nelson Rolihlahla Mandela, 1918—2013）也曾以「真相與和解委員會」的機制，針對1948年至1994年的「種族隔離」制度（apartheid）進行國家轉型正義。台灣政府的轉型正義實踐過程，看起來比較接近南非梳理歷史的務實模式。

蘇聯解體後，原東德、捷克、波蘭等前蘇聯附庸國之繼承政府，開始紛紛以「除垢」（"Lustration Act"）之類的相關法規，究責過去的加害者與加害體制。中華民國《促進轉型正義條例》（簡稱《促轉條例》）第6條第2項就規定：「……平復司法不法，得以識別加害者並追究其責任……等方式為之」。

　　目前台灣轉型正義的施政作為是以釐清歷史的方式，來「否定威權統治之合法性」（見《促轉條例》第5條）。然而，認同政治下的部落民眾更希望政府能採取除垢路線，確實清算過去黨國加害者不公不義的責任。

加害者與加害體制

　　當代民主社會對過去「個別加害人」的識別，在實施上存在「公平比例」（proportional justice）方面的困難度。首先，威權時代依法行政的各級公務員並不認為自己是加害體系結構的組成部分。然而，他們在當代人民的集體歷史記憶中，就是「威權統治的幫兇」。

　　其次，要究責過去搜捕、偵訊、審判、解釋涉入白色恐怖案件人士的警察、調查員、檢察官、法官、大法官等「幫兇」並非易事。當時許多證人、檢舉人、消息來源（告密人）等的真實主體身分，更因屬「情報來源」性質而仍被中華民國政府核定為永久保密的檔案。

　　雖然《政治檔案條例》（2019）已將保密逾30年，且沒有法律要求繼續保密的資料全部解密，惟依《國家機密保護法》（2019）相關規定，部分檔案仍不得移轉給「促進轉型正義委員會」（簡稱「促轉會」）[28]。可以想像，許多威權時代的利害關係人至今可能仍然活躍在台灣的公共領域。

註28.《政治檔案條例》第11條規定：「政治檔案中所載公務員、證人、檢舉人及消息來源之姓名、化名、代號及職稱，應提供閱覽、抄錄或複製。」惟《條例》第8條1、2款又明訂但書，即檔案「經依法規核定為機密檔案」以及「經移轉機關（構）表示有嚴重影響國家安全或對外關係之虞」者可以不公開檔案。這就是「促轉會」公布過去大專校院「線民」清冊時，只能採用「去識別化」方式處理的原因。

　　以台灣為主體的史觀稱，1947年二二八事件發生之初就組成的「事件處理委員會」是一個台灣人希望透過協商以維持社會治安的臨時組織。二二八受難家屬台北市長柯文哲在2021年3月27日於臉書發文，稱「事件處理委員會」是人民號召起義的「反抗據點」。「事件處理委員會是反抗據點」為台灣多元史觀中的「他者」觀點，主流輿論並不這麼認為。強勢意見因此直指柯的文章合理化外來者的鎮壓行為，是歪曲歷史的大錯。

　　「台灣放送協會台北放送局」（今二二八紀念公園內的二二八紀念館）才是事件發生時首先號召人民起義的電台。儘管二二八事件中謝雪紅的「二七部隊」在「烏牛欄之役」與國軍作戰失敗，但「三二虎尾機場戰役」（即3月2日清晨台灣人民攻陷虎尾空軍基地的事件）卻也是二二八事件中起義者的最大一場勝利。

　　可見，國軍部隊加害無辜的妄死者與鎮壓光榮起義的人應屬兩種不同性質的「加害」。依當時歷史脈絡，作為平民的本省人與外省人（即當代認同政治所稱的台灣人與中國人）都有被加害的故事。然而，以目前台灣轉型正義的制度而言，《促轉條例》並沒有設立正義法庭之類的機制，來審理那些加害者[29]。因此，究責歷史上個別加害者這件事即可能產生證據不足、過度推論而造成冤、假、錯的結果。

　　依《促轉條例》第20條，目前轉型正義的制度採取的是「事後救濟制」，即對「促轉會」的相關認定如有不服的利害關

註29. 二戰後的正義法庭曾對戰犯進行究責與定罪。以燃燒彈進行東京大轟炸的美軍將領Curtis Emerson LeMay（1906—1990）自承，若美國戰敗，他就是典型戰犯。柏拉圖在《理想國》中說：「正義是強者的利益」。美國戰勝的結局自然免除了這位將領的罪行。反觀他的對手東條英機，最後被正義法庭處以絞刑。

係人，得採「事後」提起行政訴訟。也就是說，促轉會擁有對個案先行寫出類似「命令處分書」之類，或針對史料在「轉型正義資料庫」中進行話語描述的排他權力。

認定個別加害人尚有打擊面牽連過廣的副作用。即使本土政權的頭人或其父兄，在威權時期也不乏「選擇當國民黨的官」之案例。本省人告密本省人的事件也並非都市傳說。因此，認定加害者個人並非台灣轉型正義的政策主軸。

目前，台灣確定以「書寫歷史」的方式來釐清過去黨國的「加害體系」。1979年「美麗島事件」後社會連續發生林宅血案、陳文成命案等國家暴力懸案。至今，兩案的諸多疑點仍無法釐清。可以想像，類似這些亟須有待轉型正義的案件，通通就是中華民國在威權時期綿密的黨國體制有以致之。

文化領域中有一類極具特殊風格的小說與電影，稱做「黑色小說」／「黑色電影」（film noir）。這類作品的情節經常出現犯罪者最後享受其犯罪果實的結局。本來，主流商業電影的劇情世界通常都保證罪與罰的分野清楚界定，也就是不正義之人最後得到應有懲罰。「黑色電影」翻轉了一般人所認知的善有善報、惡有惡報的生命經驗。對比之下，民主台灣的轉型正義就是要讓這種「壞人有好報」的情節，不要在台灣日後的政治現實中再度發生。

罪與罰為一體兩面。部分意識形態主體因此執意，即使轉型正義的政策主軸是針對「黨國加害體系」，國家也應該對可供辨識的相關利害關係人追究其責任。如此，轉型正義的政策法律才得以回應台灣人民對過去憤怒的釋放。

在國際互動中，以「懲罰」作為追究責任的表示非常普遍。過去二戰後的軍事法庭對戰犯的正義制裁，就是以「報復」

而非「教化」為目的。中華民國仍然尚未廢除的死刑制度，本質上也是屬於一種報復加害者的最極致表現。儘管如此，當代中華民國台灣確定以資料庫書寫歷史的方式，作為對過去威權體制進行究責的主要方式。

歷史話語權

2020年初「促轉會」建置完成「台灣轉型正義資料庫」。資料庫收錄整理中華民國戒嚴時期政治受難者資料，包括參與審理案件的軍法官與軍事檢察官的姓名、職稱等等。資料庫尚未建置「窮盡」（exhaustive）的初期，受難者省籍本省人多於外省人。對於當時統治團體以反共為名傷害人權的事例，資料庫均詳細陳述案例。其中，「羅織罪名」屬於典型態樣。例如，執法者會以誘導或強迫自白的方式，然後再以自白書作為論罪依據。

轉型正義資料庫的歷史再現，將與中等學校社會課程的歷史書寫成為兩個重要犄角，一起構築人們日後的共同歷史記憶。可以說，轉型正義資料庫就是台灣全民歷史記憶的資料庫。然而，有關歷史檔案資料庫的建置、書寫、推廣等形式都牽涉詮釋歷史的觀點問題。在描繪過去黨國時期的加害體系及其運作機制時，不同史觀提出的評價都會對所謂「還原歷史」增添不同的理解與想像。

白色恐怖（white terror）時期正值兩岸熱戰方酣；「匪諜就在你身邊」的肅殺氛圍風聲鶴唳。這個歷史脈絡是當時威權真相的一部分。本來，歷史事件經過歷史脈絡的解釋，通常同理心上升、仇恨心下降。《促轉條例》第2條第2項第3款即指出，「促進社會和解」也是政府轉型正義的推動事項之一。然

而，在釐清並追究加害體制的責任認定上，部分部落民眾多有從「本土對應外來」的對立方式來理解這段國家的不幸。

也就是說，部分意識形態主體對轉型正義的「除垢」理念過於執著。某些話語充分顯露人們在民族認同情緒下的報復心態。例如，近年來的認同政治論述經常出現許多諸如外來者「後代」、「後人」、「子孫」、「遺緒」等之類的字眼。蔣介石親筆批示「死刑可也」的公文固然佐證蔣鎮壓肅反、威權殺人的事實。為蔣所槍斃者多數為外省人更屬事實存在。因此，「外來者後人」不可能全都是「原罪」。

在民主台灣，民眾已經不可能讓任何統治團體延續所謂「黨國體制」。在此民主共識下，如果意識形態主體藉由詮釋歷史事物來清算現在的意識形態相異者，就充分表明當前台灣的轉型正義工作有可能異化成認同政治下新的鬥爭符號。

心靈悔改　在「轉型正義」的符號下，部分意識形態主體要求「外來者後人」應徹底悔改。認罪、道歉、噤聲，或者徹底融入主流思想都算是做到了心靈上的轉型正義。以作為蔣家第四代的蔣萬安先生為例。蔣萬安從政以來均未曾出現大中國價值的言論，更從未說出逆反台灣價值的話語。態度決定一切。蔣萬安的例證顯示，真正外來威權的「後人」也可以被多數國人所接納。

蔣萬安先生的案例只是政治領域中的一個小小例子。事實上，台灣人民還是選出了馬英九、朱立倫、郝龍斌以及蔣萬安等外省人與外省人後代。本來，意識形態我群與意識形態他者的對立，本質上是一種高度人性與高度非人性的價值對立。然而，外省人（即身分政治話語中的中國人）在台灣成為統治階級的例子隨處可見。可見，多數台灣人民的包容程度比一般認

同政治主體的想像，還要來得寬容許多。

　　「轉型正義」的符號畢竟還是擴充到了文化思想方面的改造功能上。也就是說，在台灣海洋民族、台灣多元文化，以及本土史觀等主導認知下，抱持一中理念的大中國主義者往往被主流價值認定為心靈尚未除舊布新的一群。過去中華文化的教條主義已經轉型正義；過去中華民族的沙文主義也已經轉型正義。然而，中華民國人卻始終堅持：保有中華民族、中華文化以及對中國歷史的信念本身就只是自我國家認同的意識形態。

　　雖然中華民國《促轉條例》並未觸及心靈改革的部分，但認同政治的話語卻持續以轉型正義的符號，對拒絕思想融入的他者進行口誅筆伐。以大學校園為例。歷來台灣校園轉型正義的發動者多為學生團體，從來都不曾是獨善其身的教授。在民主改革的諸多活動中，更只有少數政治學、社會學、傳播學的年輕教授願意和年輕世代站在一起[30]。因此，公教人員在國立大學內普遍被意識形態主體評論為屬於思想積重難返的一群。

　　意識形態主體開始全面關注各公共領域內落實轉型正義理念的程度。可以想像，即使「促轉會」依《促轉條例》第11條之規定在完成政府任務後解散，「轉型正義」也將作為一種心靈改革的符號意象而繼續存在。甚至，這個符號有可能成為一代代國民願意為之進行到底的文化革新運動。

　　權力邏輯　《促轉條例》第4條第2項規定，促轉會應「進行真相調查……釐清壓迫體制加害者及參與者責任」。這是轉型正義除垢的真正目的。然而，追求真相存在事實認定的證據

註30. 比較罕見的例子是後來出任教育部長的東華大學校長吳茂昆先生。吳校長曾以「學生即使攻占他的校長室也可以」的話語支持學運。事實上，在2014年「太陽花學運」的整個過程中，全台灣也只有他一位校長挺身而出。

力問題,也有選樣、解釋以及定義的所謂「闡明」問題。在這過程中,權力關係是一個重要變項。

如果轉型正義的歷史書寫可以進一步為中華民國動員戡亂時期的非民主歷史劃下句點,即有利於塑造國家日後成為真正命運共同體的未來。如果轉型正義不幸異化為鬥爭符號,即可能不斷喚起國人相互之憤怒與仇恨。

「轉型正義」(transitional justice)的這個中文翻譯本身帶有價值意涵。主流意識形態表明,1989年東德共產黨政權隨柏林圍牆倒塌而垮台,中國國民黨的「非本土派」在民主台灣卻依然健在。具有大中國思想情懷的意識形態他者,也仍然在台灣的各個社會網絡中殘存。因此,即使能為國家帶來長治久安的「促進和解」屬於公論,但人們在意識形態國家機器中仍將持續見證阿圖塞所稱的「苦澀而恆久的階級鬥爭」(bitter and continuous class struggle)。

結語

　　在要求尊嚴的基礎上，20世紀中、後期的身分政治替少數群體爭取到了多元與平等的社會價值；少數群體因而得以有尊嚴地維持自己的認同。可以說，身分政治原本是一種推動社會進步的思潮與手段。

　　然而，當代的身分政治顯然都表現為與上世紀的典範相反。今天，身分政治走到極端即成為現在的結盟與排他政治。目前台灣身分政治的氛圍更規範在公共領域中的人們必須「出示身分」，以作為區別「我群」和「他者」的方法。意識形態主體更利用輿論操作民眾認知，來達到意識形態階級鬥爭的目的。

　　拉斯威爾（Harold Dwight Lasswell, 1902 － 1978）曾擬具傳播學最早的五個基本傳播模式。本書借用拉斯威爾的五個經典模式再加上「傳播情境」此一構面，作為提供讀者理解上述所言內容的框架[1]。以下作者就以六個重點構面來概括本書所討

註1. 拉斯威爾在1948年傳播學發展的初期就提出傳播模式的五大基本構面，即所謂 "Who says what in which channel to whom with what effect" 的5W模式（見Lasswell, 1948）。

　　依照拉斯威爾所指出的誰、傳播什麼、通過什麼渠道、向誰傳播、效果為何這五種要素，傳播學門日後即發展成五個主要的傳播研究取徑。這五個研究取徑分別為主體研究、內容研究、媒介研究、受眾研究，以及效果研究。

　　然而，「在什麼情境下說話」是影響當代主體傳播行為與動機最切身的變因。5W的傳播模式是傳播學最早確定的系統理論。因此，拉斯威爾自然考慮不到當前新媒體環境下這種複雜、即時的「反饋」問題，當然也就忽略主體在發動傳播行為當下的「情境因素」（exigency）。

論的身分政治：

　　一、誰：本書指出，參與意識形態論爭的主體有政治團體、政治網紅（包括電視政治評論員）、社群媒體、主流媒體、公民團體、年輕世代、外省第二代、二二八利害關係人等意識形態主體。

　　二、說什麼：意識形態話語的內涵主要在呈現價值。有關民主台灣、邁向正常國家、台灣主權、以台灣為主體等台灣價值知識，在溝通上「其理自明」（self-explanatory）。反觀大中國思想內容則為意識形態國家機器所取消；中華民國憲法義理離普通人民的認知漸行漸遠。

　　三、經由什麼管道：認同政治是身分結盟與排他的政治。意識形態我群多方嘗試團結各主要媒體與媒體人的力量，以釋出特定訊息為要務。我群公民團體尤其重視網路世代中PTT與「臉書」的發展情勢。可以說，當代的政治權力就是媒體權力。

　　四、對誰說：當主流意識形態話語占領道德高地時，反抗的意識形態話語也在社會網絡中流通。各方意識形態主體都有機會進入被汙名化以及被標籤化的仇恨漩渦。因此，所謂無色選民、中間選民的國人比以往任何時期的閱聽眾還更須掌握「媒體識讀」的能力。

　　五、產生什麼效果：「以台灣為主體」的知識在意識形態國家機器中深植人心；在各社會網絡中殘存的含中成分則漸進式微。例如，在國家級紀念與慶祝的典禮中，中華民國義理不是失去原有意義，就是概念被加以轉換。所有表達典範、彰顯意義的儀式過程都明確表意台灣價值。

　　六、受到什麼傳播情境的影響：主體的意識形態話語經常隨大勢所趨而修正改良。本土政權從《台獨黨綱》到《台灣前

途決議文》到「正常國家決議文」（草案），親中政權從「一中各表的九二共識」到「不再提九二共識」到「少提一中各表」到「以中華民國憲法為基礎的九二共識」等等的話語轉圜，無不顯示主體的傳播行為受到時機、場合，以及權力等諸多因素的反饋影響。

身分政治下的話語戰爭　台灣的民主內戰反映的是以話語取代子彈的所謂「話語戰爭」（battle of words）。這使得意識形態主體的話語充滿陷阱。汙名、仇恨、獵巫，以及尋找「原罪羔羊」等情緒出口的話語恨意模式，幾乎已經形成台灣民主政治的重要脈絡。一個藝人、一個商人、一個在專業領域卓然有成的台灣之光，都隨時有被迫做出身分表態的危險。即使身為一個意識形態虛無的個人，恐怕也很難一直隱身角落。

從事公共事務的個體更難擁有保持緘默的自由。也就是說，個體從事公共事務如果不自我標籤，別人就會給他標籤。因為主流與非主流論述在意識形態國家機器中難以兼容並蓄的原因，反抗陣營的意識形態主體總是大聲疾呼，希望主流價值能容忍不同意見的表達。

然而，認同政治是動員我群與排除他者的政治。認同問題又被多數台灣人民視為是價值對錯的選擇問題。本書提出「身分認同是天命問題」的命題。例如，多數外省第二代不會接受中華民國是外來殖民政權的主流史觀；多數二二八受難家屬後人也絕不可能說出「台灣人的國家就是中華民國」之類的話語。

在台灣主權持續被當代政治中國打壓的情況下，部分台灣人民寄希望於美國遏制中國的力度，同時也將憤怒轉為力量來支持嗆中的政治人物和政治網紅。表現敵意螺旋的話語益發受到台灣人民的支持與喜好。然而，部分國人厭惡中國的情緒也

連帶外溢到討厭一些所謂「滯台中國人」的國人身上。也就是說，部分意識形態主體對中國的憤怒通常迴向給在台灣的大中國思想主義者。

在意識形態國家機器的掌握上，親中政權並無「撥亂反正」回到中華民國固有價值的條件。在長期失去自己文化資本的條件下，親中政黨除了繼續意識形態失語，也有可能開始考慮實施自己版本的去中國化，例如更改黨名中的「中國」字眼。

意識形態主導權　中華民國台灣的主流意識形態持續深化以台灣為主體的民族、文化，以及歷史觀。隨著台灣主流價值厭惡現代政治中國的態勢，有關民族、文化以及歷史元素的中國義理也跟著在中華民國台灣被視為「黨國遺緒」。「台灣人也是中國人」、「中華民國人就是中華民族」之類的思想認同者，紛紛開始沾染台灣國家認同可疑的標籤。

中華民國台灣的意識形態國家機器繼續貫徹本土意識、鞏固台灣價值。這包括：（1）台灣人為海洋新興民族，屬南島語系大家庭的原鄉；（2）台灣文化歷來包容各種外來殖民文化，形成目前台灣多元文化的主體；（3）以台灣為主體觀點，台灣歷史重新看待自己、重新詮釋中國、重新面向世界。

例如，日本1951年的《舊金山和約》宣布放棄台灣主權，美國「軍政府」也已於1979年離開台灣。之後，台灣主權（1）已經由台灣民主化過程而歸屬台灣人民，或（2）台灣主權歸屬懸而未決的最終決定，日後應由台灣人民以公投方式自決。後者是部分台灣人民推動台灣應由中華民國義理獨立出來的法理基礎，也是「台灣民政府」建構其「台灣為日屬美占」理論的原點。

中華民國人則繼續以《開羅宣言》與《波茨坦公告》為基

礎，主張台灣主權於1945年回歸中華民國。所謂中華民國11段
U型線之南海主權、釣魚台主權、大陸地區主權等，都屬於中
華民國固有疆域之大中國思想的範疇。這種思想界定尚且以這
個國家的憲法高度，加以確認。

　　中華民國台灣一直以來都以不正常國家之名，例如中華
台北，抽象地與世界互動。因此，以台灣作為主權國家之名加
入國際組織或參與國際事務，成為目前這個國家主權伸張的最
殷切期盼。然而，這種企盼卻始終遭遇中華人民共和國每每在
台灣之前加上中國二字。在這方面，台灣需要美國支持。事實
上，美國正依《台灣關係法》安排台灣維持現狀，也支持台灣
「有意義」參與國際事務。

　　目前聯合國不承認為主權國家的國家大約有10個上下，台
灣名列其中。中華民國台灣的主流知識是：「台灣是主權獨立
的國家，現在的名字叫中華民國」。然而，台灣人民直到當家
作主的今天也都等不到台灣就叫做台灣。反而是，中華民國在
1912年以流血革命推翻滿清而成立。在台澎金馬自由地區，中
華民國仍在以中文書寫為主的語境中延續其國祚。只是國祚雖
在，這個國家固有的國家屬性（attributes）在當前中華民國台
灣的意識形態國家機器中卻也漸進去除。

　　結論與建議　除了「伊斯蘭國」以外，世界上所有不被承
認為國家的國家背後都有大國保護。當中國大陸持續發動和統
話語以及武統威脅時，台灣隨即勇敢發出反併吞之嗆中話語。
從美國全面遏制中國發展的趨勢觀察，台灣人民的反併吞話語
除了出自國家尊嚴，也同時是站在美國巨人的肩膀上說話。

　　直到2049年中華人民共和國成立百年以前，台海之戰都被
各方解讀為無法排除其可能。在此過程中，台灣人民不求戰，

但在話語中也絕不容忍其他國人／他者表達投降主義、失敗主義，以及綏靖（姑息）主義。

　　意識形態主體更希望「我們的」政府應以「預防性民主」的法制，來防制那些「已在國內」的中國在地協力者。種種跡象顯示，中華民國台灣的身分認同政治正在賦權給統治階級一種比解嚴以來任何時期（即《促轉條例》第3條第1款定義威權統治時期之後的1992年以降），都還要集中的相關權力與權威。

　　身分認同政治使台灣的民主政治異化成一種無限期的民粹比賽。意識形態主體的「後真相」立場也始終挑戰一般無色選民、中立選民之類民眾的「媒體識讀」能力。然而，有關差異政治、文化霸權、意識形態國家機器等批判理論的認知儲備，一般都不是傳統「媒體識讀」領域可以經常接觸到的範疇。

　　因此，本書提出相關闡述，希望能補充和開拓有關政治哲學、政治傳播、傳播理論、批判理論、文化研究、兩岸關係，甚至國家發展等領域的思考面向。在充實自己對政治思考能力的基礎上，我們同時期待台灣必須堅持民主深化與族群和諧。唯有如此，中華民國台灣的政治才有抗衡民主可能死亡的危機。

附錄　祖國

　　「祖國」（motherland）是中華民國光復台灣初期，台灣人迎接中華民國的尊稱用語。在2020年被學生團體要求做出處理的國立台灣師範大學校歌中，即有「台灣山川氣象雄，重歸祖國樂融融」的歌詞。今天，「祖國」一詞則被強勢話語用來敦促具有大中國思想意識的「中國人」，應該遷回中華人民共和國定居的鄙視用語。

　　在正常狀態下，台灣人民並不稱台灣是台灣人的祖國。國人多稱台灣為「咱的母親」，或「以台灣為母土」。在國家認同的語境中，「祖國」這個鬥爭工具一直呈現某種模糊的操作型定義。這裡提出三個層次的「祖國」同心圓概念，分別是：（1）以特定地理範圍作為邊界的一塊國土（country）；（2）構築在國土之上的政權及其國家治理（state）；以及（3）在整個土地上所迷漫的，或主導的文化記憶、歷史氛圍、民族情感等綜合「味道」（aura）。見圖1：

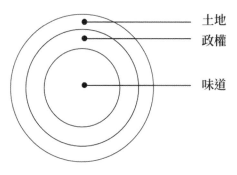

圖1：祖國定義的三個層次

　　祖國是土地　「祖國」的最外圈概念是土地。杜甫「國破
山河在」的詩句形象指出了國家政權立足於土地之上的概念。
憲法定義大陸地區也是中華民國國土，但今天中華民國的任何
政權都只能立足於台灣這片土地。因此，民主台灣時期的多數
國民對於「母土」觀念，習慣上就是台灣這片土地。

　　少數中華民國人認知的國家土地觀念卻是：中華民國國土
為國人所熟悉、成長、生活的台灣土地，但也擁有人民感情日
漸模糊的大陸地區。中華民國人這種依附憲法的國土認知，被
強勢話語視為過於做作。與單純的「台灣土地」相比，這種國
土觀念通常就被指認屬於他者思維。

　　中華民國人相信大陸土地仍為國家主權領土的觀念，確實
沒有像今天巴勒斯坦人的精神狀態一樣的熱情。巴勒斯坦人至
今仍視被以色列占領的約旦河西岸土地為故土。基於大陸地區
土地實際已經為當代政治中國所統治，部分國人對於這種有關
主權領土的複雜情緒因此無關乎真實的國家治理，而只能屬於
「想像態」（the imaginary）中的思想領域。

　　中華民國憲法雖然也反映這種「一中兩區」的大中國情
緒（sentiment），但多數台灣人民並沒有感受到這種相同的思
想感情。對於國境之北、國境之南等母土邊界，台灣人民早就
「心中一把尺」。也就是說，《中華民國憲法》留下傳承祖籍認
同的大陸地區土地並不被多數台灣人民的一般觀念所承認。然
而，中華民國台灣的任何政權卻也弔詭地絕不從事變更國家領
土的制憲或修憲工作。

　　中華民國的祖籍領土確實源自大陸，惟兩岸隔閡日久，
國人對大陸山河土地的感情經驗漸行漸遠。在仇中氛圍以及時
間的演變下，部分國人卻還願意藉由旅遊、藉由交流、藉由

通婚、藉由經商，繼續保持對大陸土地的意識形態認同。台灣意識形態主體經常指出，這種國土觀念就是國家認同混亂的原點。

　　一般而言，公民了解國土地理都應該由近及遠。也就是說，人們應先知台灣土地，再知大陸土地。過去中華民國威權時期的意識形態國家機器捨近求遠；中等學校教科書多描述長江、黃河的源頭與出海，鮮少描述台灣最長河流濁水溪的來龍去脈。

　　也就是說，當代中華民國人心中的國土觀念排序應該以台澎金馬自由地區為先，其次是被日本占領的島嶼國土釣魚台列嶼，最後才是和自己經驗與感情漸行漸遠的「固有疆域」。過去威權時期的那種教育體制使得部分國人只知中國地理、不知台灣地景。今天，部分輿論仍然抱持刻版印象，認為大中國主義者盡是一些「只知有漢、無論魏晉」的群盲。大中國主義者「最好搬回自己祖國中國」的話語，也就成為當代鬥爭語彙中的通用句型。

　　祖國是政權　「有土斯有財」的白話意義是，任何人都要好好保護自己的土地財產權。基於個體安身立命的需要，人們從來不會自外於護土的責任。然而，對於居住在普通公寓中的多數小市民而言，其自有的土地持份幾乎都小到可以忽略。因此，「土地」通常只是自身生活環境的比喻。當祖國的環境無法讓個體發展時，個體出走他鄉、遠離土地的情形非常普遍。

　　對經濟人而言，哪裡有市場，哪裡就是祖國。儘管人們經常批評「商人無祖國」這種幹話，在中國無產階級革命的時期，「工人無祖國」的口號也曾經響徹雲霄。當工人反對資產階級加諸在自己身上的壓迫時，他們拒絕接受統治團體狹隘的

祖國／母土定義。從商人的理性趨力到工人的激進觀點，人們應該報效的祖國因此絕對不會只是統治階級所規範的那些本土意識以及霸權價值。

現在流亡海外的中國民運人士非常清楚這一點。過去被迫離鄉背井的海外台灣人也曾感受過「外來政權」讓台灣蒙塵的亡國感。這些先進們從來不會承認台灣人的祖國為中華民國。可見，祖國觀念如果牽涉到政權之類的國家治理，認同政治下的民眾認知存在根本差異。

人們對統治階級及其國家治理方面的認知，就是第二個祖國觀念。許多生在美國的台裔子弟，他們父母告知他們的母土是台灣，但這並不妨礙他獻身報效的是美國這個國家。反過來說，過去名列海外黑名單的美籍台灣人，即使身在美國心在台灣，美國也從未定義這些人不效忠美國。與此包容度相比，中華民國與台灣的國家政權觀念相互包容的程度就相對較低。

在意識形態鬥爭的語境中，「祖國」一詞混雜著認同的情緒以及隨之而來的仇恨。黨國時期被列為黑名單的海外台灣人，他們認同台灣這片土地，卻痛恨「外來殖民政權」讓這片土地蒙塵。反過來說，當部分海外國人僑胞發現中華民國的價值義理逐漸在這片土地上被取消時，他們也對返回這片土地參與投票或參加中華民國雙十節國慶大典一事，開始不再充滿熱情。

統治階級及其國家治理的「方式」，確實會讓祖國土地有蒙塵的味道。在了解祖國於集中營屠殺猶太人的證據後，「沙漠之狐」隆美爾（Erwin Johannes Eugen Rommel, 1891－1944）將軍參與了刺殺希特勒的計畫。這位在二戰後唯一沒有被追認為「戰犯」的納粹大將認為，當時「整個祖國都是罪犯」（The whole Germany is a criminal）。

此時隆美爾不但沒有依照領袖定義，以認同祖國來團結對外，還認為希特勒這個人「非被移除不可」（This man has to be removed.）（見國家地理頻道發行的有關隆美爾的系列紀錄片）[1]。

祖國是味道　土地與在土地之上所構築的統治階級及其國家治理，分別是祖國的一體兩面。在土地與政權之外，尚存在一種文化氛圍、歷史記憶、民族情感等「味道」的綜合體現。這裡的「味道」（"aura"）一詞顯然是借用法蘭克福學派彭雅明（Walter Benjamin, 1892—1940）在1935年寫就的經典理論文章 *"The Work of Art in the Age of Mechanical Reproduction"*。該文旨在闡釋有關獨特藝術作品所散發的某種靈光、靈氣、韻味之類的抽象觀念（見Benjamin, 2016）。

根據彭雅明的說法，靈光、靈氣等抽象觀念指的是過去藝術作品所散發出來的那種「獨一無二」、「當時此景」的獨特顯現。現代的複製藝術，例如帶有複製性質的攝影作品，就沒有油畫真跡那種獨有的韻味。

祖國的「味道」聽起來抽象，但卻被過去台澎金馬這片土地上的人民所共認。例如，過去國人觀眾曾經為李小龍在《精武門》（1972）電影中踢掉「狗與中國人不得進入」告示牌的故事而起立鼓掌。現代台灣觀眾也在《葉問4》（2020）的電影中，為主角甄子丹打敗美國種族主義白人而喝采。可以說，「味道」好像就是「想像共同體」的一種民族主義情緒。

註1. 1944年7月20日，部分軍官在「狼寨」（Wolf's Lair）刺殺希特勒的計畫事敗。之後，蓋世太保根據截獲（或炮製）的電文至隆美爾家中命其以服毒來保全妻孥。

　　過去西方白人至上主義者（white supremacist）曾使用東亞病夫、易碎支那等歧視性用語形容中國人。即使在當代所有印太戰略合縱國家都討厭中國的大環境下，中華民國人的中華民族身分與歷史文化觀念仍保持Giddens（1991）所說的「自我認同」。也就是說，中華民國人並沒有跟上世界上不斷更新的種種厭惡政治中國的訊息，而也乾脆拋棄自己大中國的思想意識。

　　台灣民族主義在日據時代並未成型。從蔣渭水、林獻堂等人的思想話語中得知，當時台灣人認同的祖國就是中國。前去南洋為皇軍效力的男性，或到前線為皇軍擔任醫護的女性，也多抱持中華民族的思想底蘊。這可能是因為他們更早的父祖輩讀中國書、過中國節、信中國神的關係。

　　認同中國為祖國的觀念改變，是從中華民國軍隊來台接收之後開始醞釀的。二二八事件以後，台灣意識形態主體開始徹底拋棄以中國為祖國的觀念。直到今天，所有天然台世代幾乎多數具備台灣海洋民族相異於中華民族的信念堅持。

　　可以說，目前多數台灣人民的祖國觀念就是：（1）台灣這片土地、（2）台灣這片土地上「以台灣為主體」的政權執政，以及（3）普及在國家機器各個角落的台灣價值味道。見圖2：

　　反之，中華民國人的大中國國土認知、憲法延續，以及中華屬性等等觀念，處處都顯得和台灣母土觀念作對。《中華民國頌》歌頌喜馬拉雅山、長江、黃河等中華民國故土的歌詞，尤其反映了中華民國國土觀念在中華民國台灣「人地不宜」的天龍國境界。因此，台灣意識形態主體經常呼籲這些〈中華民國頌〉的歌者，應該搬回自己祖國中國。

　　這種批評實際點出了一個事實。那就是：「祖國」觀念是

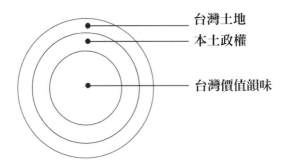

圖2：台灣人民的三個祖國觀念

建構性的，不是本質性的。中華民國與台灣兩種國家觀念都是
意識形態後設。在認同政治下，台灣意識形態主體很難說出
「台灣人的祖國是中華民國」的話語。敦促具有大中國思想言論
的中華民國人「遷回」中華人民共和國「祖國」，也是強人所
難。然而，身分認同政治主要在製造分裂的細胞，而不在輸送
修復的養分。從當前台灣有關「祖國」一詞的話語操作當中，
可見一斑。

參考書目

中文部分

中華民國外交部（1952年5月13日）。《議定中華民國與日本國間和平條約總報告書》（外交部「對日和約」案卷）。台北：國家檔案局。

王興安、王瑋麟、江仲驊、莊紀源、雷晉怡（譯）（2018）。《解密‧國際檔案的二二八事件：海外檔案選譯》。新北市：遠足文化。

史明（2017）。《台灣人四百年史》。台北市：前衛。

台灣銀行經濟研究室（編）（1963）。《清聖祖實錄選輯》（台灣文獻叢刊，文叢號165）。台灣銀行。

余杰（2018）。《納粹中國》。台北市：主流。

吳藝煤（編）。《大陸台胞與「二‧二八」事件史料集》。北京：台海。

李光耀（2019）。《李光耀觀天下》。台北市：天下文化。

林天量（編）（2006）。《陸戰薪傳二》。高雄市：國防部軍備局南部印製廠。

林晚生（譯）（2007）。《福爾摩沙紀事：馬偕台灣回憶錄》（原著者：Mackay, G.）。台北市：前衛（原著From Far Formosa出版年：1895）。

林媽利（2010）。《我們流著不同的血液：台灣各族群身世之謎》。台北市：前衛。

林媽利（2018）。《圖解台灣血緣：從基因研究解答台灣族群起

源》。台北市：前衛。

胡適（2009）。〈容忍與自由〉。載於潘光哲（編），《容忍與自由：
　　胡適思想精選》（頁180—190）。台北市：南方家園。

陳仲玉（2013）。〈馬祖列島考古學的新發現 ——「亮島人」出
　　土〉。《文化資產保存學刊》，23期，頁49-54。

陳仲玉（2014）。〈馬祖列島的史前文化與「亮島人」〉。《國立歷
　　史博物館館刊：歷史文物》，24：12 ＝ 257，頁59-65。

秦孝儀（編）（1960）。《蔣總統集》（第2冊）。台北市：中華大典
　　編印會。

高雄史料集成編輯委員會（2018）。《國史館解密‧國際檔案的二
　　二八事件：海外檔案選譯》。高雄市立歷史博物館。

連橫（2017）。《台灣通史》。台北：五南。

國立故宮博物院（2011）。《百年傳承走出活路：中華民國外交史
　　料特展》。故宮博物院。

許信良（1995）。《新興民族》。台北市：遠流。

章家敦（2001）。《中國即將崩潰》。台北市：雅言文化。

楊渡（2018）。《有溫度的台灣史》。台北市：南方家園。

英文部分

Acemoglu, D., Naidu, S., Restrepo, P., & Robinson, J. A. (2019).
　　Democracy does cause growth. *Journal of Political Economy, 127*(1),
　　47-100.

Addison, C. (2001). *Silicon shield: Taiwan's protection against Chinese
　　attack*. La Vergne, TN: Lightning Source Inc.

Allison, G. (2017). *Destined for war: Can America and China escape
　　Thucydides's Trap?* Boston, MA: Houghton Mifflin Harcourt.

Allison, G. (2020, March/April). The new spheres of influence. *Foreign affairs*. Retrieved from: https://www.belfercenter.org/publication/new-spheres-influence.

Althusser, L. (1971). Ideology and ideological state apparatuses. In L. Althusser (Ed.), *Lenin and philosophy and other essays*. New York: Monthly Review Press.

Anderson, B. (1991). *Imagined communities: Reflections on the origin and spread of nationalism*. New York: Verso.

Baudrillard, J. (1994). *Simulacra and simulation* (S. F. Glaser, Trans.). University of Michigan Press.

Benjamin, W. (2016). *The work of art in the age of mechanical reproduction*. Createspace Independent Publishing Platform.

Bok, S. (1999). *Lying: Moral choice in public and private life* (2nd ed.). New York: Vintage.

Bourdieu, P. (1986). The forms of capital. In J. Richardson (Ed.), *Handbook of theory and research for the sociology of education* (pp. 241–58). Westport, CT: Greenwood.

Bourdieu, P., & Johnson, R. (1993). *The field of cultural production*. New York: Columbia University Press.

Breed, W. (1955) . Social control in the newsroom: A functional analysis. *Social Forces, 33*(4), 326-335.

Brown, D. (Ed.), *Oxford handbook on identities in organization* (pp. 801–816). Oxford University Press.

Chomsky, N. (2002). *Media control: The spectacular achievements of propaganda* (open media series, 2nd ed.). New York: Seven Stories Press.

Clarke, C., & Knights, D. (2020). The killing fields of identity politics. In A.

Dawkins, R. (1976). *The selfish gene*. Oxford University Press.

Durkheim, É. (2016). *The elementary forms of the religious life*. Scotts Valley, CA: CreateSpace.

Erikson, E. H. (1968). *Identity: youth and crisis*. New York: W.W. Norton.

Forward, S., & Frazier, D. (2019). *Emotional blackmail: When the people in your life use fear, obligation, and guilt to manipulate you* (reprint ed.). New York: Harper Perennial.

Foreign News: This Is the Shame. (1946). *Time, 47*(23), p. 35.

Foucault, M. (1977). *Discipline and punish: The birth of the prison*. London, UK: Allen Lane.

Foucault, M. (2002). *Archaeology of Knowledge*. London, UK: Routledge.

Fraser, N. (1990). Rethinking the public sphere: A contribution to the critique of actually existing democracy. *Social Text, 25*(26), 56-80.

Fukuyama, F. (2006). *The end of history and the last man* (reissue ed.). New York: Free Press.

Fukuyama, F. (2018). *Identity: The demand for dignity and the politics of resentment*. New York: Farrar, Straus & Giroux.

Fu, Q., et. al. (2020). Ancient DNA indicates human population shifts and admixture in northern and southern China. *Science. 365*(6501), 282-288.

Giddens, A. (1991) *Modernity and self-Identity: Self and society in the late modern age*. Stanford University Press.

Gingrich, N. (2019). *Trump vs. China: facing America's greatest threat*. New York: Grand Central Publishing.

Gordon C. (Ed.) (1980). *Power/Knowledge: Selected interviews and other writings 1972-1977*. Hemel Hempstead, UK: Harvester Wheatsheaf.

Gramsci, A. (1971). *Selections from the Prison Notebooks*. London, UK: Lawrence and Wishart.

Grossman, S., & Hart, O. (1986). The costs and benefits of ownership: A theory of vertical and lateral integration. *Journal of political economy, 94*(4), 691-719.

Habermas, J. (1991). *The structural transformation of the public sphere: An inquiry into a category of bourgeois society* (studies in contemporary German social thought, 6th ed.). The Massachusetts Institute of Technology Press.

Hart, O., & Moore, J. (1990). Property rights and the nature of the firm. *Journal of Political Economy, 98*(6), 1119-1158.

Hegel, G. W. F. (1998). *Hegel's aesthetics: Lectures on fine art, Vol. I* (reprint ed.). Oxford, UK: Oxford University Press.

Horkheimer, M. (1935). Zum problem der Wahrheit. *Zeitschrift für Sozialforschung, 4*(3), 321-364.

Huntington, S, P. (1993). The clash of civilizations. *Foreign Affairs, 72* (3), 22-49.

Jameson, F. (1992). *Postmodernism, or the cultural logic of late capitalism*. Duke University Press.

Krasner, S. D. (2009). *Power, the state, and sovereignty: Essays on international relations*. New York: Routledge.

Kritzman, D. (Ed.) (1988). *Michel Foucault: Politics, philosophy, culture, interviews and other writings 1977-1984*. New York: Routledge.

Lagerkvist, J. (2008). Internet ideotainment in the PRC: National responses to cultural globalization. *Journal of Contemporary China, 54*(17), 121-140.

Lasswell, H. D. (1948). The Structure and function of communication in society. In L. Bryson (Ed.), *The communication of ideas* (pp. 37-51). New York: Harper and Row.

Le Bon, G. (2019). *The Crowd: A study of the popular mind.* Morrisville, NC: Lulu Press.

Lévi-Strauss, C. (1974). *Strcutural anthropology* (C. Jacobson & B. Schoepf, trans.) New York: Basic Books

Levitsky, S. & Ziblatt, D. (2019). *How democracies die: What history reveals about our future.* New York: Broadway Books.

Lin, M., et. al. (2001). The origin of Minnan and Hakka, the so-called "Taiwanese," inferred by HLA study. *Tissue Antigens, 57*(3), 192-199.

Maslow, A. H. (1943). A theory of human motivation. *Psychological Review, 50*(4), 370–396.

Metz, C. (1982). The imaginary signifier: Psychoanalysis and the cinema (C. Britton et al., trans.). Bloomington: Indiana University Press.

Montesano, A., et. al. (Eds.) (2014). *Manual of political economy.* Oxford University Press.

North, D. C. (1990). *Institutions, institutional change, and economic performance.* Cambridge University Press.

Nyhan, B., & Reifler, J. (2010). When corrections fail: The persistence of political misperceptions. *Political Behavior 32*(2), 303-330.

Organski, A. F. K. (1958). *World politics.* New York: Alfred A. Knopf.

Pillsbury, M. (2016). *The hundred-year marathon: China's secret strategy to replace America as the global superpower.* New York: St. Martin's Griffin.

Robinson, J. A., & Acemoglu, K. D.（2012）*Why nations fail: The origins of power, prosperity, and poverty.* New York: Crown Publishers.

Saich, T. (project chair) (2020, July). *Understanding CCP resilience: Surveying Chinese public opinion through time.* Harvard University: Ash Center for Democratic Governance and Innovation.

Scheidel, W. (2017). *The great leveler: Violence and the history of inequality from the stone age to the twenty-first century* (The Princeton Economic History of the Western World). Princeton University Press.

Schori-Eyal, N., Halperin, E., & Bar-Tal, D. (2014). Three layers of collective victimhood: Effects of multileveled victimhood on intergroup conflicts in the Israeli–Arab context. *Journal of Applied Social Psychology, 44*, 778-794.

Staiger, J. (1985). The politics of film canons. *Cinema Journal, 24*(3), 4-23.

Tesich, S. (1992, January). A Government of lies. *The Nation, 254*(1), pp. 12-14.

Toynbee, A, J. (1976). *The Toynbee-Ikeda dialogue: Man himself must choose.* New York: Harper & Row.

Weber, M. (2019). *Economy and society: A new translation* (T. Keith, trans.). Harvard University Press.

Wolny, R. W. (2017). Hyperreality and simulacrum: Jean Baudrillard and European postmodernism. *European Journal of Interdisciplinary Studies, 3*(3), 75-79.

Yoho, T. (2018). China's second century of humiliation. *The Diplomat.* Retrieved from https://thediplomat.com/2018/06/chinas-second-century-of-humiliation/

歷史與現場 304

意識形態階級鬥爭：中華民國的認同政治評析

作　　者—劉立行
編　　者—張啟淵
企　　劃—廖心瑜
資深企劃經理—何靜婷
封面設計—陳秀怡
內文排版—極翔企業有限公司

董 事 長—趙政岷

出 版 者—時報文化出版企業股份有限公司
　　　　　108019台北市和平西路三段二四○號四樓
　　　　　發行專線—（○二）二三○六六八四二
　　　　　讀者服務專線—○八○○二三一七○五・（○二）二三○四七一○三
　　　　　讀者服務傳真—（○二）二三○四六八五八
　　　　　郵撥—一九三四四七二四時報文化出版公司
　　　　　信箱—10899台北華江橋郵局第九九信箱
時報悅讀網—http://www.readingtimes.com.tw
法律顧問—理律法律事務所　陳長文律師、李念祖律師
印　　刷—紘億印刷有限公司
初版一刷—二○二一年九月十日
初版二刷—二○二一年十月一日
定　　價—新臺幣五八○元
（缺頁或破損的書，請寄回更換）

時報文化出版公司成立於一九七五年，
並於一九九九年股票上櫃公開發行，於二○○八年脫離中時集團非屬旺中，
以「尊重智慧與創意的文化事業」為信念。

意識形態階級鬥爭：中華民國的認同政治評析/劉立行著. -- 初版.
-- 臺北市：時報文化出版企業股份有限公司, 2021.09
　面；　公分. -- (歷史與現場；304)

ISBN 978-957-13-9294-3（平裝）

1.意識形態 2.階級鬥爭 3.認同政治

570.11　　　　　　　　　　　　　　　　110012586

ISBN　978-957-13-9294-3
Printed in Taiwan